W9-BIL-715

PASAJES
CULTURA
CUARTA
EDICION

Mary Lee Bretz
Rutgers University

Trisha Dvorak
University of Washington

Carl Kirschner
Rutgers University

Contributing Writers:

Miryam Criado
Rutgers University

Carmen M. Nieto
Georgetown University

José Manuel Reyes
Rutgers University

José Luis Suárez
University of Texas, El Paso

Enrique Yepes
Bowdoin College

Boston, Massachusetts Burr Ridge, Illinois Dubuque, Iowa
Madison, Wisconsin New York, New York San Francisco, California St.Louis, Missouri

McGraw-Hill 
*A Division of The **McGraw-Hill** Companies*

This is an EBI book.

Pasajes: Cultura

This book is printed on acid-free paper.

3 4 5 6 7 8 9 0 DOW DOW 9 0 0 9

ISBN 0-07-007699-5

This book was set in Times Ten Roman by GTS Graphics, Inc.
The editors were Thalia Dorwick, Gregory Trauth, Becka Bellin, and Richard Lange.
The production supervisor was Tanya Nigh.
Illustrations were done by Betty Beeby and Lori Heckleman.
The text designer was BB&K; the cover designer was Amanda Kavanaugh.
The photo researcher was Susan Friedman.
R. R. Donnelley was printer and binder.

Because this page cannot legibly accommodate all the copyright notices, page 309 constitutes an extension of the copyright page.

Library of Congress Cataloging-in-Publication Data
Bretz, Mary Lee.
Pasajes. Cultura / Mary Lee Bretz, Trisha Dvorak, Carl Kirschner; contributing writers, Miryam Criado . . . [et al.]. — 4. ed.
p. cm.
English and Spanish.
ISBN 0-07-007699-5
1. Spanish language—Readers—Civilization, Hispanic. 2. Civilization, Hispanic. I. Dvorak, Trisha. II. Kirschner, Carl, 1948- . III. Title.
PC4127.C5B73 1997
468.6′421—dc21 97-12875
CIP

http://www.mhcollege.com

CONTENTS

CAPITULO CINCO 5

CAPITULO SEIS 6

CAPITULO OCHO 8

CREENCIAS E IDEOLOGIAS 144

CAPITULO NUEVE 9

LOS HISPANOS EN LOS ESTADOS UNIDOS 170

PREFACE

Welcome to the full-color Fourth Edition of ***Pasajes***! To those of you who have used ***Pasajes*** in the past, we hope that you'll find this new edition even more exciting and interesting than the last. To those of you who are teaching for the first time with ***Pasajes,*** we hope that you and your students will find teaching and learning Spanish with ***Pasajes*** to be a rewarding experience. We've been especially heartened by the enthusiasm of instructors who have told us that ***Pasajes*** has increased not only their satisfaction in teaching Spanish, but also their students' enjoyment in learning Spanish.

The *Pasajes* Series

The Fourth Edition of ***Pasajes*** consists of three main texts and a combined workbook and laboratory manual developed for second-year college Spanish programs. The texts — ***Cultura*** (a cultural reader), ***Literatura*** (a literary reader), and ***Lengua*** (the core grammar text) — share a common thematic and grammatical organization. By emphasizing the same structures and similar vocabulary in a given chapter across all four components, the series offers instructors a program with greater cohesion and clarity. At the same time, it allows more flexibility and variety than are possible with a single text, even when supplemented by a reader. The design and organization of the series have been guided by the overall goal of developing *functional, communicative* language ability, and are built around the three primary objectives of *reinforcement, expansion,* and *synthesis*.

Since publication of the first edition of ***Pasajes*** in 1983, interest in communicative language ability has grown steadily. The focus on proficiency, articulated in the *ACTFL Proficiency Guidelines*, and the growing body of research on the processes involved in developing each of the language skills have supported the importance of communicative ability as a goal of classroom language study, while suggesting activities that enable learners to develop specific skills in each of the four traditional areas. At the same time, the growing interest in cultural competence, which has been a focus of the ***Pasajes*** program from the beginning, has confirmed that instructional materials need to be not merely contextualized but also content-rich. The revisions of ***Pasajes*** have been shaped by these factors, as well as by the combined expertise of those who have used earlier versions of the materials and have offered suggestions based on their experiences.

Pasajes: Cultura

Pasajes: Cultura has been developed with two goals in mind: to expose students to the cultures of the Hispanic peoples, without encouraging the formation of preconceptions or prejudices, and to improve students' reading skills in Spanish. The concept of culture that has guided us is one suggested by many social anthropologists: Culture is a meaning system shared by members of a particular group or community; the values and beliefs that form this meaning system provide answers to fundamental human dilemmas and establish guidelines for appropriate behavior.

The themes of the twelve chapters of ***Cultura*** are the same as those developed in ***Literatura*** and ***Lengua.*** The readings are of two types: those written specifically for ***Cultura*** and those culled from authentic sources, such as magazines, and written originally for native speakers of Spanish. They cover important characteristics and concerns of the Hispanic world, reflected in all its rich diversity: urban and rural; of European, American, or African origin; young and old; Spain, Latin America, and Spanish-speaking communities in the United States. It is hoped that the exploration of each theme will lead students away from superficial generalizations and toward a deeper understanding of Hispanic ways of life. One of the steps in this process is to increase students' sensitivity to their own culture and to the unique answers it provides for the human dilemmas shared by Hispanics. The purpose is not to argue superiority or inferiority of cultures, but to recognize that the value of any culture's answers is relative and to arrive at an appreciation of the significance of cultural differences. ***Cultura*** presents only a cross-section of the great diversity of the Hispanic peoples and cultures and, in its aim to help students realize how others view us, offers views of North American culture that are sometimes unflattering.

In the third and fourth semesters of college Spanish, many students are in a quandary: They are supposed to begin "really reading" in Spanish, but the materials they are given may be impenetrable unless they have already been "really reading" for some time. The excitement and the adventure the instructor had hoped to convey often degenerate into a dictionary exercise. Possibly the most important skills an instructor can teach students is *how to get ready to read*. The structure and approach of ***Cultura*** is specifically designed to help students develop their reading skills.

Organization of the Text

While the look of ***Pasajes*** is brand new, the chapter organization of the Fourth Edition remains fundamentally the same as in the Third Edition. To enhance the utility of ***Pasajes: Cultura*** we have made minor organizational changes to some sections and have renamed some of them to reflect the new look and fresh content. Suggestions for using each section and its various features are offered in the *Instructor's Manual.*

▲ **Chapter opener**
Functioning as an advance organizer for the chapter theme, the chapter opener consists of a photograph and an accompanying activity designed to activate students' prior knowledge about the topic, encourage them to discuss their associations with the theme, and set the stage for the activities that follow.

▲ **Lectura I (or II)**
Each chapter generally consists of two main readings or a single main reading divided into two parts. Most readings are preceded by prereading skills, strategies, and vocabulary sections and followed by comprehension, interpretation, and/or "application" activities.

▲ **Aproximaciones al texto**
In this section students practice specific skills designed to help them read more efficiently and with greater comprehension. Contextual guessing of word meanings, breaking complex sentences into simpler ones, and interpreting function words are among the many reading strategies practiced in this section. This section closes with **Palabras y conceptos,** in which students work with key vocabulary to anticipate ideas and issues related to the main reading in each chapter. The activities in this section give students key information about the chapter reading, activate their prior knowledge of the topic, and establish important mental expectations.

▲ **Reading**
Within readings in the first five chapters, graphic symbols are used to indicate the meaning of verbs in tenses that have not yet been reviewed in ***Pasajes: Lengua.*** Important vocabulary items that cannot be guessed from context are glossed at the bottom of the page; glosses are mostly in English in the earlier chapters and appear increasingly in Spanish in later chapters.

▲ **Comprensión**
The **Comprensión** activities allow students to verify their general understanding of the content of the reading, as well as to practice the grammar points treated in the corresponding chapter of ***Pasajes: Lengua.*** Activity types vary greatly: Typical formats include, but are not limited to, content questions, true/false, sentence completions, and identifying key ideas.

▲ **Interpretación**
Once students have verified their general comprehension of the reading, they move into an interpretive phase. In these activities students move beyond their general understanding of facts and details to meaning at a deeper level. Here, too, a variety of activities helps students interpret the readings: speculating, making comparisons, and creating semantic maps.

▲ **Aplicación**

Finally, students are given the opportunity to apply what they've read to their own experience. In activities such as class discussions, role-plays, and debates, students have an opportunity to use the information gleaned from the readings in more free-form contexts.

▲ **Voces**

Each chapter of ***Cultura*** closes with **Voces,** a section in which inhabitants of the Spanish-speaking world present their opinions and ideas on issues related to the chapter theme. The audiocassette of those "voices" is ideal for in-class or for additional out-of-class listening comprehension. (See "Components," below, for more details about this audiocassette.) Each **Voces** section closes with **¡Ud. tiene la palabra!,** in which students have an opportunity to react to the opinions and ideas they hear as well as to make cross-cultural comparisons.

Several special activities appear in each chapter of ***Pasajes: Cultura.***

¡Necesito compañero! activities, identifiable by their icon, are specifically designed for partner or pair work.

Entre todos are activities designed for whole-class discussion.

Each chapter includes two or three **Papel y lápiz** activities. These activities, which typically build progressively one on the next, have two purposes: to encourage students to use writing as a way to explore and develop their understanding of the ideas expressed in the chapter reading(s) and to build their writing skills by practicing a variety of writing techniques. **Papel y lápiz** activities are typically informal and journal-like in nature and are not intended to be graded exercises; nevertheless, the **apuntes, mapas semánticos** and **comentarios** that students produce can be a rich starting point for more formal composition assignments.

Improvisaciones are opportunities for learners to engage in role-play and to practice a variety of communication strategies.

Pro y contra are guided debate activities in which learners must actively defend or refute statements related to important chapter themes and issues. The **Pro y contra** and the **Improvisaciones** activities motivate learners to want to communicate while challenging them to extend their language skills in order to produce the functions and extended discourse characteristic of advanced proficiency.

The *Pasajes* Program: Changes in the Fourth Edition

Based on extensive input from instructors and students alike, we have implemented a number of changes in the Fourth Edition without altering the essence of ***Pasajes.***

- The new, full-color design of ***Pasajes*** makes learning Spanish not only more enjoyable but also easier. The purposeful use of color highlights the various features of the text and draws attention to important material.
- In response to suggestions from a large number of instructors, we have reduced the number of main texts in the Fourth Edition, from four to three, in order to improve the manageability of the program.
- The best and most popular activities of ***Actividades*** have been incorporated into ***Lengua,*** the ***Cuaderno de práctica, Cultura,*** and ***Literatura.*** The Third Edition of ***Actividades*** will still be available to instructors who enjoy using it in their intermediate and advanced Spanish courses.
- To improve the manageability of the materials, the prereading material in ***Cultura*** has been streamlined and condensed. As in the last edition, much of the material is designed for independent study outside of class with answers provided in the Answer Appendix.
- Many of the readings written specifically for ***Cultura*** have been revised to reflect recent changes in the societies and cultures of the Hispanic world; many of the authentic readings have been replaced with more current or relevant texts.
- A new video of authentic television footage, coordinated with the chapter themes, provides students with additional linguistic and cultural input. The accompanying video

feature, **Viaje cultural**, offers viewing activities for group and pair work in ***Lengua*** and activities for individual review in the ***Cuaderno de práctica.*** The video also lends itself well to use with ***Cultura.***

Components

Pasajes, Fourth Edition, includes the following components, designed to complement your instruction and to enhance your students' learning experience. Please contact your local McGraw-Hill sales representative for information on the availability and cost of these materials.

Available to adopters *and* to students:

- ***Cultura***
  Thematically coordinated with ***Lengua*** and ***Literatura, Cultura*** is a collection of cultural essays and authentic articles culled from contemporary Spanish-language books, magazines, and newspapers. Each reading treats an aspect of the chapter topic and is accompanied by abundant prereading and postreading activities designed to develop reading and writing skills while furthering students' appreciation of the cultural diversity of the Spanish-speaking world.
- ***Voces*** *Audiocassette*
  This special 90-minute listening comprehension tape, corresponding to ***Voces,*** the "testimonial" section of ***Cultura,*** contains actual voices of inhabitants of Spanish-speaking countries. Ideal for in-class or for additional out-of-class listening comprehension, this tape helps develop proficiency in understanding a wide variety of accents and oral texts. The ***Voces*** *Audiocassette*, provided free to adopters, is available for student purchase.
- ***Literatura***
  Thematically coordinated with ***Lengua*** and ***Cultura, Literatura*** is a collection of 23 literary texts, including a variety of short stories and poetry, excerpts from longer works, and a legend. All texts have been selected both for their interest to students as well as for their literary value; many favorites from the Third Edition have been retained, while others have been replaced with texts more relevant to today's students. Each text is accompanied by abundant prereading and postreading activities that develop reading and writing skills and further students' understanding of important literary devices.
- ***Lengua***
  The core grammar text for the ***Pasajes*** program consists of a comprehensive review and practice of basic vocabulary and grammatical structures, while introducing and practicing more advanced grammatical structures.
- ***Cuaderno de práctica: Expresión oral, comprensión, composición***
  This combined workbook and laboratory manual is coordinated thematically with ***Lengua, Literatura,*** and ***Cultura*** and provides students with various controlled and open-ended opportunities to practice the vocabulary and grammatical structures presented in ***Lengua.*** The chapter organization of the ***Cuaderno*** follows that of ***Lengua.*** The laboratory section promotes listening comprehension through many short narrative passages, and speaking skills through a variety of activities, including pronunciation practice. The ***Voces*** section includes authentic interviews with men and women from different areas of the Hispanic world. The workbook section provides guided writing practice to help students develop a variety of writing skills. New in the Fourth Edition of the ***Cuaderno*** is the ***Viaje cultural*** section, containing video-based activities for individual viewing of the *Video to accompany* ***Pasajes.***
- *Audiocassette Program to accompany* ***Pasajes***
  Corresponding to the laboratory portion of the ***Cuaderno,*** the *Audiocassette Program* contains activities for review of vocabulary and grammatical structures, passages for extensive and intensive listening practice, guided pronunciation practice, and interviews with men and women from different areas of the Hispanic world. The *Audiocassette Program*, provided free to adopters, is also available for student purchase.
- *MHELT 2.1* (*McGraw-Hill Electronic Language Tutor*)
  This computer program, available for both IBM and Macintosh, includes a broad selection

of the form-focused grammar and vocabulary activities found in ***Lengua,*** Fourth Edition.

Available to adopters only:

- *Instructor's Manual*
  Revised for the Fourth Edition, this handy manual includes suggestions for using all components of the ***Pasajes*** program, sample lesson plans and syllabi, sample chapter tests, and the transcript of the *Video to accompany* ***Pasajes.***
- *Video to accompany* ***Pasajes***
  A 30-minute video consisting of authentic footage of recent television broadcasts from more than half a dozen Spanish-speaking countries. Topics are coordinated with the chapter themes of the ***Pasajes*** program. Video activities are found in ***Lengua*** as well as in the ***Cuaderno.***
- ***Lengua*** *Instructor's Edition*
  This special edition of ***Lengua,*** specifically designed for instructors, contains a 32-page insert with helpful hints and suggestions for working with the many features and activities in ***Lengua.***
- *Tapescript*
  This is a complete transcript of the material recorded in the *Audiocassette Program to accompany* ***Pasajes.***
- Instructional videos
  A variety of videotapes are available to instructors who wish to offer their students additional perspectives on the Spanish language and Hispanic cultures and civilizations. A list of the videos is available through your local McGraw-Hill sales representative.

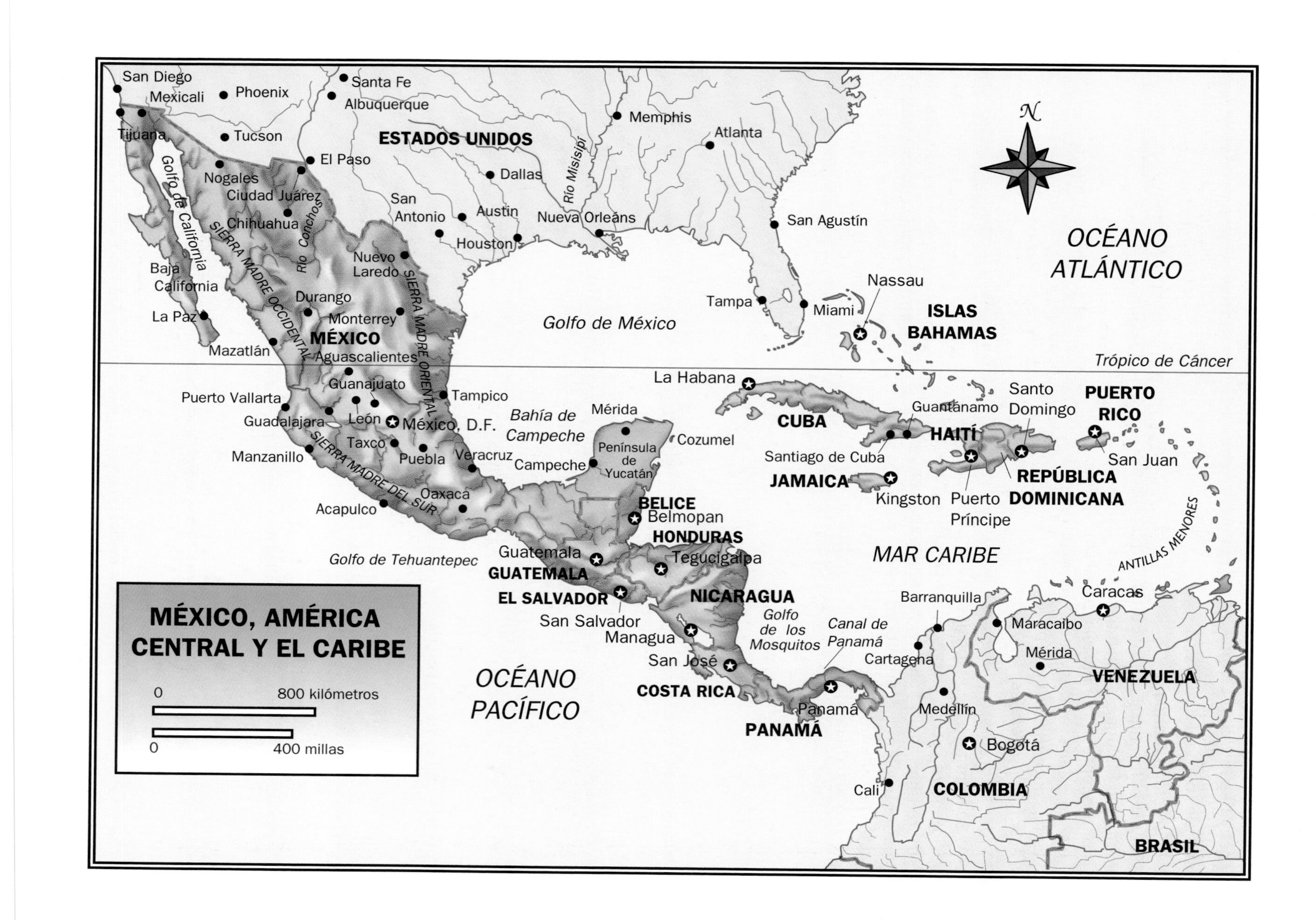
MÉXICO, AMÉRICA CENTRAL Y EL CARIBE
0
800 kilómetros
0
400 millas
N
OCÉANO ATLÁNTICO
OCÉANO PACÍFICO
Golfo de México
MAR CARIBE
Trópico de Cáncer
ESTADOS UNIDOS
San Diego
Mexicali
Phoenix
Tucson
Santa Fe
Albuquerque
El Paso
Dallas
Memphis
Atlanta
Río Misisipi
San Antonio
Austin
Houston
Nueva Orleáns
San Agustín
Tampa
Miami
Nassau
ISLAS BAHAMAS
Tijuana
Golfo de California
Baja California
La Paz
Nogales
Ciudad Juárez
Chihuahua
Río Conchos
SIERRA MADRE OCCIDENTAL
SIERRA MADRE ORIENTAL
Nuevo Laredo
Durango
Monterrey
MÉXICO
Mazatlán
Aguascalientes
Guanajuato
Tampico
Puerto Vallarta
Guadalajara
León
México, D.F.
Taxco
Manzanillo
Puebla
Veracruz
SIERRA MADRE DEL SUR
Oaxaca
Acapulco
Golfo de Tehuantepec
Bahía de Campeche
Campeche
Mérida
Península de Yucatán
Cozumel
BELICE
Belmopan
HONDURAS
Tegucigalpa
Guatemala
GUATEMALA
EL SALVADOR
San Salvador
NICARAGUA
Managua
Golfo de los Mosquitos
San José
COSTA RICA
Canal de Panamá
Panamá
PANAMÁ
La Habana
CUBA
Santiago de Cuba
Guantánamo
JAMAICA
Kingston
HAITÍ
Puerto Príncipe
Santo Domingo
REPÚBLICA DOMINICANA
PUERTO RICO
San Juan
ANTILLAS MENORES
Barranquilla
Cartagena
Maracaibo
Caracas
Mérida
VENEZUELA
Medellín
Bogotá
Cali
COLOMBIA
BRASIL

MAR CARIBE
OCÉANO ATLÁNTICO
Maracaibo
Barranquilla
Caracas
GUYANA
PANAMÁ
VENEZUELA
Georgetown
Medellín
Paramaribo
Panamá
Río Orinoco
Cayena
Bogotá
Cali
SURINAME
GUYANA FRANCESA
COLOMBIA
Quito
Ecuador
Río Amazonas
ECUADOR
Belém
Guayaquil
Manaus
PERÚ
CORDILLERA DE LOS ANDES
BRASIL
Recife
Cuzco
Lima
Brasília
La Paz
Arequipa
BOLIVIA
Sucre
PARAGUAY
Antofagasta
Rio de Janeiro
Asunción
Trópico de Capricornio
CHILE
San Miguel de Tucumán
São Paulo
OCÉANO PACÍFICO
La Serena
Córdoba
OCÉANO ATLÁNTICO
Rosario
URUGUAY
Valparaíso
Santiago
ARGENTINA
Montevideo
Buenos Aires
Río de la Plata
N
Concepción
Bahía Blanca
Puerto Montt
Bariloche
Chiloé
AMÉRICA DEL SUR
Islas Malvinas
0
1500 kilómetros
Estrecho de Magallanes
Punta Arenas
Tierra del Fuego
0
1000 millas
Cabo de Hornos

ESPAÑA
0 200 kilómetros
0 100 millas
N
MAR CANTÁBRICO
Bahía de Vizcaya
FRANCIA
CANTABRIA
San Sebastián
Santander
La Coruña
Oviedo
ASTURIAS
Bilbao
PAÍS VASCO
Santiago de Compostela
GALICIA
LOS PIRINEOS
Pamplona
ANDORRA
Golfo de León
NAVARRA
Vigo
León
Burgos
Logroño
LA RIOJA
CASTILLA-LEÓN
CATALUÑA
Costa Brava
Valladolid
Zaragoza
Zamora
Lérida
ESPAÑA
Río Ebro
Oporto
Río Duero
Tarragona
Barcelona
SIERRA DE GUADARRAMA
Segovia
ARAGÓN
Salamanca
Ávila
Guadalajara
PORTUGAL
MADRID
El Escorial
Madrid
Castellón
Menorca
Mallorca
Río Tajo
Toledo
Cáceres
CASTILLA-LA MANCHA
Valencia
Palma
Lisboa
EXTREMADURA
COMUNIDAD VALENCIANA
Ibiza
ISLAS BALEARES
Ciudad Real
Badajoz
Mérida
Albacete
Formentera
Río Guadiana
Almadén
Alicante
SIERRA MORENA
MAR MEDITERRÁNEO
Linares
Murcia
Costa Blanca
Río Guadalquivir
MURCIA
Córdoba
Jaén
Lorca
Sevilla
Cartagena
ANDALUCÍA
Huelva
SIERRA NEVADA
Granada
Almería
Golfo de Cádiz
Jerez de la Frontera
Málaga
Cádiz
Costa del Sol
OCÉANO ATLÁNTICO
Gibraltar (R.U.)
Tánger
Ceuta (Esp.)
Orán
ISLAS CANARIAS
Santa Cruz de Tenerife
Lanzarote
La Palma
Tenerife
Fuerte-ventura
Las Palmas
Hierro
Gomera
Las Palmas de Gran Canaria
0 200 kilómetros
0 100 millas

PASAJES

CULTURA

CUARTA EDICION

Antes de empezar

México, D.F.

Pasajes: Cultura is designed to introduce certain basic aspects of Hispanic culture and at the same time to teach you to become a better reader of Spanish. The book is divided into twelve chapters, each devoted to the study of an aspect of Hispanic culture that is of universal human importance. In addition, the text tries to present points of obvious cultural contrast. As you read each selection, it is likely that you will become not only more sensitive to Hispanic culture, but also more aware of your own culture. It is our hope that the combination of greater awareness and sensitivity will enable you to reach a higher level of cultural understanding.

To improve your reading skills, ***Pasajes: Cultura*** has several features that will help you read Spanish with greater ease and understanding.

- **Aproximaciones al texto.** This prereading section, which occurs with most reading selections, includes two general types of activities designed to help you truly "approach" the text you will read and to help you read with minimal use of the dictionary and/or translation. Answers to these activities are provided in the **Answer Appendix** when possible.

  The first type of activity consists of explanations of and practice with reading strategies (word guessing, cognate recognition, skimming, and outlining, among others), grammar tips (for example, simplifying sentences or recognizing the subjects and verbs of sentences).

  The second type of activity, **Palabras y conceptos,** contains a list of vocabulary useful for understanding and discussing the reading selection. The vocabulary items are practiced in various types of exercises, so that by the time you begin to read, both the vocabulary and also the general context of the reading itself become familiar.

  Both types of **Aproximaciones al texto** activities often encourage you to use certain strategies to familiarize yourself as much as possible with the general topic of the selection before you read it. These strategies include looking at titles, subtitles, and illustrations; thinking about and discussing what you already know about a certain topic; and so on. In the readings themselves—except those that come from authentic sources—unfamiliar vocabulary, grammatical constructions, and idiomatic expressions are defined at the bottom of the page. These have been kept to a minimum to encourage you to apply the skills that you have practiced. If you encounter unfamiliar vocabulary items in an authentic text, you can look them up in the Spanish-English vocabulary at the back of this book. In addition, in **Capítulos 1** through **5,** the past, future, and progressive tenses are indicated by in-text symbols to help you recognize those forms. Past tenses are indicated by (←), future tenses by (→), and progressive tenses (the *-ing* form in English) by (ᔓ).

- Following each reading selection are one or more activities, occurring in sections entitled **Comprensión**, **Interpretación**, or **Aplicación**, depending on the focus of the activity. These activities move from literal content questions to interpretative exercises, to discussions and analyses of the selections. They are designed to improve your understanding and expand your appreciation of what you have read. Answers to the comprehension activities are also provided in the **Answer Appendix** whenever possible.

The readings in ***Pasajes: Cultura*** are challenging, and we think you will find them thought-provoking. We hope you will carefully and conscientiously practice the reading strategies offered in the book. When you finish reading ***Pasajes: Cultura***, you will not be a totally fluent reader of Spanish, nor will you know everything there is to know about Hispanic life. You will, however, have acquired a solid base for both goals, a base on which we hope you will continue to build.

Notes on Glossing

Words in the reading that are not in the chapter vocabulary and are not usually part of second-year college vocabulary are indicated by superscript numbers within the text and defined at the bottom of the page. If more than one word requires glossing, the superscript number will appear after the last word in the phrase, and the first word will be included at the bottom.

in text:	Le dan las gracias por haberse dejado ver.[1]
gloss at bottom of page:	[1]haberse... *having let itself be seen*

In the early chapters, definitions may be in either English or Spanish. In later chapters, Spanish predominates. When English is used, the definition appears in italic type. When Spanish is used, the definition appears in roman type. Words that can be guessed from the context are not glossed.

Tipos y estereotipos

Oaxaca de Juárez, México

En cada región hay ideas estereotipadas sobre la gente de otras regiones y culturas. Algunas de estas creencias (*beliefs*) representan, efectivamente, los hábitos y modos de vida del grupo o cultura a que se refieren. Sin embargo, muchos de los estereotipos son falsos, y manifiestan ignorancia, prejuicio o desinterés en conocer mejor a otros. Es importante aprender otra lengua porque, entre otras razones, le permite a uno conocer mejor otras culturas y grupos humanos, y esto puede llevar al (*lead to*) entendimiento mutuo.

A continuación hay una lista de algunas de las ideas preconcebidas que se suelen tener de los hispanos, y otras que frecuentemente se tienen de los norteamericanos. Trabajando en parejas, indiquen cuáles de las siguientes ideas Uds. asocian con los hispanos (**H**) y cuáles con los norteamericanos (**N**).

1. _____ Toman mucho vino.
2. _____ Les gusta masticar chicle (*chewing gum*).
3. _____ Todos son morenos.
4. _____ Son muy sentimentales y se dejan llevar (*they get carried away*) por las emociones.
5. _____ Son informales.
6. _____ Son muy competitivos.
7. _____ Son agresivos y violentos.
8. _____ Siempre tienen muchos hijos.
9. _____ Son revolucionarios y guerrilleros.
10. _____ Son puntuales.
11. _____ Les interesa mucho el arte.
12. _____ Aprecian mucho la eficiencia.

Ahora, compartan su clasificación con el resto de la clase.

- ¿Hay diferencia de opiniones? ¿Cuáles son? ¿Cuáles de estas características podrían (*could*) aplicarse a las dos culturas? ¿Creen Uds. que algunas de estas características son sólo estereotipos, o les parece que todas son verdaderas?
- Cuando se habla de «la cultura norteamericana», ¿se habla realmente de una sola cultura? Por ejemplo, ¿es igual la cultura de Texas a la de Maine? Mencionen algunos elementos que se consideran propios de (*as belonging to*) algunos grupos de norteamericanos (la comida, los intereses, las actividades, etcétera).
- ¿Conocen Uds. algunos elementos culturales que varían entre distintos grupos de hispanos? (Contrasten, por ejemplo, la comida y la música de México con las de España.) En fin, ¿creen que las culturas hispana y norteamericana son homogéneas o creen que son heterogéneas? Justifiquen su respuesta.

LECTURA I LOS ESTEREOTIPOS CULTURALES

APROXIMACIONES AL TEXTO*

Reading for the Main Idea

In order to read for general understanding, you do not need to know the meaning of every word in a text. You can get the gist by relying instead on the words that you *do* know, plus a variety of textual, linguistic, and cultural cues. Usually, skimming the first paragraph and reading the first sentence of the paragraphs that follow will provide you with enough information to construct an overall idea of what the selection contains. This will give you a general context for guessing the meaning of unfamiliar words and expressions you encounter as you read the selection in its entirety. The more you develop your skill in anticipating the general meaning of a selection, the less dependent you will be on a dictionary, and the more effective and enjoyable reading will become for you.

A Mire rápidamente el primer párrafo de «Los estereotipos culturales», en la página 10. Después, indique cuál de las siguientes oraciones mejor expresa la idea principal del párrafo.

1. Los turistas son importantes en los EEUU.
2. Hoy en día, muchas personas viajan a otras partes del mundo.
3. Existen muchos estereotipos sobre los turistas.
4. Es difícil viajar (ir a otros países) porque las distancias son grandes.

B Aquí se reproduce la primera oración de cada párrafo de «Los estereotipos culturales». Mírelas rápidamente y trate de adivinar el significado de las palabras y frases que Ud. no conoce.

1. El mundo es cada vez más pequeño.
2. ¿Acompaña a este movimiento un mejor conocimiento de los Estados Unidos en los países hispanos?
3. La imagen que tienen muchos norteamericanos de Latinoamérica es igualmente simplista.
4. En cambio, mucha gente de los países hispanos cree que la mayoría de los norteamericanos son unos materialistas que no se interesan por los valores espirituales o artísticos.
5. Esta clase de estereotipo nace de la ignorancia sobre otras culturas.

Según estas oraciones, ¿cuál parece ser la idea principal de la Lectura I? Mencione dos o tres ideas en particular que Ud. espera (*expect*) encontrar en la lectura.

---

*When possible, answers to **Aproximaciones al texto** and **Palabras y conceptos** are provided in the Answer Appendix.

Palabras y conceptos

el bolsillo pocket
cada vez más more and more
en cambio on the other hand; in contrast
evitar to avoid
las gafas (eye)glasses
la lata (tin) can
lujoso luxurious
nacer to be born
el rascacielos skyscraper
el reflejo reflection
sino but rather
todavía still, yet

A Escoja la palabra de la lista del vocabulario que mejor describe cada una de las siguientes oraciones.

1. Las necesitamos cuando no podemos ver bien.
2. Así son los hoteles de cinco estrellas.
3. Aquí llevamos el dinero y otros objetos pequeños.
4. Tratamos de hacer esto con respecto a los errores y los problemas.
5. Lo contrario de morir es _____.

B Complete el siguiente párrafo lógicamente, usando palabras y expresiones de la lista del vocabulario.

El mundo moderno, a diferencia del mundo antiguo, parece _____[1] rápido y agitado. A veces, los autobuses y los trenes de las grandes ciudades parecen una _____[2] de sardinas. Mucha gente vive y trabaja en los inmensos _____[3] que hay en las ciudades. Otras personas, _____,[4] prefieren vivir fuera de la ciudad, en sitios que _____[5] conservan un ambiente rural. No quieren la vida cosmopolita, _____[6] vivir en contacto con la naturaleza. A las personas que prefieren la ciudad, sin embargo, este tipo de vida les parece sólo un _____[7] pálido de la vitalidad de la metrópolis.

C Papel y lápiz Todos pertenecemos a uno o más grupos que otras personas pueden estereotipar. Explore este concepto en su cuaderno de apuntes.

- Elija un grupo (étnico, regional, generacional, o basado en el sexo, la religión, la ocupación o la apariencia física) al que Ud. pertenece.
- Utilice las oraciones de la actividad de la página 7 como modelo para apuntar (*to jot down*) de cinco a ocho características que otras personas puedan atribuirles a los miembros del grupo que Ud. eligió. Según esos estereotipos, ¿cómo son todos los de su grupo? ¿Qué (no) les gusta? ¿Qué siempre (o nunca) hacen?
- En general, ¿cuáles son las consecuencias de estas ideas estereotipadas? ¿Les causan problemas a los miembros de su grupo? ¿Crean situaciones cómicas? Apunte algunas ideas al respecto.

- ¿Sabe Ud. dibujar? Haga un retrato de su grupo que refleje los supuestos rasgos que acaba de identificar.

Guarde sus apuntes. Más tarde se harán (*will be done*) otras actividades con ellos.

Nota: You might not understand every word and structure in the following selection. Make intelligent guesses whenever possible, and read for the main idea rather than for literal comprehension of every sentence. Vocabulary, grammatical structures, and verb tenses that may be unfamiliar to you are glossed at the bottom of the page.

Los estereotipos culturales

El mundo es cada vez más pequeño. Ahora que un viaje de Nueva York a Europa dura sólo tres horas en avión supersónico, es posible pasar el fin de semana en un pequeño pueblo de los Alpes y regresar el lunes a los rascacielos de Wall Street. Y no sólo viajan los ricos; la clase media y los estudiantes también dejan sus países en busca de nuevas experiencias y oportunidades de trabajo. El intercambio de turistas y trabajadores es particularmente evidente en los Estados Unidos. Todos los años miles de turistas viajan a diversos países de habla española. Los turistas hispanos que llegan a los Estados Unidos son menos numerosos, pero el número aumenta cada vez más. Y sin contar a los turistas, hay más de veinte millones de personas de habla española que viven en los Estados Unidos.

¿Acompaña a este movimiento un mejor conocimiento de los Estados Unidos en los países hispanos? ¿Comprenden los norteamericanos mejor a los hispanos hoy que en el pasado? En muchos casos, la respuesta es afirmativa, pero hay todavía una tendencia a la visión estereotipada. Para muchos norteamericanos, España es el país del sol, de los bailadores y cantantes de flamenco, de las señoritas morenas con mantillas negras y de los donjuanes seductores. No saben que en el norte y especialmente en el noroeste de España la lluvia es más frecuente que el sol, que el flamenco sólo se cultiva en el sur del país (y que es sólo un tipo de baile español entre muchos) y que hay gran número de personas rubias y de ojos azules en el norte y también en el sur de España. ¿Y el donjuán? Hay muchas francesas, alemanas, japonesas y norteamericanas que afirman con desdén que el tipo no es español sino universal.

La imagen que tienen muchos norteamericanos de Latinoamérica es igualmente simplista. Creen que todos los que viven allí hablan español, sin recordar que en el Brasil la lengua oficial es el portugués y que en otros países de Centroamérica y Sudamérica se habla francés e incluso[1] inglés. Tampoco se debe olvidar que hay centenares[2] de lenguas indígenas a lo largo de las Américas. También se imaginan que todos los latinoamericanos viven en un clima tropical, llevan sombrero y ropa similar al pijama norteamericano, siempre intentan evitar el trabajo, duermen la siesta siempre que[3] pueden (cuando no están haciendo el amor o bailando el cha-cha-chá), ordinariamente comen

[1]*even* [2]*hundreds* [3]siempre... *whenever*

Los turistas a veces se sorprenden al descubrir que el flamenco no se baila por toda España. Aquí se observa un baile típico de Galicia, una región en el norte del país.

platos picantes como el chile con carne, las enchiladas y los tamales y hacen una revolución cada dos o tres meses.

35 En cambio, mucha gente de los países hispanos cree que la mayoría de los norteamericanos son unos materialistas que no se interesan por los valores espirituales o artísticos. Se imaginan que todas las familias de los Estados Unidos viven en casas lujosas y comen de latas o de platos preparados fuera de casa. También creen que todos los hombres norteamericanos llevan pistola y que en los

La gente latinoamericana tiene herencias culturales muy diversas. Estos indígenas viven en Chincheros, en el altiplano cerca de Cuzco, Perú.

40 Estados Unidos se da más importancia a los deportes que a la educación. Según muchos hispanos, los turistas norteamericanos nacen con el chicle en la boca, una cámara en la mano, dinero en los bolsillos y gafas oscuras en la nariz.

Esta clase de estereotipo nace de la ignorancia sobre otras culturas. Es muy fácil partir de observaciones superficiales y crear una imagen simplista, pero es 45 más inteligente e interesante examinar las diferencias como reflejos de respuestas distintas a la experiencia humana, cada una con sus méritos y su lógica, basadas en razones históricas, sociales, políticas, geográficas o económicas.

Comprensión*

A Haga oraciones completas con las siguientes palabras, usando la forma correcta de los artículos, los verbos y los adjetivos. Donde se dan dos alternativas entre paréntesis, escoja la forma apropiada. No cambie el orden de las palabras. Luego, indique si las oraciones son ciertas (**C**) o falsas (**F**) según la Lectura I, y corrija las oraciones falsas.

1. ____ el / norteamericanos / viajar más / y / por eso / comprender / mejor / a / el / hispanos
2. ____ para mucho / turistas / norteamericano / España / (ser-estar) / el / país / de / flamenco y todo / el / españoles / (ser-estar) / moreno
3. ____ alguno / latinoamericanos / tener / (un-una) imagen / de Norteamérica / que / (ser-estar) / también simplista
4. ____ el / norteamericano / «típico» / (ser-estar) / (un-una) materialista / que / usar / gafas / oscuro / y / vivir en / (un-una) casa / lujoso
5. ____ la / personas / que / creer en / estereotipos / (ser-estar) / gente de poca inteligencia

B Papel y lápiz Vuelva a mirar sus apuntes de la actividad Papel y lápiz de la página 9.

- ¿Hay otras características que Ud. quiere añadir al «retrato» de su grupo?
- ¿Por qué cree Ud. que existen estas ideas simplistas acerca de los miembros de su grupo? ¿De dónde vienen esas ideas? Apunte algunos pensamientos generales al respecto.
- ¿Qué información puede Ud. mencionar para contradecir cada uno de los puntos de la perspectiva estereotipada? ¿Cómo suelen ser realmente los miembros de su grupo?

Guarde sus apuntes. Más tarde se harán otras actividades con ellos.

---

*When possible, answers to the **Comprensión** activities are provided in the Answer Appendix.

Interpretación

¿Cuál es la idea principal de «Los estereotipos culturales»? ¿Cómo se compara con las ideas que tenía la clase al completar la actividad B de Aproximaciones al texto?

Aplicación

¡Necesito compañero! Trabajando en parejas, mencionen los hechos (*facts*) que la Lectura I presenta para contradecir los siguientes estereotipos. (¡Cuidado! La lectura no menciona los hechos sobre los norteamericanos.)

1. «España es el país del flamenco.» De hecho (*In fact*), ...
2. «En Latinoamérica todos hablan español.» De hecho, ...
3. «Todos los norteamericanos viven en casas grandes y lujosas.» De hecho, ...

LECTURA II CONTRASTES ENTRE CULTURAS

APROXIMACIONES AL TEXTO

Word Guessing from Context

Even though you do not know every word in the English language, you can probably read and understand almost anything in English without having to look up many unfamiliar words. You have learned to make intelligent guesses about word meanings, based on the meaning of the surrounding passage (the context).

You can develop the same guessing skill in Spanish. There are two techniques that will help you. The first is to examine unfamiliar words to see whether they remind you of words in English or another language you know. Such words are called *cognates* (for example, *nation* and **nación**). The second technique is the same one you already use when reading in English, namely, scanning the context for possible clues to meaning.

Mire las oraciones de la próxima página y empareje (*match*) las palabras en letra cursiva (*italics*) con su equivalente en inglés. Examine el contexto en que se usa cada palabra o frase para adivinar su significado. Todas las palabras en letra cursiva aparecen en la Lectura II, «Contrastes entre culturas».

1. _____ Casi todos los bebés *lloran* cuando tienen hambre.
2. _____ Cuando el bebé llora de hambre, su madre lo *amamanta* en un lugar privado.
3. _____ Los norteamericanos *se despiden* diciendo simplemente: «Adiós» y «Buenas noches».
4. _____ Los hispanos, en cambio, *se estrechan la mano* al despedirse.
5. _____ Los inmigrantes *se marchan de* su país en busca de nuevas oportunidades.
6. _____ Muchos inmigrantes nunca *regresan* a su país de origen.

a. say good-bye
b. go back, return
c. leave, go away from
d. cry
e. shake hands
f. nurses, breast-feeds

Palabras y conceptos

abrazar to hug, embrace
cogerse del brazo to go arm in arm
(in)cómodo (un)comfortable
el nene / la nena very young child, infant
el pecho breast
la reunión meeting

La Lectura II describe algunos comportamientos (*behaviors*) de los hispanos que son distintos de los de los norteamericanos y viceversa. Utilizando las palabras de la lista, y también las de la actividad de Aproximaciones al texto, conteste las siguientes preguntas sobre el comportamiento de la gente norteamericana típica.

1. ¿Dónde suelen amamantar las madres a sus nenes?
2. ¿Cómo se siente la gente cuando ve a una madre que le da el pecho a su hijo/a en un lugar público?
3. ¿En qué circunstancias se abrazan dos personas normalmente? ¿Cuándo se estrechan la mano? ¿Cuándo se cogen del brazo? ¿Qué tipo de relación suele existir entre esas dos personas?
4. En una reunión, ¿cómo se despide una persona que se marcha?

Contrastes entre culturas

1 Muchas veces, cuando tratamos con personas de culturas distintas a la nuestra, podemos sentirnos incómodos o sorprendidos. Pero al llegar a conocer las costumbres propias de otros grupos, comprendemos que muchas veces la realidad está en conflicto con los estereotipos. Muchas personas creen que los his-
5 panos son más formales en sus relaciones sociales que los norteamericanos. Vamos a ver algunos casos concretos.

A. Estamos en una reunión de colombianos. Todos hablan, cantan, gritan[1] —en fin, son viejos amigos. Es medianoche, y uno de ellos necesita regresar a su casa, pero antes de marcharse, de acuerdo con las costumbres hispanas, da la mano a cada uno de sus amigos.

En Chicago hay otra reunión de amigos norteamericanos. Llega la hora en que uno debe marcharse. Con un «Buenas noches. Hasta pronto», se despide sin más ceremonias.

B. Un abogado de cincuenta años espera a su esposa en el aeropuerto de Lima. Descubre que un compañero de la universidad también está allí. Sorprendido y muy contento, corre y le da un abrazo a su viejo amigo.

Un hombre de negocios de Oregón entra en un hotel de Boston. Allí ve a su antiguo compañero de los años universitarios. Los dos están muy contentos con la inesperada reunión. Se estrechan la mano.

Una conversación entre amigos hispanos es animada y hay más proximidad y contacto físico entre las personas que en una conversación entre norteamericanos.

C. Una madre norteamericana está en un parque público con su hijo de tres años y una nena recién nacida.[2] La nena llora porque desea comer. La madre le dice a su hijo que es necesario regresar a casa porque es hora de amamantar a la nena.

Una madre madrileña está en el Retiro[3] con su hija de cuatro años y un nene de pocos meses. Cuando el nene llora, la madre se sienta en un banco y le da el pecho.*

D. Un norteamericano y un hispano hablan en una fiesta. El norteamericano está acostumbrado a mantener una distancia de dos o tres pies entre él y la persona con quien habla. En cambio, el hispano normalmente mantiene

[1] *shout* [2] recién... *newborn* [3] parque grande de Madrid

*In recent years, breast-feeding has increased considerably in popularity in the United States, while it has decreased in Hispanic countries. The attitude toward nursing in public has not changed in the two cultures, however; it is generally accepted in Hispanic societies and generally frowned on in the United States.

30 una distancia de dieciséis pulgadas.[4] Cada vez que el hispano avanza a la distancia a que él está acostumbrado, el norteamericano retrocede.[5] Más que dos amigos, parecen dos adversarios.

E. Dos chicas norteamericanas deciden reunirse en la zona comercial de St. Louis con dos alumnas hispanas que estudian en su escuela. Hay mucha
35 gente por las calles y las norteamericanas no pueden caminar juntas. A cada dos pasos se encuentran[6] separadas por otras personas que pasan entre ellas. Las hispanas, en cambio, caminan cogidas del brazo, hablando de sus clases y de la vida escolar. Cuando ven a sus amigas de la escuela, deciden cambiar de compañeras y una de las hispanas toma del brazo a una de las norteamericanas.
40 La de St. Louis está algo incómoda porque no está acostumbrada a caminar así con otra mujer. La hispana nota que su compañera está incómoda y cree que es una chica muy fría.

¿Cuál de las dos culturas es más informal y cuál es más formal? No hay una respuesta categórica. Depende de la situación y, en muchos casos, de la personali-
45 dad de cada individuo.

[4]*inches* [5]*backs up* [6]se... *they find themselves*

Comprensión

Complete la siguiente tabla con la información necesaria para resumir (*to summarize*) los contrastes culturales presentados en la Lectura II.

SITUACION	LOS HISPANOS	LOS NORTEAMERICANOS
el amigo que se despide en una fiesta		Dice adiós y se va.
viejos amigos en una reunión inesperada	Se abrazan.	
la madre con su nene/nena en el parque público		
dos personas en una conversación típica		Hablan a una distancia de más o menos tres pies.
dos amigas que caminan juntas por la calle		Caminan sin tocarse los brazos o las manos.

Entre todos

- En su opinión, ¿cuáles de estas costumbres justifican la creencia de que los hispanos son más formales que los norteamericanos? ¿Cuáles la contradicen?

- ¿Es posible que la idea de lo que se considera «formal» sea diferente en cada cultura? Por ejemplo, ¿para Ud. es formal o informal darse la mano al despedirse? ¿Cree Ud. que entre los hispanos es algo formal o algo informal? Explique su respuesta.
- En general, ¿qué conclusión puede Ud. sacar en cuanto al contacto físico en las dos culturas?

Interpretación

A ¿Cuál es el origen de los estereotipos? Cuando observamos las acciones o costumbres de las personas que pertenecen a cierto grupo, podríamos (*we could*) pensar que toda la gente de ese grupo comparte las mismas características o costumbres. ¿Qué imagen falsa de los norteamericanos se puede formar una persona de otro país que observa sólo una de las siguientes costumbres? Haga una generalización para cada costumbre.

1. Muchos norteamericanos se bañan todos los días.
2. La mayoría de los jóvenes norteamericanos no vive con sus padres después de cumplir los dieciocho años.
3. Muchas de las mujeres norteamericanas que tienen hijos trabajan fuera de casa.
4. La familia norteamericana típica tiene dos carros.

B También hacemos generalizaciones de los países que visitamos, basándonos en lo que vemos en los lugares específicos que allí conocemos. Si conocemos solamente un lugar, nuestra percepción de ese país va a ser muy limitada —y probablemente falsa. ¿Qué visión estereotipada de los Estados Unidos puede tener un(a) turista que visita solamente uno de los lugares a continuación? Haga una generalización para cada lugar.

1. la ciudad de Nueva York
2. Abilene, Texas
3. Miami Beach
4. Hollywood

¿En qué sentido van a ser falsas estas percepciones? ¿En qué sentido van a ser verdaderas? ¿Qué otros lugares debe visitar el/la turista para formarse una imagen más representativa de los Estados Unidos?

Aplicación

A ¿Qué estereotipo sobre los norteamericanos presenta el dibujo de la próxima página?

- ¿Es verdad que muchos estadounidenses llevan armas? ¿Por qué las llevan? ¿En qué parte(s) del país las llevan especialmente?
- ¿Qué opina Ud. sobre la costumbre de tener armas?
- ¿Por qué cree Ud. que existe esta imagen sobre los EEUU en otros países? (Piense en los lugares que visitan los turistas, en el cine, en la televisión, etcétera.)

EL CABALLERO EN U. S. A.
—Hemos hecho° una nueva versión al gusto americano.

Hemos... *We've made*

B Papel y lápiz Vuelva a mirar los apuntes de la actividad Papel y lápiz de la página 12.

- Después de leer y comentar las lecturas sobre los estereotipos culturales, ¿qué otra información puede Ud. incluir en sus notas sobre el porqué de las creencias que otros tienen de su grupo?
- En su opinión, ¿es posible cambiar la opinión que otros tienen de su grupo? ¿Qué se puede hacer para contrarrestar (*counteract*) o corregir las opiniones falsas? Apunte algunas ideas al respecto.
- ¿Es importante cambiar las opiniones falsas o cree Ud. que es más sano (*healthy*) no hacerles caso (*to ignore them*)? ¿Por qué? Apunte algunas ideas al respecto.

VOCES

In this section, you have the chance to read along as you listen to Hispanics from various parts of the Spanish-speaking world. These people have responded to questions about a variety of topics of interest to them. Sometimes their viewpoints will reflect a general Hispanic perspective; usually, however, their opinions are very personal and individual. Since the language of their **voces** is authentic, it contains dialectical expressions with which you may not be familiar. A few words and phrases have been glossed for you, but you should concentrate on getting the gist and guessing from context the meaning of unfamiliar words and expressions.

1. Cuando piensa en los Estados Unidos, ¿qué imágenes se le ocurren?

Juan P.: San Salvador, El Salvador
Cuando pienso en los Estados Unidos se me ocurren las siguientes imágenes: un gigantesco parqueo alrededor de un centro comercial en lo alto del cual se ven girando carteles iluminados que anuncian McDonald's, Burger King y Jack-in-the-Box. Veo ciudades nuevas de amplios bulevares construidos para acomodar tráfico de automóviles. Veo numerosos vecindarios de viviendas de clase media en los que cada casa tiene por lo menos un coche estacionado al lado.

Angels M.: Barcelona, España
Distingo entre ciudades y zonas rurales. Texas se encontraría en el segundo grupo y desde luego (*of course*) las características que se atribuyen a los de Texas están relacionadas con las películas que hemos visto... Entre las ciudades conocemos mucho New York, sus rascacielos, los problemas de convivencia (*living together*) en los barrios con conflictos raciales... Los Angeles es una ciudad para nosotros muy atípica,

mucho más lejos de nuestra forma de vida que New York. Nos imaginamos Los Angeles como una ciudad muy dispersa, a todos lados se puede llegar en coche, autovías y autopistas son sus calles...

2. Y Ud., ¿qué imágenes le vienen a la mente o qué asociaciones hace cuando piensa en los siguientes países... ?

Juan C.: Lima, Perú
¿España? Pues... por ejemplo los conquistadores que llegaron a tierras indígenas, sacerdotes (*priests*) predicando su dogma, la música flamenca...

¿Japón? Asocio los samurais y su código de honor, el famoso «harikiri». Asocio también gente con un sentido muy arraigado (*deeply rooted*) hacia el núcleo familiar, tecnología y disciplina.

¿Colombia? Café, campo, gente de color haciendo faenas (*tasks*) de cultivo, violencia producto del narcotráfico, pero a la vez alegría en su música.

Elvira A.: Madrid, España
¿Alemania? Cerveza, gente minuciosa y detallista en lo que hace... ¿Colombia? Alegría, corrupción... ¿Inglaterra? Universidades y colegios universitarios, lluvia, gente reservada... ¿Francia? La Torre Eiffel, gente antipática y seca.

Eduardo B.: Santiago, Chile
España... toro. Argentina... carne, tango. Japón... automóviles. Alemania... cerveza. Colombia... cocaína. Francia... edificios. Inglaterra... monarquía.

¡Ud. tiene la palabra!°

°¡Ud... *You have the floor!*

A Entre los hispanos, ¿es la imagen más común que se tiene de los Estados Unidos la de un lugar rural o urbano? ¿Cuáles son los lugares que más se conocen?

B ¡Necesito compañero! Imagínense que Juan P. y Angels M. piensan visitar los Estados Unidos. ¿Qué itinerario podrían Uds. (*could you*) sugerir para que pudieran (*they might*) formar una visión más amplia del país? ¿Qué otros lugares deben visitar?

C Al dar las imágenes y asociaciones que tienen de varios países, estas personas han revelado los estereotipos que tienen de los mismos grupos nacionales. ¿Cree Ud. que nosotros, los norteamericanos, compartimos las mismas asociaciones con respecto a estos grupos nacionales? Comente.

La comunidad humana

Hay una gran variedad de razas y de tipos en el mundo de habla española.

1. Jaén, España
2. Quetzaltenango, Guatemala
3. Guanajuato, México

3.

1.

2.

Las fotos de la izquierda ilustran la diversidad que existe en la comunidad humana. En su opinión, ¿de dónde son las personas que aparecen en esas fotografías? La variedad de grupos étnicos, lenguas y tradiciones es ciertamente una de las imágenes que muchas personas asocian con la comunidad humana de los Estados Unidos. ¿Asocia Ud. la comunidad humana en el contexto hispano (de España e Hispanoamérica) con la misma diversidad que hay en los Estados Unidos, o la concibe como más homogénea?

De las dos opciones que se dan para cada uno de los temas a continuación, ¿cuál describe mejor la imagen mental que Ud. tiene de la gente hispana?

1. la diversidad étnica	□ una raza	□ varias razas
2. las diferencias entre generaciones	□ pocas	□ muchas
3. la apariencia física	□ poca variedad	□ mucha variedad
4. el idioma	□ uno	□ varios
5. la religión	□ una	□ varias
6. las diferencias regionales	□ pocas	□ muchas

Ahora, comente con otros estudiantes cuáles de los siguientes componentes étnicos opinan Uds. que son parte de la tradición cultural de España o de Hispanoamérica.

1. árabe
2. escandinavo
3. anglosajón
4. germánico
5. judío
6. mongol
7. italiano
8. hindú
9. gitano (*gypsy*)
10. japonés o chino o coreano
11. indígena americano
12. africano
13. indígena australiano

LECTURA I EL PUEBLO ESPAÑOL

APROXIMACIONES AL TEXTO

Using What You Already Know

It is important to keep in mind that, as a reader, you bring a great deal of information to a text. For this reason, it always seems easier to read a passage about a familiar topic than one about an unfamiliar topic, although there may in fact be no difference in the level of difficulty of the language found in each text.

On the other hand, you also need to be alert to the possibility that your knowledge of a particular subject—and thus, the context you provide for what you are reading—may differ considerably from the information presented in the text. For example, the visual images that exist in the United States of Native Americans and their lifestyles, while more helpful than no knowledge at all about Native Americans, will not correspond very closely to the image that exists in Latin America of the indigenous peoples there.

Before you begin to read a text, be aware of your expectations of the topic. Then skim the text in order to confirm or revise those expectations. As you read the text more closely, be alert to the need to continue revising your expectations as you gain more information from your reading.

A Papel y lápiz ¿Qué sabe Ud. de la comunidad humana de España? Escriba algunas ideas al respecto en su cuaderno de apuntes, utilizando el siguiente mapa semántico como punto de partida.

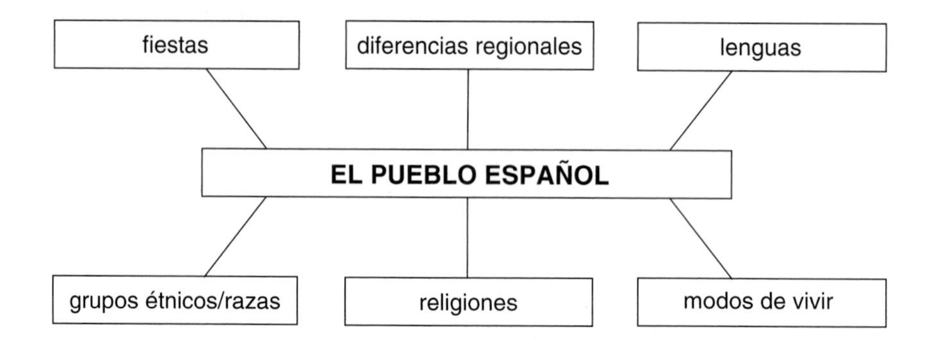

- Examine su mapa y escriba dos o tres oraciones para resumir las ideas principales. ¿Le parece que es una comunidad muy diversa o poco diversa?
- Ahora, mire la Lectura I, «El pueblo español», que empieza en la página 24: lea la oración inicial de cada párrafo y mire las ilustraciones y las glosas y notas al pie de la página. ¿Qué nueva información puede Ud. incluir en su mapa? ¿Es necesario modificar las oraciones de resumen?

B Aquí se reproduce en su totalidad el primer párrafo de la lectura «El pueblo español». Léalo rápidamente, usando las notas al pie de la página y adivinando el significado de cualquier palabra que Ud. no sepa. ¿Cuántas de sus expectativas acerca del pueblo español resultaron acertadas (*accurate*)?

Lejos de ser una comunidad homogénea y monocromática,[1] el pueblo español abarca[2] numerosos grupos humanos. Romano, árabe, europeo, africano, gitano; creencias judías, musulmanas, cristianas: esta rica mezcla de gentes y tradiciones ha dado[3] un carácter único a la cultura española. Al mismo tiempo, ha planteado[4] problemas que se resisten a soluciones fáciles o rápidas.

Palabras y conceptos

a través de across, throughout
analfabeto illiterate
el cruce crossroads
el desempleo unemployment
despreciado scorned
el gitano gypsy
la identidad identity
mantener (ie) to maintain
marginado shut out, pushed aside
mejorar to improve
la mezcla mixture
nómada nomadic
la patria homeland

A ¿Qué palabras de la lista completan mejor las siguientes secuencias? También explique la relación que existe entre las palabras.

MODELO: durante, después de,... → a través de
Todas son frases preposicionales que indican una relación temporal.

1. la personalidad, el carácter,...
2. la gente, la comunidad,...
3. conservar, preservar,...
4. despreciado, discriminado,...

B Explique brevemente en español el significado de estos términos.

1. analfabeto 2. el desempleo 3. nómada 4. el cruce

C A continuación se reproduce otra vez la introducción de la lectura «El pueblo español». Léala de nuevo.

Lejos de ser una comunidad homogénea y monocromática, el pueblo español abarca numerosos grupos humanos. Romano, árabe, europeo, africano, gitano; creencias judías, musulmanas, cristianas: esta rica mezcla de gentes y tradiciones ha dado un carácter único a la cultura española. Al mismo tiempo, ha planteado problemas que se resisten a soluciones fáciles o rápidas.

---

[1]de un solo color [2]incluye [3]ha... *has given* [4]ha... *it has presented*

Según esta introducción, hay dos temas principales que posiblemente se van a tratar en el texto. ¿Cuáles de los siguientes son esos temas?

1. una descripción cronológica de los varios grupos que han llegado (*have come*) a la tierra española
2. una descripción de algunas dificultades que han surgido (*have arisen*) como resultado de la variedad étnica del pueblo español
3. una crítica de la contribución de los varios grupos étnicos a la cultura española en general

Entre todos Miren las palabras de la lista del vocabulario. ¿Cuáles se relacionan específicamente con los dos temas ya identificados?

Nota: Remember that vocabulary, grammatical structures, and verb tenses that may be unfamiliar to you are glossed at the bottom of the page. The past tenses, the future, and the present participle (*-ing*) are indicated with the following symbols.

future → past ← present participle ᔕ

El pueblo español

1 Lejos de ser una comunidad homogénea y monocromática, el pueblo español abarca numerosos grupos humanos. Romano, árabe, europeo, africano, gitano; creencias judías, musulmanas, cristianas: esta rica mezcla de gentes y tradiciones ha dado (←) un carácter único a la cultura hispana. Al mismo tiempo, ha
5 planteado (←) problemas que se resisten a soluciones fáciles o rápidas.

Los gitanos son el grupo minoritario étnico más grande de España. Su *cante* y baile forman parte de festivales como la Romería del Rocío en Sevilla.

Situada en el cruce entre dos continentes y fácilmente accesible desde el mar Mediterráneo, España ha sido (←) habitada por muchos grupos diferentes a través de su historia: íberos, celtas, griegos, romanos, godos, árabes, judíos. Todos estos grupos, especialmente los romanos, que estuvieron (←) en España seis siglos,* y los árabes, que ocuparon (←) la península Ibérica durante casi ocho siglos,† han dejado (←) su impacto en la civilización y la cultura españolas. España se constituyó como[1] nación en el siglo XV, cuando se unieron (←) los reinos[2] de Castilla y Aragón para reconquistar el territorio del sur (lo que ahora es Andalucía), que todavía estaba bajo el control de los mahometanos.[3] Así se impusieron (←) la religión católica y el idioma de Castilla como símbolos de la unidad española. La nación española de hoy incluye diecisiete comunidades autónomas,[4] cada una de las cuales conserva sus propias tradiciones y costumbres, formando (∽) así una patria chica[5] dentro de la patria nacional. Quizás la más notable entre estas tradiciones es la persistencia de otras lenguas además del español. El catalán, parecido al antiguo provenzal[6] de Francia, se habla en las regiones de Cataluña y Valencia. El gallego, del cual se derivó (←) el portugués moderno, todavía se habla en Galicia. En el País Vasco (Euskadi), se habla vasco (euskera), una lengua antiquísima[7] que no está relacionada con ninguna otra del mundo.

Por razones históricas y tradicionales, es común que los miembros de estos grupos regionales se consideren muy diferentes los unos de los otros. A pesar de[8] esto, en realidad hay bastante uniformidad racial y étnica por toda la península Ibérica. Dos excepciones importantes son los inmigrantes recientes de Africa y los gitanos.

Un buen número de inmigrantes del norte de Africa (principalmente de Marruecos) ha entrado a España en las últimas décadas en busca de un mejor nivel de vida[9] y oportunidades de trabajo. Algunos españoles los miran con recelo,[10] especialmente cuando se elevan los índices de desempleo y la economía parece incapaz de absorber la fuerza laboral[11] extranjera.

Los gitanos en España

Los gitanos, originarios de la India, son un pueblo nómada que hoy se encuentra esparcido[12] por casi todo el mundo. Los europeos del siglo XV pensaban que venían de Egipto y por eso les pusieron (←) el nombre de *egiptanos.* De ahí vino (←) el término *gitano* en español, al igual que *gypsy* en inglés (de *Egyptian*).

Aunque los gitanos eran excelentes artesanos y comerciantes,[13] fueron (←) despreciados por su extraño modo de vivir, y se les atribuía[14] toda clase de vilezas:[15] el robo, el engaño[16] en el comercio, la magia negra.

Durante los siglos XVI y XVII, los gitanos poco a poco empezaron (←) a perder su idioma y a mezclarse (si no exactamente a asimilarse) con el resto de la sociedad. Según algunos, fue (←) esta mezcla de lo gitano con lo español, y especialmente con lo árabe de Andalucía, lo que dio (←) origen al *cante* y baile

[1]se... *was established as* [2]*kingdoms* [3]*Muslims* (*followers of Mohammed*) [4]*autonomous, independent* [5]patria... *home town* [6]dialecto del francés [7]muy antigua [8]A... *In spite of* [9]nivel... *standard of living* [10]*apprehension* [11]fuerza... *workforce* [12]*scattered* [13]*traders* [14]se... *were attributed to them* [15]*infamies* [16]*fraud*

---

*Los romanos estuvieron en España desde el siglo II a.C. (antes de Jesucristo) hasta principios del siglo V d.C. (después de Jesucristo).

†Los árabes invadieron España en el año 711 y fueron expulsados por los Reyes Católicos (Fernando de Aragón e Isabel I de Castilla) en 1492.

flamenco, cuyos[17] ritmos tristes y sensuales han llegado a ser[18] sinónimo de la música más típica de España.

Ha habido[19] varios intentos de eliminar la discriminación contra las tradiciones y costumbres gitanas. Sin embargo,[20] todavía hoy son despreciados por muchos y, por lo tanto, siguen sufriendo (∩∩) discriminación. Analfabetos en su mayoría, viven marginados de la sociedad española y excluidos de muchos de sus beneficios. Aunque los gitanos buscan mejorar su situación con respecto a los *payos* (nombre que les dan a los que no son gitanos), no quieren perder su propia identidad cultural.

El pueblo español no es, pues, una comunidad homogénea y monocromática. Dentro de su identidad nacional, y a veces en contradicción con ella, existen diferentes grupos étnicos y comunidades regionales que insisten en defender su diversidad lingüística y cultural.

[17]*whose* [18]han... *have become* [19]Ha... *There have been* [20]Sin... *Nevertheless*

Comprensión

A En la lectura, subraye (*underline*) en cada párrafo la oración que mejor resuma la idea principal. Luego, compare las oraciones que Ud. ha indicado con las de sus compañeros de clase para llegar a un acuerdo (*agreement*).

B Las siguientes palabras aparecen en la Lectura I. Después de haberla leído (*having read it*), ¿qué significado tiene cada palabra para Ud.? ¿Qué información asocia con cada una?

1. el cruce
2. la mezcla
3. la lengua
4. la unidad
5. la patria chica
6. nómada
7. el flamenco
8. marginados

C Cambie las oraciones personales de la próxima página por otras impersonales o pasivas usando el pronombre **se.** ¡Cuidado con la concordancia del verbo! Luego diga si son ciertas (**C**) o falsas (**F**) según la Lectura I, y corrija las oraciones falsas.

MODELO: *Encontramos* muchos grupos humanos en el pueblo hispano. → *Se encuentran* muchos grupos humanos en el pueblo hispano. Cierto.

1. _____ En las diversas regiones de España, *la gente conserva* muchas tradiciones y costumbres distintas.
2. _____ En algunas de las comunidades, *la gente habla* una lengua diferente.
3. _____ En el siglo XV, *la gente pensaba* que los gitanos venían de la India.
4. _____ *Muchos atribuían* características muy negativas a los gitanos, porque *muchos creían* que era gente mala.
5. _____ Ya no *vemos* mucha discriminación contra los gitanos en España.

Interpretación

A Papel y lápiz Vuelva a mirar sus respuestas a las preguntas de la actividad Papel y lápiz de la página 22. ¿Qué información puede Ud. añadir (*add*) o modificar después de haber leído (*having read*) la Lectura I?

B Complete el siguiente mapa conceptual según lo que Ud. aprendió en esta lectura sobre el pueblo español.

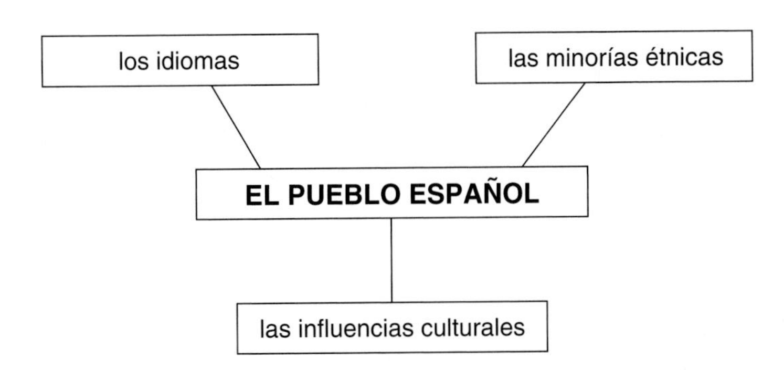

C En los Estados Unidos también hay comunidades de gitanos. ¿Es diferente la imagen que se tiene del «gitano norteamericano» de la imagen del «gitano español»? ¿Existen también semejanzas entre las imágenes que se tienen de ambos? Explique.

D ¡Necesito compañero! ¿Hay algunas semejanzas entre los gitanos y otros grupos étnicos? Identifiquen otros grupos étnicos o sociales que comparten las siguientes características.

- la falta de nacionalidad
- la existencia de normas (*rules*) de conducta exclusivas del grupo
- el tener una lengua propia
- la resistencia a incorporarse a la sociedad mayoritaria

¿Piensan Uds. que algunas de estas características se deben al hecho de tener una vida (o tradición) nómada? ¿Cuáles? Expliquen.

LECTURA II EL PUEBLO HISPANOAMERICANO

APROXIMACIONES AL TEXTO

Using Word Function to Determine Meaning

You have learned to rely on what you already know about a text's general structure and theme to anticipate its overall meaning; this general meaning is then a useful tool for guessing the meaning of individual words within the text. The structural clues provided by sentence context offer another tool for guessing the meanings of unfamiliar words. Try the following example.

> Las chinampas del antiguo México, y los magallones cercanos al lago Titicaca, son ejemplos del aporte tecnológico indígena para solucionar eficazmente los retos agrícolas de la sociedad moderna.

You know that **chinampas, magallones, aporte, retos,** and **sociedad** are nouns (**sustantivos**), because they are preceded by articles (**el, la, los, las**). The ending **-mente** (equivalent to English *-ly*) signals an adverb. You can conclude that **antiguo, agrícolas,** and **moderna** are adjectives, since they are next to nouns and agree with those nouns in gender (masculine, feminine) and number (singular, plural).* In addition, the endings **-ano** and **-lógico** signal adjectives. After this analysis you know that **chinampas** and **magallones** are technological, indigenous "things" related to the solution of modern society's agricultural **retos.** Can you now guess what **reto** means?

Inferring word functions will help you determine a number of useful pieces of information.

1. *Locating the verb.* Use your knowledge of the Spanish verb system, with its characteristic person and number endings. For example, a word ending in **-mos** is most likely a verb whose subject is **nosotros/as.** If a word ends in **-an,** however, it may be either a singular noun (e.g., **pan**) or a third-person plural verb (e.g., **miran**), and you should look for a third-person plural subject to make sure it is a verb.

2. *Locating the subject,* that is, who or what is performing the action or is being described; this will usually be a noun. Articles (**el, la, un, una,** and their plural forms) signal that a noun follows. Endings like **-cia, -dad, -ión,** and **-tad** also signal nouns. Remember that you cannot assume that the first noun in a sentence is the subject, because Spanish word order is variable (not fixed). Instead, try to identify the noun(s) with which the verb agrees in person and num-

---

*Note that **agrícola** is one of a group of adjectives that end in **-a** but do not have corresponding **-o/-os** endings (others of this type include **indígena** and all adjectives ending in **-ista: realista, pesimista,** etc.). These adjectives therefore do not appear to agree in gender when they describe masculine nouns.

ber. Also keep in mind that the subject may not be mentioned at all since in Spanish it is frequently indicated only by the verb ending.

3. *Locating the object,* that is, to whom or to what the action is being done; this will usually be a noun. Remember that direct objects that refer to people are indicated by the marker **a,** which helps you decide who the subject and object of a verb are even when they both agree logically and grammatically with that verb. In the following two questions, for example, both **los hijos** and **sus padres** could perform the action (**escuchar**), and the verb ending could refer to either noun. Only the word **a** indicates that **sus padres** is the object in the first sentence, and the subject in the second.

¿Escuchan los hijos a sus padres?	*Do the children listen to their parents?*
¿Escuchan a los hijos sus padres?	*Do the parents listen to their children?*

4. *Identifying adjectives,* that is, qualities of the subject or the object. You can find the adjectives that agree with each noun in gender and number. The endings **-al, -ano, -ario, -ico, -ísimo, -ivo,** and **-oso** often signal adjectives.

5. *Identifying characteristics of the action* by finding the adverbs or adverbial phrases. Unlike adjectives, adverbs do not change to show gender or number. The ending **-mente** signals an adverb; **-ísimo** signals either an adverb or an adjective, depending on whether it describes a noun (**una persona importantísima**) or a verb (**lo siento muchísimo**). Some common adverbs are **ahora, antes, aquí, ayer, demasiado, después, hoy, mucho, muy,** and **todavía.** Some common adverbial phrases are **a menudo** (*often*), **con frecuencia, de manera** + *adjective,* **de modo** + *adjective,* and **en forma** + *adjective.*

A Las oraciones de la próxima página aparecen en la Lectura II, «El pueblo hispanoamericano». Use la tabla de abajo para determinar la función de las palabras en las oraciones. Para ayudarle, algunas de las palabras ya están en la tabla como modelo.

	VERBO	SUJETO	COMPLEMENTO DIRECTO (SI LO HAY)	OTROS SUSTANTIVOS	ADJETIVOS	ADVERBIOS
1.		comunidad				
2.				lugares		
3.						históricamente, con frecuencia
4.			no hay			
5.					africanos, social, económica	
6.	crece					

1. La comunidad humana latinoamericana contiene una rica diversidad, no exenta de conflictos económicos y políticos.
2. Erróneamente, en muchos lugares todavía consideran inferiores a los indígenas.
3. Históricamente víctimas de la violencia y el robo, los indígenas con frecuencia mantienen una distancia recelosa de las sociedades «ladinas».
4. Existen muchos latinoamericanos de procedencia judía, irlandesa, árabe y japonesa.
5. Los descendientes de los esclavos africanos todavía padecen condiciones de inferioridad social y económica.
6. Actualmente crece en Latinoamérica una conciencia general sobre la importancia de las comunidades indígenas.

B ¿Puede Ud. expresar estas oraciones en términos más sencillos en español? ¿Qué palabras se pueden omitir? Observe que el establecer la función de las palabras le permite determinar qué palabras son realmente necesarias para entender el significado de cada oración.

C Basándose en estas oraciones, ¿cuál podría ser (*might be*) la idea principal de la lectura «El pueblo hispanoamericano»?

Palabras y conceptos

a causa de because of
actual current, present
el aporte contribution
aprovecharse (de) to take advantage (of)
autóctono native, indigenous
el colono colonist
los derechos (human) rights
desarrollar to develop
encerrar (ie) to enclose, confine
  el encierro confinement
la esclavitud slavery
  el esclavo slave
la llegada arrival
luchar por to fight for
el lugar place
el manejo handling, management
perder (ie) to lose
el recurso resource
rescatar to salvage; to rescue
el reto challenge
la riqueza richness
el sabor flavor
someter to subject; to conquer
  sometido subordinated; subjected
superar to overcome
tipificar to characterize

A Busque sinónimos en la lista del vocabulario.

1. caracterizar
2. confinar
3. la abundancia
4. de hoy día
5. la contribución
6. recuperar
7. defender

B Busque antónimos en la lista del vocabulario.

1. liberar
2. la salida
3. encontrar
4. extranjero
5. la libertad

C Encuentre la palabra de la columna derecha que mejor describe la relación que existe entre cada grupo de palabras de la columna izquierda.

1. aprovechar, los recursos, el manejo	_____ la esclavitud
2. luchar, los derechos, superar	_____ la igualdad (*equality*) social
3. el encierro, el esclavo, someter	_____ desarrollar
4. la llegada, el colono, el lugar	_____ la colonización

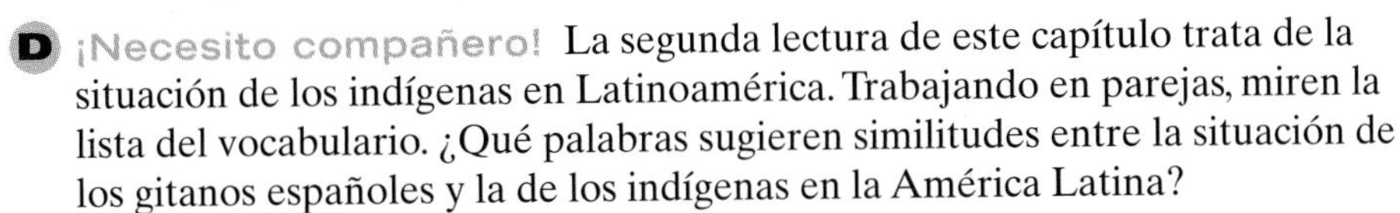

D ¡Necesito compañero! La segunda lectura de este capítulo trata de la situación de los indígenas en Latinoamérica. Trabajando en parejas, miren la lista del vocabulario. ¿Qué palabras sugieren similitudes entre la situación de los gitanos españoles y la de los indígenas en la América Latina?

E Ahora, mire la lectura «El pueblo hispanoamericano»: las fotos y las glosas y notas al pie de la página. ¿Qué semejanzas y diferencias observa Ud. entre la situación de los indígenas en los Estados Unidos y la de los indígenas en Hispanoamérica?

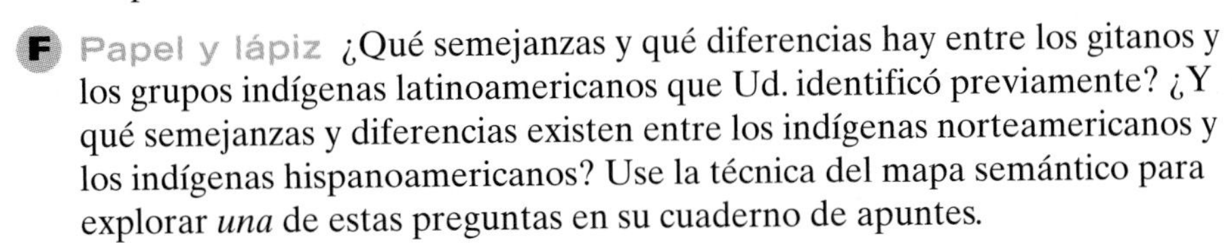

F Papel y lápiz ¿Qué semejanzas y qué diferencias hay entre los gitanos y los grupos indígenas latinoamericanos que Ud. identificó previamente? ¿Y qué semejanzas y diferencias existen entre los indígenas norteamericanos y los indígenas hispanoamericanos? Use la técnica del mapa semántico para explorar *una* de estas preguntas en su cuaderno de apuntes.

- ¿Hay una idea principal que parezca ser representada por el mapa semántico?
- Escriba una o dos oraciones para resumir esta observación.

El pueblo hispanoamericano

A. La mezcla de razas y tradiciones se inició (←) en la América Latina* con el proceso de colonización. Este proceso continuó (←) hasta el siglo XIX con la inmigración de muchos europeos y asiáticos a los países hispanoamericanos. Por ejemplo, en los países del cono sur (la Argentina, Chile, el Uruguay y el Paraguay), apellidos como O'Higgins y Pagliere son tan típicos como Alvarez o López. En diversos lugares del continente, se encuentran[1] latinoamericanos de origen italiano, inglés, francés, holandés, irlandés, alemán, eslavo, árabe, judío, chino, coreano y japonés. También abunda la gente mestiza —producto de la mezcla de dos o más razas— especialmente en Colombia, Venezuela, Centroamérica y el Caribe, donde hay también un considerable número de personas de ascendencia africana. En algunos países como México, Guatemala, el Ecuador, el Perú y Bolivia, la mayoría de la población es de procedencia[2] indígena.

B. Sin embargo, por razones históricas, los nombres indígenas o africanos son mucho menos comunes que los europeos. La colonización del continente

En la América Latina, como se ve en este grupo de ecuatorianos, no es posible distinguir a los indígenas solamente por su apariencia física. La diferencia es cultural.

[1]se... *are found* [2]origen

*En español, el término **Hispanoamérica** suele referirse a los países latinoamericanos en los cuales el idioma oficial es el español. En cambio, los términos **Latinoamérica** o **América Latina** señalan el continente entero, exceptuando los Estados Unidos y el Canadá. Las palabras **América** y **el continente americano** se entienden en español por todo el territorio que se extiende desde las regiones árticas, al norte, hasta el Círculo Polar Antárctico, al extremo sur de la Argentina.

15 americano implicó (←) la exclusión, esclavitud o exterminio de dos grandes grupos culturales no europeos: las civilizaciones indígenas del continente, y los miles de africanos traídos para trabajar en la agricultura y la minería coloniales.

C. La historia de la conquista realizada por los anglosajones es similar, en muchos aspectos, a la realizada por los españoles. Durante los siglos XV y XVI, los 20 europeos encontraron (←) en América un hermoso y exótico nuevo mundo, lleno[3] de recursos naturales. También estaba habitado por numerosas culturas nativas, a las que Colón llamó (←) «indias» porque creyó haber llegado[4] a la India asiática. El contacto entre los europeos y los indígenas fue (←) violento y, como resultado, los nativos poco a poco perdieron (←) sus tierras y su antiguo modo de 25 vida fue destruido.

D. Pero las estrategias que emplearon (←) los ingleses en cuanto a la población nativa fueron (←) distintas de las que usaron (←) los españoles. Muchos ingleses estaban interesados en formar sus propias comunidades, y simplemente eliminaron (←) a los indígenas o los empujaron[5] por la fuerza hacia el oeste. Por úl-30 timo, los encerraron (←) en los «Territorios Reservados», donde todavía viven hoy muchos de sus descendientes. La mayoría de los españoles, en cambio, se aprovecharon (←) de los indígenas para explotar las minas y cultivar la tierra. Además, muchos conquistadores tomaron (←) mujeres indígenas,* y por eso hay una gran mezcla de sangres en Hispanoamérica. Legalmente, los indígenas no 35 eran esclavos, pero en el terreno económico y político estaban sometidos a la clase dominante.

E. Para fines del siglo XV, la fuerza laboral indígena había disminuido[6] considerablemente a causa de la violencia, el trabajo excesivo y las enfermedades traídas por los europeos. Los colonos iniciaron (←) entonces la importación de es-40 clavos desde el Africa central. Como ocurría en las colonias inglesas y francesas del nuevo mundo, los africanos usados por españoles y portugueses fueron (←) sometidos a una condición social y económicamente inferior que todavía hoy luchan por superar. Después de la abolición de la esclavitud en el siglo XIX, los descendientes de africanos se mezclaron (←) con indígenas y europeos, pro-45 duciendo (ᔓ) la amalgama social y étnica que hoy prevalece en Latinoamérica, y que da un sabor único a sus diversas expresiones culturales.

Los indígenas de hoy

F. A causa del sincretismo[7] social y étnico, no es posible basarse en los rasgos físicos para tipificar la población[8] latinoamericana actual. En muchos lugares, por ejemplo, es muy difícil distinguir a los indígenas de los ladinos† o mestizos sola-50 mente por su apariencia física. La diferencia es cultural. Unicamente se considera indígenas a los individuos que llevan ropa distintiva, y que viven en comunidades que continúan desarrollándose (ᔓ) a partir de[9] las costumbres, creencias y a veces también las lenguas de las civilizaciones preexistentes a la llegada de los europeos.

[3]*full* [4]creyó... *he thought he had arrived* [5]*pushed* [6]había... *had diminished* [7]*syncretism, a combination of different ways of living* [8]*population* [9]a... *on the basis of*

*Algunos de estos arreglos (*arrangements*) culminaban en matrimonios; otros no pasaban de ser encuentros casuales.

†Algunos grupos indígenas usan el término **ladino** para referirse a la sociedad y a los individuos que han adoptado un modo de vivir no indígena. El término se usa con este significado especialmente en la América Central.

G. Históricamente víctimas de la violencia y el robo, los indígenas con frecuencia mantienen una distancia recelosa[10] de una sociedad que los ha excluido y despreciado (←). Las sociedades no indígenas adoptan diferentes actitudes con respecto a los nativos. Muchos los consideran inferiores y piensan que son un obstáculo para el progreso. Algunos pretenden[11] educarlos de acuerdo con las normas de la civilización occidental. Otros proponen rescatar y desarrollar los valores indígenas para formar una síntesis de las culturas europeas y las nativas de América.

Muchas comunidades autóctonas, como este grupo indígena de Chiapas, en México, se organizan para defender sus derechos y para mejorar su situación económica y legal.

H. Actualmente crece en Latinoamérica una conciencia general sobre la importancia de las comunidades indígenas para la identidad de los países en donde viven. En los círculos académicos, políticos y empresariales[12] se comienza a reconocer la riqueza cultural, social, jurídica[13] e incluso tecnológica de las civilizaciones autóctonas. El abogado y sociólogo Osvaldo Kreimer, miembro de la Comisión Interamericana de Derechos Humanos de la Organización de Estados Americanos (OEA),[14] resume algunos de los elementos indígenas que atraen la atención internacional: «Recordemos, por ejemplo, la organización social de los Otavalos de Ecuador, que les permite producir y comercializar sus textiles en las principales ciudades de América y Europa; las normas penales[15] de muchos pueblos indígenas, que no se basan[16] en el encierro físico, sino en sanciones morales; el sistema comunal andino[17] de trabajo, llamado la *minga*; los nutrientes que están entrando (ഗ) en la cocina universal, como la quinua;[18] los contratos de las grandes compañías farmacéuticas para aprovechar sus conocimientos de las plantas y hierbas, y su manejo de tierras y regadío,[19] como las chinampas del antiguo México o las terrazas y magallones cercanos al lago Titicaca, que podrían satisfacer un tercio[20] de las necesidades alimenticias[21] del Perú.»*

[10]*suspicious* [11]*attempt* [12]*entrepreneurial* [13]*legal* [14]Organización... *Organization of American States (OAS)* [15]normas... *penal codes* [16]no... *are not based* [17]*Andean* [18]*quinoa, a weedy plant of the Andes that has been cultivated for centuries and whose seeds are ground for food* [19]*irrigation* [20]podrían... *could satisfy a third* [21]*nutritional*

*Cita adaptada de la revista *Américas,* mayo/junio de 1996, p. 6.

I. Por su parte, varios líderes indígenas defienden el derecho de sus comunidades a la libre determinación para decidir el presente y el futuro de su pueblo. Aprovechando (∩∩) las oportunidades que ofrece hoy en día la democracia, muchas comunidades autóctonas se organizan para reclamar su autonomía, mejorar sus condiciones de vida y recuperar sus tierras. La trascendencia[22] internacional de su lucha se evidencia en la «Declaración Interamericana sobre los Derechos de los Pueblos Indígenas». Este documento ha sido (←) producido por la OEA en diálogo con las organizaciones indígenas del continente, para unificar una política respetuosa de los pueblos indígenas en todos los estados americanos.

J. La comunidad humana latinoamericana contiene una rica diversidad, no exenta de[23] conflictos económicos y políticos. Su mayor reto consiste en construir modelos sociales para superar la opresión que ha sufrido (←) a través de la historia, y para desarrollar su riqueza humana y geográfica, respetando (∩∩) la diversidad cultural de su pueblo.

[22]*importance* [23]no... *not free from*

Comprensión

A Al lado de cada párrafo de la Lectura II hay una letra. Escriba la letra correspondiente junto a la oración que mejor resuma la información del párrafo respectivo. ¡Cuidado! No todos los párrafos de la lectura están resumidos aquí.

1. _____ Hay muchas semejanzas entre la colonización anglosajona y la española en el continente americano.
2. _____ En la América Latina hay gran variedad de razas y tradiciones mezcladas.
3. _____ Muchas comunidades autóctonas defienden hoy en día sus derechos políticos.
4. _____ Los colonos europeos decidieron traer a miles de africanos para trabajar como esclavos en América.
5. _____ En la América Latina, las relaciones entre las comunidades nativas y las sociedades no indígenas son tensas.
6. _____ Diferentes sectores sociales reconocen hoy la riqueza cultural de los pueblos autóctonos.

B Papel y lápiz ¿Qué aspectos de la cultura indígena (de los Estados Unidos o de Hispanoamérica) encuentra Ud. particularmente interesantes o valiosos? ¿Por qué? Explore esto en su cuaderno de apuntes.

- Examine de nuevo sus apuntes de las actividades anteriores al igual que las ideas que han surgido durante las conversaciones y discusiones en clase.
- ¿Cuáles son los aspectos que más le llaman la atención? Escriba una o dos oraciones para identificarlos.
- ¿Por qué le llaman la atención? Explique esto también en una o dos oraciones.

C La siguiente tabla resume la comparación de las experiencias de los indígenas colonizados por los anglosajones y las de los colonizados por los españoles. Complétela con información de la Lectura II.

PUNTOS DE COMPARACION	COLONIZACION ANGLOSAJONA	COLONIZACION HISPANA
Grupo colonizador principal		
Tratamiento que se daba a los indígenas		
Resultado de este tratamiento		
Actitud general hoy en día de los indígenas hacia la cultura no indígena		

Interpretación

A ¡Necesito compañero! ¿Cuál es la imagen de los indígenas tradicionalmente presentada en la televisión y el cine norteamericanos? Trabajando en parejas, escojan los cinco adjetivos de la siguiente lista que correspondan mejor a esta imagen. Prepárense para justificar su respuesta.

artístico
cobarde
corrupto
cruel
débil
estúpido
feo
fuerte
guapo
heroico
honrado
igual
inferior
inocente
inteligente
justo
materialista
mentiroso
natural
perezoso
primitivo
religioso
romántico
superior
trabajador
trágico
víctima

B ¡Necesito compañero! Trabajando en parejas, busquen los ejemplos que ofrece la lectura «El pueblo hispanoamericano» sobre la nueva participación de los indígenas en la vida del continente. Después, indiquen qué tipo de impacto tiene cada uno de esos ejemplos: ¿es un impacto económico? ¿político? ¿jurídico? ¿científico?, etcétera. Prepárense para explicar sus respuestas al resto de la clase.

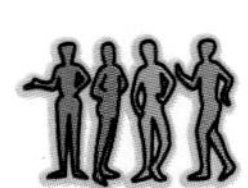

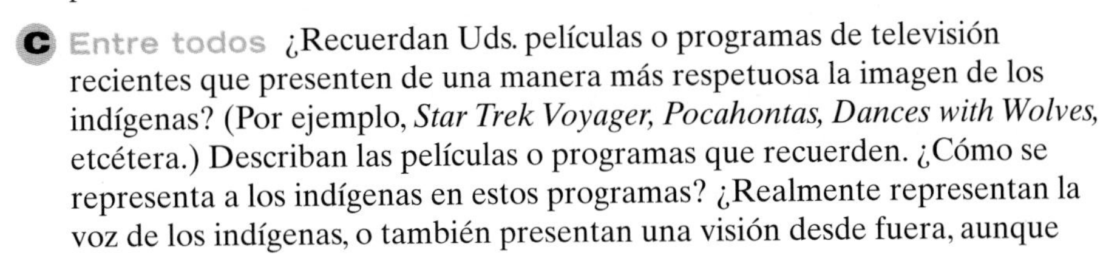

C Entre todos ¿Recuerdan Uds. películas o programas de televisión recientes que presenten de una manera más respetuosa la imagen de los indígenas? (Por ejemplo, *Star Trek Voyager, Pocahontas, Dances with Wolves,* etcétera.) Describan las películas o programas que recuerden. ¿Cómo se representa a los indígenas en estos programas? ¿Realmente representan la voz de los indígenas, o también presentan una visión desde fuera, aunque idealizada? ¿Qué hacen los indígenas para representarse y difundir sus propias tradiciones? ¿Conocen Uds. por experiencia propia algunas de estas formas culturales?

Aplicación

A ¿Cree Ud. que los problemas que tienen los indígenas son diferentes de los problemas que tiene cualquier otro grupo minoritario? ¿Por qué sí o por qué no?

B Tanto los gitanos de Andalucía como los indígenas americanos provocan cierto interés turístico. ¿Qué ventajas y desventajas trae esto?

C Ultimamente, las nociones de «pluralismo cultural» y «diversidad étnica» han recibido mucha atención en las universidades norteamericanas, donde las ven como ideales para la sociedad contemporánea. En la actualidad, en algunas universidades incluso es un requisito académico que todo estudiante tome una clase que trate del racismo o del multiculturalismo. ¿Se han debatido estos asuntos en esta universidad? ¿Cuál ha sido el resultado? ¿Qué opina Ud. de la idea de incluir en los estudios académicos un curso sobre el racismo? ¿y sobre el multiculturalismo? ¿Cuáles podrían (*might*) ser algunas de las razones para justificarla? ¿y algunas para no incluirla?

VOCES

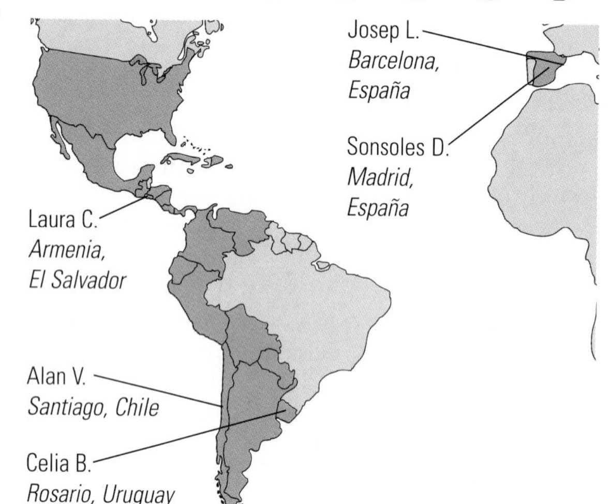

¿Qué grupos raciales o étnicos viven en su país? ¿Cuáles son considerados marginales?

Sonsoles D.: Madrid, España
Hasta hace pocos años sólo existía la minoría gitana, prácticamente marginada. Ahora comienzan a llegar algunos africanos y europeos del Este. ¿Marginales? Sobre todo los gitanos.

Celia B.: Rosario, Uruguay
En mi país viven diferentes grupos étnicos... de todas partes del mundo, como los hay en los Estados Unidos. La mayoría de la población es blanca, descendiente de europeos. Como la población indígena fue exterminada antes de que se mezclara con los europeos, pues (los indígenas) eran sumamente agresivos, no se ven prácticamente mestizos tal como sucede en Centro América y México.

Laura C.: Armenia, El Salvador
Podría decir que mi país tiene una población casi homogénea. Los dos grupos que se distinguen por su presencia son los árabes y los chinos. ¿Marginados? Prácticamente ninguno de los grupos; pues el pueblo por lo general los acepta. Los chinos pasan casi desapercibidos (*unnoticed*). La mayoría son comerciantes en pequeña escala, y tienen tiendas y negocios de productos orientales, sobre todo en los mercados... En cuanto a los árabes, muchos son vistos con cierto desdén, tradicionalmente, por sus costumbres tan diferentes de las costumbres locales. Anteriormente, a pesar de sus grandes fortunas, les era negada la membresía en los clubes más exclusivos. Por lo general, se casan con personas de su misma raza.

Alan V.: Santiago, Chile
La población mapuche, el único grupo indígena de cierta importancia hoy, sufre, en cierta medida de discriminación racial y social... En su mayoría se ha mantenido en la pobreza y analfabetismo, subsistiendo en la zona rural donde mayoritariamente le han sido arrebatadas sus tierras (*their lands have been snatched away*) por los hacendados. Los pocos individuos que logran salir de dicha condición emigran a la zona central (principalmente a Santiago, la capital) en busca de trabajo y educación. Pero solo consiguen, a lo más, un trabajo como obrero de la construcción, planificador o asesora del hogar, quedando sus aspiraciones de educación postergadas (*postponed*) por tener que trabajar mucho y ganar poco.

He podido observar que muchos nos vanagloriamos (*we pat ourselves on the back*) de que en Chile el problema racial no existe, y en el fondo somos tan racistas como en otros países.

Josep L.: Barcelona, España
A nivel (*level*) general habría un grupo marginal en toda España: los gitanos... En el ámbito de las autonomías,* hay diferencia entre los (individuos) que son de las autonomías... y los que han emigrado por razones económicas... Los emigrantes, sobre todo los que emigran de las regiones del sur de la península como Andalucía, son de una clase social más baja y se concentran principalmente en barrios determinados en las áreas metropolitanas... Tienen más dificultades para acceder a todos los niveles de educación y trabajo. Las escuelas públicas no son del mismo nivel que en otros barrios.

¡Ud. tiene la palabra!

A Alan V. sugiere que la gente puede hablar de una manera (« ...nos vanagloriamos de que en Chile el problema racial no existe... ») y actuar o pensar de otra (« ...en el fondo somos tan racistas como en otros países»). ¿Hay evidencia de estas dos actitudes en las otras voces? ¿y en los Estados Unidos también? Explique con ejemplos.

B Josep L. se interesa más por la marginalización de que uno puede ser objeto si se muda de una región a otra para buscar trabajo. ¿Ocurre esto en los Estados Unidos también? De los problemas que él menciona, ¿cuáles existen también en este país? ¿También tienen problemas los que son de una región cuando llega un grupo de forasteros (*outsiders*)? Comente.

C Estas voces reflejan percepciones muy personales de la situación étnica en sus respectivos países. ¿Cómo se puede ver la influencia de la región donde uno vive en esta percepción? ¿Cree Ud. que la región donde vive afectaría (*would affect*) también la respuesta de un norteamericano a esta misma pregunta? ¿En qué sentido? ¿Qué otros factores afectarían su percepción? Haga un pequeño sondeo entre sus compañeros de clase (o entre otros amigos) para averiguarlo. Entre todos, preparen una o dos preguntas y entrevisten a dos o tres personas. Luego compartan sus resultados con los demás de la clase. ¿Qué semejanzas o diferencias notan?

---

*Las autonomías a que se refieren son las diecisiete regiones geopolíticas de España —Aragón, Navarra, el País Vasco (Euskadi), Cantabria, Asturias, Galicia, Castilla-León, Castilla-La Mancha, Madrid, La Rioja, Cataluña, el País Valenciano, Extremadura, Andalucía, Murcia, las Islas Baleares y las Islas Canarias —algunas de las cuales históricamente fueron reinos independientes. Cada región tiene cierta autonomía o independencia para perseguir sus propios intereses sociales, culturales, educacionales y económicos.

La muerte y el mundo del más allá

El Día de los Muertos
1. Santiago de Sacatepéquez, Guatemala
2. Ocotepec, México
3. Pátzcuaro, México

2.

3.

1.

Según los antropólogos, uno de los indicios que más claramente revela la presencia de lo que se podría llamar «cultura» entre nuestros antepasados remotos es el trato respetuoso de los muertos. Hoy, enfrentarse con la muerte sigue formando parte de toda cultura humana, pero las creencias y actitudes hacia ella varían de una comunidad humana a otra. De hecho, las costumbres específicas relacionadas con la muerte con frecuencia revelan diferencias profundas entre una cultura y otra, o entre un pueblo y otro. Por ejemplo, hablar de la muerte se considera natural y hasta terapéutico entre algunos grupos mientras que otros se sienten incómodos ante el tema. En muchas culturas hay días especiales que se dedican al recuerdo de los muertos, como es el caso del Día de los Muertos entre los hispanos. Mire las fotos de la izquierda. ¿Qué hay en esas fotos que sugiere una celebración especial relacionada con la muerte? ¿Existe una celebración semejante en la cultura de los Estados Unidos? ¿Qué se hace ese día?

- De cada par de oraciones a continuación, ¿cuál refleja su propia actitud u opinión sobre la conducta apropiada ante la muerte? Para cada número, es posible seleccionar una opción, dos opciones o ninguna.

1. □ No se habla de la muerte con los niños.
   □ Los niños asisten a los entierros igual que los adultos.
2. □ Se toca música alegre durante los entierros.
   □ Se toca música solemne durante los entierros.
3. □ La gente se viste de luto (es decir, lleva ropa negra u oscura) sólo para los entierros.
   □ Se viste de luto por un año después de la muerte de un pariente.
4. □ Se llora en silencio o en privado.
   □ La manifestación abierta del llanto (*loud weeping, sobbing*) es una manera terapéutica de aliviar el dolor (*grief*).
5. □ Se prenden velas en las tumbas.
   □ Se lleva comida al cementerio.
6. □ Las personas gravemente enfermas deben morir en el hospital.
   □ Se prefiere que las personas gravemente enfermas mueran en su casa.
7. □ Los adultos hacen velorios (*wakes*) para los muertos.
   □ Los niños también asisten a los velorios.
8. □ Hablar de la muerte es natural y terapéutico.
   □ Hablar de la muerte es morboso (*morbid*) y no es natural.

- Divídanse en grupos de dos o tres estudiantes y compartan sus selecciones. ¿Hay mucha diferencia de opiniones? ¿Hay alguna respuesta que les sorprenda mucho?

- Ahora, compartan sus respuestas y reacciones con los demás grupos de la clase, haciendo un resumen de las selecciones escogidas por la mayoría. Cuando hay diferencia de opiniones, ¿cuál puede ser la razón? Por ejemplo, ¿son diferentes las opciones de los hombres y las de las mujeres? ¿las de los jóvenes y las de los mayores? ¿las de individuos de ciertas regiones geográficas y las de individuos de otras regiones? ¿las de ciertos grupos étnicos y las de otros? ¿Qué otros factores pueden influir en las respuestas?

LECTURA LOS HISPANOS ANTE LA MUERTE

APROXIMACIONES AL TEXTO

Using the Main Idea to Anticipate Content

In Chapters 1 and 2 you practiced techniques that enable you to quickly skim a selection to get a general idea of its meaning. Another important technique is using your knowledge of the main idea to anticipate the rest of the selection's content.

If you know, for example, that the main topic is a history of embalming practices throughout the world, then you can predict that you will find information in the text from a variety of countries (not just one), that the information will probably be organized chronologically, and that there is likely to be a fair amount of comparative detail about the religious or cultural significance of embalming. On the other hand, if the topic appears to be Egyptian embalming practices, then you would expect the text to limit itself to that country and to describe the process in detail.

A ¿Qué tipo(s) de información de la columna B esperaría (*would you expect*) encontrar en cada uno de los textos cuya idea principal se indica en la columna A?

A	B
1. ______ comparación y contraste de las actitudes hacia la muerte en varios países	**a.** información anecdótica (la descripción de casos determinados)
2. ______ el descubrimiento de la tumba del rey egipcio Tutankamón	**b.** información sobre más de un país
	c. información biográfica
3. ______ un informe sobre algunos métodos artificiales de prolongar la vida	**d.** datos históricos
	e. descripciones geográficas
	f. detalles técnicos
4. ______ muertes famosas que cambiaron el mundo	**g.** información biológica
	h. reflexiones filosóficas

Si Ud. encontró que algún tipo de información de la columna B se podía aplicar a más de un tema de la columna A, ¿en qué se diferenciaría (*would differ*) la información específica según cada tema? Es decir, si esperaba encontrar datos históricos en dos textos distintos, ¿qué tipo de datos en particular buscaría (*would you look for*) en cada texto?

B A continuación encontrará la primera oración de cada párrafo de la lectura para este capítulo. Léalas rápidamente, tratando de adivinar por el contexto el significado de las palabras que no conozca. Después, conteste las preguntas.

- Se dice que la manera en que una persona muere nos revela mucho de su vida.
- ¿Reacciona la gente de la misma manera en el mundo hispano?
- También en la expresión del sufrimiento los norteamericanos intentan quitarle importancia a la muerte.
- La cultura hispana tiene otras actitudes y respuestas a la experiencia de la muerte.
- En muchas partes del mundo la gente del pueblo cree que las almas (*souls*) de los difuntos vuelven a su casa el 31 de octubre o el 1° de noviembre.
- Esta convivencia siempre hace menos formales las relaciones entre la gente mientras que la distancia o el desconocimiento produce la formalidad.
- A algunos norteamericanos la actitud de los hispanos les parece morbosa.
- La diferencia entre la actitud de los hispanos y la de otros grupos étnicos se ve claramente en un estudio sobre las actitudes hacia la muerte que se realizó en Los Angeles.
- Paradójicamente, en comparación con los otros grupos, los mexicoamericanos están más dispuestos (*willing*) a confesar su miedo ante la muerte, y, por lo general, no quieren saber si tienen una enfermedad grave o van a morir.
- ¿Qué consecuencias tienen las diversas maneras de enfocar la muerte en las dos culturas?

1. Según lo que acaba de leer, ¿cuál parece ser la idea principal del texto?
   a. Hay muchas semejanzas entre la manera en que los españoles y los latinoamericanos reaccionan ante la muerte.
   b. Los anglosajones no comprenden las actitudes de los hispanos hacia la muerte.
   c. A los hispanos les gusta la muerte; a los anglosajones no les gusta.
   d. Las diferencias culturales entre el mundo hispano y el mundo anglosajón se reflejan en las actitudes de ambos hacia la muerte.
2. ¿Cómo se organiza la información de la lectura?
   a. comparación/contraste
   b. causa/efecto
   c. narración cronológica
   d. clasificación (agrupar varias prácticas según sus semejanzas)
3. Según las respuestas que Ud. eligió para las dos preguntas anteriores, ¿cuál(es) de estos tipos de información espera encontrar en este texto?
   a. información biográfica sobre personas famosas ya muertas
   b. descripción de las prácticas o tradiciones típicas en las dos culturas respecto a la muerte
   c. informes estadísticos sobre la frecuencia del cáncer y las enfermedades del corazón en las dos culturas
   d. comentario sobre cómo la actitud hacia la muerte afecta la forma de vivir de la gente
   e. datos históricos sobre la forma en que se ha visto (*has been viewed*) la muerte en el mundo hispano a través de los siglos

Palabras y conceptos

el asco disgust; revulsion
la burla joke
el cementerio cemetery
convivir (con) to live together (with)
el difunto / la difunta dead person
disfrazar to disguise
el dolor grief
enterrar (ie) to bury
  el entierro burial
la gravedad seriousness
el gusto taste
  ser de mal/buen gusto to be in bad/good taste

la liberación liberation
la pérdida loss
permanecer to remain
el recuerdo memory; remembrance
sorprender to surprise
el sufrimiento suffering
tratar to treat, deal with
la vela candle
el velorio wake

A ¡Necesito compañero! ¿De cuántas maneras diferentes pueden Uds. completar las series de palabras a continuación? Expliquen la razón de cada selección.

1. el entierro, el velorio, el cementerio,...
2. el sufrimiento, el dolor, la pérdida,...
3. disfrazar, no tratar, la gravedad,...

B Examine los dibujos a continuación y explique brevemente la escena que se ve en cada uno. ¿Quiénes están en cada escena? ¿Qué hacen? ¿Qué emociones se expresan? ¿Cuántas palabras de la lista del vocabulario puede Ud. conectar con cada dibujo?

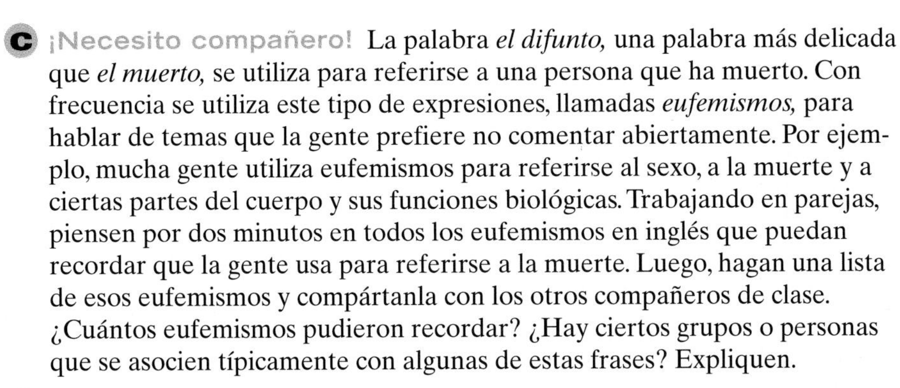

C ¡Necesito compañero! La palabra *el difunto,* una palabra más delicada que *el muerto,* se utiliza para referirse a una persona que ha muerto. Con frecuencia se utiliza este tipo de expresiones, llamadas *eufemismos,* para hablar de temas que la gente prefiere no comentar abiertamente. Por ejemplo, mucha gente utiliza eufemismos para referirse al sexo, a la muerte y a ciertas partes del cuerpo y sus funciones biológicas. Trabajando en parejas, piensen por dos minutos en todos los eufemismos en inglés que puedan recordar que la gente usa para referirse a la muerte. Luego, hagan una lista de esos eufemismos y compártanla con los otros compañeros de clase. ¿Cuántos eufemismos pudieron recordar? ¿Hay ciertos grupos o personas que se asocien típicamente con algunas de estas frases? Expliquen.

D Papel y lápiz Mire las fotos que se presentan en este capítulo y lea lo que dice al pie de ellas. ¿Son similares a las fotos que se encontrarían (*would be found*) en un libro acerca de la muerte en la cultura anglosajona o son diferentes? En su cuaderno de apuntes, explore lo siguiente.

- Primero, ¿es Ud. anglosajón/anglosajona o miembro de otro grupo étnico y/o racial?
- Apunte algunos pensamientos que le provoca cada foto. ¿Representa una reacción ante la muerte que se encontraría dentro de su grupo étnico? ¿Le parece una escena normal y común? ¿rara o extraña? ¿interesante? ¿molestosa (*troubling*) o desagradable? ¿Por qué?
- Imagínese que Ud. prepara una presentación sobre la actitud hacia la muerte entre los miembros de su grupo étnico. ¿Cuál(es) de estas fotos usaría (*would you use*) para su presentación? ¿Falta en este capítulo alguna escena que Ud. considere necesaria para incluir en su presentación? Descríbala brevemente.

Los hispanos ante la muerte

Se dice que la manera en que una persona muere nos revela mucho de su vida. Del mismo modo, la manera en que una cultura se enfrenta con la muerte nos dice mucho de esa cultura. Es curioso observar que en el caso de los países anglosajones, la manera de enfrentarse con la muerte es no enfrentarse con ella. Según el sociólogo norteamericano Geoffrey Goren, la muerte ha sustituido al[1] sexo como el tabú del siglo XX. Si antes los niños creían que una cigüeña[2] los traía al mundo, hoy reciben lecciones de biología desde temprana edad. Pero si antes los niños asistían a la muerte de un abuelo o de otra persona, hoy nadie les permite ver escenas de esta clase. Y cuando los niños preguntan por un abuelo «desaparecido», raras veces les dicen que está muerto; se prefiere inventar una explicación menos desagradable, como, por ejemplo, el cuento del abuelo que duerme tranquilo en un jardín bello.[3]

¿Reacciona la gente de la misma manera en el mundo hispano? Antes de arriesgar[4] una respuesta, es importante recordar que la comunidad hispana es en realidad muy diversa. Como se vio en el Capítulo 2, los antecedentes históricos de los varios grupos hispanos revelan experiencias muy diferentes que a su vez dan lugar a[5] costumbres y tradiciones variadas. Las costumbres que se practican en un

[1]ha... *has substituted for* [2]*stork* [3]bonito [4]*risking* [5]dan... *give rise to*

país muchas veces no se practican en otro. En México y muchos otros países hispanoamericanos, las tradiciones relacionadas con la muerte demuestran la mezcla
20 de las creencias indígenas con la fe cristiana heredada de los españoles, mientras que en el Caribe se ve además la influencia de las creencias traídas por los africanos. Con todo,[6] es posible advertir[7] que la actitud típica de los hispanos ante la muerte —sean del país que sean[8]— es bien distinta de la reacción típica de los norteamericanos. Esto se puede ver si leemos el testimonio de Miguel Delibes,*
25 un español que ha pasado (←) algún tiempo en los Estados Unidos. Delibes ve con sorpresa que en los Estados Unidos la gente quiere «disfrazar» la muerte. Mientras que en España el Día de los Difuntos es un día dedicado al recuerdo de los familiares muertos, en los Estados Unidos es una fiesta infantil. Y cuando la muerte llega, como por fuerza[9] tiene que llegar, no entra en casa de los norte-
30 americanos. Los enfermos son llevados al hospital y mueren allí aun cuando no se pueda hacer nada por ellos. Y después de morir, los difuntos son llevados a la funeraria[10] donde se hace el milagro[11] de quitarles toda apariencia de muertos. «Parece que duerme», dice la gente que viene a despedirse del difunto. Otra vez la muerte aparece disfrazada. Lo mismo ocurre en el cementerio, sitio que a los
35 viajeros españoles les parece más bien un parque con sus lagos plácidos, su yerba cepillada[12] y sus árboles decorativos.

También en la expresión del sufrimiento los norteamericanos intentan quitarle importancia a la muerte. Se considera de mal gusto manifestar el dolor con demasiada intensidad. Sólo se puede llorar o gritar cuando uno está solo,
40 raras veces en presencia de otros. Esto sucede menos con las mujeres pero aun ellas deben disfrazar su dolor.

La cultura hispana tiene otras actitudes y respuestas a la experiencia de la muerte. Por ejemplo, en muchos países hispanos cuando una persona muere, se hace el velorio o velatorio: los parientes y amigos se reúnen para velar al muerto
45 hasta la hora del entierro. Durante este tiempo, la gente viene a consolar y hacer compañía a los parientes del difunto. También se reza el rosario, una serie de oraciones a la Virgen María, pidiéndole que interceda con Dios para que reciba el alma de los muertos. Ya que los velorios tienen lugar en casa, durante las altas horas de la noche, es costumbre ofrecerles café o chocolate caliente y algún licor
50 fuerte a los asistentes. Se habla mucho del «culto a la muerte» en la sociedad hispana y es indudable que, en la vida social y en la literatura, la muerte aparece con una frecuencia que sorprende e incluso molesta a los anglosajones. Muchos estudiantes norteamericanos que siguen su primer curso de literatura hispana se quejan de[13] que siempre muera alguien en las obras.[14] Pero el hecho es que, mientras
55 los norteamericanos evitan o disfrazan la muerte, los hispanos conviven con ella. En todos los países de cultura hispana, se celebra el Día de los Difuntos con visitas al cementerio. La gente pone flores y velas sobre la tumba en memoria de sus parientes muertos. En muchas partes, las visitas duran varias horas durante las cuales la familia come, bebe y charla al lado de la tumba de un ser querido. El de-
60 seo de estar cerca de los familiares muertos es tan fuerte en algunos sitios que los vivos no quieren mudarse[15] de su pueblo. Así les pasa a unos viejos de un cuento

[6]Con... *Nevertheless* [7]*to note, observe* [8]sean... *whatever country they may be from* [9]por... inevitablemente [10]*funeral home* [11]*miracle* [12]yerba... *manicured grass* [13]se... *complain* [14]*works of literature* [15]ir a vivir a otro lugar

*Escritor español contemporáneo (1920–) y autor de un libro de observaciones sobre los Estados Unidos, *USA y yo,* publicado en 1966.

de Juan Rulfo,* que insisten en permanecer en un pueblo pobre y casi deshabitado: «Pero si nosotros nos vamos, ¿quién se llevará (→) a nuestros muertos? Ellos viven aquí, y no podemos dejarlos solos.» Hay quienes opinan que el «culto a la muerte» en el mundo hispano es en el fondo[16] un «culto a la vida»: recordar y conmemorar a los muertos es una manera de asegurar que éstos no desaparezcan, que sigan existiendo en el afecto y en el recuerdo. Las ceremonias del Día de los Difuntos no son simples celebraciones, sino que reconfirman el ciclo vida-muerte.

En la cultura hispana, el recuerdo de la muerte puede ser cómico, como en estos pasteles en forma de calavera para el Día de los Difuntos en México.

En muchas partes del mundo, la gente del pueblo cree que las almas de los difuntos vuelven a su casa el 31 de octubre o el 1° de noviembre. Mientras que el fantasma inglés es generalmente una figura cruel que asusta, el fantasma hispano es recibido como a un amigo perdido; en algunos países, la familia pone algo de comida o la bebida favorita del difunto en el altar o en algún rincón de la casa.

Esta convivencia siempre hace menos formales las relaciones entre la gente mientras que la distancia o el desconocimiento produce la formalidad. Así en los Estados Unidos, la gente se porta[17] con gran solemnidad y reserva en toda situación relacionada con la muerte. Se considera que es inmaduro o de mal gusto contar chistes sobre la muerte. Los hispanos también saben portarse con gravedad ante la muerte pero son igualmente capaces de otras reacciones. Combinan la tristeza y la festividad, los lamentos ante la pérdida de un amigo y la aceptación resignada ante la muerte, la gravedad y la burla irreverente. De esta manera, durante el Día de los Difuntos en México, se decoran las casas con calaveras, se venden panes con forma de huesos y esqueletos y se cantan canciones populares haciendo (ᔕ) burla de la muerte.

A algunos norteamericanos la actitud de los hispanos y les parece morbosa. Acostumbrados a mantener una separación bastante rígida entre la muerte y la vida, les disgusta la fusión de las dos en la visión hispana. Pero es que para los hispanos, es inconcebible pensar en la vida sin pensar en la muerte. La tradición indígena de Latinoamérica tiene una visión semejante. Para los mayas, por ejemplo, la muerte no es un fin sino una mutación, un cambio a otra fase de la existencia.

La diferencia entre la actitud de los hispanos y la de otros grupos étnicos se ve claramente en un estudio sobre las actitudes hacia la muerte que se realizó en Los Angeles. Se estudió a cuatro grupos: los japoneses, los anglos, los negros y los mexicoamericanos.† Se descubrió que, en comparación con los otros grupos, los mexicoamericanos piensan en la muerte con más frecuencia y están más dispuestos a manifestar sus emociones en público. Incluso los mexicoamericanos dicen que les preocuparía si no pudieran[18] expresar con fuerza su dolor ante la muerte de un

[16]en... *when it comes right down to it* [17]se... actúa [18]les... *it would bother them if they couldn't*

*Cuentista mexicano contemporáneo (1918–1986).

†El estudio distingue entre los chicanos (personas de ascendencia mexicana nacidas en los Estados Unidos) y los mexicoamericanos (personas de ascendencia mexicana que nacieron y se criaron en México antes de mudarse a los Estados Unidos).

ser querido. También están más dispuestos a besar o tocar al difunto, lo cual les da asco a muchos anglos. Además, su actitud hacia el velorio es distinta. Mientras que sólo el 22 por ciento de los anglos entrevistados[19] querían tener un velorio, el 68 por ciento de los mexicoamericanos se mostraron partidarios.[20]

110 Paradójicamente, en comparación con los otros grupos, los mexicoamericanos están más dispuestos a confesar su miedo ante la muerte, y, por lo general, no quieren saber si tienen una enfermedad grave o van a morir. Sin embargo, aceptan la muerte y sienten la necesidad de pensar en ella. Es probable que sea[21] por medio de la convivencia con la muerte como superan el miedo que sienten. Es in-115 teresante notar que en el estudio de Los Angeles, sólo un 35 por ciento de los anglos, frente a un 73 por ciento de los mexicoamericanos, consideraron que la entrevista y la conversación sobre la muerte fueron una experiencia positiva.

¿Qué consecuencias tienen las diversas maneras de enfocar la muerte en las 120 dos culturas? Según el sociólogo Goren, la prohibición a la manifestación pública del dolor hace que la pérdida de un ser querido sea[22] más traumática. Sin la posibilidad de expresarse sinceramente, los norteamericanos disfrazan sus propios sentimientos e intentan disfrazar la muerte misma. Para los hispanos, en cambio, la convivencia con la muerte es una necesidad y al mismo tiempo un beneficio.

[19]*interviewed* [20]se... *were in favor* [21]*it is* [22]*be*

Comprensión

A Mire otra vez las palabras de la lista del vocabulario. En su opinión, ¿cuál de ellas representa mejor la actitud hispana hacia la muerte? ¿y la actitud norteamericana? Justifique su respuesta.

B ¡Necesito compañero! Las siguientes ideas vienen de la lectura. Trabajando en parejas, busquen dos o tres puntos que apoyen (*support*) o que ejemplifiquen (*are examples of*) cada idea general.

1. En el mundo hispano el Día de los Difuntos es un día dedicado al recuerdo de los familiares muertos; en los Estados Unidos es una fiesta infantil.
2. Los hispanos saben portarse con gravedad ante la muerte pero son igualmente capaces de otras reacciones.
3. Tanto el tema de la muerte como la expresión abierta del dolor son más aceptables entre los hispanos que entre los anglosajones.
4. En la literatura hispana el tema de la muerte aparece con frecuencia.

C ¿Cierto o falso? Complete las siguientes oraciones con la forma correcta del pretérito o del imperfecto de los verbos entre paréntesis. Luego diga si son ciertas (**C**) o falsas (**F**) según la lectura o según su propia vida. Finalmente, corrija las oraciones falsas.

1. _____ El estudio que se (realizar) en Los Angeles (revelar) que hay diferencias entre los sexos con respecto a las actitudes hacia la muerte.
2. _____ Para muchos adultos hispanoamericanos, la muerte no es un tema grave o morboso. De niños muchos de ellos (ir) al cementerio el

Día de los Difuntos; allí (ellos: comer) y (charlar) con su familia al lado de la tumba de un pariente querido.

3. _____ En el pasado los niños norteamericanos (soler) asistir a los entierros familiares.

4. _____ Hoy es posible que algunos adultos norteamericanos no recuerden ninguna experiencia infantil relacionada con la muerte porque, de niños, cada vez que un pariente (morir), los adultos no les (decir) que la persona desaparecida (estar) muerta sino que (*but rather*) (dormir) o que (vivir) en un jardín bello muy lejano.

5. _____ Según la tradición indígena de la América del Sur, la muerte (representar) el fin de la existencia.

Interpretación

A ¡Necesito compañero! ¿Creen Uds. que los sociólogos tienen razón cuando dicen que los norteamericanos evitan el tema de la muerte? ¿Cómo reaccionan Uds. cuando se habla de la muerte? Trabajando en parejas, hagan las siguientes actividades. Luego, compartan sus opiniones con los otros compañeros de clase.

¿Cómo completarías (*would you complete*) las siguientes oraciones?

1. La experiencia de la muerte es triste, pero es peor si la persona...
   - es muy vieja.
   - es muy joven.
   - es padre/madre.
   - es importante.
   - es muy pobre.
   - es alguien que conozco.

2. También es peor si ocurre...
   - inesperadamente (*unexpectedly*).
   - lentamente.
   - rápidamente.
   - con sufrimiento físico.
   - como resultado de un accidente.
   - como resultado de un crimen.
   - como resultado de una larga enfermedad.

3. ¿Qué opinas de las afirmaciones a continuación? Usa la siguiente escala.

   1 = siempre   2 = a veces   3 = nunca

   Hablar de la muerte es...

   _____ aburrido.
   _____ aterrador (*frightening*).
   _____ asqueroso (*sickening*).
   _____ mala suerte.
   _____ importante.
   _____ difícil.
   _____ estúpido.
   _____ malo para los niños.
   _____ triste.
   _____ de mal gusto.
   _____ terapéutico.
   _____ morboso.
   _____ interesante.
   _____ fácil.
   _____ deprimente (*depressing*).
   _____ controvertible (*controversial*).

¿Qué revelan los resultados? ¿Hay mucha diferencia de opiniones entre los de la clase?

B Hoy en día, hay una tendencia a dejar morir en casa en vez de en el hospital a las personas gravemente enfermas. Se dice que es más humano. ¿Para quién es más humano? ¿para el enfermo? ¿para los niños de la familia? ¿para los amigos y los otros parientes del enfermo?

C ¿Ha asistido Ud. alguna vez a un velorio? ¿Dónde tuvo lugar —en la casa del difunto o en la funeraria? ¿Quiénes estaban presentes? ¿Qué hacían y cómo era el ambiente? ¿Se tocaba música? ¿Era semejante al velorio típico hispano que se describe en la lectura o era diferente? Explique. ¿Qué otros grupos étnicos velan a sus muertos? ¿Sabe Ud. cómo es el rito del velorio entre ellos?

D Según la lectura, es posible identificar una «actitud hispana» ante la muerte, pero al mismo tiempo es importante recordar que los ritos y costumbres relacionados con la muerte varían de un grupo a otro. ¿Cree Ud. que la lectura describe bien la «actitud norteamericana» ante la muerte? ¿Sabe Ud. de ciertas tradiciones, actitudes o comportamientos (por ejemplo, la manera de expresar el dolor) dentro de la cultura norteamericana que no encajan (*fit*) bien con esta descripción general? Explique y dé ejemplos.

Aplicación

A En los Estados Unidos hoy en día se habla mucho de los casos del Dr. Kevorkian, un médico que ha ayudado a muchos enfermos, graves de muerte (*terminally ill*), a suicidarse. Imagínese que los siguientes individuos le han pedido ayuda a un médico como el Dr. Kevorkian. Trabajen en grupos de tres o cuatro estudiantes para considerar cada caso. ¿Creen Uds. que el médico debe intervenir en todos los casos? ¿En cuáles creen que no debe hacerlo? ¿Por qué no? Ordenen los casos, poniendo el caso más fácil de decidir primero y el más difícil al final.

- Un joven de 28 años que sufre de una enfermedad dolorosa y debilitante; la enfermedad es incurable, pero no mortal (*fatal*).
- Un individuo de 53 años que sufre de Alzheimers; los síntomas todavía no se notan.
- Una persona que sufre de una enfermedad mortal; los medicamentos ya no le hacen efecto y el dolor es insoportable.
- Un individuo que ha sufrido un derrame cerebral (*stroke*) y ha perdido completamente la capacidad de expresarse. Según su familia, este individuo había dicho (*had said*) antes, en repetidas ocasiones, que no querría (*would not want*) seguir viviendo en tal estado. Su pareja le ha traído al médico.

Compartan sus decisiones con los demás grupos de la clase. ¿Hay mucha diferencia de opiniones? ¿Cuáles son los factores que influyeron más en su decisión?

B Hoy en día los libros y las películas de terror están de moda (*in style*). En su opinión, ¿cómo se puede explicar la fascinación por lo aterrador y lo terrorífico (*hair-raising*)? ¿A Ud. le gustan estas películas? ¿Por qué sí o por qué no? ¿Cuál es la película más aterradora que Ud. ha visto? Describa brevemente lo que pasó en la película.

C ¡Necesito compañero! La muerte es uno de los temas centrales en cada una de las siguientes películas.

Ghost | *Terms of Endearment* | *Phenomenon* | *Dead Again*

Trabajando en parejas, comenten las siguientes preguntas con respecto a cada película (o alguna otra película que ambos conozcan cuyo tema central es la muerte). Luego, compartan sus opiniones y el resultado de su análisis con los otros compañeros de clase.

- ¿Quién muere y bajo qué circunstancias? ¿Es la escena de la muerte propiamente una parte importante de la película?
- ¿Qué explora la película: la manera en que la muerte afecta a la familia y los amigos íntimos del difunto, o la manera en que la idea de la muerte afecta a la persona que va a morir?
- En general, ¿cómo reaccionan las personas más cercanas al difunto ante su muerte? ¿La aceptan? ¿Están tristes? ¿perplejas (*confused*)? ¿furiosas? ¿Se sienten de alguna manera culpables (*guilty*)? ¿responsables? Expliquen.
- ¿Hay algún cambio a través de la película con respecto a este sentimiento? Expliquen.
- En su opinión, ¿es realista la representación de la muerte en la película? ¿Es creíble (*believable*) la reacción de las otras personas?

D Pro y contra Divídanse en tres grupos de cuatro o seis estudiantes. Su profesor(a) le asignará a cada grupo uno de los siguientes temas para debatir.

Primer paso: Identificar
La mitad de cada grupo va a preparar una lista de todos los argumentos que apoyen el lado afirmativo de los casos que se presentan a continuación. La otra mitad hará (*will make*) una lista de los argumentos que apoyen el lado negativo. Todos tienen diez minutos para preparar su lista.

1. Un pariente está gravemente enfermo. ¿Se lo deben decir?
2. Un pariente quiere donar su cuerpo para investigaciones científicas. ¿Debe hacerlo?
3. La madre de un amigo acaba de morir y él quiere que se celebren los ritos funerarios en su casa. ¿Debe tenerlos en casa?

Segundo paso: Presentar
Cada grupo debe elegir dos secretarios: uno para anotar (*to jot down*) en la pizarra el lado afirmativo y otro para anotar el lado negativo. Los estudiantes de cada grupo presentarán (*will present*) todas las ideas de su lista, alternativamente punto por punto.

Entre todos Examinen las dos listas para cada situación.

- ¿Cuál de las dos, la afirmativa o la negativa, encuentran más convincente?
- ¿Hay otras ideas que los otros miembros de la clase puedan agregar?

E **Papel y lápiz** Examine de nuevo sus apuntes de la actividad Papel y lápiz de la página 43. Basándose en la lectura y en las conversaciones entre sus compañeros de clase, apunte algunas ideas para contestar las siguientes preguntas.

- ¿Hay nueva información que Ud. quiera agregar a las notas para su presentación?
- ¿Cree Ud. que la actitud de los hispanos hacia la muerte es muy diferente de verdad de la de los anglosajones? ¿Comparten algunas características también? Explique y dé un ejemplo.
- ¿Qué aspectos de la actitud de los hispanos hacia la muerte le parecen más interesantes? ¿Por qué?
- ¿Cómo resumiría (*would you summarize*) sus pensamientos al respecto? Escriba un resumen de dos o tres oraciones.

VOCES

1. Para Ud., ¿es la muerte un final absoluto? En su opinión, ¿qué le pasa a la gente después de morir?

Griselda Z.: Buenos Aires, Argentina
No. Para mí la muerte es una transición a otra cosa. Qué, no sé. Pero tengo la certeza de que es mejor que la vida. Pienso estar con la gente que quise en esta vida, con mi abuela, que quise mucho. No sé qué haré si me topo con quienes odié (después te cuento)... Imagino una vida después de la muerte de mucha paz. Tengo la ilusión de un «vivir mejor», evidentemente un concepto cristiano de la muerte.

Vicente L.: Caracas, Venezuela
Sí. Para mí la muerte es un final absoluto. Pero es una cosa de fe, más de certeza. Me queda la duda, por supuesto, de que a lo mejor sí existe el cielo y el infierno. Cuando la gente se muere supongo que se convierte en abono (*fertilizer*).

Norah Y.: Medellín, Colombia
La muerte es el comienzo de otra etapa de la vida en un plano no físico. La vida continúa en otros planos, pues la vida es eterna. Estoy de acuerdo con Chopra,* quien expresa: «No somos seres humanos que tienen experiencias espirituales ocasionales, sino todo lo contrario: somos seres espirituales que tienen experiencias humanas ocasionales.»

*Deepak Chopra. *Las siete leyes espirituales del éxito. Guía práctica para la realización de los sueños.* Bogotá, Colombia: Grupo Editorial Norma, 1995.

2. ¿Ha estado Ud. o alguno de su familia a punto de morir? ¿Qué efecto tuvo esa experiencia en su vida?

Heber T.: Deán Funes, Argentina
Una vez estuve junto con mi hermano a punto de morir de una intoxicación de gas. Recuerdo que me levanté con necesidad de ir al baño por la noche. Di dos pasos y caí al suelo como una bolsa sin poder respirar. Lo único que pude hacer fue decir «Ariel, me muero» y agarrarme con mis manos la cara. Fue la sensación más horrible que sentí en mi vida saber por sólo unos segundos que estaba muriendo. Recuerdo que luego me desperté con frío en los pies y gente que me rodeaba y yo sin saber que es lo que acontecía (*what was happening*). Llamaba a mi hermano pidiendo su ayuda sin darme cuenta que él estaba en peligro también. Luego nos llevaron en una ambulancia hasta el hospital donde después de varias horas recobramos el conocimiento (*we regained consciousness*).

El impacto emocional fue tremendo. Recuerdo que daba gracias a Dios por la vida, daba gracias a un amigo marroquí y a otro libio que me salvaron la vida. Me ha hecho pensar más a menudo que hoy estamos y mañana no, que debemos hacer más cosas que nos gustan, pues, la vida es realmente corta.

Elvira A.: Madrid, España
Yo estuve a punto de morir envenenada con dos años, porque chupé accidentalmente una figura de bronce que tenía limpiametales en su superficie. Por lo visto me cambió de carácter, me puse más tristona.

¡Ud. tiene la palabra!

A Según la lectura de este capítulo, las reacciones de los hispanos ante la muerte son variadas. ¿Qué nota Ud. en las respuestas a la primera pregunta? ¿Son semejantes las respuestas o hay diversidad de opiniones? ¿Cuál es el tono de las varias respuestas? ¿serio? ¿chistoso? ¿filosófico? ¿resignado? ¿Se identifica Ud. personalmente con alguna de las respuestas? ¿Con cuál de ellas?

B ¿Cuál de las experiencias casi fatales le impresiona más? ¿Por qué?

C ¡Necesito compañero! Imagínense que el Ministerio de Salud de un país hispano les ha invitado (*has invited*) a trabajar como asesores (*consultants*) con respecto al cuidado de los ancianos. Según su propia experiencia de las ventajas y desventajas de cuidar a los ancianos en asilos, ¿creen Uds. que esta práctica es buena idea? ¿Por qué sí o por qué no? Trabajen juntos para preparar una lista de cinco puntos para la consideración del Ministerio.

D ¡Necesito compañero! Entreviste a un compañero / una compañera de clase para saber si estuvo alguna vez a punto de morir. ¿Cuáles fueron las circunstancias? ¿Cómo le afectó la experiencia?

La familia

La hora de comida en domingo.
Barcelona, España

La comida está en la mesa... ! Es posible que la familia sea la unidad social más importante de todas las relaciones humanas. Sin embargo, se sabe por diversos medios de comunicación que cada vez hay *menos* contacto y comunicación entre los miembros de la familia. Muchos sociólogos observan que en los Estados Unidos la hora de comer, sobre todo la hora de cenar, es uno de los pocos momentos en que la familia puede reunirse. Trabajando en grupos de tres o cuatro estudiantes, contesten brevemente las siguientes preguntas con respecto a una cena típica en su propia familia.

1. ¿Quién suele prepararla?
2. ¿Qué se come típicamente? ¿Qué se bebe?
3. ¿A qué hora se suele servir?
4. ¿Quiénes suelen estar presentes?
5. ¿Qué suelen hacer Uds. mientras cenan?
6. ¿Cuánto tiempo dura la cena?

Ahora, compartan sus respuestas con sus otros compañeros de clase. ¿Existe una cena norteamericana «típica»?

- ¿Qué factores influyen en las costumbres relacionadas con la cena? Por ejemplo, ¿qué efecto puede producirse si ambos padres trabajan fuera de la casa? ¿si hay niños pequeños en la familia? ¿si la familia tiene muchos o pocos miembros? ¿si se trata de una familia rural o urbana? ¿si la cena tiene lugar durante el año escolar o si tiene lugar durante una temporada de vacaciones?
- Miren la foto de la izquierda. ¿Qué semejanzas y diferencias notan Uds. entre esa comida y las costumbres norteamericanas que acaban de mencionar? ¿Creen que ésta es una familia rural o urbana? ¿Qué les da esa impresión?

La situación rural o urbana también puede influir en muchos otros aspectos de una familia. Por ejemplo, ¿qué tipo de familia creen Uds. que describen las siguientes afirmaciones: una familia urbana (**U**), una familia rural (**R**) o a ambas (**A**)? (La lista sigue en la próxima página.)

1. _____ Representa una estructura social y familiar más tradicional.
2. _____ Los hijos con frecuencia ayudan a los padres con los quehaceres domésticos (*chores*).
3. _____ Es cada vez más común que la madre tenga un trabajo extradoméstico por el que recibe un sueldo.
4. _____ Los abuelos desempeñan (tienen) un papel importante en la crianza de sus nietos.
5. _____ Los intereses y las experiencias de los hijos suelen ser muy diferentes de los de sus padres.
6. _____ Tener muchos hijos puede ser una gran ventaja económica o de otro tipo.
7. _____ Las guarderías infantiles y los asilos para ancianos tienen funciones familiares importantes.
8. _____ El padre es una figura autoritaria.

9. _____ Los hijos tienden a quedarse en la escuela después de las clases para participar en actividades no académicas.
10. _____ Varios parientes de la familia viven en vecindarios (*neighborhoods*) cercanos o hasta en el mismo barrio.

Compartan sus clasificaciones con los demás grupos de la clase. ¿Hay mucha diferencia de opiniones? Las lecturas de este capítulo les darán (*will give*) la oportunidad de verificar sus respuestas o de modificarlas.

LECTURA I
LA FAMILIA HISPANA: MODOS DE VIDA

APROXIMACIONES AL TEXTO

Scanning for Specific Information

Up to this point, you have practiced techniques for reading for the general idea (the gist) of a text. Sometimes, though, you will also want to read for very specific information. When you read the index of a book, for example, or an ad in a newspaper, you are interested in locating specific information. For this reason, you let your eye pass over (scan) the text very quickly until you find exactly what you are looking for.

A Primero, lea las preguntas que acompañan el siguiente artículo; después, lea el artículo rápidamente para encontrar las respuestas a las preguntas.

1. ¿Cuál es el problema que señala el artículo?
2. ¿Cuántas personas sufren de ello?
3. ¿Cuál es la posible solución?
4. ¿Cuánto cuesta la solución?

Tribulaciones de los escolares

Dos de cada diez niños españoles en edad escolar pueden enfermar de la columna vertebral si la escuela a la que asisten tiene unos viejos e incómodos bancos que les obligan a sentarse en mala posición. Esto, unido a la falta de ejercicios físicos, serán los culpables de la *escoliosis,* que así se llama el mal.

Sin embargo, todo parece que terminará bien, gracias al invento del Scolitrón, un pequeño aparatito a pilas que actúa por estimulación eléctrica sobre el costado del niño.

La corriente es muy pequeña y no provoca molestias en el peque. Sólo estimula los músculos intercostales y fortalece la columna.

El estimulador, que tiene un precio aproximado a las 70.000 pesetas, ha comenzado a ser distribuido en Estados Unidos, donde fue construido por los doctores Jens Axeelgaard y John Brown, del Instituto de Minneapolis.

B Mire las fotos que se encuentran en la Lectura I («La familia hispana: Modos de vida»), y después lea rápidamente el primer párrafo y los subtítulos de esa lectura. Luego imagínese que Ud. busca la información a continuación sobre la familia hispana. Según lo que aprendió de las fotos, el primer párrafo y los subtítulos, ¿cree Ud. que sería conveniente (*it would be a good idea*) leer la Lectura I para encontrar la información que busca?

	SI	NO	QUIZAS
1. las fiestas familiares	☐	☐	☐
2. la importancia de la religión dentro de la familia	☐	☐	☐
3. el número de hijos en la familia típica	☐	☐	☐
4. diferencias entre la familia rural y la familia urbana	☐	☐	☐
5. factores que afectan la estructura familiar	☐	☐	☐
6. las maneras en que los padres disciplinan a sus hijos	☐	☐	☐

Palabras y conceptos

el ahijado / la ahijada godson/goddaughter
aislado isolated
el compadrazgo godparent status, relationship
el compadre / la comadre godfather/godmother of one's child
criar to raise, bring up
desempeñar to fulfill (*a function*); to play (*a role*)
encargarse de to take charge of
la estructura structure
el lazo tie, link
el padrino / la madrina godfather/godmother
pertenecer to belong
recoger to collect; to pick up; to take in
repartir to share; to divide up
sobrevivir to survive
la supervivencia survival
tener en común to have in common
la urbanización urbanization, migration toward the cities

A ¿Qué palabra o frase de la segunda columna asocia Ud. con una de la primera?

1. _____el compadrazgo
2. _____la ahijada
3. _____aislado
4. _____encargarse
5. _____la urbanización
6. _____pertenecer
7. _____recoger
8. _____el lazo

a. el bautismo
b. el privilegio
c. la responsabilidad
d. las ciudades
e. la conexión
f. la hija espiritual
g. formar parte de
h. la separación
i. reunir

B ¡Necesito compañero! ¿Asocian Uds. los siguientes términos con los padres o con los hijos? ¿Por qué? ¡Cuidado! En varios casos, hay más de una respuesta posible.

1. criar
2. sobrevivir
3. el compadre
4. repartir
5. la madrina
6. desempeñar

C ¡Necesito compañero! Trabajando en parejas, completen rápidamente el siguiente mapa semántico usando como idea principal o la vida urbana o la vida rural. (La mitad de las parejas debe trabajar con el tema de la vida urbana y la otra mitad con el tema de la vida rural.)

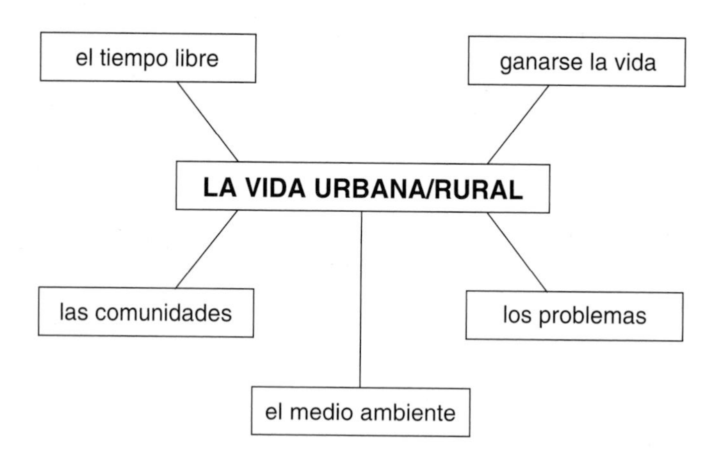

Entre todos Todas las parejas que trabajaron con el mismo tema deben reunirse en un grupo para compartir sus ideas y hacer un solo mapa. Luego, un miembro de cada grupo debe escribir los mapas en la pizarra para compararlos. ¿Hay otras ideas que se puedan agregar?

D ¡Necesito compañero! Se ha dicho que los siguientes factores desempeñan un papel importante en la estructura de la familia. Trabajando en parejas, pónganlos en orden de importancia (1 = el más importante, 5 = el menos importante) según su propia opinión y experiencia. Luego compartan sus opiniones con los otros miembros de la clase, justificando el orden en que decidieron poner los factores para llegar a un acuerdo entre sí.

_____ el medio (urbano o rural)
_____ la clase social; el nivel de educación
_____ las tradiciones culturales, étnicas y regionales
_____ las posibilidades para planificar la familia (si son accesibles los anticonceptivos; si es legal o no el aborto)
_____ las posibilidades para terminar el matrimonio

E Papel y lápiz La Lectura I sugiere que saber si una familia viene de un ambiente urbano o rural explica mucho acerca de su estructura y funcionamiento. Cuando Ud. piensa en la familia, ¿es el carácter rural o urbano lo primero que le viene a la mente? ¿Qué otras características fundamentales de la familia se le ocurren (*come to mind*)? Explore más esta idea en su cuaderno de apuntes.

- Haga un mapa semántico sobre las características que Ud. utilizaría (*would use*) para clasificar a las familias. Algunas posibilidades (sugerencias solamente): el número de padres, la clase socioeconómica, la religión, el nivel de educación...
- De todas estas posibilidades, ¿cuál le parece la más significativa? Escriba algunas oraciones para explicar por qué Ud. piensa así.

La familia hispana: Modos de vida

Antropólogos y sociólogos están de acuerdo en que, en muchos aspectos, hay más diferencias culturales entre clases sociales dentro de un mismo país que entre dos países distintos. Esto no quiere decir que no haya ninguna diferencia entre una familia de Bogotá y otra neoyorquina de la misma clase social, sino que estas dos familias suelen tener más en común que dos familias colombianas de dos clases sociales distintas. La clase social a la que pertenece la familia y también el nivel económico del país influyen mucho en la estructura familiar. Puesto que en muchos países hispanos coexisten sectores económicos muy industrializados con otros menos desarrollados, es evidente que no se puede hablar de la familia hispana como si se tratara de[1] una institución homogénea. Hay que hablar de varias familias hispanas: la rural tradicional y la urbana industrial, para nombrar sólo las clasificaciones principales.

La familia rural y la economía campesina

La familia rural de las sociedades más tradicionales es típicamente una agrupación aislada y autónoma. En muchas partes del mundo hispano, la población rural vive en casas aisladas y dispersas. Por ejemplo, en Hispanoamérica entre el 30 y el 40 por ciento de las familias rurales posee y cultiva un pequeño terreno; estas familias, casi todas indígenas, participan muy poco en la vida económica del país. Producen su propia comida y en gran medida satisfacen sus propias necesidades. Muy frecuentes también son las familias en que el padre trabaja en una de las grandes haciendas y recibe un salario con el que logra aumentar lo que recoge de una tierra arrendada.[2] En algunas regiones, por ejemplo en ciertas áreas del Ecuador y en las partes central y sur de España, es más frecuente que las casas rurales se encuentren agrupadas en pequeños pueblos alejados entre sí.[3] En cada caso, a causa de la distancia que hay entre las zonas rurales y los grandes centros urbanos, la familia constituye la institución más importante y es frecuentemente la única institución con la que los ciudadanos están en contacto.

La familia hispana de la clase baja, como ésta de Santiago, Chile, es típicamente unida y numerosa. Cuantos más hijos hay, más manos para las labores diarias.

Por lo general, la familia rural es una familia numerosa. Los padres tienden a pensar que con muchos hijos el trabajo se puede repartir y que, cuando los niños sean

[1]como... *as if it were a question of* [2]*rented* [3]alejados... *at some distance from one another*

un poco mayores y trabajen fuera de la casa, podrán (→) aportar otro ingreso económico a la familia. Además, la Iglesia católica,* tan influyente en los países hispanos, se opone al control de la natalidad con métodos antinaturales como los medios anticonceptivos o el aborto. La supervivencia de una familia numerosa depende en gran parte de su capacidad de operar como unidad. En consecuencia, la familia suele organizarse de una manera jerárquica y autoritaria. Es una familia patriarcal, en la que el padre toma todas las decisiones importantes. La madre es responsable de la casa y la crianza de los hijos. Los hijos tienen mayor o menor autoridad según el orden de nacimiento; así el hijo mayor se encarga de proteger a sus hermanos menores y asume el papel del padre cuando éste no está en casa, y la hija mayor ayuda muchas veces a su madre en las tareas domésticas o la sustituye cuando ella falta.

La familia rural es unida, protectora y estable; generalmente incluye a los abuelos, tíos, primos y otros familiares como miembros de la unidad central. Después de casarse, es frecuente que el nuevo matrimonio pase a vivir en casa de los padres del marido o, con menos frecuencia, de los padres de la esposa. No es raro que varios matrimonios emparentados[4] vivan en una sola casa, incluso, en algunas ocasiones, en un solo cuarto. Esta familia extendida, que existe comúnmente en todas las sociedades rurales del mundo, representa una adaptación útil a unas condiciones de vida poco favorables, y con índices de mortalidad y morbosidad[5] altos. En otras palabras, la familia rural extendida desempeña muchas de las funciones en la sociedad tradicional que en la sociedad urbana desempeñan las nuevas organizaciones sociales con fines específicos. En lugar de ir al hospicio, un niño huérfano es recogido por una tía o una hermana u otra persona que siempre ha convivido (←) con él. En vez de ir a un asilo de ancianos, los abuelos o los tíos abuelos[6] son acogidos[7] en casa de sus parientes.

En muchos países la familia extendida abarca[8] a más personas que los parientes consanguíneos.[9] Los lazos de mutuo cariño y obligación se extienden también a los compadres. Aunque esto ocurre en todas las familias hispanas, las relaciones de compadrazgo son más fuertes en los ambientes rurales. El compadrazgo tiene su origen en ritos eclesiásticos como el bautismo, la confirmación y el matrimonio. Cuando un individuo recibe uno de estos sacramentos, necesita padrinos o padres espirituales que se encargarán (→) de su cuidado religioso y aún físico, si se le mueren los padres biológicos. Normalmente los padres del niño les piden a unos parientes o buenos amigos que sirvan de padrinos. En muchos países, incluso en los Estados Unidos, el compadrazgo se cumple por razones religiosas, pero no existe ni se espera una estrecha[10] relación entre padrino y ahijado. En realidad, a veces esta relación es más simbólica que real. En los países hispanos, por el contrario, si uno acepta la invitación de ser padrino, entra en una relación muy especial con el ahijado y también con los padres de éste. En algunos sectores de México, en particular, cada ocasión de cierta importancia requiere nuevos padrinos: la cura de una enfermedad, la construcción de una nueva casa, un campeonato[11] de fútbol o de básquetbol, etcétera. Finalmente, en algunos casos el padrino es visto como un protector económico; por eso es popular la frase «tener buenos padrinos».

[4]que son parientes [5]*illness* [6]tíos... *great-uncles and great-aunts* [7]*welcomed* [8]incluye
[9]parientes... *blood relatives* [10]*close* [11]*championship match*

*Aunque tradicionalmente la Iglesia católica ha sido (*has been*) la institución religiosa de mayor importancia en el mundo hispano, las religiones protestantes evangélicas tienen cada vez más seguidores. Estas sectas, igual que la Iglesia católica, suelen oponerse al control de la natalidad y apoyan el concepto de la familia numerosa.

Muchas de las características de la familia campesina son comunes a todas las sociedades rurales del mundo. Sin embargo, si comparamos la sociedad agrícola tradicional de los Estados Unidos con la de los países hispanos, podemos ver algunas diferencias importantes. Los colonos que poblaron los Estados Unidos vinieron para establecer su independencia religiosa, social o económica. Llegaron a una tierra relativamente despoblada y se acostumbraron a no tener grandes barreras que impidieran sus movimientos. Por lo tanto,[12] la idea de espacios abiertos resulta ser muy importante en los Estados Unidos. Muchos colonos abandonaban las casas que habían construido[13] y las tierras que habían desmontado[14] cuando veían que venían nuevos colonos. No querían vivir «encerrados» con tanta gente.

Como resultado de los movimientos feministas y las necesidades económicas, los hombres participan más en el cuidado y la educación de sus hijos.

La diferencia de actitud hacia el espacio se ve claramente en la manera en que las dos culturas pueblan el campo. En los Estados Unidos la casa de un agricultor típico se construye en medio de su terreno. La distancia de un vecino a otro varía pero la casa del vecino está casi siempre lejos. En cambio, en muchas partes de España y Latinoamérica los agricultores que poseen su propia tierra viven en comunidad y salen cada día para trabajar su tierra, reflejo inverso[15] de los *suburbanites* norteamericanos que día y noche hacen el viaje rutinario entre su casa y su oficina.

La familia urbana y la sociedad industrializada

La industrialización trae cambios importantes en cuanto a la organización familiar. Mientras que en la sociedad tradicional la familia es la unidad de producción, en la sociedad urbana industrial la familia ya no produce lo que consume; depende cada vez más de estructuras no familiares y de un salario. Mientras que los campesinos de la sociedad rural no necesitan estudios formales para aprender su oficio, la industrialización suele traer una creciente especialización en los trabajos y, por lo tanto, puede exigir una mayor preparación de los trabajadores. Los niños ya no son una ventaja sino una carga,[16] puesto que necesitan estudiar durante un tiempo más o menos largo antes de entrar al mundo laboral. Cuestan dinero y no producen beneficios económicos. En consecuencia, hay una tendencia a tener menos hijos en una sociedad industrializada. También han tenido (←) su impacto en esta sociedad la incorporación de la mujer al trabajo, la generalización del uso de anticonceptivos* y la consecuente planificación familiar. En los países hispanos, como en otras partes del mundo, son muchos los católicos que no siguen

[12]Por... *For this reason* [13]habían... *they had built* [14]*cleared* [15]reflejo... *mirror image* [16]*burden*

*A pesar de que la Iglesia católica se opone a la utilización de anticonceptivos, en los países hispanos su uso es cada vez más frecuente, sobre todo en las zonas urbanas y más aún entre las personas con alguna educación. En las zonas rurales, sin embargo, su uso es todavía limitado o desconocido. La popularización de estos medios se debe no sólo a la perseverancia de quienes creen en la necesidad de la planificación familiar, sino también a la lucha contra muchas enfermedades contagiosas.

las prohibiciones de la Iglesia católica en este asunto. Pero la ideología y la situación económica presionan y así es frecuente que los no creyentes tengan
125 menos hijos que los creyentes; que los de izquierda sean menos fecundos[17] que los de derecha; y que los de clase alta o culta sean también menos prolíficos que los de clase baja y con escasos estudios.

Otra diferencia que se puede señalar está en relación con la importancia de la familia extendida. En general las instituciones ajenas a[18] la familia, como bancos,
130 seguros, asilos y guarderías infantiles, se encargan de las tradicionales funciones familiares para que los esposos puedan trabajar. Por todas estas razones, en el medio urbano la gran familia extendida es reemplazada por la familia nuclear, es decir, la unidad compuesta por los padres y los hijos.*

En los países hispanos, igual que en los Estados Unidos, la familia nuclear ha
135 sufrido (←) graves trastornos[19] como producto de la creciente industrialización y urbanización. En la sociedad industrializada, la familia generalmente no trabaja junta; el padre, y cada vez más la madre, sale de la casa y se queda fuera durante gran parte del día. Aunque esto también puede pasar en una sociedad rural, los hijos siempre pueden acompañar al padre al campo, donde llegan a tener un
140 conocimiento directo del trabajo que hace. En cambio, es posible que los hijos de un abogado o fundidor[20] nunca observen a su padre en su lugar de trabajo. De este modo, se crea una distancia entre padres e hijos.

En las últimas décadas se ha visto (←) en Hispanoamérica una migración masiva hacia las ciudades. En 1936 el 65 por ciento de la población venezolana vivía
145 en el campo; en 1970 el 75 por ciento de la población estaba concentrada en las ciudades. Ya en 1992, el porcentaje de la población urbana superó al 84 por ciento. Este fenómeno se repite en todos los países de Hispanoamérica. Para la familia, la emigración a la ciudad significa una ruptura drástica, cuyas repercusiones son particularmente fuertes en las relaciones entre padres e hijos. Los hijos se adaptan
150 rápidamente a los nuevos sistemas mientras que muchas veces los padres los desaprueban o rechazan. En estas circunstancias, las diferencias generacionales pueden fácilmente ahondarse[21] y a menudo la familia se desintegra aún más.

[17]*fertile* [18]ajenas... *outside of* [19]efectos negativos [20]*welder* [21]*grow deeper*

Comprensión

A Complete las siguientes oraciones con la respuesta correcta.

1. La familia rural generalmente *no* es una familia ____.
   a. de numerosos hijos
   b. en que los hijos ayudan con el trabajo de la casa
   c. patriarcal
   d. que tiene mucho impacto en la economía de su país
   e. unida

*En España se ha visto (*has been seen*) últimamente un aumento en el número de familias en que hay un solo padre. La mayoría de estas familias está encabezada por mujeres, muchas de las cuales han quedado (*have been left*) como jefas de familia como resultado de un divorcio. Además, es normal, especialmente en las zonas urbanas, que una mujer que se encuentra en «estado de espera» opte por criar a su hijo sin casarse. Esto era muy mal visto en el pasado pero es bastante más aceptado ahora.

2. Los campesinos de los países hispanos ____.
   a. viven lejos de los grandes centros urbanos
   b. prefieren tener muy pocos hijos
   c. están más conscientes de los asuntos nacionales que los campesinos de los EEUU
3. El compadrazgo ____.
   a. sólo ocurre en los países hispanos
   b. se considera de gran importancia en los países hispanos
   c. se limita a los ritos eclesiásticos
4. En la familia urbana hispana ____.
   a. los padres tienen más autoridad que en la familia rural
   b. las instituciones sociales se encargan de ciertas funciones familiares
   c. las mujeres no trabajan
5. La familia hispana rural se parece mucho a (*greatly resembles*) ____.
   a. cualquier otra familia hispana
   b. cualquier otra familia rural, no importa de qué país

B Imagínese que un amigo / una amiga tiene las siguientes ideas sobre la familia hispana. ¿Qué información de la Lectura I necesita tomar en cuenta (*to take into account*)?

1. La familia hispana típica es una familia extendida.
2. Las características de la familia campesina hispana son exclusivamente hispanas.
3. La vida de los campesinos pobres sería (*would be*) mucho mejor si no tuvieran (*they did not have*) tantos hijos.
4. La familia en los países hispanos parece que es diferente de la familia en los EEUU.

C Complete esta tabla con la información necesaria para resumir los efectos del contexto social y económico en la estructura de la familia.

FACTOR	EFECTO EN LA FAMILIA
1. La familia está demasiado lejos de un centro urbano para poder depender de las instituciones sociales si un pariente se enferma o se muere.	
2. Los trabajos requieren cada vez más entrenamiento y educación.	
3. La urbanización es rápida y masiva.	

Interpretación

A Vuelva a mirar la actividad de la página 56. ¿Qué tal acertaron Uds. (*How well did you do*) en sus opiniones con respecto a las familias hispanas?

B ¿Cuáles son las ventajas de la familia nuclear? ¿de la familia extendida? ¿Cuáles son las desventajas de cada una? Explique. ¿Hay ciertos grupos en los Estados Unidos que suelen tener familias extendidas? ¿Cuáles son? ¿Por qué cree Ud. que la familia extendida es típica de estos grupos y no de otros?

C Haga una lista de las relaciones personales más importantes que un individuo contrae a lo largo de su vida. ¿Hay alguna que sea la más importante de todas? ¿Cuál es, en su opinión? Si Ud. o un miembro de su familia necesita ayuda económica o emocional, ¿a quién se dirige (*turn*)? ¿Por qué?

D ¿Es distinta la familia rural norteamericana de la urbana? ¿Cuáles son las diferencias entre ambas? ¿En cuál de los dos ambientes prefiere Ud. vivir? ¿Por qué?

E Papel y lápiz ¿Es urbana su familia o es rural? ¿Cree Ud. que la lectura que acaba de leer acierta en describir a su familia? Explore esto en su cuaderno de apuntes.

- Haga una tabla con dos columnas: una con el título «La familia rural» y otra con el título «La familia urbana».
- Resuma brevemente las características de los distintos tipos de familia mencionadas en la Lectura I.
- ¿Cuáles de estas características describen a su familia? ¿Cuáles *no* la describen? ¿Hay características importantes de su familia que la lectura no mencione? ¿Cuáles son?
- Resuma sus pensamientos al respecto, completando el siguiente párrafo.

Mi familia es (rural/urbana). Muestra (algunas/muchas/pocas) de las características que la lectura relaciona con este tipo de familia. Por ejemplo, ... También, ... Pero la lectura dice que este tipo de familia... , y eso no describe a mi propia familia. Por otro lado, algo que no se menciona en la lectura pero que sí es importante con respecto a mi familia es...

LA FAMILIA HISPANA: DEL PRESENTE AL FUTURO

APROXIMACIONES AL TEXTO

Simplifying Sentence Structure

In Chapter 2 you saw how identifying the subject, the main verb, and the object in a sentence can help you understand its meaning even if you do not know the meaning of all the words. Another useful technique is to use the structural markers in a sentence to simplify the structure and clarify the main ideas. One group of important structural markers in Spanish introduces subordinate clauses. The most common of these markers is **que** (or expressions containing **que,** such as **aunque, porque,** and **para que**); others are **como, cuando, donde, quien, si,** and forms of **cual** (**el/la cual, los/las cuales**).

Me gusta leer el periódico {
- que tiene una extensa sección deportiva.
- porque así aprendo mucho sobre los acontecimientos (*events*) del día.
- cuando tengo tiempo.

It is useful to skip over prepositional phrases and subordinate clauses as a strategy for simplifying reading. When you need to understand the information contained in the subordinate clause, however, it can be helpful to break the whole sentence into its components (or clauses). Each of the following sentences, for example, contains a main (independent) clause and a subordinate (dependent) clause and can be broken down into two smaller sentences.

SENTENCE WITH SUBORDINATE CLAUSE	SIMPLER SENTENCES
Los estudiantes que viven aquí son muy inteligentes.	Los estudiantes son muy inteligentes. Esos estudiantes viven aquí.
Las personas que trabajan en el rancho no ganan mucho dinero.	Las personas no ganan mucho dinero. Esas personas trabajan en el rancho.

A Las siguientes oraciones se basan en la Lectura II de este capítulo. Lea cada una y después divídalas en oraciones más sencillas. Recuerde usar las palabras que señalan una cláusula subordinada (**que,** etcétera) para ayudarle a encontrar las cláusulas. ¿Serían (*Would be*) verdaderas algunas de estas oraciones para una familia «típica» estadounidense? ¿Cuáles?

1. Cuando las amistades visitan a una mujer hispana que acaba de dar a luz, la mayor parte de su atención e interés no recae sobre ella sino sobre el bebé.
2. Muchas familias rurales, que gastan toda su energía en sobrevivir, no muestran su cariño con palabras ni con abrazos ni besos.
3. Un hijo ya mayor puede vivir con sus padres y, con tal que esté trabajando y ganando algún dinero, tendrá tanta independencia como el joven que vive solo.
4. La familia hispana, que ha sido afectada negativamente por los procesos de modernización, ha conservado algunas características de la familia tradicional que la diferencian de la estructura familiar típica de los Estados Unidos.

B Cuando Ud. busca información específica en una lectura, recuerde mirarla rápida pero sistemáticamente hasta encontrar la información deseada. Imagínese que alguien le dijo que la Iglesia católica no permite el divorcio y que, puesto que casi todos los hispanos son católicos, el divorcio es ilegal en los países del mundo hispano. Ud. quiere averiguar esto. Mire la Lectura II de este capítulo y lea el título y los subtítulos hasta encontrar una sección que pudiera (*might*) contener información sobre este tema. Después, mire esa sección rápidamente para encontrar las respuestas a las siguientes preguntas.

1. ¿Es legal el divorcio en todos los países hispanos?
2. ¿Cuándo se legalizó el divorcio en España? ¿Cuál fue el efecto después de la legalización: hubo muchos divorcios o relativamente pocos?
3. Aparte del divorcio legal, ¿qué opciones tienen los católicos practicantes para terminar el matrimonio?

Palabras y conceptos

el cariño affection
castigar to punish
  el castigo punishment
la cohabitación cohabitation
competir (i, i) to compete
  la competencia competition
cooperar to cooperate
cotidiano daily
dar a luz to give birth
la disciplina discipline
divorciarse to get divorced
  el divorcio divorce
educar to rear, bring up; to teach (*rules of good behavior*)
  la educación upbringing, education
gozar to enjoy
independizarse to become independent
la separación matrimonial separation
la unión consensual common-law marriage

A ¡Necesito compañero! ¿Quién? ¿Cuándo? ¿Por qué? Trabajando en parejas, indiquen qué miembro(s) de la familia Uds. asocian con cada una de las siguientes acciones. Luego, digan las circunstancias en que las hace(n).

1. castigar
2. independizarse
3. cooperar
4. dar a luz
5. educar
6. la separación matrimonial

B Explique la relación que la primera palabra tiene con las otras palabras del grupo. ¡Cuidado! A veces hay más de una posibilidad.

1. educar
   a. criar
   b. castigar
   c. independizarse
   d. el cariño
2. el matrimonio
   a. la cohabitación
   b. la unión consensual
   c. el divorcio
   d. dar a luz

C Defina brevemente en español.

1. el divorcio
2. cotidiano
3. la disciplina
4. gozar

D ¡Necesito compañero! ¿Cierto o falso? Según lo que Uds. ya saben acerca de la cultura y la familia hispanas, ¿creen que las afirmaciones de la próxima página son ciertas (**C**) o falsas (**F**)?

1. _____ Los padres hispanos suelen mimar (*to spoil*) a sus hijos más que los padres norteamericanos.
2. _____ Los jóvenes hispanos se independizan de sus padres más tarde que los jóvenes norteamericanos.
3. _____ El divorcio todavía no es legal en ningún país hispano.
4. _____ La unión consensual es una frecuente alternativa al matrimonio entre las clases más humildes hispanoamericanas.
5. _____ Ahora que las familias son más pequeñas, hay un reparto más o menos equitativo de las tareas domésticas entre los esposos.

Entre todos Compartan entre sí sus reacciones. ¿Hay mucha diferencia de opiniones? Al leer la Lectura II, busquen las respuestas correctas. ¡A ver qué tal acertaron!

La familia hispana: Del presente al futuro

La educación de los hijos

«Es curioso», observó recientemente un chileno que ha pasado (←) mucho tiempo en los Estados Unidos, «pero he notado (←) que cuando las amistades visitan a una mujer norteamericana que acaba de dar a luz, la mayoría de su atención e interés recae sobre ella: ¿cómo está? Y ¿cómo estuvo?[1] Y ¿cuándo puede volver al trabajo? En cambio, cuando da a luz una mujer hispana, se encuentra más o menos desatendida mientras sus visitantes se reúnen en torno al[2] recién nacido, pasándolo de uno a otro entre exclamaciones de admiración y afecto.» En los países hispanos, los niños son el centro de atención, la «razón de ser» del matrimonio. Con frecuencia se les incluye en las actividades de los miembros adultos y suelen ser tratados con más indulgencia y tolerancia que los niños en los Estados Unidos. Pero esto no quiere decir que no reciban ninguna disciplina.

Muchas familias rurales, que gastan toda su energía en sobrevivir, no muestran su cariño con palabras ni abrazos ni besos. Si toda la familia vive en un solo cuarto, la proximidad física se compensa con una distancia emocional. En otros contextos el contacto físico entre padres e hijos —de tipo cariñoso al igual que castigante— suele ser más visible. Los norteamericanos a veces se muestran confusos por el comportamiento de los padres hispanos. Por un lado pueden parecer «besucones»[3] y demasiado indulgentes; por otro se muestran más autoritarios, gritan a los niños y emplean el castigo físico —sea un tirar del pelo o un bofetón[4]— con más frecuencia que muchos padres norteamericanos. Pero esto se debe a que en general los hispanos son más demostrativos y abiertos con sus emociones que los norteamericanos. En los Estados Unidos se recurre más al castigo «psicológico», por ejemplo, se les manda a los niños a su cuarto sin comer o se les quita algún privilegio. El castigo físico se reserva para cuando ya no hay otro remedio y, por lo tanto, se asocia con la ira[5] y la pérdida de control. Dentro de la cultura hispana no tiene ese impacto, ni para los padres ni para los niños.

A pesar de que, tradicionalmente, el castigo físico no ha sido (←) mal visto en el mundo hispano, los tiempos están cambiando (∿) y ya no se aplica tan frecuentemente como en el pasado. A esto hay que añadir que cada vez hay más conciencia de la necesidad de proteger a los menores contra todo tipo de abuso de las

[1]¿cómo... *how did it go?* [2]se... *cluster around the* [3]que besan y abrazan mucho [4]*slap* [5]*anger*

En toda sociedad moderna, gran parte de lo que aprenden los niños de cómo vivir en la sociedad sale de sus experiencas en la escuela. Pronto el ejemplo de sus compañeros de clase llega a tener más influencia que el de sus parientes.

personas que están a su alrededor, incluyendo a los mismos padres. No es nada extraño que las autoridades intervengan cuando un niño ha sido (←) víctima de la violencia física por parte de cualquier familiar. La disciplina que antes utilizaban los maestros hispanos, siguiendo (∩∪∩) la frase popular «la letra con sangre entra», ha pasado (←) a la historia. Pero todavía quedan maestros muy tradicionales y también padres, tanto en la cultura hispana como en la de los Estados Unidos, que ven el castigo físico como una buena forma de educar a los niños.

Hay otras esferas en que es importante reconocer diferencias culturales para no llegar a conclusiones inexactas. Por ejemplo, los hijos hispanos suelen vivir en casa de sus padres por más tiempo que los hijos norteamericanos. Sin embargo, sería[6] un error concluir que por lo tanto los hijos hispanos se independizan más tarde que los norteamericanos. En los Estados Unidos la independencia de los hijos casi se define por la separación; los que todavía viven en casa de sus padres, por definición, carecen de libertad personal. En la cultura hispana no es así. Un hijo ya mayor puede vivir con sus padres y, con tal que esté trabajando (∩∪∩) y ganando (∩∪∩) algún dinero, tendrá (→) tanta independencia como un norteamericano que viva solo. Sin embargo, esta libertad es menos probable en el caso de una hija que se quede viviendo en casa de sus padres.

En la cultura hispana, la independencia en el sentido de «poder hacerlo solo» no tiene la importancia que tiene en la norteamericana. Sea en la sociedad rural o en la urbana, los padres hispanos fomentan la cooperación antes que el espíritu competitivo y agresivo. Hace poco, dos sociólogos hicieron un estudio sobre este fenómeno. Diseñaron un juego en que la cooperación era necesaria para ganar, y expusieron a este juego a un grupo de niños mexicanos y a otro de norteamericanos. Les sorprendió descubrir que a pesar de la presencia de un premio para los que ganaban, los niños norteamericanos no pudieron renunciar a la competencia para adoptar una conducta cooperativa. Los niños mexicanos, en cambio, por no tener una gran tendencia competitiva, asumieron una conducta cooperativa con mucha facilidad.

[6] *it would be*

El matrimonio y el divorcio

En toda sociedad la estructura familiar está determinada en gran medida por la formación, el funcionamiento y las posibilidades de disolver el matrimonio. En casi todos los países hispanos el catolicismo es la religión oficial; por lo tanto existen grandes trabas[7] culturales que se oponen al divorcio. Antes de que España legalizara el divorcio en 1981, había una fuerte campaña adversa de la derecha y de la Iglesia, que advertía que el divorcio significaba la disolución de la familia.* En realidad, muchas menos parejas de lo que se pensaba se aprovecharon de la nueva ley. Esto se explica en parte porque es menor el número de parejas y porque se ha visto (←) una extensión de la cohabitación sin matrimonio, especialmente entre la población entre los 25 y 35 años de edad. En general en España desde hace más de veinte años se observa una tendencia hacia la pérdida de valor del matrimonio como institución y un aumento de las relaciones informales.

Aunque no tan acusada[8] como en los Estados Unidos, se ve en España también una inclinación a posponer el matrimonio. Según una encuesta[9] actualizada, la edad ideal para casarse es de 26,3 años para el hombre y 23,7 años para la mujer. Al mismo tiempo, los encuestados parecen oponerse a la tradición española de tener el primer hijo en seguida: la mayoría de ellos cree que es mejor dejar pasar un tiempo después de casarse antes de tener el primer hijo.

En algunos países hispanos la ley no admite divorcio de ningún tipo. En otros se permite el divorcio en casos limitados, mientras que en unos pocos países se consigue por petición de los casados. Para la gente adinerada[10] el divorcio es siempre posible: se arregla un viaje a un país donde el divorcio es legal o se invierte una fuerte cantidad de dinero para anular el matrimonio. Para la clase pobre no hay posibilidad de divorcio en muchos de los países hispanos. En consecuencia, no es raro que los individuos pobres prefieran la unión consensual. Con frecuencia, la mujer pobre teme el matrimonio porque quiere conservar la posibilidad de abandonar a su compañero si él abusa de ella.

También influye el factor económico, ya que muchos pobres no tienen bastante dinero para una boda. Además, puesto que los pobres tienen poco que dejar a sus hijos, pueden creer que no es necesario protegerlos como herederos legítimos.

Las relaciones consensuales son muy frecuentes en Hispanoamérica y muchas veces constituyen relaciones estables. No obstante, la posibilidad de abandono de la familia por el padre es más posible que en una pareja formalmente unida, lo cual deja a la mujer en una situación muy difícil para sostener a la familia. Por fuerza tiene que dejar a los hijos en casa, a veces solos, mientras ella sale a ganar una miseria.[11]

Nuevos papeles, nuevas posibilidades

Vivir en el moderno ambiente urbano ha afectado (←) profundamente a la familia hispana, así como a la familia en todas partes del mundo. Aunque algunos de los efectos parecen muy negativos, otros han sido (←) beneficiosos. Dos grupos en particular que están viendo (∩∩) cambiar su mundo son los abuelos y los hombres.

[7]obstáculos [8]notable [9]sondeo [10]que tiene dinero [11]salario muy bajo

*La Iglesia católica no admite el divorcio eclesiástico. En los países donde el divorcio es legal, se trata del divorcio civil. Por lo tanto, las personas que deciden disolver su matrimonio por este método no pueden volver a casarse por la Iglesia católica.

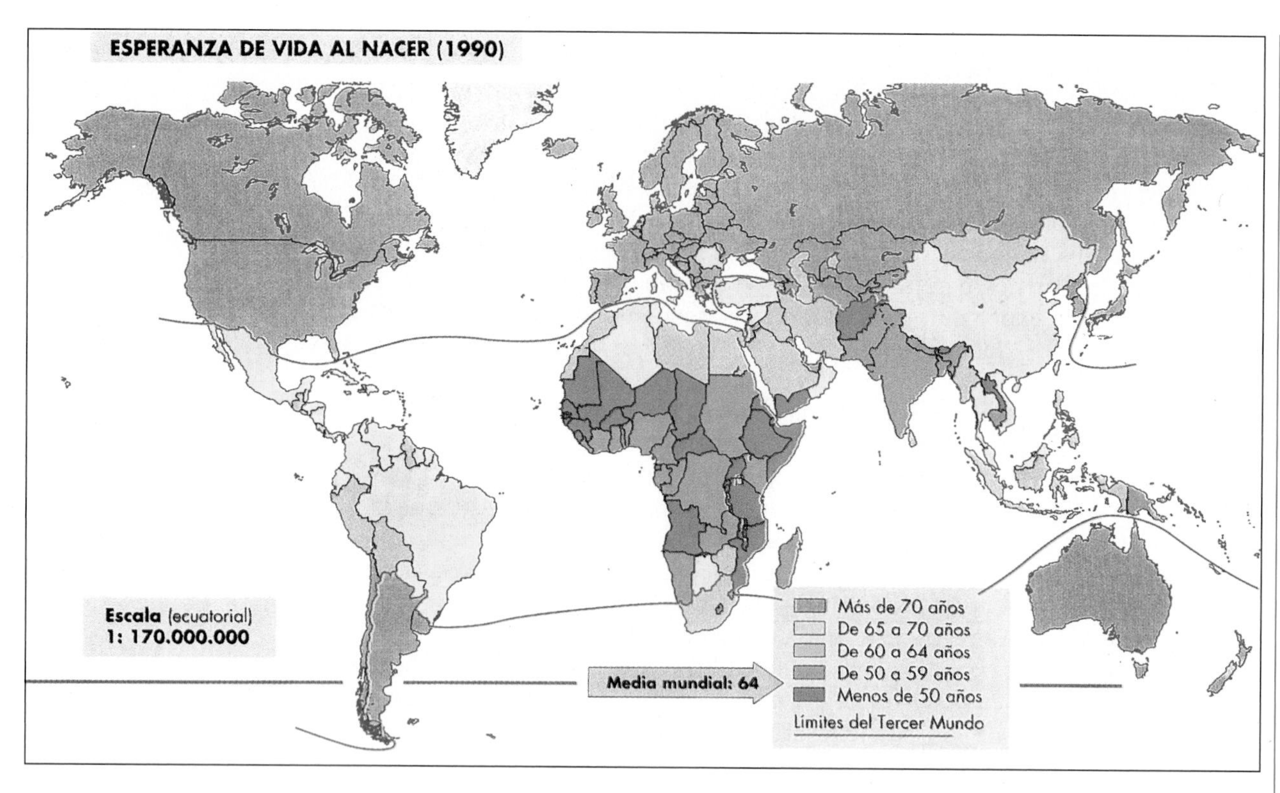

En el pasado era frecuente que los abuelos pasaran (←) a vivir con uno de sus hijos al llegar a cierta edad. Allí ayudaban con las labores de la casa y con el cuidado de sus nietos; allí eran atendidos por su hija o su nuera[12] cuando se enfermaban. Hoy día, en el medio urbano, la familia nuclear es cada vez más el tipo de familia que predomina. Y la nueva generación de abuelos parece muy distinta a las anteriores: son más jóvenes, más vitales, más independientes. Lejos de retirarse de la vida activa y esperar resignados la vejez, los abuelos modernos aprovechan su libertad de jubilados[13] para dedicarse a sus pasatiempos, viajar y, claro, pasar tiempo con sus nietos. Esta generación de la llamada «tercera edad», a diferencia de las anteriores generaciones de abuelos, goza de mejor salud y vitalidad física, practica deportes, anda en bicicleta y muchas veces comparte con sus nietos el interés por la música *rock* y hasta tiene las mismas convicciones políticas. Es que hoy en día un abuelo de sesenta años no parece tan viejo como un abuelo de esa edad hace unas pocas décadas.

El papel que desempeñan los hombres en la familia moderna también ha cambiado (←) bastante. En los medios urbanos del mundo hispano, como en el resto del mundo occidental, la entrada de gran número de mujeres al mundo laboral ha tenido (←) un enorme impacto tanto en los hijos como en las relaciones de la pareja. A pesar de estos cambios, sin embargo, la vida cotidiana de muchas mujeres de hoy sigue siendo (ᔕ) determinada por su situación familiar. Trabajen o no[14] fuera de la casa, la jornada[15] de las mujeres depende de las necesidades y actividades de los demás miembros de su familia. Las mujeres todavía asumen la mayor parte de las tareas domésticas y se responsabilizan de la educación de los niños de manera casi exclusiva. Eso no obstante, en la nueva «pareja democrática», especialmente en las más jóvenes (de 24 a 35 años), los hombres partici-

[12]*daughter-in-law* [13]*retired persons* [14]Trabajen... *Whether or not they work* [15]*workday*

pan más en las labores de la casa y colaboran más activamente en el cuidado de los niños. Y se supone que ayudarán (→) a dar a los hijos varones[16] una educación muy diferente de la que se les daba antiguamente.

Como se ha visto (←), no se puede hablar de una sola familia hispana. Es 130 necesario tener en cuenta muchos otros factores, especialmente la clase social y el contraste entre el medio rural y el urbano. Como en todas partes del mundo, la familia hispana ha sido (←) afectada negativamente por los procesos de modernización. A pesar de estos cambios, ha conservado (←) algunas características de la familia tradicional —la solidaridad, la autoridad paternal, la cooperación— 135 que la diferencian de la estructura familiar típica de los Estados Unidos. Se espera que la fuerza de estos valores logre contrarrestar los efectos de la urbanización y ayude a la familia a defenderse y a persistir como una institución de suma importancia cultural y humana.

[16]masculinos

Comprensión

A ¿Cierto o falso? Vuelva a mirar la lista de afirmaciones de la actividad D de Palabras y conceptos. ¿Qué tal acertaron Uds.? Use lo que Ud. sabe ahora de la familia hispana para corregir las oraciones falsas.

B Imagínese que un amigo / una amiga tiene las siguientes ideas sobre la familia hispana. ¿Qué información de la Lectura II necesita tomar en cuenta?

1. Los jóvenes hispanos son mucho menos independientes que los jóvenes norteamericanos porque siguen viviendo en la casa de sus padres aun hasta los treinta años.
2. La mayoría de las parejas hispanas se casa por la Iglesia, aunque muchas de ellas se divorcian.
3. Casi todos los abuelos viven con sus hijos.
4. Los hombres no ayudan ni con el cuidado de la casa ni con la educación de los niños.

C Complete esta tabla con la información necesaria para resumir los efectos del contexto social y económico en la estructura de la familia.

FACTOR	EFECTO EN LA FAMILIA
1. La salud y la situación económica de los abuelos actuales son mejores que las de las generaciones anteriores de abuelos.	
2. Cada vez más mujeres trabajan fuera de la casa.	
3. El matrimonio no es el único modelo para la cohabitación.	

Interpretación

A En la familia rural hispana, hay poco contacto físico entre los parientes. ¿Pasa lo mismo en la familia norteamericana? En los Estados Unidos, ¿se considera normal el contacto físico entre dos miembros de la familia en público? Explique.

B En su opinión, ¿es bueno o malo que los hijos norteamericanos dejen la casa de sus padres muy temprano? Explique. ¿Cuáles son algunos de los efectos de una separación temprana?

C Suele decirse que la familia hispana es más unida que la norteamericana. ¿Qué entiende Ud. por una familia «unida»? ¿Qué importancia tiene la disciplina o la falta de ella para la unidad familiar?

D Papel y lápiz Generalmente cuando se habla de la familia, se piensa en los individuos relacionados por la sangre (los padres, hijos, hermanos, abuelos, tíos, etcétera), mediante ciertas formalidades legales o sociales (los esposos, hijos adoptivos, compadres, etcétera) o por afinidad (parentesco con los parientes de un cónyuge [*spouse*]: cuñados, hermanastros [*stepsiblings*], padres políticos [*in-laws*], etcétera). En su opinión, ¿hay otras personas o seres que también puedan formar parte de la familia de uno? Por ejemplo, los amigos íntimos (*close*) o los animales domésticos? Para Ud., ¿qué significa el concepto de «familia»? Explore esto en su cuaderno de apuntes.

- Haga una redacción libre* por cinco minutos sobre la definición de una familia.
- ¿Cuál parece ser la idea principal de todo lo que acaba de escribir? Exprésela en una sola oración en la página después de su redacción libre.

Aplicación

A ¡Necesito compañero! Según la Lectura II, la familia hispana y la norteamericana se diferencian en cuanto al respeto hacia los padres. ¿Están Uds. de acuerdo? En una familia norteamericana típica, ¿cuánta importancia se les daría (*would be given*) a las acciones a continuación?

1 = poca importancia 3 = bastante importancia 5 = mucha importancia

_____ responder (*to talk back*) a los padres	_____ no respetar al padre
	_____ mentir o engañar

*La redacción libre (*free writing*) es un buen ejercicio para desarrollar ideas y también para aumentar la facilidad de expresión. Para hacerla, busque un lugar en donde pueda escribir sin interrupciones y escriba en español sobre el tema asignado por cinco minutos *sin parar*. No busque palabras desconocidas en el diccionario ni trate de organizar lo que escribe. Si no sabe qué decir, escriba «no sé qué decir, no sé qué decir, no sé qué decir» hasta que se le ocurran algunas ideas. En todo caso, debe de seguir escribiendo hasta que hayan pasado los cinco minutos.

_____ discutir (*to argue*) con los padres
_____ salir de casa sin decir adónde se va
_____ no llegar a cenar sin aviso previo
_____ desobedecer a la madre
_____ insultar a los padres
_____ hablar mal de los padres
_____ no pedir permiso para salir o hacer algo
_____ llegar tarde a casa sin avisar

¿Qué indican sus respuestas sobre el respeto hacia los padres en la familia norteamericana? ¿Hay otras acciones que deban agregarse a la lista? ¿Cuáles son?

B En su opinión, ¿cuál es el peor de los castigos: el físico o el psicológico? ¿Por qué?

C ¿Cree Ud. que ha sido una ventaja para las mujeres entrar en grandes números al mundo laboral? ¿Cuáles son algunas de las ventajas y desventajas?

D ¿Existen soluciones a los problemas familiares? En algunos países de Europa, e incluso en los Estados Unidos, se ha discutido la posibilidad de elaborar leyes que permitan que los jóvenes «se divorcien» de sus padres en caso de existir graves problemas o conflictos insuperables (*insurmountable*) entre ellos. ¿Qué piensa Ud. de esto? ¿Cree que los hijos deben tener el derecho de separarse legalmente de sus padres? ¿Por qué sí o por qué no? ¿Cuáles serían (*might be*) las circunstancias que justificarían tal separación? ¿Qué consecuencias podría tener (*could have*) esto?

E Hoy en día, además de hablar de la familia nuclear y de la familia extendida, se habla de la familia «binuclear», es decir, de los niños que pertenecen a dos familias distintas. ¿Cómo puede ocurrir esta situación? ¿Qué problemas o posibles ventajas les trae a los niños? ¿y a los padres?

F ¡Necesito compañero! A continuación se presenta el resumen de un estudio que se hizo recientemente en España sobre los hombres españoles contemporáneos. En este estudio se examinaron las actitudes de los hombres frente a las mujeres con respecto al trabajo de la casa y el trabajo fuera de la casa. Los resultados indican con (+) los trabajos en que los hombres participan más, y con (−) los trabajos en que participan menos.

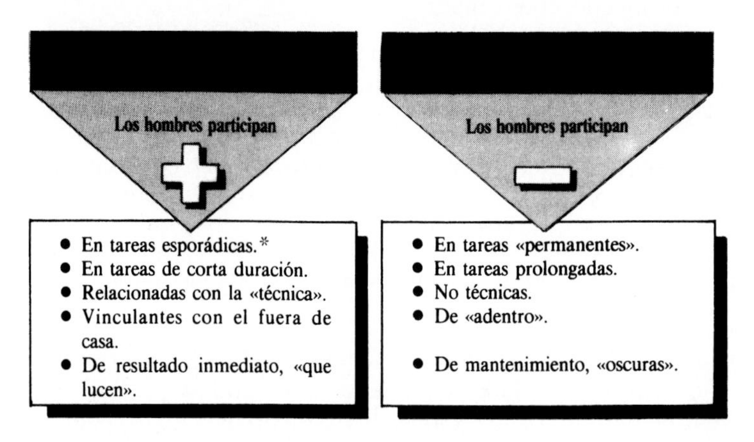

Imagínense que Ud. y su compañero/a tienen una amiga que piensa casarse con un español. Ella ha decidido preparar un acuerdo prematrimonial. ¿Qué tipos de tarea sugiere el estudio que ella debe incluir en el acuerdo para asegurarse de la ayuda de su esposo? Primero, clasifiquen las siguientes tareas domésticas en tres grupos, según los resultados presentados en la tabla.

1. un hombre español «típico» no lo haría nunca
2. lo haría de vez en cuando
3. lo haría con frecuencia

Tareas domésticas

cocinar
cuidar a los niños
fregar el suelo
fregar los platos
hacer las camas
hacer chapuzas (*odd jobs*)
ir de compras
lavar el carro
lavar la ropa
limpiar cristales y ventanas
limpiar el cuarto de baño
limpiar el polvo
planchar
recoger la casa
regar las plantas
reparar una lámpara
sacar la basura
tender (*to hang*) la ropa

Ahora, compartan sus resultados con las demás parejas de la clase. Según las conclusiones del estudio, ¿creen Uds. que sería (*would be*) grande el contraste entre las actitudes de los españoles y las de los norteamericanos «típicos»? Si quieren, hagan un sondeo entre los hombres de la clase para averiguarlo.

G Durante los últimos años se ha comentado mucho en los medios informativos el tema de los «valores familiares». Se habla en particular de la influen-

*Las tareas esporádicas son las que tienen una duración breve y que no se realizan diariamente. Las tareas permanentes, por otro lado, son las que tienen una duración más prolongada y que se hacen más o menos habitualmente.

cia de la comunicación masiva (las películas, la televisión, la radio) y de la forma de vida del mundo moderno en la pérdida o disminución de esos valores. En su opinión, ¿qué significan realmente los «valores familiares»?

A continuación se nombran varios programas de televisión que de alguna forma presentan la vida en familia. Trabajando en pequeños grupos, analicen la lista y agreguen por lo menos dos más (pueden ser de la televisión o del cine).

1. «Roseanne»
2. «NYPD Blue»
3. «The Simpsons»
4. «General Hospital»
5. «Murphy Brown»
6. «Frasier»
7. «Seinfeld»
8. ¿ ?
9. ¿ ?

En la opinión del grupo, ¿hasta qué punto representa cada programa la familia «típica» norteamericana? ¿Qué importancia da cada uno a los valores familiares? Coloque los programas en la siguiente tabla para resumir su análisis.

IMPORTANCIA QUE SE DA A LOS VALORES FAMILIARES	ESTE PROGRAMA ES UN BUEN EJEMPLO DE LA FAMILIA «TIPICA»	ESTE PROGRAMA REPRESENTA LA FAMILIA «TIPICA» A MEDIAS	ESTE PROGRAMA NO REPRESENTA PARA NADA LA FAMILIA «TIPICA»
mucha			
alguna			
poca			

Ahora, compartan su análisis con los demás grupos. ¿Hay mucha diferencia de opiniones? ¿Ha cambiado su definición de los «valores familiares»? Expliquen.

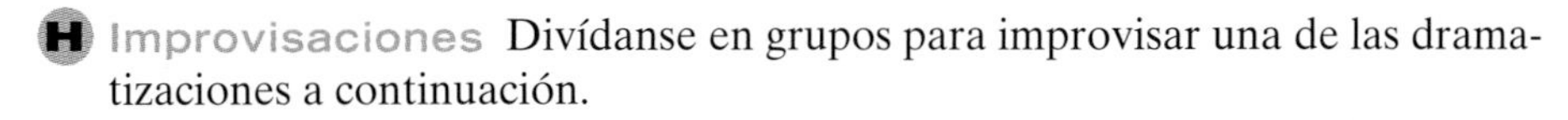

H Improvisaciones Divídanse en grupos para improvisar una de las dramatizaciones a continuación.

1. El caso de un niño que pide divorciarse de sus padres

   Actores necesarios: el demandante (de 10 años); los padres; un amigo o pariente de cada uno de los padres para que los defienda; un amigo del demandante que ofrece adoptarlo; un amigo del demandante que sirve de testigo; el juez (o la jueza)

   Fondo (*background*)**:** Lean rapidamente la actividad D de la sección Aplicación.

2. El caso del acuerdo prematrimonial

   Actores necesarios: el novio, su madre y un amigo de él; la novia, su madre y un amigo de la novia; el juez (o la jueza)

   Fondo: Lean rapidamente la actividad F de la sección Aplicación.

VOCES

1. Cuando piensa en la manera de vivir de una familia norteamericana, ¿qué imágenes se le ocurren? ¿Puede comparar estas imágenes con las que tiene de una familia en su país?

Angels M.: Barcelona, España

Quizás una imagen más agitada, donde todos van por su cuenta (*go their separate ways*) y el hogar no es un espacio de vida en común, de tranquilidad, sino sólo para comer y dormir y ver la televisión. Creemos que los americanos cocinan menos, que dan menos importancia a esta reunión familiar de la hora de la comida. Cada uno se puede comer una hamburguesa, o un bocadillo y no necesariamente en la mesa. Cosa que aquí... todavía no ocurre y se conserva el hábito de la comida familiar en la mesa, aunque la situación ha cambiado mucho en los últimos años...

Juan P.: San Salvador, El Salvador

La imagen de la familia en los Estados Unidos, para mí, es de dos padres que trabajan y uno o dos hijos que también trabajan además de ir a la escuela. Los abuelos y parientes cercanos viven lejos, en otros estados. La familia va de compras a los centros comerciales en los fines de semana... Me parece que la familia norteamericana vive para trabajar y para comprar artículos de consumo. Generalmente no hablan de lo que sienten o del sentido de sus vidas.

Juan C.: Lima, Perú

Cuando pienso en la manera de vivir de una familia americana pienso en los «Simpsons». Si comparo... a una familia americana y a una latina, encontraría (*I would find*) muchas diferencias. Lógicamente admiro en los americanos la independencia con que crían a sus hijos. Hasta cierto punto los crían sin tantos «tabúes» como en sociedades como la mía. Llaman a las cosas por sus nombres y promueven la autodeterminación de las personas, cosa que no es tan frecuente con los latinos...

2. El divorcio es legal ahora en la mayoría de los países hispanos. ¿Cómo cree Ud. que este cambio ha afectado y va a seguir afectando las costumbres con respecto al noviazgo, al matrimonio y a la crianza de los hijos?

María Z.: Buenos Aires, Argentina

Yo creo que... sirve para legalizar situaciones, estados. Se establecen quizás acuerdos más sinceros. Antes las personas que no se amaban más se toleraban juntos por una tradición. Cuando muere el amor, no vale la pena seguir. Se debe convertir en un calvario (*painful burden*). No sé. Nunca me he casado.

Vicente L.: Caracas, Venezuela

Sí puedo ver algunos cambios. Mis padres fueron novios por diez años, nunca salieron con otra persona. Mis compañeros de generación, por otro lado, a los 25 años ya habían salido con muchísimas personas distintas. Pero creo que esto no tiene tanto que ver con la popularidad del divorcio, sino con la nueva conciencia de que el amor no es eterno precisamente. Con respecto al asunto de los niños... obviamente el divorcio los desestabiliza, pero sin duda es preferible para ellos que sus padres se divorcien a tener una batalla campal y cotidiana entre ellos.

Norah Y.: Medellín, Colombia

Aunque el divorcio es legalmente aceptado en Colombia, aún hay rechazo social al segundo matrimonio de personas divorciadas. Sin embargo, creo que es mejor divorciarse que vivir el infierno de un matrimonio sin amor, incluyendo a los niños, quienes luego de un proceso de adaptación, finalmente aceptan la separación como solución a una vida de conflictos.

¡Ud. tiene la palabra!

A Apunte las impresiones de Angels M., Juan P. y Juan C. con respecto a la familia norteamericana que le parecen ciertas y después las que le parecen falsas. Luego, comparta sus dos listas con sus otros compañeros de clase. ¿Hay mucha diferencia de opiniones? ¿De dónde cree Ud. que vienen las imágenes de la familia norteamericana que tienen estos hispanos? ¿Qué otra información deben ellos tener en cuenta?

B ¿Cuáles son los puntos positivos y los puntos negativos relacionados con el divorcio que identifican Norah Y., Vicente L. y María Z.? ¿Son los mismos puntos que identificaría (*would identify*) alguien de la cultura estadounidense?

C ¡Necesito compañero! El divorcio ha afectado la familia; de eso no hay duda. ¿Qué otros aspectos de la vida moderna también han tenido un impacto en la familia? Trabajando en parejas, hagan una lista de por lo menos tres cosas que en su opinión han cambiado —de manera positiva o negativa— la familia en los últimos quince o veinte años. Luego, compartan su lista con las otras parejas. ¿Cuántos factores diferentes identificaron? ¿En qué orden de importancia los pondrían Uds. (*would you put*)?

D Entreviste a alguien que haya nacido y vivido por bastante tiempo (al menos hasta los catorce años) en otro país antes de venir a los Estados Unidos. Obtenga información sobre las cosas que más le sorprendieron sobre el modo de vivir de la familia norteamericana (personas, viviendas, comidas, hábitos, etcétera) y prepare un informe para la clase.

Geografía, demografía, tecnología

Arequipa, Perú

Algunas personas opinan que toda nuestra vida, manera de ser, ideas, incluso nuestro comportamiento están determinados en gran medida por todo lo que nos rodea: desde las características de la región donde vivimos hasta los recursos tecnológicos con que contamos. ¿Qué cree Ud.?

Trabajando en grupos de tres o cuatro estudiantes, escojan las palabras que mejor definan el área donde Uds. viven. También pueden agregar otras palabras, si les parece necesario.

_____ interesante	_____ fascinante	_____ aburrida
_____ montaña(s)	_____ valle(s)	_____ costa(s)
_____ agrícola	_____ fértil	_____ salvaje
_____ selva(s)	_____ río(s)	_____ playa(s)
_____ aislada	_____ urbana	_____ rural
_____ industrializada	_____ moderna	_____ tradicional
_____ multicultural	_____ variada	_____ uniforme
_____ fría	_____ tropical	_____ árida
_____ calurosa	_____ seca	_____ lluviosa
_____ natural	_____ sobrepoblada	_____ despoblada
_____ verde	_____ húmeda	_____ ¿ ?

- ¿En qué sentido pueden los rasgos que Uds. escogieron afectar cada uno de los siguientes aspectos de la vida en el lugar donde viven?

el comercio	la educación	la manera de vivir
la salud	el progreso	la personalidad

- Hispanoamérica, al igual que los Estados Unidos, cuenta con una diversidad geográfica muy grande. ¿Qué palabras de la lista de arriba asocian Uds. con Latinoamérica? ¿Qué otras palabras añadirían (*would you add*) a la lista para completar su caracterización de ese continente? ¿Corresponde a su imagen de Hispanoamérica la foto de la página anterior? ¿Por qué sí o por qué no?

LECTURA I LA HISPANOAMERICA ACTUAL

APROXIMACIONES AL TEXTO

Discriminating Between Facts and Opinions (Part 1)

An important skill to develop as a reader is the ability to tell the difference between facts and opinions. Uncritical readers accept anything in print as factual simply because it has been published. Being a *critical* reader means making decisions. You will want to accept immediately what you view as factual. In contrast, however, you will want to think about opinions and decide whether or not there is enough information available to justify accepting them.

Indique si Ud. cree que las siguientes oraciones representan un **hecho** (*fact*) (**H**) o una **opinión** (**O**).

1. _____ En Latinoamérica hay una gran diversidad geográfica: montañas, playas, bosques y campos áridos.
2. _____ La cordillera de los Andes se extiende sin interrupción desde Venezuela al extremo sur de Chile.
3. _____ La cordillera de los Andes es muy hermosa.
4. _____ En Hispanoamérica los habitantes de una región miran a los ciudadanos de las comunidades vecinas con hostilidad.
5. _____ El índice de analfabetismo en Hispanoamérica disminuye todos los años, al igual que el de la mortalidad infantil.
6. _____ Para resolver sus problemas, Hispanoamérica tiene que explotar más sus recursos naturales.
7. _____ Al mismo tiempo, será (*it may be*) beneficioso que se haga en Hispanoamérica una propaganda intensa a favor del control de la natalidad.
8. _____ En la Argentina uno de cada tres habitantes vive en Buenos Aires.

¿En qué basó Ud. su decisión en cada caso?

Palabras y conceptos

a pesar de in spite of, notwithstanding
el aislamiento isolation
atravesar (ie) to cross
aumentar to increase
la barrera barrier
el camino road
el ciudadano citizen
el control de la natalidad birth control
la convivencia living together with others
la cordillera mountain range
la cosecha harvest
crear to create

crecer to grow, become larger
  el crecimiento growth
cultivar to grow, cultivate
dificultar to make difficult
disminuir to decrease, diminish
la escasez scarcity
la esperanza de vida life expectancy
fértil fertile
el índice (la tasa) de mortalidad death rate
el índice (la tasa) de natalidad birth rate
lleno full
paradójico paradoxical
la periferia periphery
poblar (ue) to populate, settle
  despoblado uninhabited
  el poblador settler
la pobreza poverty
el regionalismo regionalism
la selva jungle; forest
subir to go up; to climb

A Busque antónimos en la lista del vocabulario.

1. poblado
2. bajar
3. facilitar
4. el centro
5. aumentar
6. destruir
7. la riqueza
8. vacío
9. a causa de
10. el nacionalismo
11. estéril
12. la abundancia

B ¡Necesito compañero! Trabajando en parejas, organicen todas las palabras que puedan según las siguientes categorías.

OPORTUNIDAD	PROBLEMA	SINTOMA	SOLUCION
fértil	el aislamiento	la escasez	la diversidad

Entre todos Compartan las listas que hicieron para cada categoría. ¿Hay mucha diferencia de opiniones?

C ¡Necesito compañero! Hay muchas maneras de clasificar palabras. Inventen las categorías que Uds. crean necesarias para poder agrupar las palabras de la lista del vocabulario. En cada categoría deben incluir por lo menos dos palabras o frases de la lista. Luego, compartan sus categorías con los otros estudiantes.

D Mire el título y los subtítulos de la Lectura I. ¿Cuál parece ser el tema central? ¿Qué información se va a presentar?

La Hispanoamérica actual

1 Cuando se habla de Hispanoamérica, se suelen señalar dos aspectos contradictorios: la inmensa riqueza natural de la zona y la pobreza extrema de buena parte de la población. Entre sus muchos recursos naturales, Hispanoamérica cuenta con la selva tropical más grande del mundo e importantes yacimientos de

cobre,[1] estaño,[2] plata[3] y petróleo. El cultivo de sus tierras produce fruta, café y trigo y en los llanos del sur se cría ganado.[4] Su enorme costa rinde una rica variedad de comestibles y otros productos marinos. A pesar de la gran riqueza de Hispanoamérica, sigue habiendo[5] una gran pobreza. Para entender la coexistencia de estas dos realidades paradójicas, hay que considerar los factores geográficos y demográficos que influyen en el desarrollo de los países hispanoamericanos.

La geografía de Hispanoamérica

Geográficamente, Hispanoamérica es una de las zonas más variadas de todo el mundo. Gran parte de su extensión está en la zona tropical. Pero el continente sur tiene 4.500 millas* de largo y, si incluimos la zona de Centroamérica, la longitud es de 6.000 millas. A modo de comparación, la distancia entre Londres y Pekín es también de 6.000 millas. Así que desde México hasta la Argentina se pasa de la zona templada a la tropical hasta llegar a la isla de la Tierra del Fuego, con sus vientos glaciales y temperaturas frígidas (apenas 50 grados Fahrenheit en verano).

Pero aun más impresionante es la presencia de los Andes. La cordillera andina se extiende sin interrupción desde Venezuela hasta el extremo sur de Chile; es decir, 4.500 millas. En comparación con las cordilleras de Europa, los Estados Unidos y Africa, los Andes son las montañas de mayor altura y de mayor extensión. En muchas partes de Hispanoamérica, las montañas están cubiertas de nieve durante todo el año, aun en zonas tropicales que están en la misma latitud que el Congo o Tanzania en Africa. En consecuencia, en muchos países hispanoamericanos el clima está determinado más por la altitud que por la latitud. En Colombia, sólo unas 30 millas separan una selva tropical de la nieve perpetua.

Se ve el dramatismo de los Andes muy claramente en el Ecuador. Dos cordilleras atraviesan el país de norte a sur, creando (∩∪∩) una meseta en el centro. Pero otras cordilleras cruzan la meseta por el medio y la dividen en una gran cantidad de secciones que se llaman «hoyas». Para atravesar el Ecuador de norte a sur o de oeste a este, hay que soportar un continuo subir y bajar con cambios constantes de temperatura y de presión.

En comparación con las montañas Rocosas y la Sierra Nevada de los Estados Unidos, los Andes forman una barrera mucho más infranqueable. Hay pocos puertos de montaña[6] y a menudo los coches que se atreven a[7] cruzar tienen que compartir el camino con los muleros.[8] Los caminos que atraviesan los Andes no son, por supuesto, rutas comerciales. Los Andes, en el oeste, y la selva amazónica, en el este, han impedido (←) la comunicación y el comercio entre la periferia del continente y el interior.

Aun cuando se han vencido (←) los obstáculos para construir una vía férrea, la comunicación no es ni rápida ni económica. Hay una línea de ferrocarril que une la ciudad de Lima con Cerro de Pasco. La distancia directa entre los dos lugares es de 115 millas. Pero con las curvas y los rodeos que la vía tiene que seguir, el tren viaja a lo largo de 220 millas, es decir, casi el doble. Además, se necesita más combustible para el viaje, la velocidad es menor que en un viaje a través de terrenos más uniformes y también es menor la cantidad de mercancía[9] permisible. Un viaje que se puede hacer en dos o tres horas en terreno llano se hace en diez en los Andes.

[1]*copper* [2]*tin* [3]*silver* [4]*cattle* [5]sigue... *there continues to be* [6]puertos... *mountain passes* [7]se... *dare to* [8]*mule drivers* [9]*merchandise*

*En la enumeración española, generalmente se utiliza un punto (.) donde la enumeración inglesa utiliza una coma (,) y viceversa: español = $3.000,00; inglés = $3,000.00.

Como consecuencia de esta situación geográfica, la población hispanoamericana está concentrada en la periferia, y la comunicación entre los diversos centros de población se efectúa por avión o por barco. Hasta hace muy poco todas las ciudades de Hispanoamérica estaban a 300 millas o menos de la costa. Sólo se aprecia cierta dispersión de la población en México, donde el terreno fértil y el clima templado atrajeron a la gente. En el resto del continente sur, el interior queda prácticamente despoblado. Como ha dicho (←) un estudioso de geografía hispanoamericana, la situación sería[10] igual en los Estados Unidos si sus pobladores nunca hubieran atravesado[11] los Apalaches.

Los Andes atraviesan casi todos los países de Sudamérica. Forman una barrera que dificulta la comunicación, el transporte y especialmente la agricultura. Hoy, en varios países andinos, la vuelta al cultivo de productos de los antiguos incas, y a los métodos de cultivo practicados por éstos está transformando la agricultura.

Limitados a un área relativamente pequeña, algunos hispanoamericanos tienen por fuerza que vivir en los Andes. El 20 por ciento de la población vive en una altitud tan considerable como para padecer[12] ciertos efectos especiales. El cambio de altura influye en el tipo de agricultura, en la fisiología animal y humana y también en el funcionamiento de los motores de vapor[13] y de gasolina. La gente acostumbrada a vivir en esas alturas sufre problemas respiratorios si se traslada a zonas de baja altitud. Por otra parte, quien se traslada a vivir en zonas de gran altura puede sufrir de esterilidad durante temporadas más o menos largas.

Las grandes diferencias que existen entre la tierra alta y la baja contribuyen a diferenciar las culturas de la gente que puebla las dos regiones. Del mismo modo, la presencia de los Andes y de otras barreras para la comunicación tiende a crear un fuerte regionalismo que puede tener graves consecuencias económicas y políticas. En miles de comunidades de un mismo país, los ciudadanos se identifican más con las tradiciones locales que con las nacionales. A veces ven a los ciudadanos de las comunidades vecinas con cierta hostilidad, y en muchas ocasiones ni siquiera

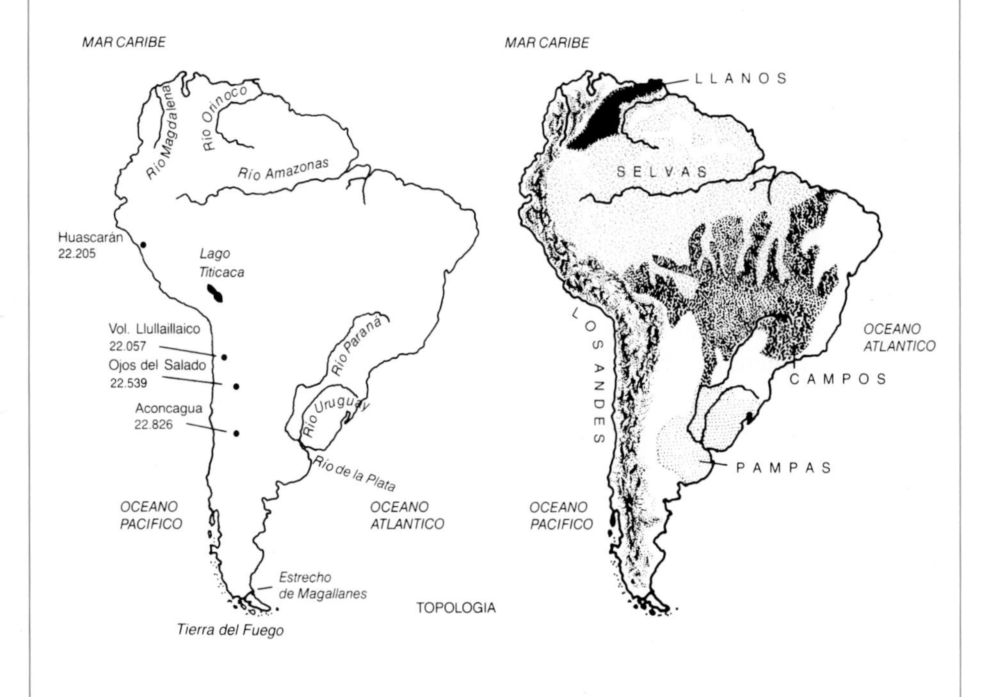

[10]*would be* [11]nunca... *had never crossed* [12]sufrir [13]*steam*

En Hispanoamérica, como en muchas otras partes del mundo, se hacen grandes esfuerzos por orientar a las nuevas generaciones hacia la protección del medio ambiente y los recursos naturales. Se fomentan numerosos programas a favor del reciclaje y contra la destrucción de las selvas tropicales.

hablan el mismo idioma. Todavía se hablan más de noventa lenguas en México y, aunque el número no es tan alto en otros países, grandes sectores de la población hispanoamericana no hablan español. El aislamiento de las diversas comunidades también contribuye al analfabetismo, a un elevado índice de mortalidad infantil y a toda clase de problemas relacionados con la falta de servicios pedagógicos y médicos adecuados.

La tecnología y la explosión demográfica

Poco a poco, el desarrollo del transporte aéreo y la necesidad de ampliar la extensión de las tierras cultivables van estableciendo (ᴖᴗ) medios de comunicación entre zonas que antes no los tenían. El índice de analfabetismo disminuye todos los años, al igual que el de la mortalidad infantil. Es precisamente el mejoramiento del servicio médico lo que ha dado (←) origen a la explosión demográfica de Hispanoamérica. Tradicionalmente, las familias eran muy grandes porque la alta incidencia de la mortalidad infantil lo requería. Ahora que la mortalidad infantil ha disminuido (←), el número de hijos en las clases medias y altas es cada vez menor pero en las clases bajas no ha experimentado (←) una reducción considerable.

El control de la natalidad no se acepta en las clases bajas por muchas razones. En primer lugar, se necesita cierta educación para emplear los diversos métodos anticonceptivos. Existe una relación directa entre el nivel cultural de la población femenina de un país y la tasa de fertilidad. Por ejemplo, el 48 por ciento de las mujeres guatemaltecas y paraguayas son analfabetas y la tasa de fertilidad de estos países es una de las más altas de Hispanoamérica: 5,4 hijos por mujer. En segundo lugar, la Iglesia católica lo prohíbe. Y por último, durante años se dio una gran importancia al número de hijos que una mujer tenía. La madre de una familia grande era una buena madre y, por lo tanto, una mujer estimable. No era sorprendente que estas mujeres rechazaran el control de la natalidad, ya que medían su propio valor dentro de la sociedad según el número de hijos que tuvieron.

La poca aceptación del control de la natalidad, en combinación con la reducción espectacular de la tasa de mortalidad, hace que el crecimiento demográfico de Hispanoamérica sea el más alto del mundo después de Africa.* Igualmente grave, ahora el 40 por ciento de la población hispanoamericana tiene menos de quince años, frente al 20 por ciento que se da en Europa.

Las consecuencias de un crecimiento demográfico desenfrenado[14] son numerosas. Mientras el sector pasivo[15] de la sociedad aumenta rápidamente, el sector activo permanece más o menos estable. La mano de obra[16] es constante pero tiene que sostener a un número cada vez mayor de niños que piden comida, educación, atención médica, etcétera.

El rápido crecimiento de la población es todavía más problemático si se

[14]sin control [15]*nonworking* [16]mano... *workforce*

*Entre 1985 y 1990, el crecimiento medio (*average*) de los países hispanoamericanos fue del 2,3 por ciento, frente al 2,7 por ciento del continente africano. Durante el mismo período, el crecimiento demográfico medio de los Estados Unidos fue del 1,0 por ciento, en España del 0,7 por ciento y en toda Europa del 0,35 por ciento.

120 recuerda que esa población está concentrada en ciertos lugares de la costa. En la Argentina, por ejemplo, el 34,5 por ciento de la población vive en Buenos Aires y en el Uruguay, más del 40 por ciento de la población vive en la ciudad de Montevideo. En muchos países, pues, hay una capital sobrepoblada y un gran número de comunidades pequeñas que permanecen alejadas[17] de la vida, la cultura y la
125 economía de su país. Para los hispanoamericanos que quieren participar en la vida económica nacional, la única solución es la emigración a la capital. En consecuencia, las ciudades están creciendo (∩∪∩) continuamente mientras que las posibilidades de sostener a esos recién llegados disminuyen constantemente.

Es por ello que los gobiernos de los países hispanoamericanos se enfrentan
130 con un reto de difícil solución: la mejora de la explotación de los recursos naturales y el aumento de la producción agrícola, pese a[18] las barreras geográficas y climatológicas que los dificultan. Sin esta mejora, la situación en las ciudades se agravará (→) hasta alcanzar unas condiciones de vida que amenacen la convivencia diaria; la metamorfosis que han experimentado (←) las ciudades de His-
135 panoamérica en las últimas dos décadas se ha convertido (←) ya en una pesadilla de incalculables proporciones.

[17]distanciadas [18]pese... a pesar de

Comprensión

A Explique la importancia que tienen las siguientes ideas dentro del contexto de la Lectura I. ¿Con qué asocia Ud. cada una?

1. paradójico
2. la diversidad
3. la barrera
4. el aislamiento
5. el regionalismo
6. el control de la natalidad

Escoja otras dos palabras o frases de la lista del vocabulario (o de la lectura misma) que le parezcan muy importantes y explique su importancia.

B Use una de estas palabras o frases para comentar las siguientes afirmaciones según la información de la Lectura I.

Dudo... (No) Creo... (No) Es cierto...

1. Hay mucha diversidad geográfica en Hispanoamérica.
2. La cordillera de los Andes se extiende desde el país más norteño (*northern*) hasta el punto más al sur de Hispanoamérica.
3. El transporte de mercancías se hace rápida y fácilmente dentro de los países hispanoamericanos.
4. El índice de mortalidad es más bajo hoy que hace diez años.
5. Muchas rutas comerciales atraviesan los Andes.
6. La mayoría de la población vive en los pequeños pueblos de las zonas rurales.
7. El crecimiento demográfico en Latinoamérica representa uno de los más altos del mundo.
8. El clima en toda Hispanoamérica es bastante uniforme.
9. La mayoría de la población en Hispanoamérica es muy joven.
10. Los escasos recursos naturales de Hispanoamérica causan la gran pobreza de mucha gente.

C Cambie la información de cada afirmación falsa o dudosa de la actividad anterior para hacerla verdadera. Luego comente cada afirmación, usando **Es bueno/problemático que... porque...**

D Vuelva a leer la actividad de Aproximaciones al texto. ¿Hay algunas oraciones que Ud. indicó como opiniones que ahora acepta como hechos? ¿En qué casos prefiere tener más información antes de tomar una decisión?

E Estudie las siguientes ideas con cuidado y luego explique la causa y el efecto de cada una en la Hispanoamérica actual.

1. La comunicación entre la periferia y el interior es difícil.
2. Hay diferencias culturales muy acusadas (notables) entre la gente que puebla las tierras altas y la que habita las tierras bajas.
3. En las clases bajas no se acepta el control de la natalidad.
4. En muchos países hay una capital sobrepoblada y muchas comunidades pequeñas que están aisladas de la vida, la cultura y la economía del país.

Interpretación

A ¿En qué se diferencian la geografía y la demografía de los Estados Unidos de las de Hispanoamérica? En su opinión, ¿qué situaciones geográficas han favorecido (*have favored*) el desarrollo de los Estados Unidos? Explique.

B ¡Necesito compañero! A continuación se enumeran algunas de las áreas problemáticas de Hispanoamérica. Trabajando en parejas, hagan una sugerencia para mejorar cada área, indicando un posible beneficio y un problema que puedan resultar de ella.

MODELO: la ganadería (*livestock breeding*) →
Hispanoamérica debe aumentar su producción ganadera.
Beneficio: Produce carne y así ayuda a reducir el hambre.
Problema: Muchas veces se destruye la selva para hacer espacio para el ganado.

1. la agricultura
2. la industrialización
3. el transporte
4. la alfabetización

Entre todos Comparen sus listas con las del resto de la clase y recopílenlas en una sola lista. En la opinión de la clase, ¿cuál de las sugerencias ofrece el mayor número de beneficios con el menor número de problemas? Encontrarán (*You will find*) más información al respecto en la Lectura II de este capítulo.

C En su opinión, ¿por qué están relacionados la tasa de fertilidad y el nivel de educación de las mujeres? ¿Hay maneras de combatir esta relación aun en el caso de las mujeres con muy poca o ninguna educación? Explique.

LECTURA II

EL AMBIENTE URBANO: PROBLEMAS Y SOLUCIONES

Nota: La Lectura II de este capítulo consta de dos partes: la primera parte, que toda la clase va a leer, y la segunda parte, que contiene dos textos (A y B). Su profesor(a) le asignará a cada uno de Uds. uno de esos dos textos, que leerán cuando lleguen a ese punto del capítulo.

PRIMERA PARTE

APROXIMACIONES AL TEXTO

Discriminating Between Facts and Opinions (Part 2)

We often think of facts as "objective" and opinions as "subjective." Facts involve real data—numbers, figures—while opinions are, well, opinions. This is certainly true, but remember that numbers, no less than personal perspectives, can sometimes be manipulated: in that case, information that looks factual may be neither objective nor accurate. As a reader you need to be critical of what information is presented, as well as what information may have been left out. What is the source of the information? And, perhaps even more important, what is the purpose of the text: to inform you or to convince you?

A Las cinco afirmaciones a continuación provienen de un artículo sobre las ciudades más grandes del mundo. Indique si Ud. cree que se presenta la información como un hecho (**H**) o como una opinión (**O**). ¿Qué le da esa impresión en cada caso?

1. _____ En 1960 la Ciudad de México tenía 5,2 millones de habitantes; veinticinco años más tarde su población casi se había multiplicado por dos (9,1 millones); para el año 2000 ese número será más de tres veces mayor (27,6 millones).
2. _____ Se sabe que las enormes ciudades se caracterizan por una montaña de problemas como la polución y la delincuencia; nadie puede vivir en estas tristes megalópolis.
3. _____ Es difícil hacer comparaciones entre las grandes ciudades ya que los censos no se han hecho todos al mismo tiempo; además los límites de las grandes ciudades son un poco vagos: ¿dónde termina la ciudad y dónde empieza el campo?
4. _____ Aunque por el mundo entero el índice de natalidad sigue bajando, el número de habitantes del planeta sigue creciendo.

5. _____ Los países en vías de desarrollo no deben mirar hacia los países desarrollados para la solución de sus problemas.

B ¡Necesito compañero! El título del texto de la primera parte es «Megaciudades: Las jaurías urbanas». Basándose en ese título y en las palabras del Vocabulario útil que acompaña el texto, trabajen en parejas para definir lo que creen que es una «megaciudad». ¿Qué ciudades del mundo podrían (*could*) ser clasificadas como megaciudades? Nombren por lo menos una ciudad de cada continente. Después, identifiquen las posibles causas del inmenso desarrollo de estas megalópolis. ¿Por qué existen? Organicen sus ideas en un mapa semántico como el siguiente.

ejemplos	**LA MEGACIUDAD (definición)**	causas

Luego, compartan sus conclusiones con el resto de la clase. ¿Hay mucha diferencia de opiniones?

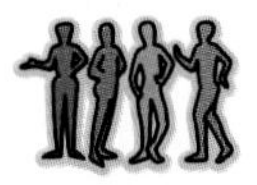

C Entre todos ¿Cuáles son las ventajas y las desventajas de una ciudad muy grande? Por ejemplo, ¿ofrece más oportunidades culturales, de educarse, de divertirse, etcétera? ¿Hay más tráfico y contaminación del aire? Hagan una lluvia de ideas sobre el tema, agregando los puntos a su mapa semántico.

D Lea rápidamente los títulos del texto «Megaciudades: Las jaurías urbanas». ¿Qué temas específicos cree Ud. que se van a tratar en ese texto? ¿Cree que se van a mostrar las megaciudades de manera positiva o negativa? Justifique su respuesta.

E Papel y lápiz Vuelva a examinar su mapa semántico sobre el tema de la megaciudad. De todas las ideas, ¿cuál(es) le interesa(n) más? ¿Por qué? ¿Hay alguna(s) que le preocupe(n)? ¿Por qué? ¿Qué implicaciones para el futuro tienen las megaciudades? Explore esto en su cuaderno de apuntes.

Megaciudades: Las jaurías urbanas

Por Félix Ortega

VOCABULARIO UTIL

la aglomeración agglomeration, mass
amortizar to amortize, pay off (*a loan*)
bombear to pump out (*liquids*)
los desperdicios garbage
el extrarradio outskirts
gobernar (ie) to govern
el hacinamiento overcrowding
heterogéneo diverse, mixed; heterogenous
los impuestos taxes
la jauría (*fig.*) pack; crowd
los moradores inhabitants
el paracaidista squatter (*lit.*, parachutist)
paupérrimo extremely poor, poverty-stricken
una pescadilla que se muerde la cola vicious circle
sobrepasar to surpass
el tugurio hovel, shack

La explosión demográfica y la incontrolable inmigración hacia los núcleos urbanos han convertido a muchas ciudades en una aterradora aglomeración de personas. Son las llamadas grandes ciudades, megalópolis, superciudades o megaciudades.

A principios de siglo, sólo una docena de villas en todo el mundo sobrepasaba el millón de habitantes. Hoy, sin embargo, existen 34 superurbes con más de 5 millones de habitantes, y 21 con más de diez. De estas últimas, 18 se encuentran en el Tercer Mundo. Pero esto no es nada. Según Naciones Unidas para el año 2025 habrá 93 localidades con más de 5 millones de moradores, de las que el 86 por ciento estará ubicado en países subdesarrollados. En éstos, la demografía urbana asciende a algo más de mil millones de almas, cifra que se cuadruplicará para el 2025.

La mitad de la población mundial de entonces será no sólo desesperadamente pobre, sino que también vivirá en gigantescas aglomeraciones. Contando ciudades menores, el siglo XXI verá un dominio total de la sociedad urbana sobre la rural. Pero si las megalópolis actuales, como Nueva York, Tokio, Shanghai y Ciudad de México son sinónimo de problemas sociales, económicos, políticos y ambientales, ¿cómo será la futura convivencia en esos monstruos de asfalto? (...)

Pocos inventos han afectado la vida del hombre tan profundamente como el automóvil. En muchos lugares es ahora casi imposible vivir sin auto, pero al mismo tiempo es cada vez más difícil vivir *con* él. Esta cola serpentina puede encontrarse en cualquier gran ciudad del mundo. ¿Puede un invento ofrecer una solución en el futuro?

Las máquinas de vapor sentenciaron el mundo rural

(...) Las primeras máquinas de vapor sellan el fin del mundo rural. Se inicia el éxodo masivo del hombre hacia la ciudad industrial donde se concentran los centros de transporte, los mercados, el comercio y la investigación científica. Las nuevas técnicas agrícolas hacen posible que sólo un 3 por ciento de la población sea más que suficiente para alimentar al resto. Más tarde, el vapor deja paso a la electricidad. Con ella, los tranvías empiezan a ampliar las localidades hacia unos suburbios que todavía son independientes de la urbe. Pero la aparición del automóvil de serie en la Primera Guerra Mundial —el primer conflicto mecánico— amplía todavía más los extrarradios y modifica su estructura social. El acceso de las clases medias al coche convierte la periferia en zonas llenas de viviendas unifamiliares.

Tras la Segunda Guerra Mundial, el disparo tecnológico causado por el conflicto y el tránsito de la industria de guerra a la industria de paz coloca al automóvil a niveles populares. En Estados Unidos, la construcción masiva de carreteras y autopistas, así como el acceso del ciudadano a una más o menos fácil financiación para la edificación de viviendas, crea una dispersión caótica de las grandes urbes. Desde la Europa arrasada por el enfrentamiento se mira con ojos de admiración lo que se llamaba *nivel de vida americano.* Pero tal fascinación pronto da paso a la sospecha de que las urbes supermodernas se van convirtiendo en monstruos, por lo que los europeos deciden controlar el crecimiento urbano. (...)

La urbe es el último recurso para los más pobres

(...) Fenómenos como el racismo y la inseguridad ciudadana son sólo algunas de las muchas asignaturas pendientes de las megaurbes industriales. En ellas cabe destacar la carencia de cinturones verdes. La ciudad condiciona la ecología a su alrededor y la producción agraria, lo que provoca un efecto de vampirismo, no sólo sobre las pequeñas localidades, sino sobre el presupuesto nacional. En los

LAS MAS POBLADAS DEL PLANETA

	1992	2000
Tokio	25,8	28,0
Sao Paulo, Brasil	19,2	22,6
Nueva York	16,2	16,6
Ciudad de México	15,3	16,2
Shanghai	14,1	17,4
Bombay	13,3	18,1
Los Angeles	11,9	13,2
Buenos Aires	11,8	12,8
Seúl	11,6	13,0
Pekín	11,4	14,4
Río de Janeiro	11,3	12,2
Calcuta	11,1	12,7
Yakarta, Indonesia	10,0	13,4
Tianjin, China	9,8	12,5
Manila	9,6	12,6
El Cairo	9,0	10,8
Nueva Delhi	8,8	11,7
Lagos, Nigeria	8,7	13,5
Karachi, Pakistán	8,6	11,9
Bangkok, Tailandia	7,6	9,9
Dacca, Bangla Desh	7,4	11,5

Las cifras corresponden a millones de habitantes.

METROPOLIS MILLONARIAS. A principios de siglo sólo una docena de ciudades sobrepasaba el millón de habitantes. Hoy, la cifra asciende a 226. En el recuadro de arriba aparecen reflejadas de menor a mayor las poblaciones más habitadas, así como las perspectivas de crecimiento para el año 2000.

países industrializados, la contaminación atmosférica afecta al 50 por ciento de los ciudadanos, y ha hecho de los alergólogos los nuevos príncipes de la medicina. La polución acústica no se queda atrás. El 15 por ciento de los habitantes de la OCDE europea, así como el 30 por ciento de los japoneses, sufren las nefastas consecuencias del infernal ruido urbano.

En las megalópolis tercermundistas, los problemas no son significativos para una migración del interior que busca un trabajo más fácil que el que le ofrece la atrasada agricultura rural, y las posibilidades de educación y sanidad, aun viviendo en condiciones de hacinamiento. Por eso, la ciudad de México, por ejemplo, recibe medio millón de emigrantes al año y, por eso, ocho de sus casi 20 millones de habitantes son menores de edad. El gigantismo ha concentrado en la ciudad a la mayor parte de la burocracia estatal y al 30 por ciento de todos los empleos privados del país. En la capital mexicana se levantan más de 35.000 fábricas que, junto con el parque móvil, emiten 15.000 toneladas de gases tóxicos cada día. La tercera parte de los moradores, agrupada en familias de cinco miembros, vive en casas de una sola habitación, generalmente construidas de forma irregular en terreno municipal por los llamados *paracaidistas.* Estos levantan el tugurio nada más llegar del campo y en una sola noche, aprovechando una laguna legal que dice que esa vivienda no podrá ser destruida una vez terminada su construcción.

La capital es una curiosa mezcolanza de zonas que incluso superan en calidad de vida a la de los países más desarrollados, y de áreas paupérrimas con calles sin nombre, embarradas, llenas de animales domésticos y habitadas por gentes subempleadas que, aun así, ganan diez veces más que trabajando en el campo. Ricos y pobres comparten un vasto casco urbano que se hunde físicamente varios centímetros al año en un suelo compuesto por cinco partes de agua por cada una de tierra, y que tiene que bombear fuera la que procede de la lluvia. Esto tiene su gracia, porque el abastecimiento de agua es uno de los problemas de la ciudad. (...)

Las superpoblaciones del Primer Mundo están mostrando a las del Tercero lo que les espera. No es cuestión de falta de sitio para los desperdicios, como ocurre en Tokio, sino algo en teoría mucho más simple: su gobernabilidad. Al prosperar, se convierten en varias ciudades juntas que cruzan límites y fronteras, haciendo cada vez más compleja la gestión de sus servicios. Ya no se sabe muy bien quién debe dar y pagar las distintas prestaciones.

Nueva York es un claro ejemplo. Su área metropolitana abarca nueve condados del estado de Nueva Jersey, doce del de Nueva York y uno de Connecticut. De ellos, cinco componen el casco urbano de la ciudad. La zona metropolitana incorpora en total unas 1.500 unidades políticas distintas con poderes recaudadores y presupuestarios que van desde alcaldes hasta colegios, bomberos, servicios de abastecimiento de agua, entes públicos portuarios... Los niños van a una escuela, pero sus padres pagan impuestos a otra. Y ninguna de esas subciudades es lo suficientemente rica como para resolver por sí misma sus problemas. (...)

Por su propia definición, la gran ciudad está condenada a seguir creciendo. Es cierto que mucha gente opta por irse a vivir a la periferia. Sin embargo, esto no es solución, ya que tienen que acudir al núcleo urbano para trabajar, y por lo tanto necesitan de sus servicios. Además, al residir en los alrededores, allí también deben contar con la infraestructura necesaria. Mientras tanto, como dice Wolf von Eckhardt en su obra *El reto de la megalópolis*, el gobierno de la ciudad «intenta atraer a gentes e industrias para que se establezcan allí —en el extrarradio— y poder obtener más ingresos fiscales a través de ellos, pero el gobierno debe primero encontrar dinero para crear unas infraestructuras con las que poder atraerlos, con la esperanza de que el coste de las infraestructuras se amortizará mucho más tarde con los impuestos de los recién llegados». Una pescadilla que se muerde la cola. (...)

En el Tercer Mundo no funcionan las megaciudades

(...) La urbanización de las gigantescas capitales del Tercer Mundo va mal. La experiencia señala que la megaciudad sólo tiene éxito cuando existe un plan económico y otro de urbanización territorial simultáneos. Hasta el día de hoy sólo en Japón, Francia, en la antigua URSS y en algunos otros puntos escasos del mapa europeo, se ha dado esa duplicidad en la planificación.

No cabe duda de que un desarrollo incontrolado de esas metrópolis estaría todos los días a punto de estallar. Porque si la caída del muro de Berlín no ha solucionado nada, el urbanista Wilfred Owen advierte que «las megaciudades pueden convertirse en el escenario mundial de la revolución de los miserables contra los ricos».

> Si, como afirman algunos expertos, la tecnología en cierta medida inició el fenómeno de la megaciudad, quizás la tecnología represente una salida. «La electrónica creará más zonas rurales», asegura Eberhard. En Norteamérica, la informática, el fax y los servicios de mensajería están cambiando el paisaje y permitiendo a la gente vivir donde quiera, en medios rurales o ciudades pequeñas... Jack Lessinger, de la Universidad de Washington, asegura que en el año 2010 la mitad de la clase media norteamericana vivirá fuera de las grandes ciudades.

Muy Interesante, Madrid

Comprensión

A ¿Cierto o falso? Vuelva a mirar el mapa semántico sobre la megaciudad que Ud. creó para las actividades B y C de la página 86. ¿Acertó en alguna(s) de sus conjeturas? ¿En cuál(es) acertó? ¿Y en cuál(es) no acertó? ¿Se plantearon en el texto de la primera parte algunos problemas que Ud. no había considerado? ¿Anticipó Ud. alguno(s) que no fue(ron) tratado(s) en ese texto? Explique.

B Use una de estas palabras o frases para comentar las siete afirmaciones a continuación según la información del texto de la primera parte. ¡Cuidado con el uso del subjuntivo!

Dudo... (No) Creo... (No) Es cierto...

1. En el futuro (es decir, para el año 2025), va a haber menos megaciudades que hoy.
2. La mayoría de las megaciudades se encuentran en los países industrializados.
3. La tecnología —las máquinas de vapor, las nuevas técnicas agrícolas, el automóvil— causa el éxodo de los habitantes del campo hacia la ciudad.
4. La tecnología —el fax, los servicios de mensajería, la informática— ofrece una alternativa a la vida en la gran urbe.

5. En el futuro, las megaciudades pueden llevar a una revolución de los pobres contra los ricos.
6. Muchas personas viven en las megaciudades porque les gustan.
7. Es más fácil gobernar en una megaciudad que en una ciudad más pequeña.

C Cambie la información de cada afirmación falsa o dudosa de la actividad anterior para hacerla verdadera. Luego comente las siete afirmaciones, usando **Es bueno/problemático que... porque...**

Interpretación

A ¡Necesito compañero! Trabajando en parejas, escriban una lista de los avances tecnológicos que, según el texto de la primera parte, han influido en el desarrollo de las megaciudades. ¿Pueden añadir algún otro adelanto tecnológico que no aparezca en el texto pero que en su opinión también haya influido en el desarrollo de las superurbes? Compartan su lista y sus ideas con las demás parejas para ver en qué se parecen y en qué hay diferencia de opiniones.

B Según el texto, ¿por qué es posible que la tecnología ofrezca algún día una alternativa a la vida en una megaciudad? ¿Está Ud. de acuerdo con este análisis? ¿Por qué sí o por qué no? ¿Puede crear otros problemas esta tecnología?

C ¡Necesito compañero! Trabajando en parejas, vuelvan al texto para buscar la expresión «una pescadilla que se muerde la cola». ¿A qué circunstancia(s) se refiere? Resuman el problema brevemente, usando sus propias palabras. ¿Qué otros problemas (actuales o futuros) de la vida urbana se pueden describir como «una pescadilla que se muerde la cola»? Compartan su análisis con los demás compañeros de clase. ¿Cuántos ejemplos diferentes pudieron identificar?

D ¡Necesito compañero! Trabajando en parejas, vuelvan a mirar rápidamente el texto e identifiquen una afirmación que les parece un hecho y otra que les parece una opinión. Presenten sus afirmaciones a los demás compañeros de clase. ¿Están ellos de acuerdo con su análisis?

E Papel y lápiz Vuelva a mirar sus apuntes de la actividad Papel y lápiz de la página 86. ¿Tiene otras impresiones o preocupaciones ahora? En su opinión, ¿cuál será (*might be*) el futuro de estas grandes urbes? Explore esto en su cuaderno de apuntes.

- ¿Qué nuevos problemas puede suscitar (*provoke*) el crecimiento incontrolado de las ciudades?
- ¿Qué avances de la ciencia podrán (*might be able*) solucionar o agravar algunos de esos problemas?
- ¿Quiénes vivirán (*will live*) en esas grandes ciudades? ¿Cómo será (*will be*) la vida en ellas? ¿Cómo será la convivencia?

SEGUNDA PARTE

Graves problemas económicos, políticos y sociales —como el paro (unemployment) *y el racismo— son el denominador común de las grandes urbes, que debido a la fuerte inmigración crecen sin control. La situación es peor en el Tercer Mundo, aunque también se encuentran soluciones brillantes.*

—Félix Ortega

APROXIMACIONES AL TEXTO

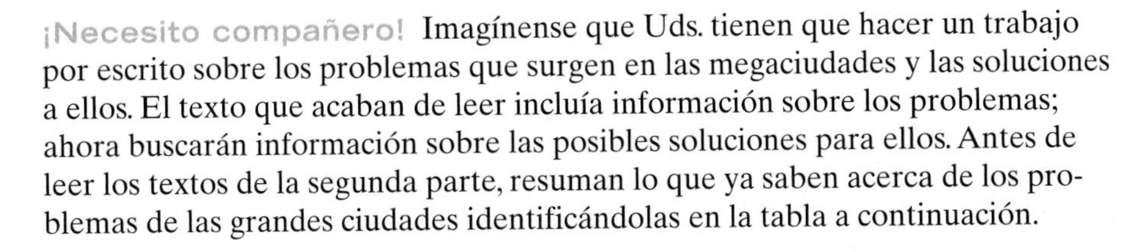

¡Necesito compañero! Imagínense que Uds. tienen que hacer un trabajo por escrito sobre los problemas que surgen en las megaciudades y las soluciones a ellos. El texto que acaban de leer incluía información sobre los problemas; ahora buscarán información sobre las posibles soluciones para ellos. Antes de leer los textos de la segunda parte, resuman lo que ya saben acerca de los problemas de las grandes ciudades identificándolas en la tabla a continuación.

PROBLEMAS DE LAS MEGACIUDADES	

¿Qué soluciones puede haber? Su profesor(a) le asignará a una persona de cada pareja el texto A y a la otra el texto B (a continuación). Mientras los lean, busquen la respuesta a la pregunta anterior. Para obtener la información que necesitan, lean por sí solos sus respectivos textos. Luego, júntense para completar la actividad A de la página 94. Ahora, ¡a leer!

A: Tokio, Nueva York, Curitiba

Por Félix Ortega

VOCABULARIO UTIL	
a cambio de in exchange for	**los escombros** rubbish, debris
las aguas residuales waste water	**la estrechez** narrowness
apelotonarse to pile up	**malgastar** to waste
el declive decline	**nipón** of or related to Japan
derruido torn down, razed; ruined	**el ocaso** *(fig.)* sunset, decline
el desagravio compensation	**osar** to dare
desconchado chipped, flaking	**el rompecabezas** riddle, puzzle
los desperdicios waste, garbage	**sobrante** left over
	el solar lot, plot of land
	vaticiniar to prophesy, predict

Tokio

Durante el período imperial, los arquitectos de Tokio construyeron callejones sin salida y curvas inesperadas para desorientar al invasor que osara tomar la ciudad. Aquella estratagema desconcertadora confunde hoy a los taxistas que se mueven por las diminutas y tortuosas calles de esta vasta tecnópolis nipona.

La capital de Japón es el claro exponente del triunfo de la tecnología y del progreso urbanístico, en el sentido de que todo funciona a la perfección, como las piezas de un reloj. De los 30 millones de personas que habitan la megalópolis, unos 24 utilizan a diario sus puntuales medios de transporte, donde pierden de dos a tres horas.

La estrechez espacial hace de la capital nipona un colosal rompecabezas. Bloques de edificios monótonos y sucios —Tokio es una de las ciudades más contaminadas de la Tierra— se apelotonan junto a los *scalextrics* superpuestos sobre kilométricas autovías y a laberintos de raíles de tren que se ramifican en todos los sentidos. Los espacios abiertos, como parques, jardines y paseos marítimos son un lujo *inútil* que los tokiotas no pueden permitirse. Allí, lo bello y lo práctico sostienen una lucha sin parangón.

Otro de los grandes inconvenientes de esta metrópolis son las 20.000 toneladas de basura que se generan cada día. Los técnicos de la ciudad han apostado por el reciclaje. Así, la puesta en marcha de un programa, llamado *Sistema de Calor Urbano,* permite extraer calor de las aguas residuales y utilizar esta energía para regular la temperatura de numerosos edificios.

Nueva York

Con casi nueve millones de habitantes —6,1 millones de blancos (de los que 1,6 son hispanos), 1,9 de negros, 250.000 asiáticos y unos 800.000 entre turcos, iraníes y gentes de otras partes del mundo— Nueva York es la capital de los contrastes, donde se concentra la mayor densidad tanto de *yuppies* como de vagabundos.

Según los urbanistas, cada metrópolis del Primer Mundo es una ciudad tercermundista. En el caso de Nueva York, esto sería un desagravio para las poblaciones del Tercer Mundo. En cualquier capital de un país subdesarrollado se contabilizan menos crímenes y actos delictivos que en la *Gran Manzana.* El verano pasado, una casa del barrio de clase media de Brooklyn fue asaltada en cinco ocasiones distintas sin que la policía pudiera hacer nada por atrapar a los autores.

Un paso por el sur del Bronx ofrece al visitante la imagen del declive urbano: fachadas de edificios desconchadas, ventanas rotas, viviendas abandonadas y semiderruidas, solares llenos de escombros donde los traficantes [de drogas] pasan su mercancía libremente... Sin embargo, la ciudad se resiste a su ocaso, como algunos vaticinan. Con sus dos millones de pobres, los neoyorquinos tienen una renta *per capita* próxima a los 20.000 dólares. Pueden estudiar en 94 universidades, 1.050 escuelas públicas y 941 privadas; investigar en cinco grandes centros médicos, escuchar 117 emisoras de radio, ver 36 canales de televisión, coger uno de los 30.000 taxis —entre legales y sin licencia— y pedir ayuda a uno de los 27.750 policías.

Curitiba, Brasil

Ubicada en una meseta próxima al Atlántico, en el estado brasileño de Paraná, y con una población que alcanza los 2,2 millones de habitantes, Curitiba es un ejemplo modélico de ciudad, y no sólo para las urbes del Tercer Mundo, sino también para las de los países más ricos.

Mientras que las autoridades de la mayoría de las grandes metrópolis malgastan el tiempo en cuidar su imagen y justificar su impotencia para resolver problemas como la droga, la delincuencia y el deterioro urbanístico, las gentes de Curitiba se han armado de imaginación para con poco dinero construir parques y casas para los pobres, procesar las basuras, mejorar los transportes públicos y mantener limpio todo el casco urbano.

Allí, el reciclaje es una práctica habitual. Por ejemplo, muchos de los jardines de la ciudad están iluminados con farolas hechas con botellas de Fanta y Coca Cola, y parte de las oficinas del Departamento del Medio Ambiente han sido fabricadas con los viejos postes telefónicos. Para evitar que los desperdicios se acumulen en las calles de barrios periféricos y comunidades de granjeros que caen fuera de las rutas de los camiones de recogida, los residentes acuden con su bolsa de basura a puntos establecidos donde reciben a cambio un paquete con alimentos, generalmente frutas y verduras, sobrantes del mercado de la ciudad.

Muy Interesante, Madrid

B: La edad del silicio

Por Carlos Alvarez

VOCABULARIO UTIL	
el atasco traffic jam	**el ordenador** computer (*Spain*)
el cartero postal carrier	**la red** network
la empresa business	**el rincón** corner
el empresario businessman	**la rueda** wheel
imparable unstoppable	**el sello** stamp
la impresora printer	**la telaraña** web
marcar la pauta to set the pace, take the lead	**el teletrabajador** telecommuter
	tupido thick, dense

Salta, enfadado el despertador. Son las siete y cuarto de una mañana lluviosa: hora de levantarse. Para todos en la familia, excepto para Pablo, el padre. El no tiene prisa. No le hace falta precipitarse al atasco para llegar con el tiempo justo a la oficina: su despacho está en casa; es un teletrabajador, el último desarrollo humano —por el momento— de la revolución informática provocada por los ordenadores domésticos.

Mujer e hija adolescente han salido ya hace rato hacia el trabajo y el colegio, respectivamente, cuando Pablo emprende su primera tarea casera, encender dos electrodomésticos fundamentales, al menos para él: la tostadora de pan y el PC. Uno, para reponer energías; el otro, para conectarse con el resto del mundo.

Para empezar, revisa el correo; el electrónico, por supuesto. Porque no lo ha traído un cartero; lo recibe por Internet, esa tupida telaraña (autopista de la información para los íntimos) que envuelve el planeta en sus redes. A través de ella, una *carta* desde el rincón más alejado de la tierra le puede alcanzar si las conexiones están en un momento favorable, en sólo unos segundos, y seguramente por un coste inferior al de un sello internacional: el de una llamada de teléfono local. Después, por el mismo medio, inicia un breve diálogo —escrito— con su oficina para ponerse al día y revisar algunos gráficos que necesita para el diseño que está elaborando. (...)

Pablo es arquitecto y tiene un acuerdo con su empresa para llevarse el trabajo a casa. Se ha convertido en uno de los 30.000 pioneros que, según estimaciones optimistas, viajan este año en España hasta su lugar de trabajo no sobre ruedas, sino a través del ciberespacio. Y para el emblemático 2000, en toda Europa se pueden alcanzar los 12 millones de teleempleados. La pauta la marca Estados Unidos, país con auténtica tradición en estas labores del hogar tan particulares, donde millones de personas, en todos los niveles productivos, han trasladado a un rincón del hogar su rincón en la empresa. Sustituyen el coche por el módem y ahorran a la sociedad, y al empresario, energía, tiempo y espacio. Sin ir tan lejos, EL PAIS publicaba que si un cinco por ciento de la población de Madrid trabajase desde su domicilio, se economizaría casi 5000 millones de pesetas de horas perdidas en el traslado y otros 600 millones en energía, además de evitarle a la atmósfera la carga contaminante de 800 toneladas de gases, y sin contar el estrés y el mal humor provocados por los inevitables atascos de tráfico.

Además del módem, Pablo utiliza un buen PC, un teléfono de tecnología digital, una impresora, un escáner para introducir gráficos y planos y, por si su interlocutor no se ha modernizado tanto como él, un fax. Sólo echa de menos el contacto visual con sus compañeros. Pero es optimista y espera resolverlo muy pronto, en cuanto pueda instalar una terminal de videoconferencia, que están al caer. (...)

¿Aterrador? ¿Fascinante? En todo caso, la revolución digital parece imparable. Entramos de cabeza en la era del silicio.

El País, Madrid

Comprensión

A ¡Necesito compañero! Trabajando con la misma persona con quien hicieron la actividad de Aproximaciones al texto (página 91), háganse y contesten preguntas sobre sus respectivos textos para completar la siguiente tabla con información sobre las cuatro ciudades tratadas en ellos.

CIUDAD	PROBLEMAS	SOLUCION
Curitiba		
	violencia pobreza	
Madrid		
	estrechez espacial basura	

B Entre todos Compartan la información que obtuvieron de los textos de la segunda parte para recopilarla en una sola tabla. ¿Encontraron información sobre algunos problemas nuevos? ¿Cuáles son estos problemas? De todos los problemas tratados, ¿cuál les parece más grave? ¿Cuál de las soluciones ofrecidas les parece más interesante? ¿más original? ¿Cuál sería (*would be*) la más fácil de implementar en otras (mega)ciudades? ¿Y cuál sería la más difícil de implementar? Expliquen.

Interpretación

¡Necesito compañero! Trabajando ahora con una persona diferente, comparen las listas que ambos hicieron para la actividad de la página 91, y también para la actividad A de Comprensión (arriba). Pongan los problemas que se relacionan con todas las megaciudades del mundo en orden de mayor a menor importancia (1 = el más importante, 4 = el menos importante). Luego, identifiquen las posibles soluciones para cada problema y pónganlas en orden según ofrezcan esperanza para el futuro. Compartan sus conclusiones con el resto de la clase. De todos los problemas de las megaciudades, ¿cuál es el más grave en todo el mundo? ¿Qué solución parece tener más posibilidades de funcionar en el futuro? ¿Por qué?

Aplicación

A Los siguientes datos demográficos fueron tomados del diario español *El País.*

- El norteamericano medio utiliza su automóvil 1.500 horas anuales para recorrer diez mil kilómetros, una hora por cada 6,7 kilómetros.
- La posibilidad de ser asesinado en Los Angeles es diez veces superior que en París.
- La mortalidad infantil es de 60 por cada mil habitantes en Bogotá, El Cairo, Sao Paolo y Río de Janeiro.
- En México, D.F., Sao Paolo, Manila, Delhi y El Cairo el 40 por ciento de la población tiene menos de 20 años. En Madrid o Londres hay más habitantes de 65 años que menores de 15.
- La previsión para América Latina es que en el año 2020 más de 300 millones de niños vivan en sus ciudades. Una tercera parte lo hará (*will do so*) en condiciones de extrema pobreza.

¿Cuál de estos datos le parece más impresionante? ¿más perturbador? ¿Por qué?

B Para muchas personas la tecnología es una de las maravillas de la edad moderna, mientras que otras piensan que puede traer consigo su propio tipo de problemas. ¿Hay problemas en el mundo moderno —no sólo ecológicos sino psicológicos, económicos, sociológicos, etcétera— que en su opinión sean el resultado parcial o total de la tecnología? ¿Cuáles son? ¿Cómo se pueden resolver? ¿Hay soluciones que *no* dependan de un aumento del uso de la tecnología? Explique sus respuestas.

C ¿Conoce Ud. a alguien que sea teletrabajador(a)? ¿En qué trabaja esa persona? Después de graduarse, ¿le gustaría a Ud. hacer su trabajo en casa o preferiría (*would you prefer*) viajar al trabajo, como lo hace la mayoría ahora? ¿Por qué?

D Entre todos Cada uno de los asuntos a continuación es problemático para Hispanoamérica. ¿Cuáles de ellos son problemáticos también en la ciudad donde Ud. vive? ¿Cómo podrían (*could*) resolverse estos problemas en esta ciudad? En su opinión, ¿se podrían aplicar esas soluciones —intactas o modificadas— a Hispanoamérica? ¿Por qué sí o por qué no?

- el tráfico
- la destrucción de las selvas tropicales
- el crecimiento demográfico
- la despoblación rural
- la explotación de los recursos naturales
- la discriminación racial
- el analfabetismo

¿Hay otros asuntos que Ud. añadiría (*would add*) a la lista? ¿Cuáles son?

E Piense en las soluciones que algunos países han implementado para mitigar el problema de la explosión demográfica: por ejemplo, el límite de un hijo por familia en China o la esterilización compensada en dinero en la India. ¿Considera Ud. que el gobierno tiene derecho a intervenir de modo tan directo en la vida privada de los ciudadanos? ¿Qué aspectos positivos y negativos ve en estos dos intentos de solucionar el problema de la sobrepoblación?

F Papel y lápiz ¿Afectan los problemas de una región del mundo, o de una sola ciudad, a los habitantes del resto del mundo, dondequiera que vivan? Explore esto en su cuaderno de apuntes. Repase sus apuntes de las actividades Papel y lápiz anteriores y sus apuntes de clase. Luego, complete la siguiente oración según su opinión. Justifique su respuesta.

> Lo que ocurre en Hispanoamérica (afecta / no afecta) (el país / la ciudad) donde yo vivo porque _____.

G Pro y contra Divídanse en dos grupos. Un grupo va a preparar una lista de razones para probar que la afirmación a continuación es cierta mientras que el otro va a preparar una lista de razones que la contradigan. Después, los estudiantes de cada grupo deben presentar todas las razones de su lista, alternativamente, para que el grupo opuesto las refute (*rebuts*). Al final del debate, gana el grupo que haya presentado el mayor número de razones que el otro grupo no pudo refutar.

> El vertiginoso crecimiento de la población del mundo presenta un problema grave para el futuro del planeta Tierra.

Usen las siguientes expresiones para empezar sus razones cuando puedan.

Es verdad que... pero no se puede disputar que...
Es necesario/bueno/importante/peligroso que...
Por una parte / un lado... pero por otra/otro...
No hay duda que... sin embargo, debemos reconocer que...
Hay que recordar que...
Es mejor/peor que...

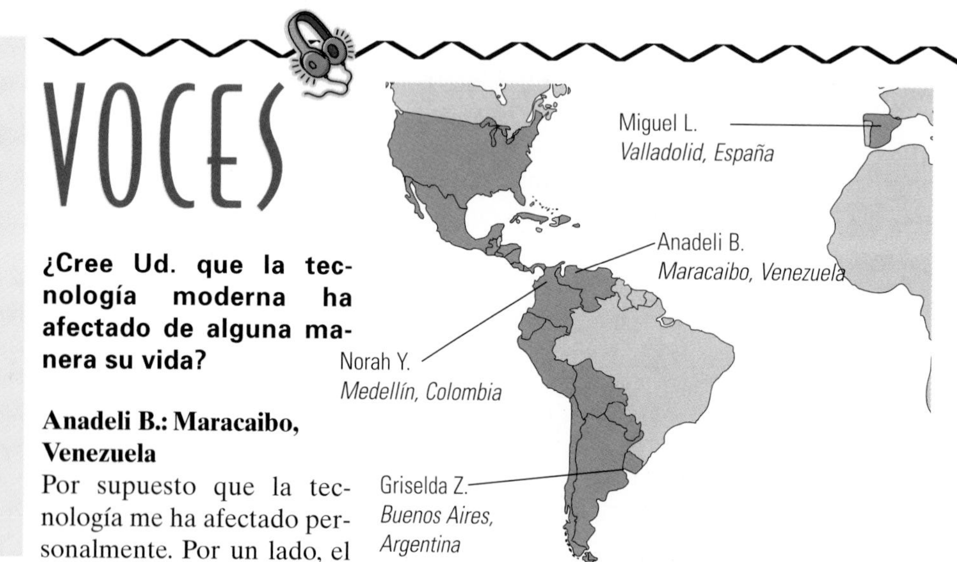

¿Cree Ud. que la tecnología moderna ha afectado de alguna manera su vida?

Anadeli B.: Maracaibo, Venezuela
Por supuesto que la tecnología me ha afectado personalmente. Por un lado, el uso de la computadora ha cambiado muchos de mis hábitos de trabajo e incluso en el espacio más personal tener acceso al *e-mail* ha determinado un nuevo modo de comunicarme con amigos y colegas a larga distancia. El VHS me permite gozar de las películas en mi propia casa y ya no voy tanto al cine como cuando no tenía el vídeo. En líneas generales, la tecnología me ha traído mucho ahorro de

tiempo y energía, me ha obligado a enterarme de muchas cosas, me ha vuelto más curiosa.

Norah Y.: Medellín, Colombia
La tecnología moderna ha beneficiado mi vida y la de mi familia en forma favorable, tanto a nivel profesional como doméstico. Tenemos la oportunidad de utilizar avances tales como el computador personal con multimedia, el fax, el correo electrónico, la máquina contestadora de mensajes y otro tipo de avances de telecomunicaciones, y la videograbadora. Hay también electrodomésticos que facilitan las labores de la casa como la lavadora y el horno (de) microondas. Creo que cuando la humanidad supere los horrores de las armas nucleares, vendrán (*will come*) más beneficios de la tecnología moderna.

Miguel L.: Valladolid, España
Ciertamente sí. Tiendo a pasar últimamente más tiempo frente a la computadora, en Internet o trabajando, tiempo que por otro lado estaría (*I would be*) pasando viendo televisión con mi familia, comentando la película correspondiente, por ejemplo. Raramente es tiempo que le quito de estar con mis hijas, pues lo hago cuando ellas duermen, pero sí de estar con mi mujer.

Griselda Z.: Buenos Aires, Argentina
Sí, creo que me ha creado más miedos que antes. Siento que los aparatos se apropian de identidades, van construyendo ciudades con sujetos identificables por tarjeta. Me generan miedo. Al principio me resistí a usar tarjetas de banco, todavía me resisto a las contestadoras de teléfono. Por otro lado reconozco que abren un mundo insospechable. No sé cómo podría (*I would be able*) escribir una tesis sin una computadora. Tengo que vencer el miedo, ¿no? Indudablemente, los beneficios son muchos, pero como todo avance hay cosas que quedan atrás. Más correo electrónico, más información en disquetes cada vez más pequeños, más videos en CD, y la gente se comunica cada vez menos, se escribe cada vez menos, se habla cada vez menos. No sé. Cuando pienso en la tecnología moderna, me viene la imagen de la película *Brazil:* un superaparato que nos chupa.

¡Ud. tiene la palabra!

A De acuerdo con las opiniones expresadas por estos hispanos, el uso de la tecnología tiene aspectos positivos y negativos. ¿Qué ventajas se mencionan? ¿Y cuáles son las desventajas? En su opinión, ¿cuáles tienen más peso, las ventajas o los inconvenientes? ¿Por qué?

B ¡Necesito compañero! Trabajando en parejas, identifiquen los cinco aparatos que los hispanos mencionaron con más frecuencia. Si se hiciera (*If one were to do*) un sondeo entre los norteamericanos, ¿creen Uds. que se mencionarían (*would be mentioned*) los mismos aparatos? ¿Por qué sí o por qué no? Compartan sus listas con los otros estudiantes. ¿Hay mucha diferencia de opiniones?

C ¡Necesito compañero! Trabajando en parejas, elaboren una lista de las cinco cosas más importantes que hubo, hay y habrá (*there will be*) en una oficina en las diferentes épocas a continuación.

1. 1960 **2.** este año **3.** 2020

D ¡Necesito compañero! Trabajando en parejas, utilicen la misma pregunta que contestaron antes los hispanos para entrevistarse sobre la relación de cada uno de Uds. con la tecnología. Luego, compartan lo que han aprendido con los demás compañeros y determinen entre todos hasta qué punto depende de la tecnología la persona norteamericana media.

El hombre y la mujer en el mundo actual

San José, Costa Rica

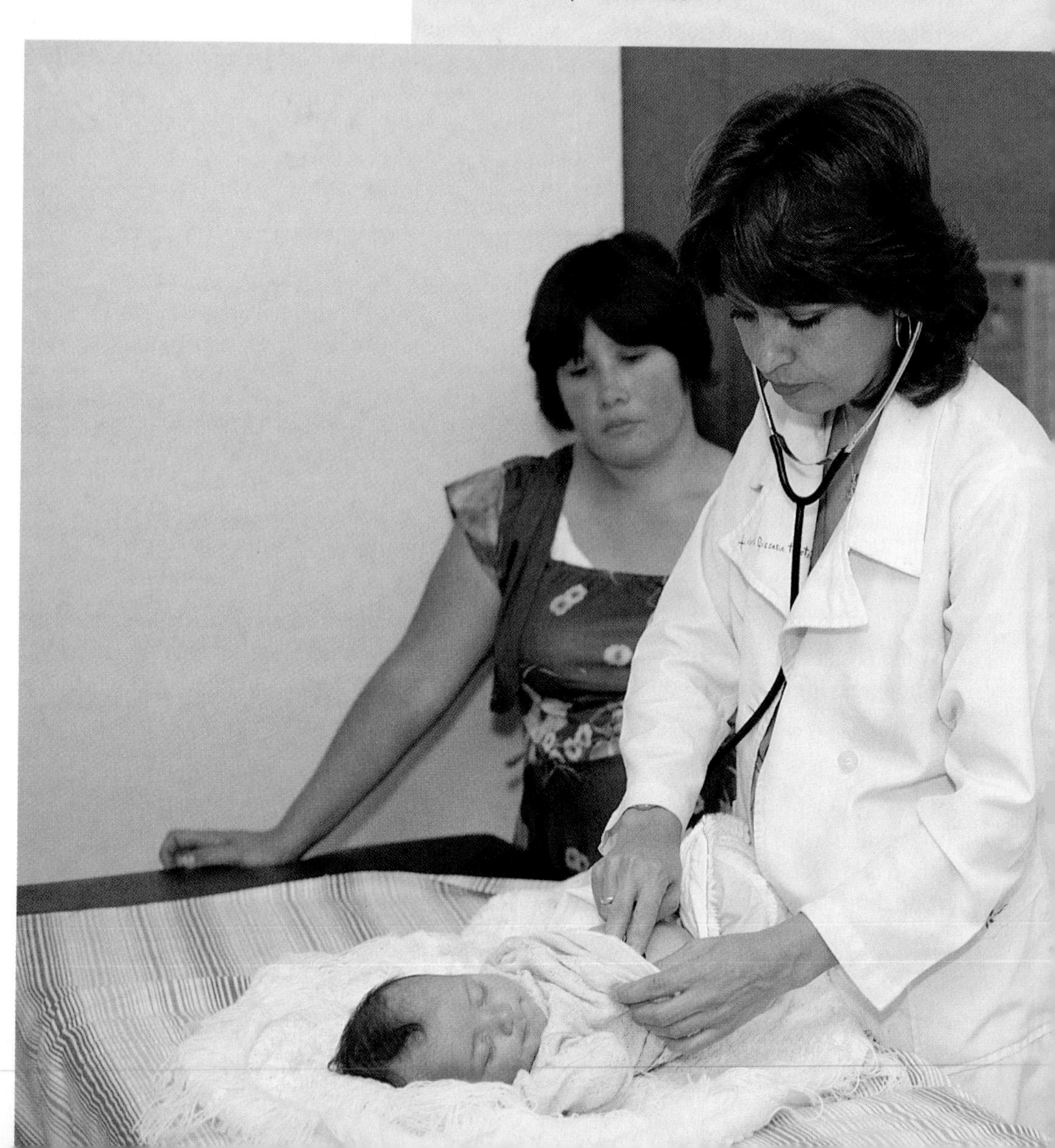

En los últimos años, la imagen que se tiene de la mujer, al igual que la que se tiene del hombre, ha cambiado mucho. ¿Qué características o cualidades tiene ahora la mujer? ¿Cuáles debe tener? ¿Cuáles son sus responsabilidades? ¿Y qué oportunidades tiene? En todo caso, ¿cuáles debe tener? Las respuestas a estas preguntas variarán (*will vary*) según el país y, dentro de un mismo país, según el sexo, la edad y la clase socioeconómica de la persona a quien se le haga la pregunta. Mire la foto de la izquierda. ¿Quiénes son las personas que se ven? ¿Dónde están? ¿Qué hacen? ¿Cuál es la relación entre ellas? ¿Falta alguien en la foto? Explique.

Trabajando en parejas del mismo sexo, analicen la foto para identificar lo siguiente.

- los aspectos «modernos» de la escena
- los aspectos «tradicionales» de la escena
- los aspectos positivos
- los aspectos negativos

Después, compartan su análisis con las demás parejas. ¿Han llegado los grupos de mujeres a las mismas conclusiones que los grupos de hombres? En su opinión, ¿representa la escena de la foto una realidad actual o es más bien una imagen del pasado? ¿Qué otras escenas pondrían (*would you put*) allí para representar a la mujer en el mundo actual? ¿y para representar al hombre?

LECTURA I
LA MUJER EN EL MUNDO HISPANO: DE LA TRADICION AL CAMBIO

APROXIMACIONES AL TEXTO

Recognizing Text Structure: Main and Supporting Ideas

You know from your practice with skimming and scanning that in most reading selections the first paragraph contains a great deal of information about the content of the selection. Also, there is often a sentence near the beginning of the paragraph that states the main idea of that paragraph. An awareness of these features of text structure makes skimming a selection possible: you know exactly where to look for a quick hint about the general content.

Many reading selections present the main idea in the first paragraph and develop that main idea with specific information in the rest of the selection. The specific information may be in the form of reasons, examples, or consequences.

A Examine el siguiente esquema (*outline*) incompleto de un artículo de la revista española *Padres Hoy.* Luego, lea rápidamente el artículo en la página 101 y complete el esquema con la información apropiada.

¿Somos sexistas?

I. Introducción: Parece que las diferencias entre los hombres y las mujeres no proceden sólo de la biología.

II. Los hombres no lloran.
Idea principal: _____ .
  - A. Ejemplo: La mayoría de las familias presionan a los hijos para que sigan el modelo tradicional (hombre-proveedor, mujer-madre).
  - B. Ejemplo: _____ .
  - C. Ejemplo: _____ .

III. _____ .
Idea principal: Las niñas son en realidad muy capaces, pero en la escuela, pierden la confianza y aprenden a dudar de sus habilidades.
  - A. Ejemplo: _____ .
  - B. Ejemplo: Los libros de texto incluyen muchos modelos positivos para los chicos, pero no para las chicas.
  - C. Ejemplo: _____ .

IV. _____ .
Idea principal: _____ .
  - A. Ejemplo: _____ .
  - B. Ejemplo: _____ .
  - C. Ejemplo: _____ .

Entre nosotros, padres y madres, educadores y en la sociedad en general, existe una actitud que tiende a desvalorizar aquellas características, tareas y capacidades consideradas como típicamente femeninas. Estos mensajes discriminatorios hacen mella en las niñas y perjudican igualmente a los niños. Es importante que todos trabajemos para cambiar nuestra actitud en beneficio de nuestras hijas e hijos.

¿Somos sexistas?

Solemos preguntarnos si es la biología o la cultura la que hace que niños y niñas, hombres y mujeres, seamos diferentes. Pues bien, hasta el momento, no se ha encontrado ninguna prueba definitiva que nos obligue a aceptar que los hombres y las mujeres deben comportarse de modo diferente porque son biológicamente distintos. Examinemos, pues, la cultura.

Los hombres no lloran

Queremos que nuestros hijos e hijas tengan las mismas oportunidades. Sin embargo, ¿actuamos de una forma consecuente? Todo indica que no.

La mayoría de las familias presionamos a nuestros hijos, aun sin querer, para que mantengan el modelo tradicional de hombre-proveedor y mujer-madre.

Desde pequeños ya les marcamos las diferencias entre ambos sexos. Nos mostramos más preocupados por el futuro de los niños que de las niñas. Presionamos a los chicos para que elijan carreras importantes; en cambio, no relacionamos la decisión vocacional de nuestras hijas con la necesidad de alcanzar unos ingresos necesarios para mantener a su familia.

Distintos desde la cuna

Se han realizado numerosos estudios y distintos experimentos que demuestran que los adultos no reaccionamos igual ante un niño o una niña.

Uno de ellos consiste en presentar el mismo bebé como niño o niña a diferentes grupos de personas, siendo las reacciones ante «Carlos o Carlota» totalmente distintas.

Carlota, presentada como Carlos, suscitará comentarios del tipo: robusto, travieso, fuerte... En cambio Carlos con un lazo rosa será calificado de encantadora, preciosa, dulce... Cualquiera que tenga un bebé puede salir a la calle y hacer la prueba.

Así, día a día, vamos creando a nuestro hijo/a según nuestras expectativas. A los niños les enseñamos a exigir atención, comportarse con independencia y ser activos; mientras que las niñas la única lección que pueden extraer es que esperamos que ellas permanezcan quietecitas, aguardando pasivamente y esperando antes de reaccionar.

Otros estudios demuestran que las madres dedican más tiempo a sostener en brazos y a tranquilizar a las niñas que a los niños, pese a que éstos lloran más y durante más tiempo que sus hermanas.

Desde que cumplen el primer año —algunos desde el primer día— les vestimos de forma distinta (no digamos si optamos por agujerear los lóbulos de las orejas a las niñas). También les estimulamos a interesarse por cosas distintas comprándoles juguetes diferentes. Y, en general, los chicos reciben más castigos que las chicas.

La escuela, una fábrica de segundonas

Aunque las niñas son más aplicadas y logran mayores calificaciones que sus compañeros, una discriminación latente desde la escuela acaba desanimándolas.

Las niñas obtienen mejores resultados académicos que los niños. Sin embargo, al elegir una profesión, rechazan los estudios que les permitirían acceder a los mejores puestos de trabajo. Las raíces de esto están en su educación y en la escuela. Tanto la familia, como el sistema educativo y la sociedad entera, acaba por convencerlas de que su papel en la vida es el de las eternas segundonas.

En los libros de texto es donde de forma más clara se ha venido discriminando a las niñas. Mientras los niños y jóvenes pueden identificarse con sabios, guerreros, inventores o artistas, ellas no encuentran modelos.

También los profesores potencian las diferencias. Algunos estudios lo confirman: todos, tanto hombres como mujeres, dedican más atención a los niños varones, les hacen más preguntas, les dan más indicaciones, les critican y les riñen más y les valoran el trabajo en mayor medida que a las niñas.

Guerreros y muñecas

Está claro que en el campo de la juguetería existe una clara discriminación sexual y somos los padres los que debemos tomar la iniciativa para superar los convencionalismos.

En la publicidad de juguetes se palpa de una manera más clara la división de papeles en función del sexo. La mayoría de los juguetes se presentan como «exclusivamente» para niñas o niños, sin considerarlos intercambiables.

Según un reciente estudio realizado por la Unión Cívica Nacional de Consumidores y Amas de Hogar de España, de 40 anuncios estudiados, el 46% se dirige a las niñas, el 32% a los niños y, únicamente, el 21% a ambos. Los anuncios para niños potencian los valores tradicionalmente asignados al hombre: fuerza, valor, agresividad y competitividad, y los destinados a las niñas, una actitud pasiva y maternal.

Los juguetes considerados como «masculinos» suelen ser más caros, complicados y activos porque se piensa que los niños tienen más necesidad de actividad y son más hábiles y capaces. Básicamente consisten en muñecos-monstruos guerreros (superhéroes), juegos de competición, vehículos, videojuegos o juegos para ordenador. Suelen ser abiertos a la imaginación y a la iniciativa. La aventura, el riesgo y la competitividad son los valores que presentan.

En cambio, los juguetes «femeninos» son pasivos y solitarios. Los hay de tres tipos: muñecas o bebés animalitos —para jugar a ser mamá—, muñecas-mujer con todo tipo de accesorios —para fomentar fantasías adultas de mujer relacionadas con la belleza, la sensualidad, la riqueza, etc.—, juguetes para jugar a ser mayor —ama de casa o para identificarse con un mundo pseudoprofesional—.

Los llamados «juguetes neutros» suelen regalarse más a niños que a niñas. Como consecuencia de esta discriminación es la niña la que resulta perjudicada. Los niños reciben más variedad y cantidad de juguetes que ellas, que frecuentemente reciben ropa, adornos y otros objetos inútiles para jugar.

B ¿Hay algunos puntos identificados en el artículo que también son representativos de la cultura estadounidense? ¿Cuáles son?

C Mire el título y los subtítulos de la Lectura I. ¿Cuál parece ser el tema central? ¿Qué información se va a presentar? Indique si Ud. cree que la lectura va a contener información sobre los temas de la siguiente lista (**MP** = muy posiblemente, **Q** = quizás, **D** = lo dudo mucho).

1. _____ las mujeres hispanas en el pasado
2. _____ la igualdad o desigualdad de las mujeres en el trabajo
3. _____ las mujeres que han recibido un premio Nobel
4. _____ las mujeres y el adulterio
5. _____ el papel de las mujeres en la sociedad hispana
6. _____ las diferencias y semejanzas entre las mujeres en los países hispanos y las mujeres en los EEUU
7. _____ el número de mujeres que juegan al fútbol

Palabras y conceptos

a menudo frequently
la abnegación self-denial, self-sacrifice
  abnegado self-denying, self-sacrificing
el acoso sexual sexual harassment
agresivo aggressive
el comportamiento behavior
con todo still, nevertheless
contar (ue) con to count on
de hecho in fact
el descanso (period of) rest
la (des)igualdad (in)equality
la discriminación discrimination
el embarazo pregnancy
la empresa company, firm
la fábrica factory
llevar a cabo to complete
la mano de obra workforce
el marido husband
el mito myth
el obrero / la obrera worker
oponerse a to oppose, be opposed to
el parto (act of giving) birth
la pauta pattern; model
perjudicar to damage, harm
el puesto job, post
reducido lessened, reduced
sin embargo nevertheless
sumiso submissive
el viudo / la viuda widower/widow

A ¿Qué palabra no pertenece al grupo? Explique por qué.

1. el embarazo, el parto, el mito, el marido
2. la fábrica, la mano de obra, la abnegación, la empresa
3. sumiso, agresivo, abnegado, humilde

B ¡Necesito compañero! Trabajando en parejas, completen el mapa conceptual de la próxima página con todas las palabras o frases que asocien con cada categoría. Traten de incluir tantas palabras como puedan de la lista del vocabulario. Luego, compartan su mapa con las otras parejas para recopilar los resultados en un mapa más completo. En general, ¿hicieron todos más o menos las mismas asociaciones o hay mucha diferencia de opiniones?

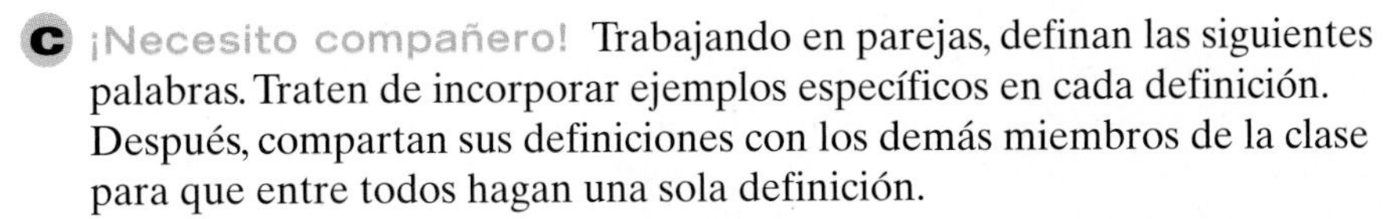

C ¡Necesito compañero! Trabajando en parejas, definan las siguientes palabras. Traten de incorporar ejemplos específicos en cada definición. Después, compartan sus definiciones con los demás miembros de la clase para que entre todos hagan una sola definición.

1. el acoso sexual
2. la viuda
3. la discriminación

D ¿Qué frase de la columna de la derecha completa lógicamente cada una de las frases de la columna de la izquierda?

1. Ha habido mucho progreso en el mundo hispano con respecto a la educación de las mujeres. Sin embargo, ____.
2. En muchos países hispanos el movimiento feminista ha conseguido la igualdad formal entre los dos sexos. De hecho, ____.
3. Las leyes prohíben la discriminación sexual en el trabajo. Con todo, ____.
4. La imagen tradicional de las mujeres hispanas es que son virginales y que no les interesa el sexo aunque ____.
5. Las mujeres siguen decidiéndose por las carreras estereotípicamente femeninas a pesar de que ____.

a. hay más niños ilegítimos que legítimos en Latinoamérica
b. algunas mujeres se ven obligadas a elegir entre el desarrollo profesional y la maternidad
c. en España hay más mujeres que hombres en las universidades
d. tienen cada vez más educación y acceso a la preparación profesional
e. las mujeres hispanas tienen más derechos que las norteamericanas
f. las preferencias académicas de los dos sexos siguen pautas muy tradicionales

En su opinión, ¿cuáles de las afirmaciones anteriores son ciertas? Ud. puede encontrar la respuesta en la Lectura I de este capítulo.

E Papel y lápiz Se ha hecho mención de las mujeres en el Capítulo 4 («La familia») y también en el Capítulo 5 («Geografía, demografía, tecnología»). ¿Qué información tiene Ud. ya respecto a la situación social y económica de las mujeres en el mundo hispano? Utilizando la técnica del mapa semántico, apunte algunas ideas al respecto en su cuaderno de apuntes.

Nota: Beginning in this chapter, symbols for verb tenses will no longer be used. New vocabulary, grammatical structures, and all other unreviewed verb forms will continue to be defined at the bottom of the page.

La mujer en el mundo hispano: De la tradición al cambio

En muchas partes del mundo, la división del trabajo entre los sexos todavía sigue pautas tradicionales. Estas españolas están en un lavadero público cerca de Avila.

Como en todas partes, el papel de las mujeres en la sociedad hispana ha cambiado mucho en los últimos años. Actualmente hay una tendencia hacia una mayor igualdad entre los sexos y por lo general las mujeres intervienen mucho más que antes en la vida económica y política de su comunidad. Ni que decir tiene[1] que la situación de las mujeres es diferente en cada país de acuerdo con su historia y su nivel socioeconómico.

Históricamente, la sociedad hispana consideraba a los dos sexos de manera distinta y a menudo contradictoria. Se exaltaba la figura del don Juan como prototipo masculino y, al mismo tiempo, se proponía a la Virgen María como modelo de la conducta femenina. La mujer había de ser[2] pasiva, pura, virginal, sumisa, abnegada: en fin, todo lo contrario al hombre fuerte, independiente, dominante. Todavía hoy entre muchas mujeres la abnegación persiste como el valor femenino más admirado. Así cuando le preguntaron a la editora de una revista chilena de buen tono[3] si había alguna mujer chilena a la que ella admiraba, la editora mencionó a una mujer pobre que venía a su casa a lavar la ropa. Esta mujer «modelo» tenía diez hijos, un esposo alcohólico, y se pasaba la vida trabajando para sostener a la familia, sin quejarse.[4]

Aunque las mujeres de la clase alta admiran la abnegación, de hecho ellas están bastante más liberadas que sus hermanas de la clase baja. La existencia de una

[1]Ni... *Needless to say* [2]había... debía ser [3]de... elegante [4]*complaining*

gran mano de obra doméstica en los países hispanos libera a las mujeres de la clase alta de muchos quehaceres[5] hogareños.[6] Especialmente en las casas que tienen criadas que viven en la casa, siempre hay alguien en casa para vigilar a los niños y la madre puede salir a trabajar con mucha más facilidad que una mujer norteamericana. Las mujeres de las clases privilegiadas, al contar con tiempo libre y no tener necesidades económicas, han podido empezar a dedicarse a diversas actividades: obras de caridad[7] y actividades artísticas e intelectuales. Incluso han llegado a intervenir en el mundo científico y político. Muchas mujeres norteamericanas han comentado con sorpresa que, en los niveles más altos de la cultura hispana, hay menos obstáculos para las mujeres que en la sociedad norteamericana.

Con todo, hay que reconocer que este nivel de libertad femenina sólo se obtiene entre las clases sociales más altas, es decir, todavía afecta a una pequeña minoría de la población total. La realidad para muchas mujeres de las clases media y baja suele ser muy distinta.*

La educación de las mujeres hispanas

En el campo de la educación, la situación de las mujeres hispanas ha mejorado mucho en los últimos años. Tradicionalmente los padres hispanos no daban mucha importancia a la educación de sus hijas ya que éstas iban a casarse y tener hijos y dedicarse a las labores domésticas. En consecuencia, los índices de analfabetismo eran mucho más altos entre las mujeres.

Hoy los movimientos feministas y los cambios sociales y políticos han conseguido la igualdad formal entre los dos sexos. Actualmente, tanto en España como en Latinoamérica, el número de niños y niñas en la escuela primaria corresponde a su proporción dentro de la sociedad en general. De hecho, en España el 58 por ciento de los licenciados[8] son mujeres. Sin embargo, por muchos años las estudiantes universitarias han seguido pautas de comportamiento totalmente tradicionales: han estudiado carreras universitarias relacionadas con las letras, sobre todo Derecho y Filosofía y Letras.† Pero los tiempos están cambiando y la aparición de otras carreras universitarias y especialidades nuevas han hecho que las mujeres opten por otras profesiones según sus preferencias y según un mercado de trabajo cada vez más diverso. Ahora aun los campos tradicionales ofrecen nuevas posibilidades. Por ejemplo, hasta 1967 las licenciadas en Derecho tenían vetado[9] el acceso a oposiciones[10] de juez o a fiscal.[11] Casi 30 años después la situación es muy distinta: en las últimas oposiciones a fiscales aprobaron más mujeres que hombres, y las siete primeras plazas las ganaron ellas.

La participación de las mujeres en el mundo laboral ha subido mucho en los últimos años en todos los países del mundo hispano (del 20 por ciento en los años ochenta hasta más del 30 por ciento en Hispanoamérica y casi el 40 por ciento en España), aunque estas cifras siguen siendo bajas en comparación con las de otros países.* Además, entre las mujeres laboralmente activas

[5]tareas [6]de la casa [7]ayuda a los necesitados [8]*college graduates* [9]prohibido [10]*qualifying exams for government-sponsored positions* [11]*prosecutor*

*Tradicionalmente en la familia hispana de la clase media la madre o algún otro miembro de la familia, como por ejemplo la abuela, cuidaba a los hijos pequeños. Ahora, impulsadas por las necesidades económicas familiares o por otras razones, muchas madres trabajan fuera de casa, y puesto que cada vez más los abuelos viven solos o van a residencias de ancianos, resulta un problema encontrar quien atienda a los hijos. Las guarderías infantiles y las chicas canguro (*babysitters*) son las opciones más frecuentes.

†Los estudios de Filosofía y Letras abarcan más o menos los de *Humanities* en una universidad norteamericana.

todavía se encuentran en la mayoría las profesiones consideradas tradicionalmente femeninas (peluqueras, costureras,[12] enfermeras, dependientas, personal de limpieza, empleadas domésticas) que conducen a menor prestigio, menos éxito,[13] con peores salarios y menor demanda laboral. En otras palabras, aunque hoy más mujeres trabajan que nunca, el número de mujeres que tienen un trabajo equiparable a su nivel de educación es todavía muy reducido.

Algunas mujeres hispanas, como Violeta Barrios de Chamorro, han llegado a ocupar altos cargos políticos en los gobiernos de sus países.

Las mujeres y el mundo laboral

Para comprender la participación limitada de las mujeres hispanas en el mundo laboral, hay que considerar varios factores. En primer lugar, la mujer modelo de la cultura hispana ha sido ante todo[14] el ama de casa y la madre de varios hijos. Con la excepción de algunos grupos de las clases alta y media, generalmente pertenecientes[15] a núcleos urbanos, en España y en el resto del mundo hispano todavía se cree que las mujeres casadas y con familia sólo deben trabajar si hay una necesidad económica. Y aun en el caso de necesidad económica, muchos hombres no quieren que su esposa trabaje. En un estudio hecho hace poco en España, la gran mayoría de los hombres admitió que el trabajo asalariado era importante para las mujeres. Al mismo tiempo no aceptó que el trabajo pudiera tener para las mujeres la *misma* importancia que tenía para los hombres, considerando negativo para la pareja que ambos trabajaran fuera de casa.

Si una mujer quiere trabajar y si su marido no se opone, todavía existe el problema de la desigualdad salarial. También hay una tendencia de muchas empresas a no emplear a mujeres. La legislación de los países hispanos siempre ha tratado de proteger a las mujeres, en particular a las que trabajan. Ya en 1900 la ley en España establecía un descanso obligatorio y pagado a las obreras que daban a luz, y si ellas volvían al trabajo, su jefe tenía que permitirles una hora libre para amamantar a su nene, sin descontar esa hora de la jornada.[16] Actualmente en España la ley impone un descanso de dieciséis semanas por parto.[†] En Hispanoamérica los gobiernos de varios países han impuesto leyes semejantes. En la Argentina actual, la ley prohibe que las mujeres sean despedidas[17] a causa del embarazo y establece que pueden volver al trabajo en cualquier momento durante el primer año después del parto. Tienen un descanso de doce semanas, con por lo menos seis semanas después del parto y una hora libre para amamantar a su hijo durante 240 días después de su nacimiento.

[12]*seamstresses* [13]*success* [14]ante... *first and foremost* [15]*belonging* [16]*workday* [17]*fired*

*Por ejemplo, las mujeres representan el 48 por ciento de la fuerza laboral activa en Suecia, el 45 por ciento en Francia y los Estados Unidos y el 40 por ciento en Japón.

†En España, en los casos en que el padre y la madre trabajen, ambos pueden acogerse (*have recourse*) a los derechos por maternidad: una hora de permiso para alimentar al niño menor de nueve meses, reducción de la jornada por guardia legal (*childcare*) y excedencia (*leave*) de hasta un año sin perder el puesto de trabajo. Al padre, además, le corresponden dos días libres por el nacimiento de su hijo. Estos derechos también se pueden aplicar cuando el hijo es adoptado.

100 En comparación con las leyes de los Estados Unidos, que permiten hasta doce semanas de descanso por maternidad pero sin pago alguno, las de los países hispanos manifiestan un mayor interés y comprensión de los problemas que afrontan las madres que trabajan fuera de casa. Desgraciadamente, los gobiernos hispanos imponen todas estas condiciones sin ayudar mucho fi- 105 nancieramente a las empresas que las obedecen. En consecuencia, algunas empresas optan por la solución más lucrativa y procuran[18] no emplear a mujeres.

Las mujeres que tienen alguna educación y consiguen un trabajo a veces no reciben un sueldo justo y comparable al de los hombres aunque desempeñen[19] la misma profesión. En efecto, las mujeres han conseguido igualdad legal pero 110 no real; tienen los derechos, pero no siempre las mismas oportunidades. Y las mujeres de las zonas rurales tienen aún mayor dificultad de encontrar un trabajo que les proporcione un sueldo adecuado para ganarse la vida. En consecuencia, muchas de ellas emigran a las ciudades, donde se encuentran desorientadas y vulnerables a toda clase de explotación. La IV Conferencia Mundial 115 sobre la Mujer celebrada hace poco en Pekín ha dedicado especial atención a los problemas del empleo de las mujeres. En todos los debates se ha llegado a la conclusión de que para suprimir las discriminaciones existentes no basta una igualación entre hombres y mujeres en cuanto a los derechos sino que también es necesario favorecer la igualdad de oportunidades mediante medidas de ac- 120 ción positiva a favor de las mujeres, para igualarlas con los hombres.

[18]tratan de [19]ejerzan

Comprensión

A Vuelva a la actividad C de la sección Aproximaciones al texto, en la página 102. ¿Cuáles de los temas se encontraron en la Lectura I? ¿Se sorprendió Ud. de algunos? Explique.

B Complete cada oración de la primera columna con la información apropiada de la segunda. Cambie los verbos entre paréntesis por la forma correcta del indicativo o del subjuntivo según el contexto.

1. En la sociedad hispana tradicional se insiste en que ____.
2. La gran mano de obra doméstica permite que ____.
3. A los padres tradicionales no les importa que ____.
4. Muchos maridos hispanos se oponen a que ____.
5. Los hombres hispanos tradicionales prefieren que ____.

a. las mujeres (tener) pocos niños
b. las mujeres (ser) pasivas y abnegadas
c. las mujeres (quedarse) en casa y (cuidar) a los hijos
d. las mujeres de la clase alta (tener) más oportunidades profesionales
e. las mujeres (trabajar) fuera de casa
f. sus hijas (educarse)

C Seleccione la respuesta correcta, cambiando por la forma apropiada del subjuntivo los verbos que aparecen en infinitivo.

En algunos países hispanos, las leyes laborales ____.

a. (permiten/prohíben) que las compañías (despedir) a las mujeres a causa del embarazo

b. (permiten/prohíben) que las mujeres (amamantar) a sus hijos durante el día laboral
c. (permiten/prohíben) que las mujeres (tener) derecho a un descanso pagado después del parto
d. (permiten/prohíben) que las compañías (pagar) más a los hombres que a las mujeres por el mismo trabajo

D ¿Qué le sugieren las siguientes palabras? ¿Qué importancia tiene cada una dentro del contexto de la Lectura I?

1. don Juan / la Virgen María
2. la conducta tradicional
3. el analfabetismo
4. la empleada doméstica

E Explique brevemente la causa y el efecto de las siguientes afirmaciones.

1. Las mujeres de la clase alta tienen mucho más tiempo libre que las de las clases bajas.
2. A muchas compañías, les cuesta más emplear a mujeres que a hombres.
3. Para las mujeres rurales, muchas veces es necesario emigrar a la ciudad para encontrar trabajo.
4. En todos los países del mundo hispano el porcentaje de mujeres en la fuerza laboral activa ha aumentado mucho en los últimos 20 años.

F Papel y lápiz

- Primero, vuelva al mapa semántico que Ud. hizo en la actividad Papel y lápiz de la página 103.
- Luego, añada nueva información según lo que ha aprendido en la Lectura I de este capítulo.
- Después, identifique en el mapa tres puntos en que hay diferencias entre las mujeres en los EEUU y las en los países hispanos.
- Finalmente, escriba dos o tres oraciones que señalen algunas ideas para resumir estas diferencias.

LECTURA II

LA MUJER EN EL MUNDO HISPANO: EL CAMINO HACIA EL FUTURO

APROXIMACIONES AL TEXTO

Simplifying Sentence Structure

It is much easier to identify the main parts of a sentence (subject, verb, object) if you can first identify the nonessential parts. Prepositional phrases and verbal phrases are two constructions that can complicate the basic structure of a sentence. Fortunately, both are easy to recognize.

Recognizing Prepositional Phrases

Prepositional phrases are always introduced by prepositions such as **por, para, contra, de,** and so on. The preposition is always followed by a noun, pronoun, or infinitive that serves as the object of the preposition: **por él, para Juan, contra mis deseos, de plástico, sin comer.** The preposition and object together form a prepositional phrase.

Just as you learned with subordinate clauses in Chapter 4, it is also helpful to identify and omit prepositional phrases when you are trying to locate the main subject and verb of a sentence. **¡Cuidado!** Remember that subjects may be the impersonal *one* or *it.*

A Lea cada una de las siguientes oraciones, adaptadas de la Lectura II de este capítulo, e identifique todas las frases preposicionales y cláusulas subordinadas. Después, identifique las partes principales de lo que queda de cada oración (**S** = sujeto, **V** = verbo, **C** = complemento).

1. Y aunque estas observaciones generales pueden variar en mayor o menor medida dependiendo del lugar o de las clases sociales, todavía es cierto que no está mal visto que un hombre presuma de tener relaciones con muchas mujeres.
2. La verdad es que a muchas mujeres todavía les cuesta aceptar su propia capacidad para las carreras tradicionalmente masculinas, temiendo que para alcanzar el éxito profesional tendrán que dejar de ser femeninas.
3. En el campo de la educación, la situación de las mujeres hispanas ha mejorado mucho en los últimos años.

Recognizing Verbal Phrases

A verbal phrase, in contrast to a clause, does not contain a conjugated verb. It consists instead of either a past participle (**-do: hablado, comido**) or a present participle (**-ndo: hablando, comiendo**). The past participle functions as an adjective, and the present participle as an adverb.

Cualquier discurso **pronunciado por él** tiene que ser interesante.	*Any speech given by him has to be interesting.*
Queremos resolver el problema **hablando con ellos.**	*We want to solve the problem by talking with them.*

Verbal phrases of the above type can be ignored while you locate the main verb and the rest of the main sentence. For instance, the main idea of the second example is that *We want to solve the problem.* Once you understand that, you can figure out how it is to be done (*by talking with them*).

Although eliminating verbal phrases may omit important information from the sentence, it is a good strategy for simplifying passages with which you are having difficulty. Using this technique helps you understand the basic message of the sentence, which in turn allows you to make intelligent guesses about the meaning of the remainder of it.

Nota: When these verb forms are accompanied by auxiliary verbs, they function as verbs and should be considered carefully when you analyze the sentence. Auxiliary verbs used with the past participle include **haber** (**he**

preparado = *I have prepared*), **ser** (**es preparado** = *it is prepared*), and **estar** (**está preparado** = *it is prepared*). Auxiliary verbs used with the present participle include **estar** (**estoy preparando** = *I am preparing*), **venir** (**viene preparando** = *he's coming along preparing*), and **seguir** (**siguen preparando** = *they keep on preparing*).

B Lea cada una de las siguientes oraciones e identifique todas las frases preposicionales, frases verbales y cláusulas subordinadas. Después, identifique las partes principales de lo que queda de cada oración (**S** = sujeto, **V** = verbo, **C** = complemento).

1. Sin embargo, aun teniendo mayor acceso a la educación, la mayoría de las mujeres opta por carreras menos ambiciosas.
2. El estudio español antes citado señaló que los hombres aceptaban la igualdad de las mujeres.
3. Es importante reconocer que en muchos países la presión de los grupos feministas ha cambiado estas leyes.

C Ahora, vuelva a mirar las oraciones de las actividades A y B. Basándose en ellas y en los títulos y subtítulos de la Lectura II de este capítulo, determine cuáles de los temas a continuación se tratarán en esa lectura (**MP** = muy posiblemente, **Q** = quizás, **D** = lo dudo mucho).

1. _____ lo que dictan las leyes sobre el adulterio
2. _____ qué opinan las mujeres hispanas sobre el amor
3. _____ las carreras que prefieren las mujeres hispanas
4. _____ qué tipo de trabajos ejercen ahora las mujeres hispanas
5. _____ el sexismo en el trabajo

La mujer en el mundo hispano: El camino hacia el futuro

La mujer, la ley y el sexo

1 Como ocurre en todos los países, los códigos penales de los países hispanos suelen reflejar y perpetuar algunos valores de su cultura. En España el código civil que regía hasta 1979 disponía que las hijas menores de veinticinco años no podían establecer un hogar propio[1] sin el permiso del padre a menos que
5 fuera[2] para casarse o entrar en un convento. Ya que los códigos civiles de todos los países hispanos se basaban en el Código de Napoleón y otros textos legales antiguos, se estipulaba que las mujeres habían de[3] vivir donde su marido decidiera y no podían viajar al extranjero, abrir una cuenta bancaria, ni trabajar ni recibir una herencia sin la autorización del marido. Es decir, se encontraban en
10 un limbo legal, entre niña y adulta.

Se puede ver uno de los ejemplos más claros de la desigualdad legal entre los dos sexos en las leyes sobre el adulterio. Según reza[4] la ley en varios países, la mujer comete adulterio si tiene relaciones sexuales con un hombre que no es su marido; en cambio, el marido sólo comete adulterio si tiene relaciones con

[1]hogar... *residence of their own* [2]a... *unless it was* [3]habían... debían [4]*reads, states*

Aunque hayan mejorado las posibilidades para la igualdad entre los sexos, la educación a veces sigue reforzando las pautas tradicionales.

su amante[5] *dentro* de la casa conyugal o si sus relaciones adúlteras llegan a ser escandalosas.* La cuestión tiene mucha importancia, ya que en varios países hispanos el matrimonio no puede disolverse sin una prueba de adulterio. Es importante reconocer que en muchos países la presión de los grupos feministas ha cambiado, o está cambiando, estas leyes. En España por mucho tiempo las leyes han protegido el matrimonio; el adulterio y amancebamiento[6] han sido considerados como delitos. El actual Código Penal español también establece el delito del abandono de la familia, castiga la discriminación por razón de raza, sexo u orientación sexual, y penaliza el acoso y abuso sexuales. Pero es evidente que, a pesar de estos cambios, las convicciones sociales retrógradas seguirán[7] manteniéndose. Y lo que es más, el mito de la mujer sumisa, virginal, entre niña y adulta, sigue en pie[8] a pesar de la existencia de una realidad social muy distinta.

En realidad las mujeres hispanas en los distintos países hispanos son sexualmente activas fuera del matrimonio —en particular las de la clase baja. En algunos países, la unión libre[9] es mucho más frecuente que el matrimonio y no es raro que una mujer viva con varios hombres a lo largo de su vida sin casarse con ninguno de ellos. ¡En nueve países de Hispanoamérica hay más niños ilegítimos que legítimos! A pesar de la indiscutible actividad sexual de gran número de mujeres hispanas, persiste la visión tradicional de la sexualidad: los hombres son seres de un fuerte instinto sexual mientras que las mujeres normales no tienen ningún interés en el sexo, ni antes ni después de casarse. Los hombres a

[5]*lover* [6]*cohabitation* [7]van a seguir [8]en... existiendo [9]unión... unión consensual

*En la historia y tradición literaria hispanas, no se consideraba un delito que el marido engañado (*cheated-on*) matara a su esposa y al amante de ella. No obstante, lo más frecuente era que el marido matara sólo al amante y perdonara a su esposa o la enviara a un convento.

menudo exhiben sus conquistas, su dominio y su autoridad dentro o fuera del matrimonio. Y aunque estas observaciones generales pueden variar en mayor o menor medida dependiendo del lugar o de las clases sociales, todavía es cierto que no está mal visto que un hombre presuma de tener relaciones con muchas mujeres, mientras que si una mujer hace lo mismo, tendrá[10] muy mala fama.

El porvenir de la mujer hispana

A pesar de que la tradición de dominación masculina es más fuerte en los países hispanos que en las culturas anglosajonas, en muchos sentidos las mujeres de esos países están frecuentemente tan liberadas como las de los Estados Unidos y, en algunos casos, han logrado derechos que provocan la envidia de sus hermanas norteamericanas.

En muchos países hispanos hay mujeres en puestos importantes: en 1979 se nombró a una mujer presidenta de Bolivia y hubo otra en la Argentina, Isabel Perón. Entre 1990 y 1996, Violeta Barrios de Chamorro sirvió como presidenta de Nicaragua. Aunque es cierto que Perón y Barrios de Chamorro llegaron al poder siendo viudas de importantes figuras públicas, el hecho de que[11] sus países las acogieran[12] revela una aceptación de las mujeres como líderes. En España ha habido ministras en el gobierno desde hace muchos años; ahora hay, además, una ministra de justicia, y la decana de los jueces de Madrid es una mujer. En la política española también se ha visto la feminización: en el Congreso, el 22 por ciento de sus miembros son mujeres mientras que en el Senado representan un 14,9 por ciento. En los parlamentos de las distintas regiones autónomas* el porcentaje de mujeres llega al 19 por ciento. En los Estados Unidos las mujeres ya han accedido a prácticamente todos los puestos de trabajo importantes, menos uno: todavía no ha habido ninguna presidenta del país.

Sin embargo, aun teniendo un mayor acceso a la educación y preparación profesional, a la hora de decidirse, la mayoría de las mujeres hispanas sigue optando por carreras menos ambiciosas y más estereotípicamente femeninas. Resulta que algunas de las barreras para la incorporación de las mujeres a todas las esferas de la vida social y profesional no son tanto legales ni económicas como de actitud. La verdad es que a muchas mujeres todavía les cuesta aceptar su propia capacidad para las carreras tradicionalmente «masculinas», temiendo que para alcanzar el éxito profesional tendrán que[13] dejar de ser femeninas. Los hombres también se sienten incómodos en aceptar todas las consecuencias que implica el eliminar la desigualdad sexual. El estudio español antes referido señaló que, aunque los hombres aceptaban en términos generales y abstractos la igualdad de las mujeres, en realidad no aceptaban que ellas tuvieran que trabajar fuera de casa, ni mucho menos que ellos mismos debieran compartir con ellas el trabajo de la casa.

Desde muy jóvenes, todas las imágenes y asociaciones culturales llegan a convencer a las niñas de que su misión más importante se va a realizar en el hogar,[14] como esposas, amas de casa o madres de familia, mientras que para los niños, esta misión se va a realizar en el campo laboral. Algunos estudios que se han hecho en España y Latinoamérica de los libros de texto utilizados en las escuelas primarias y secundarias revelan cierta discriminación implícita: son pocas las mujeres que se presentan ocupando puestos importantes y los hombres rara vez aparecen expresando sensibilidad.[15] Y en el caso de los libros de literatura, se suele olvidar a las

[10]*she will have* [11]el... *the fact that* [12]*accepted* [13]tendrán... *they will have to* [14]casa [15]*sensitivity*

*Como se vio en el Capítulo 2, España está dividida en 17 comunidades o regiones autónomas.

escritoras. Cuando se ponen ejemplos de profesiones o de aspiraciones para el futuro, con frecuencia se representa a los hombres como abogados, policías, médicos y bomberos mientras que las mujeres aparecen como amas de casa, secretarias, enfermeras, etcétera. La lengua castellana también ha contribuido a crear la percepción de que el género masculino es más importante que el femenino: cuando se habla de un grupo mixto o de una persona cuyo sexo se desconoce, siempre se utiliza la forma masculina. Algunas definiciones de los diccionarios son un buen ejemplo de la necesidad de modificar el uso de algunas palabras para lograr una equiparación más justa entre los sexos.* No hay duda que estas prácticas limitan a los niños como personas, pero el efecto en las niñas es aún más grave, ya que les pone en una situación de dependencia e inferioridad.

Hoy en día se reconoce —y se combate— cada vez más la presencia de este sexismo implícito, y es de esperar que los grandes cambios obtenidos en las esferas legales y políticas pronto se verán en lo actitudinal también.

MUJERES EN PARLAMENTOS EUROPEOS (%)

Alemania	26,3
Austria	23,5
Bélgica	10,6
Dinamarca	32,9
España	22,0
Finlandia	33,5
Francia	5,9
Grecía	6,3
Irlanda	12,6
Italia	14,6
Luxemburgo	16,6
Países Bajos	33,3
Portugal	8,2
Reino Unido	9,5
Suecia	41,1

Comprensión

A Vuelva a la actividad C de la sección Aproximaciones al texto, en la página 110. ¿Cuáles de los temas se encontraron en la Lectura II? ¿Se sorprendió Ud. de algunos? Explique.

B Seleccione la respuesta correcta, cambiando por la forma apropiada del subjuntivo los verbos que aparecen en infinitivo.

1. Las leyes de ciertos países _____.
   a. (permiten/prohíben) que una pareja (divorciarse) por razones de adulterio
   b. (permiten/prohíben) que las mujeres (asistir) a la universidad
   c. (permiten/prohíben) que las mujeres (ser) elegidas para cargos políticos
2. Según las creencias tradicionales, _____.
   a. (la gente se opone a / se espera) que los hombres (tener) mucha experiencia sexual antes de casarse
   b. (la gente se opone a / se espera) que las mujeres (tener) mucha experiencia sexual antes de casarse
   c. (se cree / se duda) que las mujeres (deber) estar en casa

C Complete el esquema de la próxima página según la información que se presentó en las dos lecturas.

---

*En las definiciones de los diccionarios se puede ver claramente una carga sexista. Es frecuente encontrar tras la definición frases como «dícese más comúnmente de las mujeres», «se usa especialmente refiriéndose a la mujer», etcétera. En el *Diccionario de la Real Academia de la Lengua Española* leemos, bajo **fácil:** Aplicado a la mujer, frágil, liviana; bajo **burlar:** Seducir con engaño a una mujer; **hacer la calle:** Buscar la prostituta a sus clientes en la calle; **comer pavo:** En un baile, quedarse sin bailar una mujer, por no haber sido invitada a ello.

I. Introducción
   A. Idea principal: _____.
   B. Los valores tradicionalmente «femeninos» (dé dos ejemplos): _____.
   C. Los valores tradicionalmente «masculinos» (dé dos ejemplos): _____.
II. La educación de la mujer hispana
   A. Tradicionalmente los padres no daban mucha importancia a la educación de sus hijas (dé una consecuencia): _____.
   B. Con respecto a la educación, hay igualdad formal entre los sexos pero cierto comportamiento sexista continúa (dé dos ejemplos): _____.
   C. La educación no parece cambiar radicalmente la situación laboral de las mujeres (dé dos razones): _____.
III. La mujer y el mundo laboral
   A. Varios factores explican por qué no trabajan fuera de casa muchas mujeres hispanas (dé dos ejemplos): _____.
   B. Las leyes ayudan y al mismo tiempo perjudican a las mujeres que trabajan (explique brevemente): _____.
IV. La mujer, la ley y el sexo
   A. Hasta recientemente en España, la ley consideraba a las mujeres como inferiores a los hombres (dé dos ejemplos): _____.
   B. Con respecto a su vida sexual, la realidad de muchas mujeres es muy diferente del mito (dé dos ejemplos): _____.
V. El porvenir de la mujer hispana (dé un breve resumen de la idea básica): _____.

Interpretación

A ¿Cómo se compara la situación de las mujeres hispanas con la de las norteamericanas? Divídanse en grupos de dos o tres. El profesor / La profesora asignará a cada grupo uno de los ocho temas a continuación. Expliquen las semejanzas y/o las diferencias entre la situación de las mujeres en las dos culturas. Utilicen la información del texto, la que encuentren en la biblioteca o la que obtengan hablando con amigos y parientes (especialmente los de otras generaciones). Luego, compartan los resultados con los demás grupos.

1. el ideal de la feminidad
2. la situación de las mujeres en cuanto a la educación
3. la participación en el mundo laboral
4. la actitud hacia el acto sexual, la virginidad, las madres solteras (*single*)
5. los problemas que afrontan las madres que trabajan
6. el código penal o civil: leyes sobre el divorcio, los derechos, la vida familiar
7. la discriminación implícita en la representación de los sexos en los libros y en la publicidad
8. el sexismo en el lenguaje

B En la sección de la Lectura II que se titula «La mujer y el mundo laboral», se describe la manera en que la ley, al tratar de proteger a las mujeres, acaba por perjudicarlas. ¿Conoce Ud. otros ejemplos semejantes de una protección o ayuda «dañina»? ¿Tienen el mismo problema los hombres?

Aplicación

A Trabajen en grupos de dos o tres estudiantes del mismo sexo para indicar el sexo con el que se asociaba cada profesión de la siguiente lista en el pasado y con el que se asocia hoy en día. Identifiquen dónde ha habido algún cambio. Luego, comparen sus notas con las de los otros grupos de la clase. ¿Hay diferencias en los resultados de los grupos? ¿Han llegado los grupos de mujeres a las mismas conclusiones? ¿y los grupos de hombres?

	EN EL PASADO		HOY EN DIA			EN EL PASADO		HOY EN DIA	
	H	M	H	M		H	M	H	M
1. enfermero (*nurse*)	☐	☐	☐	☐	12. ama de casa	☐	☐	☐	☐
2. profesor	☐	☐	☐	☐	13. juez (*judge*)	☐	☐	☐	☐
3. bombero (*firefighter*)	☐	☐	☐	☐	14. gimnasta	☐	☐	☐	☐
4. médico	☐	☐	☐	☐	15. comerciante	☐	☐	☐	☐
5. camionero (*truck driver*)	☐	☐	☐	☐	16. programador (*computer*	☐	☐	☐	☐
6. carpintero	☐	☐	☐	☐	*programmer*)	☐	☐	☐	☐
7. basurero	☐	☐	☐	☐	17. comentarista de	☐	☐	☐	☐
8. soldado	☐	☐	☐	☐	televisión (*TV anchor*)	☐	☐	☐	☐
9. peluquero (*hairdresser*)	☐	☐	☐	☐	18. piloto	☐	☐	☐	☐
10. bailarín	☐	☐	☐	☐	19. secretario	☐	☐	☐	☐
11. dependiente (*clerk*)	☐	☐	☐	☐	20. taxista	☐	☐	☐	☐

B ¡Necesito compañero! Los medios de comunicación presentan imágenes diferentes y a veces estereotipadas del hombre y la mujer ideales. Trabajando en parejas, hagan una lista de los hombres y las mujeres ideales de la televisión o del cine para cada edad indicada, y mencionen tres de las características que hacen que sean ideales. Después, comparen su lista con la de las demás parejas para ver en qué están de acuerdo.

	DE 20 A 30 AÑOS	DE 30 A 40 AÑOS	DE 40 A 50 AÑOS	DE MAS DE 50 AÑOS
el hombre ideal	________ 1. 2. 3.	________ 1. 2. 3.	________ 1. 2. 3.	________ 1. 2. 3.
la mujer ideal	________ 1. 2. 3.	________ 1. 2. 3.	________ 1. 2. 3.	________ 1. 2. 3.

C La película *Fatal Attraction* con Michael Douglas, Glenn Close y Anne Archer presenta una aventura amorosa entre un hombre casado y una mujer soltera. Trabajando en grupos de tres o cuatro personas, narren la historia teniendo en cuenta las siguientes preguntas: ¿Quién fue el responsable del desenlace de la película? ¿Tuvo alguna responsabilidad el marido o fue víctima al dejarse seducir por una mujer obsesionada? ¿Enseña algo la película? ¿Cuál es la moraleja?

> Lo que comenzó como una ... entre un hombre y una mujer tuvo un final completamente sorprendente.
> La vida de un hombre de negocios felizmente casado y padre de familia es interrumpida por su encuentro con una bella mujer profesional cuyas exageradas reacciones psicológicas
>
> ectriz...
> Un triángulo pasional, en el que el amor y la
> acción obsesiva sin límites, combinados con el
> ror y el suspenso, hacen de esta película una
> las mejores de los últimos tiempos.

Ahora piensen en la película *Disclosure,* también con Michael Douglas, esta vez trabajando con Demi Moore. ¿De qué es representativa esta película? Sigan trabajando en los mismos grupos para analizar la historia y comentar si representa una realidad frecuente en el mundo laboral o si se trata de un caso aislado. ¿Pueden pensar en alguna otra película o caso parecido?

D El texto y las fotos de la página 117 son parte de un artículo que apareció recientemente en una revista española. Trabajando en grupos de dos o tres estudiantes, analicen el texto y las fotos que lo acompañan.

- ¿Cómo se representa a los individuos que aparecen en este artículo? ¿En qué cualidades se pone énfasis? ¿Es sexista alguna parte del artículo? Expliquen.
- Si Uds. fueran (*If you were*) los editores de esta revista, ¿cómo justificarían (*would you justify*) la inclusión de este artículo? Y si hubieran decidido (*if you had decided*) no publicarlo, ¿qué razones darían (*would you give*)?
- Compartan sus opiniones con los demás grupos de la clase. ¿Hay diversidad de opiniones? ¿En qué puntos están de acuerdo? ¿Se puede encontrar artículos como éstos en revistas estadounidenses? Si dicen que no, ¿por qué creen que es así?
- Busquen algún otro texto o artículo con las mismas características. Tráiganlo a la clase y comenten la imagen que se presenta de la mujer, del hombre o de ambos.

E En la actualidad se habla mucho del concepto del acoso sexual. ¿En qué consiste?

- ¿Pueden los hombres ser objeto del acoso sexual? ¿Piensa Ud. que el acoso sexual que sufren los hombres es igual al que sufren las mujeres?
- ¿Piensa que el acoso sexual ocurre porque hoy en día hay más mujeres que trabajan fuera de casa que en el pasado? ¿Se podría evitar este tipo de incidente? ¿Cómo?

belleza para tu chico

bálsamos para pieles sensibles

El afeitado supone una agresión extra para las pieles delicadas. Aconséjale espumas de afeitar para pieles delicadas (por ejemplo, Rasage Précis Peau Sensible de Biotherm *Homme) y el uso de after shaves balsámicos que además suavizan e hidratan, como los de* Nivea *For Men Sensitive Line, Basic Homme de* Vichy *o* Klorane *Homme*

pies: un extra de atención

*Aunque no sufran por llevar tacones, sus pies también necesitan cuidados. Puedes darle un masaje haciendo especial hincapié en la planta, y aplicándole luego una crema especial para pies (ayuda a evitar durezas) y un spray refrescante, que además ejercerá un efecto desodorante (*Neutrogena, *Pedi-Relax de* Ducray)

perfumados y morenos

● Son muchas las fragancias de hombre que desde su creación fueron adoptadas también por las mujeres, como Eau Savage de *Dior* o Habit Rouge de *Guerlain*. Y ahora se imponen los perfumes unisex, aún más apetecibles en verano por ser ligeros y frescos. Los más cítricos son ideales para gente joven, como CK One de *Calvin Klein*, o Paco, de *Paco Rabanne*. Pero no pueden faltar las aguas frescas, como Eau de *Bulgari*, Eau de *Hermès*, Eau de Campagne de *Sisley* y Eau Vielle de *Roger & Gallet*

● Si quiere tener un poco de buen color, puede recurrir al autobronceador: hay fórmulas específicas para hombre, como Self Tanning Cream Gel de *Boss Daily Care* (también tiene un gel bronceador) o los autobronceadores de *Armani* y *Gerard Danfré*

manos a la obra: ¡siempre perfectas!

Esconde su cortauñas: son mucho mejores las limas de cartón. Como sus uñas son más fuertes, busca limas extragruesas, más rápidas para ellos (y son estupendas para las uñas de los pies). Una vez a la semana, convéncele para que use una crema quitacutículas e hidratante de manos para evitar pellejitos y la aparición de padrastros

128 COSMOPOLITAN

F Papel y lápiz ¿De dónde vienen nuestras ideas sobre los conceptos de la masculinidad y la feminidad? ¿Cuáles son los factores que tienen un impacto positivo y cuáles tienen un impacto negativo en la formación de esos conceptos? Explore estas ideas en su cuaderno de apuntes.

- Considerando las lecturas de este capítulo, las actividades y las conversaciones en clase, ¿en qué orden de importancia pondría (*would you put*) las siguientes fuentes (*sources*) en cuanto a su capacidad de influir en nuestros conceptos de la masculinidad y la feminidad? Agregue otras a la lista si le parece necesario.

  - ☐ las revistas
  - ☐ la televisión
  - ☐ la literatura popular
  - ☐ las canciones populares
  - ☐ las películas
  - ☐ el ejemplo de las personas famosas
  - ☐ la lógica
  - ☐ los amigos
  - ☐ los padres
  - ☐ los anuncios comerciales
  - ☐ los cuentos infantiles
  - ☐ los libros de texto
  - ☐ la religión
  - ☐ la biología

- De los factores anteriores, ¿cuáles suelen tener un impacto positivo y cuáles un impacto negativo? ¿Qué cambios se han notado durante los últimos años en la manera en que estos factores influyen en la conducta de los individuos de ambos sexos? Resuma brevemente sus conclusiones al respecto.

VOCES

1. Describa un caso en que le dieron a Ud. un trato diferente del de los demás por razón de su sexo.

Mariana A.: Buenos Aires, Argentina
Siempre he notado que por ser mujer, en la vida diaria tengo ayudas y atenciones de parte de los hombres, ya sea cambiándome una goma de auto, ayudándome con papeleos en los bancos, etcétera...

Lorena C.: Managua, Nicaragua
Vengo de una familia numerosa, diez hijos en total, seis hembras y cuatro varones. Yo soy la penúltima de todos. Mis padres eran comerciantes: tenían una abastecedora de artículos domésticos (una especie de minimercado) y una ferretería (*hardware store*) y la casa estaba adjunta a ambos negocios. El desfile de hombres buscando materiales de construcción, o alguna u otra herramienta (*tool*), al mismo tiempo señoras o niñas comprando o consiguiendo algo para el consumo cotidiano (*daily*) era mi medio ambiente.

Por otro lado el trabajo estaba distribuido según las necesidades de las circunstancias. Si mis hermanos varones estaban presentes, indiscutiblemente se les designaban los trabajos físicos. Pero en caso que ellos faltaran se debía de realizar el trabajo de todas maneras. Esto provocaba un doble estándar para nosotras, ya que tal vez uno se encontraba en estas circunstancias, cuando de repente mi padre se hacía presente y se armaba una discusión acalorada, debatiendo que ciertos trabajos tendrían que ser realizados por los hombres, pero si el trabajo no se llevaba a cabo, también producía la misma discusión, preguntando él por qué el trabajo no se había realizado.

Anadeli B.: Maracaibo, Venezuela
Una situación muy común en la que me siento distinguida como mujer en mi país es el trato que recibo al subirme a cualquier transporte público. Siempre algún hombre se levanta de su asiento para ofrecerme su lugar y permitirme viajar sentada.

2. ¿Cree Ud. que los papeles del hombre y la mujer han cambiado en los últimos quince años?

Mariana A.: Buenos Aires, Argentina
Sí han cambiado. Cada día las mujeres tienen que trabajar para ayudar con la economía de la casa y eso hace que los hombres tengan que ayudar en las tareas de la casa y de los chicos.

Anadeli B.: Maracaibo, Venezuela
Como mujer venezolana siento la presión ejercida durante los últimos 15 años respecto al ideal femenino «nacional». La mujer venezolana, antes que nada, debe ser atractiva físicamente. Todo el mercado de la publicidad... dicta la pauta del modelo a seguir: hay que ser bella, todo lo demás es secundario. Desde las clases más altas a las más bajas la necesidad de lucir bien se transforma en una obsesión para la mujer... El hombre ideal, a su vez, es igualmente definido por la industria de los medios de comunicación masiva donde se representa el poder masculino a partir de esquemas materialistas. Mientras más dinero tiene un hombre mayor será su éxito.

Soledad N.M.: Bogotá, Colombia
En los últimos 15 años las cosas han cambiado positivamente. Ahora hay más personas que reconocen el papel de la mujer y sus capacidades para desempeñar cargos que tradicionalmente han estado en manos de hombres.

¡Ud. tiene la palabra!

A Según lo que revelan estas personas, ¿cuáles son algunas de las ventajas y desventajas de ser mujer en la cultura hispana? ¿Le parecen muy diferentes de las de la situación en la cultura norteamericana? Explique.

B ¿Piensa Ud. que en los últimos años ha cambiado la visión que tenían sus abuelos, sus padres y Ud. del hombre y la mujer ideales? Explique.

C ¡Necesito compañero! Utilicen la primera pregunta de la sección Voces para entrevistarse. Luego, compartan la información que han obtenido con los demás miembros de la clase. ¿Hay todavía muchos ejemplos de tratamiento sexista en la cultura norteamericana? ¿Son negativos todos los ejemplos presentados, o creen Uds. que a veces tienen un resultado positivo? Expliquen.

El mundo de los negocios

Buenos Aires, Argentina

Estemos donde estemos, nos encontramos rodeados por propaganda de todo tipo; no podemos escapar de ella. Caminamos por la calle y hay numerosos carteles que nos invitan a fumar cigarrillos con el sabor más americano; abrimos el periódico y vemos el carro japonés de más venta en el mundo; encendemos la televisión y nos ofrecen la cerveza alemana más espumosa y el vino italiano más exquisito. Incluso si miramos al cielo podemos ver cuáles son las llantas de carro más duraderas. Gracias al enorme desarrollo de los medios de transporte, tenemos al alcance de la mano productos provenientes de partes muy distintas del mundo.

Trabajando en grupos de tres o cuatro estudiantes, comenten las siguientes preguntas.

- ¿Qué productos o marcas generalmente se asocian con los siguientes países?

Francia	Colombia	Taiwan
Canadá	Japón	Alemania

- ¿Por qué prefieren muchas personas comprar productos extranjeros?
- ¿Es beneficioso o perjudicial para la economía de un país tener muchos productos extranjeros en el mercado? Expliquen su respuesta.
- ¿Cuáles son los productos y marcas extranjeros más vendidos en los Estados Unidos? ¿De dónde vienen? En su opinión, ¿por qué son tan populares entre los norteamericanos?
- En la mayoría de los países del mundo, el emblema de la bebida Coca-Cola ha llegado a ser símbolo de la cultura norteamericana. ¿Cómo es que ha ocurrido esto? ¿Qué otros productos o empresas creen Uds. que son asociados con la cultura o el modo de vivir de los norteamericanos?

LECTURA I LOS ESTADOS UNIDOS EN HISPANOAMERICA: UNA PERSPECTIVA HISTORICA

APROXIMACIONES AL TEXTO

Understanding the Function of a Text: Tone

An important preparatory skill for reading comprehension is to grasp the function or purpose of the text. Informing, convincing, entertaining, and criticizing are all functions a text may have. Understanding the author's purpose for communicating helps prepare you to comprehend new information.

A Ciertos textos normalmente se asocian con funciones específicas. Usando las sugerencias indicadas en la tabla, conteste las siguientes preguntas relacionadas con cada uno de los textos a continuación. ¡Cuidado! Un texto puede tener más de un solo propósito. El mensaje del texto también puede estar dirigido a distintos grupos, dependiendo del contenido.

- ¿Quién escribió el texto?
- ¿Cuál es el propósito del texto?
- ¿A quién se dirige el mensaje?

TEXTOS

1. un anuncio comercial
2. un pasaje de un texto de ciencias
3. una reseña (*review*) de una película
4. una carta al director (*editor*)
5. un artículo de la revista *Time*
6. un pasaje de un cuento de ciencia ficción
7. un artículo de *The New England Journal of Medicine*
8. un panegírico (*eulogy*)
9. Mencione otra publicación.

AUTOR	PROPOSITO	PUBLICO OBJETO (*TARGET AUDIENCE*)
■ un experto o especialista ■ un periodista ■ una persona común y corriente ■ una compañía o empresa	■ convencer ■ criticar ■ informar ■ evaluar ■ alabar (*to praise*) ■ entretener ■ quejarse	■ al público en general ■ a especialistas ■ a personas de una edad determinada (por ejemplo: niños, adolescentes, mayores) ■ a consumidores ■ a personas de un sexo determinado (por ejemplo: mujeres)

¿En qué sentido le afecta a Ud. el saber quién escribió el artículo y con qué propósito lo escribió?

Writers not only have specific purposes for writing, but also attitudes about their topic. The attitude—or tone—of the writer can be determined from the particular language used, as well as from the way the information is presented to the reader.

B Indique cuál es el tono de las siguientes oraciones. Escriba la letra que mejor caracterice cada oración y trate de identificar qué elementos lingüísticos le ayudaron a decidirse en cada caso.

a. práctico (*matter-of-fact*)
b. humorístico
c. crítico
d. admirador
e. compasivo (*sympathetic*)
f. irónico

1. _____ La historia de las relaciones interamericanas es una serie de maniobras egoístas (*selfish maneuvers*) de parte de los Estados Unidos.
2. _____ La Doctrina Monroe ha influido profundamente en la política exterior (*foreign policy*) de los Estados Unidos.
3. _____ Ese programa simbolizó un nuevo comienzo, ya que inició toda una nueva era en sus relaciones.
4. _____ Los liberales quedan tan deslumbrados (*dazzled*) por su propia retórica que ni siquiera notan lo vacío (*the emptiness*) de sus ideas.
5. _____ ¿Es difícil imaginar la política de un presidente con relación a Centroamérica cuando él se refería con frecuencia a sus habitantes como «*Dagos*»?
6. _____ La Alianza para el Progreso fue un fracaso casi total.
7. _____ La Alianza para el Progreso logró muy pocas de sus grandes y generosas metas.

Palabras y conceptos

al alcance (de la mano) within (arm's) reach
el aliado ally
el bien (*philosophical*) good
  los bienes (*material*) goods
culpar to blame
  la culpa blame, guilt
  culpable guilty
el derrumbamiento toppling, tearing down
(des)agradecido (un)grateful
la deuda (externa) (foreign) debt
el dictador dictator
  la dictadura dictatorship
la disponibilidad availability
la exportación export(s)
fortalecer to strengthen
los impuestos taxes
intervenir (ie, i) to intervene
invertir (ie, i) to invest
  la inversión investment
izquierdista leftist
el lema slogan
la libre empresa free enterprise
las materias primas raw materials
la medida measure, means
la meta goal
odiar to hate
la política (exterior) (foreign) policy
el préstamo loan
el presupuesto budget
proporcionar to give, yield
proteger to protect
respaldar to back, support
  el respaldo backing
la subvención grant (*of money*)

A Apunte las palabras de la lista del vocabulario que Ud. asocia con lo siguente.

1. las actividades económicas
2. las actividades políticas o militares

¿Hay algunas palabras que se relacionen con ambas? Explique.

B ¿Qué palabras de la segunda columna asocia Ud. con las de la primera? Explique la relación o asociación entre ellas.

1. ____ el derrumbamiento
2. ____ el dictador
3. ____ la inversión
4. ____ el aliado
5. ____ agradecido
6. ____ la subvención
7. ____ respaldar
8. ____ las materias primas
9. ____ la libre empresa
10. ____ la política exterior

a. competencia, ganancias, capitalismo
b. apoyar, aprobar, ayudar
c. destruir, hacer caer, derrocar
d. Bill Clinton, diplomáticos, tratados (*treaties*)
e. comestibles, petróleo crudo, minerales en bruto
f. Shearson, Lehman; Merrill Lynch; Wall Street
g. amigo, defensor, partidario
h. Stalin, Mussolini, Somoza
i. préstamo, ayuda económica, crédito
j. contento, atento, dar las gracias

C Imagínese que Ud. es economista. ¿En qué circunstancias hace cada una de las acciones que se enumeran a continuación?

1. culpar
2. invertir
3. proteger
4. respaldar
5. intervenir

Si quiere, puede considerar algunos de los siguientes factores para explicar sus acciones.

- el déficit
- la inflación
- la Bolsa (*stock market*)
- el deterioro / la mejora de la economía

MODELO: culpar → Cuando no hay mucha actividad en la Bolsa, culpo al enorme déficit federal.

D ¿Qué sabe Ud. ya de la historia de los Estados Unidos con relación a Hispanoamérica? ¿Qué expresiones de la segunda columna asocia Ud. con los nombres de la primera? ¡Cuidado! A veces una expresión puede corresponder a más de un nombre. Explique la asociación en cada caso.

1. ____ Theodore Roosevelt
2. ____ Franklin Roosevelt
3. ____ John F. Kennedy
4. ____ Jimmy Carter
5. ____ Ronald Reagan
6. ____ George Bush
7. ____ Bill Clinton

a. los derechos humanos
b. TLC (NAFTA)
c. los luchadores por la libertad (*freedom fighters*)
d. Operación «Causa Justa»
e. «*Speak softly and carry a big stick.*»
f. la Alianza para el Progreso
g. el canal de Panamá
h. la Política de Buena Voluntad (*Good Neighbor Policy*)
i. la bahía de Cochinos (*Bay of Pigs*)

E Imagínese que Ud. es un político / una mujer político en plena campaña electoral. Estudie las acciones y los factores económicos enumerados en la actividad C de la página anterior y escríbales cinco promesas a sus posibles votantes. También puede agregar otras palabras de la lista del vocabulario.

F En su opinión, ¿cuáles de las siguientes palabras y expresiones se asocian con las relaciones entre los Estados Unidos y la América Latina? ¿Puede Ud. explicar el porqué de estas impresiones? ¿Qué otras expresiones se pueden agregar?

positivas
negativas
una larga tradición
el ejército
la cultura
frías
violentas
amables
la diplomacia
el éxito
la ayuda mutua
fuertes
no importantes
la economía
el fracaso
agresivas
confusas
no interesantes
los derechos humanos
incomprensibles
las acciones secretas (*covert*)
la frustración

Los Estados Unidos en Hispanoamérica: Una perspectiva histórica

1 Las relaciones entre los Estados Unidos y los países latinoamericanos tienen una larga historia, muchas veces violenta y paradójica. Por un lado, en toda Latinoamérica existe una enorme admiración por el grado de avance económico y social que han logrado los Estados Unidos. Casi todos los latinoamericanos están de 5 acuerdo en que la lucha por la independencia norteamericana fue un modelo que ellos quisieron imitar al separarse de su pasado colonial, e incluso en los sectores más izquierdistas se admira a hombres como Abraham Lincoln. Por otro lado, los Estados Unidos actualmente inspiran un recelo y un resentimiento —hasta un odio— entre muchos latinoamericanos que ni programas ambiciosos, como la 10 Alianza para el Progreso, ni una creciente cantidad de ayuda económica y militar han conseguido cambiar.

Esta crítica y ataque a los Estados Unidos —que últimamente se ve no sólo en Hispanoamérica sino en muchas otras partes del mundo— es una actitud que a veces sorprende al norteamericano medio y lo deja perplejo, cuando no irritado. 15 «¿Por qué nos odian, si todo lo hemos hecho por su bien? Son unos desagradecidos.» «¿Para qué mandarles nuestros dólares si después nos llaman imperialistas y nos gritan lemas antiyanquis?» Que se hagan tales preguntas muestra la frustración que a menudo caracteriza las relaciones entre los Estados Unidos e Hispanoamérica, especialmente en los últimos años.

20 Para comprender la imagen bastante negativa que muchos latinoamericanos tienen de los Estados Unidos, es preciso examinar las relaciones interamericanas dentro de una perspectiva histórica. En su mayor parte, al relacionarse con los

países hispanoamericanos, los Estados Unidos han sido motivados por el doble deseo de desarrollar sus intereses económicos y asegurar su seguridad nacional estableciendo su control político en el hemisferio. Desafortunadamente, muchas acciones de los Estados Unidos han tenido como resultado una serie de experiencias dañinas[1] y humillantes para los países hispanoamericanos.

La Doctrina Monroe

Desde principios del siglo XIX, cuando las colonias hispanas empezaron a independizarse de España, los Estados Unidos han considerado sus relaciones con los países del sur como algo muy especial. En 1823, después de reconocer la independencia de las nuevas naciones latinoamericanas, y en parte para evitar cualquier esfuerzo por parte de España o de sus aliados para reconquistarlas, el presidente norteamericano James Monroe pronunció los principios de lo que más tarde se llamaría[2] «la Doctrina Monroe».* Este documento, que desde entonces ha influido profundamente en la política exterior de los Estados Unidos, anunciaba el fin de la colonización europea en el Nuevo Mundo y establecía una política de no intervención de los gobiernos de los países europeos en los países americanos. Al mismo tiempo, inauguraba el propio intervencionismo norteamericano.

La época de la intervención: Roosevelt, Taft y Wilson

El norteamericano que más se asocia con la expansión de los Estados Unidos a costa de Latinoamérica es el presidente Theodore Roosevelt. Bajo Roosevelt, el gobierno de los Estados Unidos empezó a considerar que tenía derecho absoluto a controlar la región del Caribe y Centroamérica, por medio de inversiones económicas o presiones políticas o militares. En 1904 Roosevelt expuso su propia versión de la Doctrina Monroe, en la cual declaró que era el «deber» de los Estados Unidos intervenir en los países latinoamericanos (a los cuales se refería con frecuencia como «*wretched republics*») para asegurar las inversiones e intereses económicos de «las naciones civilizadas». Esta política se conoció como «el Corolario Roosevelt» a la Doctrina Monroe y marcó el comienzo de un período de frecuentes y violentas intervenciones que se ha llamado la Epoca del Palo Grande.[3]

Después de Roosevelt, los presidentes William Howard Taft y Woodrow Wilson continuaron la política de intervención. Taft se interesó mucho en la expansión de los intereses económicos de los Estados Unidos. Su interpretación del «Corolario Roosevelt», que vio la conversión de la economía centroamericana en un verdadero monopolio de unas cuantas[4] empresas norteamericanas, llegó a denominarse «La Diplomacia del Dólar». A diferencia de Roosevelt, quien se interesó en el poder, y de Taft, quien se preocupó de la promoción comercial, Woodrow Wilson llegó a la presidencia con opiniones idealistas sobre cómo debían de ser los gobiernos de los países latinoamericanos. Aunque quería que todos fueran libres y democráticos, en realidad este ideal muy pocas veces guió su política exterior, ya que intervino violentamente en Nicaragua (1912), México (1914, 1918), la República Dominicana (1916) y Cuba (1917).

Algunos norteamericanos reconocen ahora que el período entre 1895 y 1933 fue uno de los más vergonzosos[5] de la historia diplomática de los Estados Unidos. La política intervencionista de Roosevelt, Taft y Wilson (y, con menos energía, la

[1]*harmful* [2]se... *would be called* [3]Palo... *Big Stick* [4]unas... *a few* [5]*shameful*

*El mensaje de la Doctrina Monroe fue dirigido también a Rusia, que en aquel entonces (*back then*) tenía la ambición de explorar el territorio que ahora forma parte de Alaska.

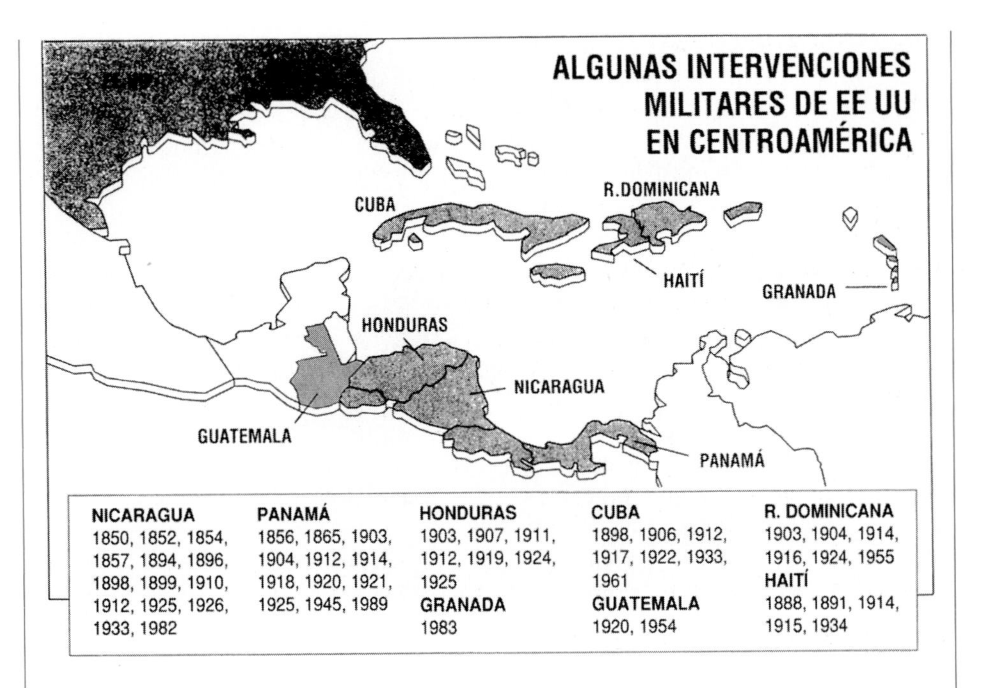

de Harding, Coolidge y Hoover) engendró, como se puede comprender, una imagen muy negativa de los Estados Unidos en la mente de muchos latinoamericanos y una profunda desconfianza en cuanto a los motivos de los líderes de los Estados Unidos. Entre 1923 y 1933 la «protección» norteamericana de Latinoamérica les había proporcionado a los Estados Unidos el territorio entre Texas y California, una base naval permanente en Cuba y el control completo de su política interior, la posesión de Puerto Rico, derechos permanentes a un canal a través de Panamá y derechos a construir otro canal en Nicaragua. Se había usado la fuerza militar en siete de los países de la región y en cuatro de éstos se había sancionado una larga ocupación militar. En fin, para finales de las tres primeras décadas del siglo XX, los Estados Unidos habían conseguido la dominación de gran parte de la economía sudamericana y el control casi total de la centroamericana. Al mismo tiempo que estas acciones protegían los intereses económicos de los Estados Unidos, establecieron un patrón de dependencia política en el Caribe y Centroamérica cuyo impacto ha tenido aun peores consecuencias para las relaciones interamericanas. Los países de la región empezaron a mirar cada vez más hacia Washington para la solución de sus problemas interiores. Esta dependencia colocó a los Estados Unidos en el centro de la estructura del poder en Centroamérica. Mantener allí la estabilidad de gobiernos conservadores y hasta autoritarios sirvió a los intereses comerciales de los Estados Unidos en aquel entonces, pero ha sido una fuente de enormes problemas en el pasado y en la época actual.

La Política de Buena Voluntad

En 1933 el presidente Franklin D. Roosevelt, primo de Theodore, anunció su Política de Buena Voluntad y sus intenciones de mejorar las relaciones entre los continentes americanos. Se repudió la intervención directa en los asuntos interiores de otros países. Aunque Roosevelt sugirió y apoyó fuertes inversiones económicas en Latinoamérica, declaró que la Diplomacia del Dólar ya no imperaba. Sus acciones generalmente confirmaron sus promesas: no hubo ninguna

Fundado por el presidente John F. Kennedy, el Cuerpo de Paz manda voluntarios a todas partes del mundo, donde ayudan a implementar programas educativos, sociales y comerciales.

represalia cuando el gobierno de Lázaro Cárdenas nacionalizó las compañías petroleras de México en 1938.

95 Roosevelt buscaba establecer un nuevo espíritu de cooperación y solidaridad entre las naciones del hemisferio. Aunque la expansión económica de los Estados Unidos en Latinoamérica aumentó, los esfuerzos de Roosevelt sí lograron disminuir la sospecha y desconfianza que se había creado durante los años ante-
100 riores. El estallar de la Segunda Guerra Mundial estimuló la cooperación entre los Estados Unidos y Latinoamérica. Sin embargo, después de la guerra la expansión del comunismo y el desarrollo de un fuerte nacionalismo latinoamericano provocaron nuevas tensiones.

Comprensión

A Cambie los verbos entre paréntesis en las siguientes oraciones por el pretérito de indicativo o el imperfecto de subjuntivo según el contexto. Luego diga si son ciertas (**C**) o falsas (**F**) según la Lectura I y corrija las oraciones falsas.

1. ____ La Doctrina Monroe prohibió que ninguna nación europea (intervenir) en los gobiernos americanos.
2. ____ Antes de 1930, los EEUU (seguir) una verdadera política de no intervención en los países centroamericanos.
3. ____ Theodore Roosevelt (hacer) mucho para que se (limitar) la expansión de los EEUU en la América Latina.
4. ____ El «Corolario Roosevelt» a la Doctrina Monroe (defender) la integridad territorial de los países centroamericanos.
5. ____ Franklin Roosevelt quería que (haber) más cooperación y solidaridad entre los países del hemisferio.

B ¡Necesito compañero! Trabajando en parejas, completen el siguiente cuadro con información que aprendieron en la Lectura I. Después, comparen sus repuestas con las de algunas otras parejas. ¿Están todos de acuerdo o hay diferencia de opiniones? Expliquen.

PRESIDENTE	PROGRAMA	META(S)	RESULTADO(S)
	la «Diplomacia del Dólar»		
		la no intervención europea en América	
Theodore Roosevelt			
			Se mejoraron las relaciones de los Estados Unidos con Latinoamérica.

C Papel y lápiz A lo largo de la historia, la política de los Estados Unidos se ha caracterizado por su intervencionismo en gobiernos y economías extranjeros. Explore esto en su cuaderno de apuntes.

- ¿Recuerda Ud. algunas de estas intervenciones? ¿Qué opina de ellas, en general?
- ¿Qué motivó la intervención estadounidense en esos casos?
- ¿Qué pretendía (*was trying to accomplish*) el gobierno norteamericano? ¿Tuvo éxito o fracasó en sus intenciones?
- En su opinión, ¿fueron necesarias esas intervenciones? ¿Por qué sí o por qué no? ¿Qué otras alternativas existían?

LECTURA II

LOS ESTADOS UNIDOS EN HISPANOAMERICA: METAS Y MOTIVOS

El factor económico

1 Una economía colonial se caracteriza por la producción de materias primas, como los bienes agrarios y los minerales no refinados; una economía industrializada, en cambio, es la que produce bienes manufacturados. El problema es que las materias primas siempre cuestan mucho menos que los productos refinados.

Por lo tanto, las economías coloniales suelen funcionar con un déficit: lo que se vende no proporciona lo suficiente para amortizar lo que se compra o se necesita comprar. Además, como los precios de las materias primas fluctúan con frecuencia, las economías coloniales suelen ser menos estables que las industrializadas. La inestabilidad se acentúa cuando la economía se basa en sólo uno o dos productos.

Históricamente, todos los países de la América Latina han mantenido economías de tipo colonial. En años recientes se han hecho esfuerzos para diversificar las economías y desarrollar la industria manufacturera. Con todo, durante el período entre 1992 y 1994, en nueve de los diecinueve países* más del 40 por ciento de la exportación nacional todavía se basaba en sólo uno o dos productos no refinados. Aunque esta cifra indica un cambio positivo —en el período entre 1987 y 1989 esta situación existía en trece de los diecinueve países— todavía se nota claramente la dependencia en sólo una o dos exportaciones.

Los grandes recursos naturales de Latinoamérica —es una de las fuentes más grandes del mundo de cobre[1] y de estaño,[2] y también tiene importantes reservas de petróleo— complementan y fortalecen las industrias norteamericanas que dependen en mayor o menor grado de la disponibilidad de materias primas. Por esta razón el gobierno norteamericano estimuló mucho la inversión económica en Latinoamérica, especialmente después de la Segunda Guerra Mundial.

El estímulo económico también fue motivado por el deseo de combatir el comunismo. La profunda impresión causada por la revolución cubana de 1959 hizo creer a muchos norteamericanos que el comunismo se extendería[3] por toda Latinoamérica si no se tomaran medidas extraordinarias e inmediatas. En agosto de 1961 el presidente John F. Kennedy anunció la Alianza para el Progreso. Aunque el temor a la amenaza comunista fue la razón principal de la Alianza, en muchos aspectos era sumamente idealista. Se esperaba que, con la ayuda económica y el apoyo político de los Estados Unidos, los países hispanoamericanos pusieran en marcha diversos proyectos para el progreso económico y la reforma social. Las resultantes mejoras en el nivel de vida fortalecerían[4] a la vez el papel de un gobierno democrático. Desafortunadamente, la Alianza logró muy pocas de sus metas y despertó, durante los diez años que existió, tantas controversias como esperanzas. En algunos países latinoamericanos, había resistencia hacia ciertas reformas por parte del gobierno y de la élite económica; en otros, aunque se iniciaron cambios, la presión de los Estados Unidos provocó el resentimiento de grupos que consideraron la Alianza como otro tipo de intervención norteamericana.

El continuo estímulo a la inversión económica en Hispanoamérica, sumado a la falta de industrias nacionales que compitieran con las norteamericanas, y la existencia de leyes que favorecían el comercio con Norteamérica sobre el comercio con otros países acabaron por producir un monopolio norteamericano en la América Latina. En Cuba, por ejemplo, antes de la época de Castro, empresas norteamericanas controlaban el 90 por ciento de la energía eléctrica y del servicio telefónico, el 37 por ciento de la producción de azúcar, el 30 por ciento de la banca comercial,[5] el 50 por ciento de los ferrocarriles, el 66 por ciento de las refinerías de petróleo y el 100 por ciento de la explotación del níquel. En Centroamérica la United Brands (que incluye la United Fruit Company, conocida lo-

[1]*copper* [2]*tin* [3]se... *would spread* [4]*would strengthen* [5]banca... *commercial banking*

*Se excluye aquí al Brasil.

calmente como «el pulpo»*) todavía monopoliza las exportaciones de bananas. En Chile, antes de 1970, dos empresas norteamericanas —Anaconda y Kennecott— dominaban totalmente la producción de cobre, la cual equivalía a un 12 por ciento de la producción mundial y a más del 70 por ciento del producto nacional bruto[6] de Chile.†

El factor político

Para comprender algunos de los problemas que caracterizan las relaciones interamericanas actuales, es importante recordar que desde después de la Segunda Guerra Mundial hasta el comienzo de la década de los noventa, el enfoque principal de la política exterior de los Estados Unidos fue la lucha contra el comunismo. Limitar la expansión del comunismo en el hemisferio occidental se consideraba especialmente importante por las dos razones anteriormente mencionadas: primero, porque las naciones latinoamericanas proporcionan materias primas para la industria; y segundo, porque la proximidad del continente sudamericano a los Estados Unidos daría[7] a un poder comunista diversas ventajas estratégicas en caso de guerra.

El problema se produjo cuando este intento de controlar la expansión del comunismo hizo que los Estados Unidos tuvieran que escoger entre el orden y la estabilidad por un lado y el cambio y la posibilidad de un régimen hostil por otro. La historia diplomática de las relaciones interamericanas indica claramente que, enfrentados a estas dos alternativas, los Estados Unidos siempre optaron por el *status quo,* aun cuando esto significara apoyar a un gobierno autoritario. Se observa, por ejemplo, que los gobiernos que recibieron más ayuda de la Alianza para el Progreso durante la década de los sesenta no eran los países más democráticos como México y el Uruguay, sino los más anticomunistas como las dictaduras de Duvalier en Haití, Somoza en Nicaragua y Stroessner en el Paraguay.‡ Se notan, además, repetidos casos de intervención directa (por ejemplo, en la República Dominicana en 1965) e indirecta (por ejemplo, en Nicaragua durante 1985–1989) que se justificaron principalmente por el temor al comunismo.

Mirando hacia el futuro

Como se ha visto, en el pasado muchos de los conflictos entre los Estados Unidos y los países hispanoamericanos se debían en el fondo a la confrontación Este-Oeste de las dos superpotencias. Esta confrontación llevó a los Estados Unidos a

[6]producto... *Gross National Product* [7]*would give*

*La imagen del pulpo (en inglés, *octopus*), con sus muchos e implacables tentáculos, hace que esta palabra se use en muchas partes de Latinoamérica para referirse a una persona o una compañía que explota a los demás.

†Es posible a veces perder el significado de tales cifras. Se pueden comprender mejor los sentimientos alarmados de los chilenos si se imagina una situación equivalente en los Estados Unidos, es decir, si General Motors, General Foods, General Electric, Ford, IBM y todos los bancos, minas, aviación y construcción (entre otras compañías) estuvieran bajo el control de dos empresas extranjeras.

‡Con respecto a Nicaragua, aquí se ve uno de los casos en que las acciones del presidente Franklin D. Roosevelt *no* estuvieron de acuerdo con sus promesas en cuanto a la América Latina. Si por un lado decidió no tomar ninguna represalia cuando el gobierno de Lázaro Cárdenas nacionalizó las compañías petroleras de México en 1938, por otro apoyó sin reservas la dictadura de Anastasio Somoza en Nicaragua. De tal dictador, Roosevelt dijo una vez: «He is an S.O.B. but, at least, he is *our* S.O.B.»

representar ideales democráticos pero al mismo tiempo valerse de métodos —cuando no de gobiernos— de reputación dudosa para contener la propagación del comunismo. Esta paradoja dividió a las administraciones norteamericanas, al Congreso y al mismo pueblo norteamericano.

Por un lado están los «reformistas», quienes abogan por los principios democráticos como manera de decidir la conducta que se ha de observar con respecto a otros gobiernos. Para ellos, la alianza entre los Estados Unidos y cualquier gobierno autoritario daña la credibilidad de los Estados Unidos como protector de la libertad y la dignidad humana. Por otro lado están los «realistas», quienes se muestran igualmente convencidos de que las decisiones de los Estados Unidos tienen que basarse principalmente en la defensa de sus intereses y de la seguridad nacional. Según los realistas, un gobierno autoritario es siempre preferible a un gobierno totalitario ya que el primero rara vez es permanente y no elimina toda oposición. La lucha entre estas dos filosofías ha creado situaciones en las que una administración de los Estados Unidos podía hacer presión por elecciones libres y un gobierno constitucional en El Salvador y al mismo tiempo participar en acciones subversivas y claramente ilegales en Nicaragua.

En 1995 Alberto Fujimori ganó las elecciones para un segundo período presidencial en el Perú, derrotando al candidato de la oposición, Javier Pérez de Cuéllar (ex secretario general de las Naciones Unidas). Aunque su estilo autocrático despertó dudas acerca de la protección de los derechos humanos, el primer período de Fujimori también se distinguió por triunfos sobre el control de las actividades terroristas del grupo marxista Sendero Luminoso, así como por el crecimiento de la economía.

Ahora que ya no existen dictaduras en Latinoamérica* (con la excepción de Cuba) y que los cambios en la antigua Unión Soviética hacen que la propagación del comunismo tampoco amenace, ¿qué se puede esperar de las relaciones interamericanas? La respuesta todavía no parece ser muy optimista.

*En febrero de 1989 el general Andrés Rodríguez acabó con casi 35 años de dictadura en el Paraguay, echando a Alfredo Stroessner por medio de un golpe de estado. Tres meses después, Rodríguez fue elegido presidente del país. En diciembre del mismo año, Patricio Alwyn ganó la presidencia de Chile, acabando con la dictadura militar de Augusto Pinochet, quien había gobernado el país desde 1973.

Desde un principio, hay que reconocer los serios problemas económicos que todavía confrontan casi todos los países latinoamericanos. Es importante recordar que estos países dependen del dinero que obtienen de la venta de sus materias primas para comprarles a otros países productos manufacturados que ellos mismos no pueden producir por falta de la infraestructura y la tecnología necesarias. Cuando el valor de las materias primas cae en precio, como ocurrió durante la década de los ochenta, esto puede provocar un grave desequilibrio en la balanza de pagos: sale del país más dinero del que entra. Cuando sucede esto, la inflación puede llegar a niveles desastrosos. A finales de 1989, por ejemplo, la inflación en el Perú llegó al 3.000 por ciento y en la Argentina alcanzó casi un 5.000 por ciento. Los gobiernos típicamente responden a estas crisis imponiendo un plan de austeridad. Estas y otras medidas controlan la inflación (en 1995, había bajado a un 12 por ciento en el Perú y a menos del 4 por ciento en la Argentina), pero al mismo tiempo crean sufrimiento y cierto descontento político entre el pueblo, lo cual puede socavar los gobiernos.

En noviembre de 1993 el Congreso de los Estados Unidos aprobó por un estrecho margen de votos la resolución que ponía en funcionamiento el Tratado de Libre Comercio (North American Free Trade Agreement o NAFTA) entre México, el Canadá y los Estados Unidos. Sin embargo, tres años después de la resolución, la polémica que acompañó desde sus comienzos esta iniciativa política norteamericana no se había extinguido sino que había aumentado (en parte por el hecho de ser 1996 año de elecciones presidenciales en los Estados Unidos y cada uno de los tres partidos políticos que más entraban en juego —el Democrático, el Republicano y el Reformista— intentó usar este asunto como factor clave de su propia campaña). En opinión de los especialistas, el establecimiento de la Zona de Libre Comercio beneficia a ambos países por igual. Según ellos, la creación de puestos de trabajo en México —donde la mano de obra es más barata— con la consecuente pérdida de estos empleos en el mercado de trabajo estadounidense, se compensa con el aumento espectacular de exportaciones e inversiones a favor de los Estados Unidos. Hay otros, sin embargo, que opinan que el establecer en México operaciones comerciales de las grandes empresas norteamericanas y usar esta mano de obra barata es simplemente otro intento de intervención por parte de los Estados Unidos y por lo tanto no se debe permitir, sean cuales sean los beneficios económicos.

Comprensión

A ¿Qué asocia Ud. con cada una de las siguientes palabras o frases? ¿Qué importancia tiene cada una en el contexto de la Lectura II de este capítulo?

1. la balanza de pagos
2. la Alianza para el Progreso
3. el comunismo
4. las materias primas
5. realista
6. reformista
7. el Tratado de Libre Comercio

B Cambie los verbos entre paréntesis en las oraciones de la próxima página por la forma apropiada del pasado de indicativo o de subjuntivo, según el contexto. Luego diga si las oraciones son ciertas (**C**) o falsas (**F**) y corrija las falsas.

1. ____ El presidente Kennedy dudaba que el desarrollo económico (estimular) la reforma social.
2. ____ Durante las décadas de los cincuenta y los sesenta, la intervención norteamericana (ser) menos directa que hoy en día.
3. ____ Los EEUU (respaldar) a varios dictadores en la América Latina con tal de que (ser) anticomunistas.
4. ____ A principios de los años noventa, el Congreso (aprobar) el Tratado del Libre Comercio entre los países norteamericanos.
5. ____ La economía latinoamericana (mejorar) durante la última década del siglo XX.

LECTURA III LOS ESTADOS UNIDOS EN HISPANOAMERICA: *MEMORIA DEL FUEGO*

APROXIMACIONES AL TEXTO

El escritor y periodista uruguayo Eduardo Galeano (1940–) publicó entre los años 1982 y 1986 una personalísima visión de la historia de América. Esta obra, *Memoria del fuego,* consta de tres volúmenes que se titulan respectivamente *Los nacimientos* (que comprende desde la conquista española hasta el año 1700), *Las caras y las máscaras* (que abarca los siglos XVIII y XIX) y, finalmente, *El siglo de viento* (que se dedica al siglo XX). La originalidad de la obra reside en gran parte en la técnica narrativa empleada, la cual consiste en el uso exclusivo de «viñetas»: breves episodios narrados en su mayoría en tiempo presente y encabezados por la fecha en que sucedió el episodio recreado, el nombre del lugar donde ocurrió y, por último, un título que nombra al protagonista del episodio o que alude al tema tratado.

Se trata, sin lugar a dudas, de textos que expresan un punto de vista muy crítico sobre el intervencionismo de los Estados Unidos en la política y la economía latinoamericanas. Estas intervenciones se consideran la causa principal de la animadversión y recelo de los países de habla española respecto a su vecino del norte. Eduardo Galeano no presenta, por consiguiente, una imagen positiva de las relaciones interamericanas. En su opinión, la política exterior estadounidense estuvo motivada en los últimos cien años tanto por la defensa de los intereses económicos de las grandes empresas como por la amenaza de la propagación de la ideología comunista en el hemisferio, y que este doble propósito es lo que condicionó en gran medida la naturaleza de esas relaciones. Como se ha visto en las Lecturas I y II de este capítulo, esta perspectiva suele ser compartida por muchos especialistas sobre el tema.

La Lectura III, a continuación, consiste en una selección de siete viñetas correspondientes al volumen dedicado a la historia americana del siglo XX.

Palabras y conceptos

amenazar to threaten
asesinar to murder
  el asesinato assassination; murder
el atropello outrage
el contador accountant
debido due; owed
defraudar to cheat
desamar to stop loving; to dislike; to hate
la enmienda amendment
el galán leading man
la ira rage
el muelle wharf
poner el grito en el cielo to raise a great fuss; to "scream bloody murder"
pretender to try
sublevarse to revolt, rise up
  los sublevados people (groups, nations, etc.) in rebellion

A ¿Cuáles de las palabras de la lista del vocabulario tienen para Ud. un significado o connotación negativos? ¿Por qué? ¿Qué asocia con ellas?

B Mire los títulos de las siete viñetas de Galeano y explique las connotaciones que le sugieren. ¿Son connotaciones positivas o negativas? ¿Cuál cree Ud. que será el contenido de cada selección, basándose en su título? ¿Y cuál será el tono de cada selección? Explique sus respuestas.

C ¡Necesito compañero! Trabajando en parejas, conversen sobre lo que les sugieren los siguientes nombres y hagan conjeturas sobre lo que se dirá (*might be said*) de estas personas o entidades en las selecciones de *El siglo de viento* que Uds. van a leer.

el Pato Donald	José Carioca	Henry Kissinger
la United Fruit Co.	la CIA	El Dorado
el senador Platt	los US Marines	

Luego, compartan sus conjeturas con los otros estudiantes. ¿Hay mucha diferencia de opiniones?

Los Estados Unidos en Hispanoamérica: *Memoria del fuego*

1901
Nueva York
Esta es América, y al sur nada

Andrew Carnegie vende, en 250 millones de dólares el monopolio del acero. Lo compra el banquero John Pierpont Morgan, dueño de la General Electric, y así funda la United States Steel Corporation. Fiebre del consumo, vértigo del dinero cayendo en cascadas desde lo alto de los rascacielos: los Estados Unidos pertenecen a los monopolios, y los monopolios a un puñado de hombres, pero multitudes de obreros acuden desde Europa, año tras año, llamados por las sirenas de las fábricas, y durmiendo en cubierta sueñan que se harán millonarios no bien salten sobre los muelles de Nueva York. En la edad industrial, Eldorado está en los Estados Unidos, y los Estados Unidos son América.

Al sur, la otra América no atina ya ni a balbucear su propio nombre. Un informe recién publicado revela que *todos* los países de esta sub-América tienen tratados comerciales con los Estados Unidos, Inglaterra, Francia y Alemania, pero *ninguno* los tiene con sus vecinos. América Latina es un archipiélago de patrias bobas, organizadas para el desvínculo y entrenadas para desamarse. 20

1909
Managua
Las relaciones interamericanas y sus métodos más habituales

1 Philander Knox fue abogado y es accionista de la empresa The Rosario and Light Mines. Además, es Secretario de Estado del gobierno de los Estados Unidos. El presidente de Nicaragua, José Santos Ze- 5 laya, no trata con el debido respeto a la empresa The Rosario and Light Mines. Zelaya pretende que la empresa pague los impuestos que jamás pagó. El presidente tampoco trata con el debido respeto a la Iglesia. La Santa Madre se la tiene jurada desde que Zelaya le expropió tierras y le suprimió los diezmos 10 y las primicias y le profanó el sacramento del matrimonio con una ley de divorcio. De modo que la Iglesia aplaude cuando los Estados Unidos rompen relaciones con Nicaragua y el secretario de estado Philander Knox envía unos cuantos *marines* que 15 tumban al presidente Zelaya y ponen en su lugar al contador de la empresa The Rosario and Light Mines.

1912
Daiquirí
Vida cotidiana en el Mar Caribe: Una invasión

1 La enmienda Platt, obra del senador Platt, de Connecticut, es la llave que los Estados Unidos usan para entrar en Cuba a la hora que quieren. La enmienda, que forma parte de la Constitución cubana, 5 autoriza a los Estados Unidos a invadir y a quedarse y les atribuye el poder de decidir cuál es el presidente adecuado para Cuba.

El presidente adecuado para Cuba, Mario García Menocal, que también preside la Cuban American 10 Sugar Company, aplica la enmienda Platt convocando a los *marines* para que desalboroten el alboroto: hay muchos negros sublevados, y ninguno de ellos tiene una gran opinión sobre la propiedad privada. De modo que dos barcos de guerra acuden y los *marines* desembarcan en la playa de Daiquirí y 15 corren a proteger las minas de hierro y cobre de las empresas Spanish American y Cuban Copper, amenazadas por la ira negra, y los molinos de azúcar a lo largo de las vías de la Guantánamo y Western Railroad. 20

1942
Hollywood
Los buenos vecinos del sur

1 Acompañan a los Estados Unidos en la guerra mundial. Es el tiempo de los *precios democráticos:* los países latinoamericanos aportan materias primas baratas, baratos alimentos y algún soldado que otro.

5 El cine exalta la causa común. En las películas rara vez falta el número southamericano, cantado y bailado en español o portugués. El Pato Donald estrena un amigo brasileño, el lorito José Carioca. En islas del Pacífico o campos de Europa, los galanes de Hollywood liquidan japoneses y alemanes por mon- 10 tones: cada galán tiene al lado un latino simpático, indolente, más bien tonto que admira al rubio hermano del norte y le sirve de eco y sombra, fiel escudero, alegre musiquero, mensajero y cocinero.

1953
Ciudad de Guatemala
Arbenz

El presidente Truman puso el grito en el cielo cuando los obreros empezaron a ser personas en las plantaciones bananeras de Guatemala. Y ahora el presidente Eisenhower escupe relámpagos ante la expropiación de la United Fruit.

El gobierno de los Estados Unidos considera un atropello que el gobierno de Guatemala se tome en serio los libros de contabilidad de la United Fruit. Arbenz pretende pagar, como indemnización, el valor que la propia empresa había atribuido a sus tierras para defraudar impuestos. John Foster Dulles, Secretario de Estado, exige veinticinco veces más.

Jacobo Arbenz, acusado de conspiración comunista no se inspira en Lenin sino en Abraham Lincoln. Su reforma agraria, que se propone modernizar el capitalismo en Guatemala, es más moderada que las leyes rurales norteamericanas de hace casi un siglo.

1970
Santiago de Chile
Paisaje después de las elecciones

En un acto de imperdonable mala conducta, el pueblo chileno elige presidente a Salvador Allende. Otro presidente, el presidente de la empresa ITT, International Telephone and Telegraph Corporation, ofrece un millón de dólares a quien acabe con tanta desgracia. Y el presidente de los Estados Unidos dedica al asunto diez millones: Richard Nixon encarga a la CIA que impida que Allende se siente en el sillón presidencial y que lo tumbe si se sienta.

El general Rene Schneider, cabeza del ejército, se niega al golpe de Estado y cae fulminado en emboscada: —*Esas balas eran para mí* —dice Allende.

Quedan suspendidos los préstamos del Banco Mundial y de toda la banquería oficial y privada, salvo los préstamos para gastos militares. Se desploma el precio internacional del cobre.

Desde Washington, el canciller Henry Kissinger explica: —*No veo por qué tendríamos que quedarnos de brazos cruzados, contemplando cómo un país se hace comunista debido a la irresponsabilidad de su pueblo.*

1984
Washington
«1984»

El Departamento de Estado de los Estados Unidos decide suprimir la palabra *asesinato* en sus informes sobre violación de derechos humanos en América Latina y otras regiones. En lugar de *asesinato,* ha de decirse: *ilegal o arbitraria privación de vida.*

Hace ya tiempo que la CIA evita la palabra *asesinar* en sus manuales de terrorismo práctico. Cuando la CIA mata o manda matar a un enemigo, no lo asesina: lo *neutraliza.*

El Departamento de Estado llama *fuerzas de paz* a las fuerzas de guerra que los Estados Unidos suelen desembarcar al sur de sus fronteras; y llama *luchadores de la libertad* a quienes luchan por la restauración de sus negocios en Nicaragua.

Dada la difícil historia de las relaciones interamericanas, es probable que el porvenir sea problemático también. Si por un lado la desaparición de la mayoría de los países comunistas —con la excepción del vecino cubano, que sigue siendo problemático para las administraciones norteamericanas— ha eliminado un obstáculo importante para la mejora de esas relaciones, por otro, la enorme desigualdad económica dificulta una relación igualitaria entre socios y vecinos. Los Estados Unidos han colaborado con gobiernos latinoamericanos para crear programas de beneficio mutuo. En 1993 el presidente Clinton firmó el tratado que establecía una Zona de Libre Comercio entre los tres países norteamericanos y también se han aprobado acuerdos especiales que facilitan el comercio mutuo entre los Estados Unidos, el Caribe y otros países latinoamericanos. Sin embargo, es necesario señalar que en los últimos años se han intensificado las diferencias entre los ricos y los pobres. Para estos últimos, la Coca-Cola es un símbolo doble, puesto que representa por igual el bienestar estadounidense y el enorme contraste de riqueza que separa el norte del sur.

En 1990 el presidente estadounidense George Bush anunció su Iniciativa para las Américas, la cual incluía un plan para establecer una Zona de libre comercio entre Latinoamérica, el Caribe, los Estados Unidos y el Canadá. El acuerdo, que llegó a llamarse **NAFTA** (*North American Free Trade Agreement*), es y sigue siendo motivo de gran controversia tanto en los Estados Unidos como en México.

Está claro que todavía queda mucho por hacer para que los americanos tanto del norte como del sur puedan reemplazar la amenaza y el recelo por el respeto y la amistad. No obstante, es de esperar que en el futuro esté al alcance de los Estados Unidos llegar a combinar la protección de sus intereses económicos e ideológicos con la defensa de sus principios, los cuales incluyen la justicia social y la mejora de la calidad de vida de todos los habitantes del hemisferio.

Comprensión

A Indique si las siguientes oraciones son ciertas (**C**) o falsas (**F**) según la Lectura III. Después, corrija las oraciones falsas.

1. _____ Durante la Segunda Guerra Mundial, los hispanos fueron estereotipados por muchas de las películas de Hollywood.

2. ______ Los países latinoamericanos tienen más tratados entre sí que con Europa y Norteamérica.
3. ______ La CIA utiliza un vocabulario que a veces esconde la realidad de sus acciones.
4. ______ El presidente Nixon respetó la decisión del pueblo chileno en las elecciones democráticas de 1970.
5. ______ La enmienda Platt protegía y respetaba la independencia de Cuba.
6. ______ El presidente de Nicaragua, Santos Zelaya, intentó que las compañías extranjeras pagaran los impuestos debidos.

B Complete el siguiente cuadro con la información necesaria.

FECHA	PAIS	ESTIMULO	RESPUESTA
1909			intervención militar norteamericana
	Cuba	sublevación de los campesinos	
1953		expropiación de la United Fruit Company por el gobierno guatemalteco	
	Chile		intervención de la CIA

Interpretación

A ¿Cree Ud. que un país o gobierno tiene el derecho a intervenir en otro? ¿En qué situaciones? ¿Cree Ud. que la ayuda económica es una forma de intervención? ¿Lo es el Cuerpo de Paz? ¿la oferta de medicinas o comida después de una catástrofe? ¿la ayuda militar? Justifique su punto de vista.

B ¡Necesito compañero! Trabajando en parejas, piensen en los datos o selecciones de la Lectura III que más les llamaron la atención, los que más les sorprendieron y los que más les molestaron. Hagan una lista de por lo menos dos cosas en cada una de esas categorías. Después, compartan sus listas con los otros estudiantes y explíquenles el porqué de sus selecciones. Finalmente, trabajen todos juntos para recopilar una sola lista en cada categoría de las tres cosas que más le llamaron la atención, más le sorprendieron y más le molestaron a la mayoría de la clase.

C Divídanse en tres grupos. El profesor / La profesora le asignará a cada grupo una de las lecturas de este capítulo para analizar. Primero determinen cuál es el tono de la lectura asignada y luego cuál es el propósito. Después, decidan si la lectura logra su propósito o si no lo logra y expliquen el porqué de su opinión. Finalmente, elijan a un(a) portavoz para que esta persona explique las opiniones del grupo al resto de la clase. Escuchen las explicaciones de los otros grupos y prepárense para añadir información o refutar la explicación presentada.

D En las lecturas de este capítulo se ha insistido en las razones económicas y políticas como motivo de la ayuda que los Estados Unidos ofrecen a los países latinoamericanos. En su opinión, ¿qué otros motivos pueden explicar las relaciones interamericanas? ¿Cuál es el motivo más importante? ¿el menos importante? Explique sus respuestas.

Aplicación

A ¿Qué es el Cuerpo de Paz? ¿Conoce Ud. a alguien que haya pasado algún tiempo en un país extranjero como voluntario/a del Cuerpo de Paz? ¿Qué efectos positivos puede tener esta experiencia, tanto para el individuo como para el país? ¿Puede tener efectos negativos también? Explique.

B ¿Cree Ud. que los países industrializados tienen la responsabilidad de ayudar a los países menos desarrollados? ¿Por qué sí o por qué no?

C ¿Cuál es la política de la administración actual en cuanto a Hispanoamérica? ¿Cree Ud. que es «realista» o «reformista» en su orientación? Explique. ¿Está Ud. de acuerdo con esta política? ¿Por qué sí o por qué no?

D ¿Está Ud. de acuerdo con que un gobierno autoritario generalmente es mejor que un gobierno totalitario? ¿Por qué sí o por qué no? En su opinión, ¿es verdad que los gobiernos revolucionarios izquierdistas generalmente se convierten en gobiernos totalitarios? ¿Con qué tipo de gobierno (autoritario, totalitario o democrático) asocia Ud. las siguientes características? ¡Cuidado! Algunas de ellas se pueden asociar con más de un tipo de gobierno.

- el control absoluto de la economía
- el control parcial de la economía
- un esfuerzo por fomentar la alfabetización
- la participación popular en el proceso político
- los abusos de los derechos humanos
- el crecimiento económico
- la disminución de la violencia doméstica y callejera
- la estratificación de las clases sociales
- la libertad de prensa
- la separación del poder militar del poder político
- la corrupción entre los líderes
- un solo partido político

E Entre todos La cuarta viñeta de Galeano hace referencia al importante papel que la industria del cine asumió durante la Segunda Guerra Mundial, en cuanto a su capacidad de influir en la opinión pública. Tanto el cine como las otras artes pueden contribuir en gran medida a crear y fomentar algunas imágenes determinadas de otras gentes y países. Comente algunos de los estereotipos de superioridad e inferioridad que se ven presentados en las actuales películas y series de televisión norteamericanas.

- ¿A quién(es) o a qué grupo(s) de gente se le(s) atribuyen los estereotipos de superioridad? ¿y los de inferioridad?
- ¿De qué manera(s) hacen patentes estos estereotipos las películas y series de televisión? En su opinión, ¿son más sutiles hoy que antes o más

obvias? ¿Qué indica esto sobre el estado de las relaciones humanas en este país y en esta época?

F ¡Necesito compañero! En una de sus viñetas Galeano menciona la importancia que adquiere el lenguaje para esconder aquellas realidades que se consideran desagradables u ofensivas. Esto es lo que se llama en la sociedad norteamericana un lenguaje «políticamente correcto». Trabajando en parejas, hagan una lista de algunas de las expresiones políticamente correctas que Uds. conocen. En cada caso, expliquen lo siguiente.

- el problema o la realidad a que se refieren
- las consecuencias positivas y/o negativas del uso de tal expresión

El uso del lenguaje políticamente correcto se justifica por varias razones.

- para ayudar a corregir algunas realidades desagradables
- para ayudar a resolver problems interpersonales
- para llamar la atención sobre los problemas para poder encontrarles solución
- para permitir que se hable de ciertos temas difíciles sin ofender inadvertidamente
- para permitir que uno esconda la cabeza en la arena y así no enfrentarse con una realidad difícil

Vuelvan a mirar las expresiones que acaban de identificar. ¿Cuál(es) de las razones anteriores explica(n) el uso del lenguaje políticamente correcto en cada caso. Compartan con los demás compañeros de clase los problemas y las expresiones que Uds. han identificado así como su análisis de la justificación para cada uso del lenguaje políticamente correcto. ¿Hay mucha diferencia de opiniones? En cada caso, ¿creen que el uso del lenguaje políticamente correcto es realmente necesario? ¿Por qué sí o por qué no?

G En muchos países latinoamericanos, la dominación económica de los Estados Unidos ha provocado recelo y un fuerte sentimiento antinorteamericano. ¿Existe en los Estados Unidos una situación parecida con respecto a la presencia o influencia de inversionistas extranjeros? Indique cuáles son algunos de estos grupos. ¿Cuál es la reacción del pueblo norteamericano hacia ellos? En su opinión, ¿en qué es semejante y en qué es diferente esta reacción de la reacción de los latinoamericanos hacia los Estados Unidos?

H ¡Necesito compañero! Cuatro de las siete viñetas de Eduardo Galeano aluden directamente a la intervención política y/o militar de los Estados Unidos en países hispanoamericanos durante el siglo XX. Trabajando en parejas, vayan a la biblioteca para ampliar la información a la que hacen referencia estos cuatro textos. Prepárense para presentar esta información en la próxima clase. Después, comenten entre todos la información averiguada. Por lo general, ¿apoya ésta la posición de Galeano o la contradice? ¿En qué están de acuerdo la información que Uds. descubrieron y la que describe Galeano? ¿En qué difieren? ¿Qué indican las diferencias?

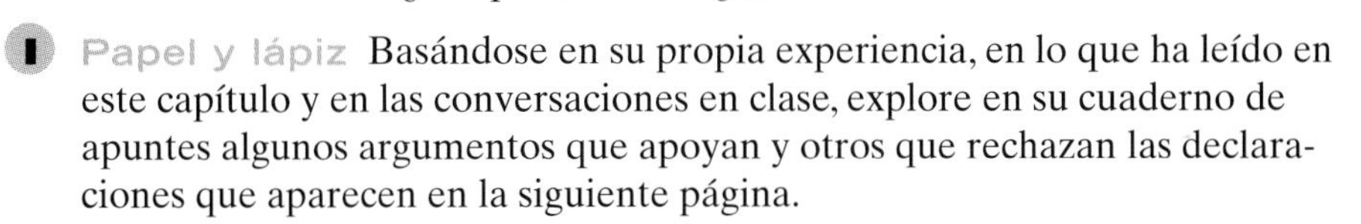

I Papel y lápiz Basándose en su propia experiencia, en lo que ha leído en este capítulo y en las conversaciones en clase, explore en su cuaderno de apuntes algunos argumentos que apoyan y otros que rechazan las declaraciones que aparecen en la siguiente página.

1. Los EEUU deben relacionarse solamente con gobiernos democráticos.
2. La intervención militar de un país en otro no se puede justificar bajo ninguna circunstancia.
3. A veces, para alcanzar los fines deseados, es necesario y justificable ir más allá de lo estrictamente permitido por la ley.

¿Qué empresas extranjeras de renombre han establecido negocios en su país? ¿Cómo ven los ciudadanos de su país la presencia de estas empresas, positiva o negativamente? ¿Cómo expresa el pueblo lo que siente?

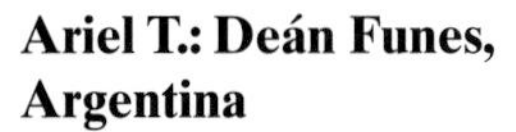

Ariel T.: Deán Funes, Argentina
Muchas empresas extranjeras se han instalado en mi país, entre las más destacadas están Ford, General Motors, Fiat, Peugeot, Esso, etcétera. Mucha gente no está de acuerdo con la presencia de estas empresas en el país porque éstas se llevan al extranjero todas las riquezas naturales y se enriquecen a costa de explotar los países no industrializados. Pero debido a que por lo general crean fuentes de trabajo, los gobiernos se ven obligados a aceptar la entrada de estas empresas... La población en general está dividida, unos en favor y otros en contra de la instalación de estas grandes empresas extranjeras.

Eduardo B.: Santiago, Chile
En general en Chile existen oficinas de las más variadas empresas extranjeras desde el papel higiénico (*toilet paper*) hasta el más sofisticado aparato de sonido... Sin embargo creo que la presencia de estas empresas tiene en mente una función monopolista sin ninguna intención de formar verdaderamente algo nuevo. Han aplicado una sicología netamente económica. Esas empresas buscan enriquecerse a costa de países subdesarrollados a quienes se les induce a usar tal o cual camisa, tal o cual televisor y tal o cual automóvil.

Sonsoles D.B.: Madrid, España
Empresas japonesas, americanas, europeas. El país lo ve yo creo que con indiferencia o agrado cuando sirven para disminuir el paro (*unemployment*). [De vez en cuando aparecen] algunas llamadas de atención en la prensa en contra.

Josep L.: Barcelona, España
Se puede afirmar que todas las empresas de ámbito multinacional están ubicadas en España, unas por el mercado interior y otras como puerta de entrada a la Comunidad Europea... Otra razón para esta inversión extranjera ha sido la privatización de empresas públicas que se han vendido a empresas extranjeras... A la gente de la calle también le duele cuando una empresa española pasa a manos extranjeras, ya que en muchas regiones las empresas principales de la zona se convierten en estandartes del país. Perder las empresas principales es perder la identidad. De todas formas, el consumidor español como tal no toma medidas de rechazo o selección en su faceta de comprador; al contrario, creo que se beneficia de una mejor oferta (*supply*) en calidad y precio.

¡Ud. tiene la palabra!

A ¿Nota Ud. alguna diferencia entre la forma en que perciben los españoles y los latinoamericanos la presencia de negocios extranjeros en sus respectivos países? ¿Qué compañías o productos mencionan? ¿Qué creen que hay de bueno en su presencia? ¿y de malo?

B ¿Cómo describiría Ud. (*would you describe*) el tono de los varios comentarios con respecto a la presencia de negocios extranjeros? ¿Cuáles son las palabras o expresiones que le ayudan a clasificar el tono en cada caso? ¿Cuál de los hablantes le parece el más positivo en este respecto? ¿y el más negativo? ¿Hay alguien que le parezca más o menos indiferente?

C Josep L. comenta la tristeza que se siente cuando una compañía nacional pasa a manos extranjeras. ¿Recuerda Ud. algunos casos semejantes en los Estados Unidos? ¿Cuál fue la reacción del pueblo norteamericano?

D ¡Necesito compañero! Cuando una compañía extranjera empieza a desplazar a una compañía nacional, ¿quién tiene la culpa (o la responsabilidad), los consumidores, las compañías nacionales o el gobierno? Trabajando en parejas, decidan en qué orden pondrían Uds. (*you would put*) esas entidades en cuanto a su responsabilidad o culpa. Luego, comparen su *ranking* con los de los otros estudiantes. ¿Hay mucha diferencia de opiniones? ¿Qué dirían (*would say*) los hispanos de esta sección de Voces?

Creencias e ideologías

Procesión de Semana Santa. Sevilla, España

Cada país tiene sus propias tradiciones y costumbres. Incluso en las distintas comunidades y regiones de un mismo país se encuentra una enorme variedad de fiestas, ceremonias y ritos. Los países hispanos, al igual que muchos otros países del mundo, son riquísimos en fiestas tradicionales. Una de las más importantes en Andalucía, en el sur de España, es la Semana Santa, cuyas procesiones espectaculares son conocidas y admiradas por todo el mundo.

- La foto de la izquierda muestra una procesión de Semana Santa en Andalucía. ¿Sabe Ud. algo de estas celebraciones? ¿Se celebra algo semejante en los Estados Unidos?
- En los Estados Unidos también hay muchas celebraciones con cierto simbolismo religioso. ¿Conoce Ud. las celebraciones mencionadas a continuación? ¿Cuáles tienen importancia religiosa hoy en día? ¿Qué otros propósitos sirven?

  el desfile (*parade*) del Día de San Patricio (el 17 de marzo)
  los desfiles de Martes de Carnaval (*Shrove Tuesday*) en Nueva Orleáns
  el desfile de Pascua en la Quinta Avenida de Nueva York
  el desfile del Día de Gracias (*Thanksgiving*) en muchas ciudades

- En las procesiones de Semana Santa, hay pasos (*floats*) detallados y la gente lleva ropa especial. ¿Comparten algunas de estas características las fiestas mencionadas arriba? Para muchos padres es importante llevar a sus hijos a ver las procesiones callejeras. ¿Por qué piensa Ud. que hacen esto? De niño/a, ¿vio Ud. alguna de estas procesiones? ¿Recuerda la impresión que le causó? Explique.

LECTURA I TRADICIONES, MISTERIOS Y CURIOSIDADES: LAS TRADICIONES RELIGIOSAS

APROXIMACIONES AL TEXTO

Reading Magazine and Newspaper Articles

The language of newspaper and magazine articles is often sophisticated and colorful. Nevertheless, if you apply the reading techniques that you have learned thus far to journalistic prose, you will find it easier to understand.

- First, most newspaper and magazine articles have the easily recognizable purpose of either informing or entertaining the reader. Some articles—editorials and exposés, for example—are written in a more argumentative style and attempt to convince the reader of something. It is not necessary for an article to have only a single purpose: it may aim to both entertain and inform, for example.

  The majority of newspaper articles are informative; they report basic information on newsworthy people and events. Such articles must be structured so as to make the information easy to find: the titles are concise and to the point; the answers to *who? what? where? when?* and *why?* usually appear in the first paragraphs. Like newspaper articles, magazine articles may be informative, but many aim to entertain or to convince the reader of something—the existence of a problem, for example, or the need to take some kind of action. To accomplish either purpose, both the title and the introductory paragraphs are designed to attract attention and to draw the reader into the article. You will greatly simplify your reading task if you make a preliminary decision about the article's purpose (to inform? to entertain? to convince? a possible combination?) before you begin reading. This first evaluation will give you an important hint about what kind of information to expect in the first paragraphs.

- Second, newspaper and magazine articles must be relatively brief. This means that the information is presented more compactly, with fewer descriptive digressions, than in literature. You might have to read several pages of a book, sometimes even an entire chapter, to get a clear idea of what it is about, but you only have to read the title and skim the first paragraph or two of an article to have a basic idea of the content. Skimming for a general impression of content before you begin to read more closely will usually give you enough context to make the entire article comprehensible, even if the first paragraphs contain unfamiliar vocabulary.

- Third, the organization of newspapers and magazines is designed to help the reader find specific kinds of information. For example, there are sports sections and lifestyle sections, as well as the editorial page. When you pick up a newspaper or magazine, you will find the articles much easier to read if you learn to take advantage of the publication's structure.

- Fourth, although the language of newspaper and magazine articles will certainly contain many unfamiliar words and constructions, avoid the temptation to give up or (perhaps worse) to look up every word in the dictionary. Using the skills you have practiced so far, skim the article first to get a basic idea of its content, then read it all the way through *more than once.* It will actually take you less time to read the article twice without looking up words than it would to read it just once but stopping to consult the dictionary at every unfamiliar turn—and you'll understand it better! Don't look up any words until after you've read the article at least twice, and then choose your words carefully. Decide which areas in the text are the most important to understand and look for words that will help you with those passages.

Mire los siguientes titulares (*headlines*) e indique cuál podría ser (*could be*) el propósito (informar, entretener, convencer o alguna combinación) del artículo que encabeza cada uno.

1. Explosión en una escuela peruana: Once personas resultan heridas
2. Se prohíbe la publicidad de tabaco y alcohol en las competiciones deportivas
3. El Salvador: La guerra invisible que no cesa
4. La moda de fin de siglo: Presos de la Internet
5. Tres nuevos trasplantes: Dos de corazón y uno de hígado
6. Productos biológicos: Alimentos sanos y naturales para toda la familia
7. El robot: El mejor amigo del ser humano en el año 2015
8. España es el sexto país de Europa Occidental por número de accidentes y fallecidos de tráfico
9. Una conversación con un visitante del planeta rojo

Tradiciones, misterios y curiosidades: Las tradiciones religiosas

Los textos que se reproducen en este capítulo aparecieron originalmente en diferentes publicaciones del mundo hispano. Probablemente contienen palabras y estructuras que Ud. no conoce. ¡No se preocupe! La sección de Palabras y conceptos, como también las estrategias para leer que ha aprendido y empleado, le ayudarán a captar las ideas esenciales en cada caso.

Las creencias religiosas y espirituales proporcionan al ser humano los fundamentos de gran parte de sus valores y aspiraciones. Estas creencias han existido en todas las culturas humanas no sólo para establecer las normas de conducta, lo que se acepta y lo que se rechaza, sino también para ofrecer una explicación de los misterios de la existencia.

La gran mayoría de los hispanos son católicos, aunque muchos de ellos no practican activamente su religión. Además, los hispanos siempre han estado en contacto con otras religiones importantes. En España, los judíos y los musulmanes convivieron durante casi ocho siglos con los cristianos hasta que fueron expulsados en 1492 por los Reyes Católicos. Aunque en España no se permitió la práctica legal del judaísmo sino hasta 1869, los judíos sí practicaban su fe en Hispanoamérica desde los primeros años de la Conquista. En

Hispanoamérica la Conquista impuso la religión católica a los pueblos indígenas, quienes mezclaron ritos católicos con varias prácticas de sus propias creencias y tradiciones indígenas. Ultimamente, el protestantismo evangélico ha ganado terreno en Hispanoamérica, mientras que una versión radicalmente activista del catolicismo, la teología de la liberación, atrae a otros.

Palabras y conceptos

A Lea brevemente el título y el subtítulo del artículo de las páginas 148–149. ¿Qué información le dan acerca de las siguientes preguntas periodísticas?

¿quiénes? ¿qué? ¿dónde?
¿cuándo? ¿por qué?

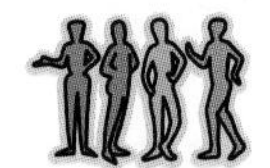

B Entre todos El siguiente artículo tiene que ver con la primera comunión. En algunas culturas católicas, y especialmente dentro de la cultura hispana, esta ceremonia tiene mucha importancia, tanto simbólica como social. Lea el título del artículo. ¿Qué asocia Ud. con la primera comunión? Entre todos, hagan un mapa semántico de este concepto, utilizando las siguientes ideas para sugerir categorías relacionadas: la ropa, las actividades, los sentimientos / las emociones, las personas, los motivos.

C El subtítulo del texto sugiere otro tema: los padres «progres» y su actitud hacia este acto religioso de sus hijos. ¿Qué actitud tendrán (*might they have*)? ¿positiva? ¿negativa? ¿indiferente?

D Lea brevemente el primer párrafo del texto. ¿Qué descubrió? ¿Tenía Ud. razón con respecto a sus respuestas a la actividad C? ¿Le sorprende la actitud de estos padres? ¿Por qué sí o por qué no?

E Lea rápidamente las preguntas de la actividad de Comprensión que sigue el artículo. Después, lea el artículo buscando la información necesaria para completar esas preguntas.

Papá, quiero hacer la comunión

VOCABULARIO UTIL	
bautizarse to get baptized	**comulgar** to take communion
el bautizo baptism	**eludir** to avoid
el boato pomp and circumstance	**hacer la primera comunión** to make one's first communion
la catequesis catechism classes	**progre** (*coll.*) progressive, "with it"

Hijos de padres «progres» que no fueron bautizados se someten al rito católico-social cada año

Por Milagros Pérez Oliva

1 Es un fenómeno relativamente reciente, pero significativo y, según algunos catequistas, creciente. Son las *conversiones* escolares. Niños que quieren hacer la primera comunión, pero que primero tienen que pasar por la pila del bautismo, porque sus padres no 5 lo hicieron de pequeños. Hijos de agnósticos o de

En España, la primera comunión es un acontecimiento de gran importancia en la vida de los jóvenes. Se celebra con ropa especial y fiestas familiares. Las niñas llevan vestidos blancos largos o a veces se visten de monjitas; los niños se visten de militares o de monjes.

creyentes no practicantes, algunos de ateos, estos niños conversos han descubierto de repente una inagotable fuente de inspiración y de magia en la retórica de la religión y, muy especialmente, de la historia sagrada. Y la han descubierto en la escuela, muchos de ellos en el patio de recreo.

Sus padres reaccionan como pueden ante estas conversiones inesperadas y, en el fondo, inconscientes. Unos tratan de quitarles importancia, otros intentan encauzarlas por derroteros no dogmáticos, y otros, en fin, rechazan de plano lo que consideran un dogma.

La mayoría de los padres anteponen el respeto hacia el sentimiento del niño a sus propias convicciones. «No creo que a esta edad sea una decisión demasiado consciente. Pero es una decisión, y como tal hay que respetarla», afirma César, un padre de treinta y pocos años cuyo hijo, Marc, acaba de bautizarse y comulgar. «Nuestro planteamiento es que la religión es una cuestión muy personal, que no debe ser inducida. No quisimos bautizar a Marc para que fuera él quien eligiera. La verdad es que ahora elige más por razones sociales que otra cosa, pero si en su día adoptamos aquella decisión para preservar su libertad, ahora tenemos que respetarla». Los padres de Marc se han volcado en el bautizo y comunión de sus hijos. Pero le han puesto una condición: nada de boato. «Te daremos el dinero que costaría una fiesta, y lo dedicas a una obra que creas que merece la pena», le dijeron. Y Marc está encantado. Lo va a dar a niños necesitados.

Sandra también ha tenido que bautizarse antes de hacer la comunión. «Un amigo de la escuela iba a catequesis y me decía que viniera, que era muy bonito y vine, y me gustó». Sandra dejó la cerámica por el catecismo y se inició en la fe con tanto ahínco que convenció a sus padres para que bautizaran también a su hermana Elisabeth, de tres años.

La abuela, factor clave

No son muchos los que se bautizan, pero el fenómeno es significativo. En el centro de catequesis de Sarrià, en Barcelona, de 650 niños que se han preparado para la comunión este año, 10 no estaban bautizados. Los niños que acuden a los capuchinos de Sarrià pertenecen a capas medias y a altas y a sectores creyentes progresistas. «Son hijos de una generación que valora mucho la libertad personal. Estos niños no fueron bautizados deliberadamente por respeto a su libertad individual», afirma Josep Massana, responsable de la catequesis.

La mayoría de los padres, sin embargo, no esperaba una conversión tan temprana. Y siempre les queda la duda de si la elección está o no condicionada por factores no estrictamente religiosos. Resulta muy difícil para ellos eludir al montaje comercial que rodea las comuniones. «Esta es una batalla perdida de la Iglesia y también de las familias», afirma Massana. Al niño le hace ilusión el vestido, el rito, el banquete. Por una vez él es el protagonista absoluto. Los padres lo saben, y les cuesta negarle este deseo, pero les desagrada. Los grandes almacenes bombardean con publicidad, y aunque durante algunos años se logró casi erradicar el pomposo vestido de princesa o el marcial traje de mariscal, la presión comercial ha provocado el retorno de los tules y las gasas.

Finalmente, todos los padres ceden algo. «A veces has de cerrar los ojos un poco, porque tampoco los niños están preparados para asumir una presión excesivamente fuerte contra sus deseos», afirma la madre de otro pequeño comulgante.

Los niños tienen importantes aliados que alimentan su fantasía. La abuela, por ejemplo. La abuela es un factor de conversión esencial. Y también una excelente maestra de ceremonias a la hora de decidir ritual. «Nuestros niños tienen bastante asimilado que ha de ser un acto austero. Pero las madres no tanto», afirma la hermana Nicol, de las siervas de la Pasión.

El País, Madrid

Comprensión

¿Cierto o falso? Complete las siguientes oraciones con la forma correcta del indicativo o del subjuntivo de los verbos entre paréntesis. Luego diga si las oraciones son ciertas (**C**) o falsas (**F**) según el artículo. Corrija las oraciones falsas.

1. _____ Los padres «progres» opinan que es mejor que los niños (decidir) por sí solos si quieren bautizarse.
2. _____ Hoy en día muchos niños españoles tienen que bautizarse antes de que (ellos: poder) hacer la primera comunión.
3. _____ A todos los padres les gusta mucho que sus hijos (desear) bautizarse y hacer la primera comunión.
4. _____ Algunos padres creen que sus hijos (elegir) la religión por razones no espirituales.
5. _____ Algunos padres aceptan la decisión de sus hijos para que éstos (tener) la experiencia de ser protagonistas de una ceremonia muy linda.
6. _____ En España, las fiestas para celebrar la primera comunión suelen ser muy sencillas (no comercializadas) a menos que uno (ser) de la clase alta.

Palabras y conceptos

A ¿Asocia Ud. el concepto de «renacer» o ser «renacido» con el catolicismo, con el protestantismo o con otra tradición religiosa y/o espiritual? ¿Cómo interpreta Ud. el título del artículo a continuación? ¿De qué se tratará? Indique las posibilidades que le parezcan muy probables (**MP**), probables (**P**) o improbables (**I**).

1. _____ Las diferencias entre el catolicismo y el protestantismo están desapareciendo en la América Latina.

2. _____ Cada vez más católicos latinoamericanos se están convirtiendo al protestantismo.
3. _____ Cada vez más protestantes latinoamericanos se están convirtiendo al catolicismo.
4. _____ Muchos latinoamericanos profesan las dos religiones, tanto el catolicismo como el protestantismo.
5. _____ Los católicos latinoamericanos se están volviendo más católicos que nunca, practicando cada vez más las antiguas tradiciones de su fe.
6. _____ Cada vez más católicos latinoamericanos creen en la reencarnación.

B ¡Necesito compañero! ¿Qué opinan Uds. de cada una de las posibilidades mencionadas en la actividad anterior? Trabajando en parejas, indiquen si cada una de ellas representaría (*would represent*), en general, algo positivo o negativo para la América Latina. ¿Por qué? Luego, compartan sus opiniones con los demás compañeros de clase. ¿Hay mucha diferencia de opiniones?

C Entre todos Comenten lo que podría (*could*) ser la causa o los motivos de este «renacer» que se va a describir en el artículo.

La América Latina Católica, «Renace»

VOCABULARIO UTIL	
los altibajos ups and downs, ebb and flow	**la fila** row
atónito amazed, thunderstruck	**la inmediatez** suddenness
célibe celibate	**la pandilla** gang
la cursilería cheapness, tawdriness	**el pecador** sinner
dar por sentado to take for granted	**predicar** to preach
de recorrido largo for the long haul	**la rama** branch
	el sacerdote priest
	sagrado sacred, holy
	el tatuaje tattoo

Por Richard Rodríguez

Después de cuatro siglos de catolicismo, una nueva rama de la cristiandad se está extendiendo rápidamente en la América Latina. La América Latina, el hemisferio católico de América, se está volviendo protestante, y no sólo protestante, sino evangélico.

Evangélico: el que evangeliza; el cristiano que predica el evangelio. Y uso el término con cierta libertad, como lo usa la prensa norteamericana, para trasmitir la idea de un movimiento amplio, más que una religión o un grupo determinado de iglesias.

Los evangélicos son los más protestantes de los protestantes. La conversión evangélica se basa en la experiencia directa de Cristo, aceptando que Cristo es el redentor personal de cada uno. Los evangélicos son fundamentalistas. Leen las Escrituras literalmente. Dicen sí cuando quieren decir sí, y no cuando quieren decir no.

A principios del siglo había menos de 200.000 protestantes en toda la América Latina. Hoy, uno de cada ocho latinoamericanos es protestante; hay más de 50 millones de protestantes en la América Latina. Los índices de conversión (un cálculo: 400 por hora) lleva a los demógrafos a predecir que la América Latina se habrá vuelto evangélica antes del fin del siglo 21.

Un sacerdote católico que conozco rechaza la urgencia con que describo el fenómeno. «En América Latina —dice— eres católico con sólo respirar el aire. La fe católica ha penetrado tanto en la vida del pueblo, en el tribunal de justicia, la cocina, la plaza, el paisaje urbano, que se necesitarían siglos para sacársela».

Este es el modo católico de ver las cosas. Es mi modo. Soy católico porque soy de México, y es tan difícil para mí imaginarme una América Latina protestante como lo sería imaginarme el Océano Pacífico sin sal.

¿Cómo entender la América Latina moderna? Cuando los periodistas norteamericanos viajan a la América Latina recogen noticias de los contra o de la última brigada de marxistas en la jungla; tratan desesperadamente de seguir los pasos de los comandantes guerrilleros que aparecen y desaparecen en las ventanas de los palacios de gobierno. Pero no enfocan en lo esencial. Los generales no son el punto esencial de la América Latina. Las drogas no son el punto esencial de la América Latina. El catolicismo es el punto esencial de la América Latina. Pregúntele a cualquier protestante. Pregúntele a Eleanor Roosevelt. Pregúntele a Gloria Steinem. Pregúnteles a los organismos de *Planned Parenthood.* La América Latina sufre porque es católica. Bebés. Culpa. Fatalismo.

El catolicismo asume que los seres humanos son impotentes, seres incapaces. El catolicismo siempre ha sido administrado por hombres célibes, pero su intuición es completamente femenina.

La Iglesia es nuestra madre. La Iglesia es la «esposa» de Cristo. (Los católicos son sus niños.) Los católicos necesitan de la intercesión de los santos y la Virgen María. Los católicos dependen de la guía de la Iglesia, siglos de tradición, siglos de ejemplo. Los católicos viven en comunión con todas las generaciones de fieles, vivos y muertos.

El problema del catolicismo, el gran pecho maternal y consolador del catolicismo, es que lo abarca y lo comprende todo. El catolicismo es tan abarcador que en él se define una nación entera o un hemisferio. Pero cuando la religión llega a ser tan omnicomprensiva, es fácil darla por sentada. ¿Qué importa que Brasil reclame ser el país católico más grande del mundo, si en Brasil nadie va a misa?

Los bohemios y los poetas de los climas protestantes siempre se han sentido atraídos hacia el romance de las ciudades católicas o los barrios católicos de las ciudades. Todo el mundo sabe que los restaurantes y cafés católicos son mejores que los protestantes. Los católicos tienen una arquitectura mejor, hace más sol en sus plazas, tienen una virtud más fácil y una piel más calurosa. El catolicismo es tolerante, pero es cínico. La policía y las cortes protestantes son más honestas. Los trenes protestantes están más limpios que los trenes católicos y además llegan a tiempo.

La iglesia católica asume que errar es humano. Uno puede ser pecador y sin por ello dejar de ser católico. El catolicismo espera que la fe tenga altibajos en el curso de una vida. La liturgia católica es compatible con las estaciones de la vida humana, que va del dolor a la alegría a través de los desiertos del Tiempo Ordinario. «El catolicismo es una religión de recorrido largo», dice triunfalmente mi sacerdote.

Nosotros los católicos sospechamos de los cambios repentinos y de la gente que confiesa ese tipo de cambio. Las resoluciones de cambiar la vida personal como las que se hacen para el Año Nuevo son típicas nociones protestantes. Los misioneros católicos militan tan fervientemente como los evangélicos, pero un acto de conversión no define al catolicismo. El catolicismo es un modo de vida que no necesita nunca de una catarsis, ni depende de una sola decisión.

Según la fe evangélica la inmediatez es sagrada. El cambio es un imperativo religioso. Puedes, y debes, renacer. La conversión define la fe. Los obispos latinoamericanos critican a los misioneros evangélicos por promover la desintegración de la familia, oponiendo hermano contra hermana. A los ojos de los obispos, la iglesia evangélica introduce la idea perniciosa del autocambio. Pero, por supuesto, en esto reside la innegable atracción del protestantismo evangélico.

Para los jóvenes que no tienen tiempo que perder, el atractivo teatral y televisivo del protestantismo evangélico, emparentado con una imagen maquillada, es la promesa de un cambio rápido. Tres adolescentes en América Central me comentaron que se convirtieron en evangélicos porque el predicador gringo siempre usaba traje y corbata. En este caso, el visible signo de gracia y fe es de pronto signo de éxito.

Por cuatro siglos en la América Latina la Iglesia ha predicado lo opuesto, el sentido trágico de la vida. En toda iglesia católica en la América Latina se puede ver la trágica efigie del *Ecce Homo* (las palabras de Poncio Pilato: Mirad al hombre), el Cristo humillado. «Cristo no triunfó», me dice frecuentemente mi sacerdote. «Los evangélicos predican acerca de la victoria y el éxito y lo alcanzan. ¿No se dan cuenta que Cristo nunca triunfó en este mundo?»

Me he sentado en las filas de atrás de iglesias evangélicas y me he quedado atónito de lo que veía. He visto chicos con tatuajes, chicos rudos, chicos que han pasado su infancia entre drogas, pandillas y violencia, chicos ahora en traje y corbata, cantando himnos a Cristo. Estos hombres no se han convertido de pronto en «niñitos santos». Estos son hombres agresivos que han descubierto el poder de la autoafirmación espiritual. Si el catolicismo es femenino, luego el genio del protestantismo me parece masculino. ¡Transfórmate en un hombre! ¡Toma responsabilidad de tu propia vida!

La parte católica que hay en mí, ancestral, cínica, femenina es espantada por la cursilería, la vulgaridad, la falta de sentido del humor y de sofisticación, y aun por la dulzura de los relatos de las conversiones evangélicas. ¿Puede una vida transformarse así de la noche a la mañana? ¿Cuánto durará esta conversión? Pero, otra parte en mí no negará que estos hombres y mujeres han encontrado lo que necesitaban.

Y admito que ellos no han sido alimentados por un catolicismo cultural, que les parecería tan intangible como el aire que respiran. «¡Volverán!», mi sacerdote dice. «En veinte años los evangélicos hispanos se estarán muriendo, literalmente muriendo por regresar a la Iglesia.» El católico está inclinado a negar la probabilidad de que se requiere una generación para transformar el curso de la historia. La importancia del cristianismo evangélico, es que 400 años de catolicismo autoritario pueden ser transformados en una generación. La América Latina nunca volverá a ser la misma.

Los Angeles Times

Comprensión

A ¿Cómo respondería Ud. (*would you respond*) ahora a las tres actividades de la sección de Palabras y conceptos que contestó antes de leer el artículo? ¿Quedó sorprendido/a de lo que dice el artículo? ¿En qué sentido?

B ¿Cómo interpretaría Ud. (*would you interpret*) las siguientes afirmaciones después de leer el artículo? ¿Qué importancia tienen con respecto al tema?

1. Los periodistas norteamericanos, al hacer informes sobre los acontecimientos políticos y militares latinoamericanos, no captan lo esencial de la América Latina.
2. El catolicismo siempre ha sido administrado por hombres célibes, pero su intuición es completamente femenina.
3. Tres adolescentes en América Central me comentaron que se convirtieron en evangélicos porque el predicador gringo siempre usaba traje y corbata.
4. La América Latina nunca volverá a ser la misma.

Palabras y conceptos

En la España del siglo XV convivieron tres comunidades —la musulmana, la judía y la cristiana. Esa convivencia terminó abruptamente en 1492 cuando los Reyes Católicos impusieron la religión católica, expulsando del país a quienes no se convirtieron a esa fe. Al ser los judíos expulsados de Sefarad —como ellos llamaban a la península Ibérica— se dispersaron por los países de Europa y el imperio turco. Dejaron su patria, pero se llevaron consigo su lengua, el judeo-español o ladino. Muchas de las características de esa lengua

LENGUAJE Y CULTURA

Las siguientes oraciones proceden de la emisión de un programa de radio en judeo-español. Intente adivinar su significado. ¿Le parecen muy diferentes del castellano que Ud. conoce? ¿Se atreve a señalar alguna característica del judeo-español?

- Nos topamos (encontramos) kou grande alegría en el korazou e dar empesijo (*from* empezar) a nuestra emisión.
- Nochada buena a muestros oyentes.

coinciden con las del castellano que se hablaba en la España medieval. El judeo-español se mantiene hoy en algunas comunidades de los distintos países en donde hay judíos sefardíes.

A continuación se presenta una entrevista entre el señor Yitzhak Navon, ex-presidente de Israel, y miembros de la redacción de la revista hispano-británica *Donaire*. En la entrevista hablan del judeo-español y de la cultura sefardí.

A ¿Conoce Ud. ejemplos específicos de grupos que hayan tenido que dejar su patria e ir a establecerse en otros países? Cuando un pueblo tiene que abandonar su patria, ¿le es fácil o difícil mantener su lengua y sus tradiciones? ¿Qué características de su experiencia pueden ayudar a mantener vivos estos aspectos? ¿Qué características pueden dificultar este mantenimiento? Haga una tabla o un mapa semántico para resumir sus ideas.

B Piense ahora en la entrevista que va a leer. ¿De qué se tratará? Mire el texto rápidamente y lea solamente las preguntas en letra cursiva que le hicieron al señor Navon. ¿Cuáles de los siguientes temas cree Ud. que se van a tratar en la entrevista?

	MUY POSIBLE	TAL VEZ	LO DUDO MUCHO
1. el número de judíos sefardíes que hay en el mundo	□	□	□
2. los lugares donde viven los judíos sefardíes hoy en día	□	□	□
3. la historia de la cultura judía	□	□	□
4. los idiomas de los judíos	□	□	□
5. la paz y la guerra en relación con los judíos	□	□	□
6. el contacto entre los judíos y otros pueblos después de su expulsión de España	□	□	□
7. las relaciones actuales entre España y los judíos	□	□	□
8. los judíos y los deportes	□	□	□
9. el turismo en Israel	□	□	□
10. las características del judeo-español	□	□	□
11. los esfuerzos actuales por mantener el judeo-español entre los sefardíes	□	□	□
12. los judíos en las universidades	□	□	□

Entrevistas

El Exemo. Sr. D. Yitzhak Navon nació en Jerusalén el 9 de abril de 1921. Su padre, Yosef, era profesor y copista. Tras la expulsión de España en 1492, sus antepasados se dirigieron primero a Turquía y, finalmente, se establecieron en Jerusalén hace más de 300 años...

Yitzhak Navon estudió Literatura Hebrea, Arabe, Cultura Islámica y Pedagogía en la Universidad Hebrea de Jerusalén y habla correctamente hebreo, inglés, árabe y español...

Yitzhak Navon ejerció el puesto de Presidente del Estado de Israel de 1978 a 1983. Al concluir su mandato, en septiembre de 1984, fue nombrado Vice-Primer Ministro y Ministro de Educación y Cultura hasta 1990.

En 1968 Yitzhak Navon escribió la obra Romancero Sephardi, *recopilación musical de canciones religiosas y profanas de los sefardíes, y posteriormente* Bustan Sephardi, *escenificación de la cultura y la vida de familias sefardíes de Jerusalén... Su obra* Six Days and Seven Gates, *narración ambientada en Jerusalén e inspirada en la Guerra de los Seis Días, fue publicada en Nueva York por Shikmona, con traducción al inglés de Herzl Press.*

VOCABULARIO UTIL	
la divulgación spreading	**el logro** achievement
expulsar to expel	**la pena** sorrow
el hebreo Hebrew	**la pervivencia** survival
el hito landmark, important moment	**el recorrido turístico** tourist route
indeleble permanent	**la sucursal** branch office
el legado legacy	**la sede** headquarters

El judeo-español o ladino, la lengua de los judíos sefardíes, que salieron de España en 1492 y épocas posteriores, se mantuvo vivo en países y ámbitos culturales muy diferentes, desafiando el paso del tiempo durante siglos. ¿Podría indicarnos cuáles han sido a su juicio las causas más importantes de esta pervivencia?

En primer lugar, querría hacer una observación histórica: los judíos sefardíes no «salieron de España en 1492 y épocas posteriores», sino que fueron expulsados. Las relaciones entre los estados de Israel y de España hoy, igual que las relaciones entre el pueblo judío y el pueblo español, son muy positivas y maduras, no obstante las páginas negras del pasado. Podemos permitirnos decir la verdad histórica sin ningún miedo.

En lo que atañe a la pregunta acerca del ladino, me parece que son varias las razones de su mantenimiento durante siglos: Por un lado, los judíos vivieron en España cientos de años, antes de que España fuera cristiana, y el idioma español fue parte integral de su vida, carácter, pensamiento y creación literaria; tenían, por tanto, derecho —digamos— sobre este idioma igual que los demás españoles. Al ser dispersados en distintas partes del mundo, era natural que se llevaran consigo este legado que formaba parte indivisible de su ser. Conceptos como *mamá, papá, amor, corazón, luna, flor, alegría, tristeza*, y tantos más, quedaron grabados en sus corazones de manera indeleble, por no mencionar las canciones maravillosas y el folclore tan rico y gracioso. A pesar de la expulsión, siguieron amando a España, donde nacieron y desarrollaron su labor creadora, y donde se encuentran las tumbas de sus padres.

En segundo lugar, creo que el ladino se mantuvo mejor en países donde el nivel cultural general no era muy elevado, como Turquía, Grecia, Bulgaria, Yugoslavia, Rumanía, Hungría, las islas de Rodas y Creta, y otros más; en cambio, en otros lugares donde se encontraron con una cultura elevada, los sefardíes adoptaron gradualmente los idiomas de aquellos países, como sucedió por ejemplo en Holanda, Francia, Inglaterra, Estados Unidos, el Medio Oriente y el Norte de Africa.

Desde la perspectiva de la época actual, de comunicación prácticamente instantánea por medio de técnicas cada vez más sofisticadas, y al ser el español un idioma de alcance universal hablado por más de 350 millones de personas, ¿cree que puede conservarse el judeo-español como lengua de la realidad cotidiana?

Para que el ladino se mantenga como idioma vivo, debe haber comunidades compuestas solamente de sefardíes, para que la gente oiga y hable ladino «de la faja a la mortaja», desde la niñez hasta la vejez. Pero cada vez se pueden encontrar menos comunidades de este tipo. Lamentablemente, es un proceso inevitable. Los casamientos de sefardíes con otros que no lo son van creciendo en número, felizmente —diría yo— pues en Israel deseamos una unidad de los inmigrantes que vienen de 120 países hablando unos 85 idiomas. Este fenómeno no tiene nada que ver con la difusión del español en el mundo. A propósito, en Israel viven unas 200.000 personas que hablan español, procedentes de América Latina, Tánger, Melilla y Ceuta. Los que usan el ladino en el mundo serían —calculo yo— casi 500.000, en su mayoría residentes en Israel...

¿Cuál es la política lingüística actual del Gobierno en relación con las lenguas habladas en Israel? ¿Se han adoptado ahora o en épocas pasadas algunas medidas de mantenimiento o promoción del ladino?

Hace tres semanas que la Knesset —el Parlamento de Israel— aprobó una ley cuyo fin es la promoción del ladino en distintas formas. Fue un gran logro, aceptado por unanimidad. Lo mismo se hizo con el otro idioma judío, el yiddish, de origen alemán ...

Si tuviera que hacer una selección de autores y obras de [la] valiosa tradición literaria [sefardí], ¿qué recomendaría para su conocimiento por el lector español medio?

El lector español medio no puede gozar de una mayoría abrumadora de la gran tradición sefardí, ya que ésta está escrita en alfabeto hebreo. Lo que sí puede leer son las publicaciones en alfabeto latino, como por ejemplo la revista cultural *Aki Yerushalayim*, que aparece en Jerusalén cada 3 ó 4 meses; también podrá leer y cantar con gusto las canciones y romanzas, con notas musicales, *Chants Judeo-Espagnols*, compiladas en cuatro libros por Isaac Leví, o la *Antología de Liturgia Judeo-Española*, en diez tomos, con notas musicales, editados también por Isaac Leví. Es un caudal inagotable de herencia musical sefardí. Existen además los preciosos libros de folclore compilados por la señora Matilda Cohen Serrano, así como varios tomos de refranes que atesoran mucha sabiduría en ladino.

Buenos Aires, como muchas ciudades hispanas, es una buena representación de diferentes culturas e ideologías.

¿Qué tipo de contactos existen hoy en día entre las comunidades sefardíes dentro y fuera de Israel?

Existe la «Federación Sefardí Mundial», con sede en Tel-Aviv y sucursales en varios países, que desarrolla actividades políticas, sociales y culturales, y últimamente se creó una organización mundial de hablantes de ladino, que está iniciando sus primeros pasos. Hace pocos años comenzó también su actividad en Jerusalén el Instituto «Sefarad», que tiene como objetivo la divulgación de la lengua y la cultura de los sefardíes. Lamentablemente, los contactos entre los sefardíes, dentro y fuera de Israel, son en general de carácter social, educativo y político, pero muy poco lingüístico.

Creemos que en España existe en la época presente un planteamiento sentimental en cuanto a lo sefardí, que se plasma en múltiples actividades de promoción cultural al respecto, congresos, recorridos turísticos, música, folclore, publicaciones... ¿Cómo sienten los sefardíes actuales su relación con la moderna Sefarad?

El Quinto Centenario del descubrimiento de América evocó también la fecha de la expulsión de los judíos de España, es decir, 1492. El año 1992 fue, por tanto, un hito decisivo en la actitud de los judíos, en general, y de los sefardíes, en particular, hacia España. Los congresos, los convenios, la visita del Presidente de Israel a Madrid y Toledo, la visita oficial de Su Majestad el Rey de España a Jerusalén, todo esto borró mucho de lo pasado y abrió una página nueva en la actitud judía hacia España. Menos lágrimas y más sonrisas, menos amargura y más amistad y afecto.

En su calidad de ex-Presidente de Israel, ¿cómo valora la larga marcha hacia la paz de su pueblo y de qué manera específica puede contribuir a la misma la comunidad sefardí?

No creo que haya una actitud o contribución separada de los sefardíes hacia la paz. Los sefardíes, igual que los otros ciudadanos, pertenecen a distintos partidos políticos. Unidos todos en el deseo de paz, difieren en la manera de conseguirlo. Todos podemos afirmar lo que dijo un poeta español anónimo siglos atrás: «Tengo que morir cantando, ya que llorando nací, que las penas deste mundo non todas son para mí.»

Donaire, Londres

Comprensión

A Vuelva a la actividad B de la página 154. ¿Qué tal acertó con respecto a la información incluida en la entrevista?

B Asocie cada idea de la segunda columna con una de la primera. ¡Cuidado! No todas las ideas de la segunda columna tienen una asociación en la primera.

1. _____ Sefarad
2. _____ las tres culturas de la España del siglo XV
3. _____ el yiddish
4. _____ el judeo-español
5. _____ el sefardí
6. _____ Yitzhak Navon
7. _____ la fecha de la expulsión de los judíos de España
8. _____ el Quinto Centenario

a. el ladino
b. la fecha del descubrimiento del Nuevo Mundo
c. el ex-presidente de Israel
d. España
e. otro idioma judío, de origen alemán
f. Israel
g. el judío expulsado de España en el siglo XV y sus descendientes
h. 1992
i. la cristiana, la musulmana y la judía

C ¿Cierto o falso? Determine si las siguientes afirmaciones son ciertas (**C**) o falsas (**F**) según la información presentada en la entrevista, y corrija las oraciones falsas.

1. _____ En la actualidad las relaciones entre el pueblo judío y el pueblo español son muy negativas.
2. _____ Los judíos que vivieron en España en el siglo XV hablaban hebreo y por eso nunca aprendieron español.
3. _____ Los judíos llegaron a España poco antes de 1492.
4. _____ Después de su expulsión de España, los judíos no querían mantener el judeo-español.
5. _____ El ladino se mantuvo mejor en aquellos países donde el nivel cultural no era muy elevado.
6. _____ La mayoría de las personas que usan el ladino reside en España.
7. _____ No hay ninguna literatura escrita en ladino.
8. _____ Dentro y fuera de Israel los sefardíes tienen mucho contacto lingüístico entre sí.
9. _____ El año 1992 marca una fecha muy positiva para las relaciones entre Israel y España.
10. _____ El gobierno de Israel quiere que los judíos sefardíes abandonen el ladino.
11. _____ Después de una pervivencia de más de cinco siglos, hoy es posible que el ladino desaparezca.
12. _____ Según el señor Navon, los judíos sefardíes tienen una actitud muy particular (es decir, diferente de la de los otros judíos) hacia la guerra y la paz.

Interpretación

A ¡Necesito compañero! Trabajando en parejas, comenten la entrevista que acaban de leer. Identifiquen dos aspectos del tema que Uds. ya conocían, dos cosas nuevas que aprendieron y dos cosas que les sorprendieron. Compartan su reacción con las otras parejas. ¿Hay mucha diferencia de opiniones?

B ¡Necesito compañero! Trabajando en parejas, apliquen las técnicas que practicaron en el Capítulo 7 para contestar las siguientes preguntas. Luego, comparen sus respuestas con las de las otras parejas. ¿Son muy parecidas las respuestas de todos o hay mucha diferencia de opiniones?

1. ¿Quién será el autor del primer artículo que leyeron? ¿y del segundo? (¿un religioso? ¿un protestante? ¿un católico? ¿ ?)
2. ¿Cuáles serán los propósitos principales de cada uno de esos dos artículos? (¿criticar? ¿convencer? ¿entretener? ¿informar? ¿ ?)
3. ¿Cuál será el público objeto de esos dos artículos? (¿el público en general? ¿los sacerdotes? ¿los católicos? ¿los niños? ¿los adultos? ¿ ?)

Aplicación

A ¿Cree Ud. que es buena idea dejar que los niños tomen sus propias decisiones con respecto a la religión? ¿Por qué sí o por qué no? ¿Qué pierden los niños si no tienen una formación religiosa desde pequeños? ¿Hay algún beneficio en no tenerla? Explique.

B El artículo sobre la conversión evangélica de Latinoamérica sugiere que la religión tiene un papel importante en la vida aunque uno a veces la dé por sentada. ¿Cree Ud. que estas actitudes son contradictorias? Explique.

C Para los sefardíes, España representa un lugar especial. De pequeño/a, ¿tenía Ud. un lugar especial? Descríbalo. ¿Por qué era especial para Ud. ese lugar? ¿Todavía lo es?

D ¿Tenía Ud. idea de la relación entre el español y el ladino? Vuelva a mirar los apuntes que hizo para la actividad A de la página 154. ¿Incluyó en su tabla o mapa semántico algunas de las mismas razones que se mencionan en la entrevista relacionadas con la pervivencia del ladino? ¿Identificó algunos de los factores que ahora amenazan el futuro de ese idioma? En su opinión, ¿en qué son semejantes la historia del ladino y la historia de la lengua de los grupos inmigrantes en los Estados Unidos? ¿En qué son diferentes?

E De los tres artículos que comprenden la Lectura I de este capítulo, ¿le sorprendió alguno? ¿Por qué?

F Papel y lápiz En su cuaderno de apuntes, explore más uno de los temas mencionados en las actividades anteriores (A–E).

LECTURA II

TRADICIONES, MISTERIOS Y CURIOSIDADES: LOS ENIGMAS Y LAS CURIOSIDADES

Además de las creencias religiosas, en todas las culturas han existido a través de los tiempos otros tipos de creencias (leyendas, mitologías, espiritismo, supersticiones) que también escapan a la lógica y a la razón. ¿Les tiene Ud. miedo a los gatos negros? ¿Evita tomar decisiones importantes los viernes trece? Para los incrédulos, éstas son tonterías. Pero, ¿la sensación del *déjà-vu*? ¿la comunicación con los muertos? ¿la reencarnación? ¿los OVNIs? ¿las experiencias extracorpóreas? De verdad, ¿cree Ud. que hay explicaciones racionales para todo? ¡A ver qué opina después de leer los siguientes artículos... !

Osel nació en un pueblo en las montañas de Granada, España. Los budistas tibetanos lo reconocen como la reencarnación de un lama que murió poco antes de que Osel naciera. Osel vive ahora en la India, educándose para su futura vida de sacerdote.

Palabras y conceptos

el adepto follower, supporter
la agudeza acuteness
el alienígena alien
anterior earlier
chupar to suck
comprobado proven
concienzudamente conscientiously
concluyente conclusive
desahogo emotional release
dotado gifted
escocés of, from Scotland
el escondite hiding place
el extraterrestre extraterrestrial
estrellarse to crash
fallecer to die
  el fallecimiento death
fidedigno credible
grabar to record
la hazaña deed
maléfico evil
materializarse to appear (out of nowhere)
el payaso clown, fool
la percepción extrasensorial extrasensory perception
perecedero perishable
perseguir (i, i) to pursue
el platillo volante flying saucer
por doquier on every side, everywhere
postular to hypothesize, suggest
repentino sudden
retroceder to go back
trastornar to upset
el ufólogo person who studies UFOs
la ubicación placement
ultratumba beyond the grave

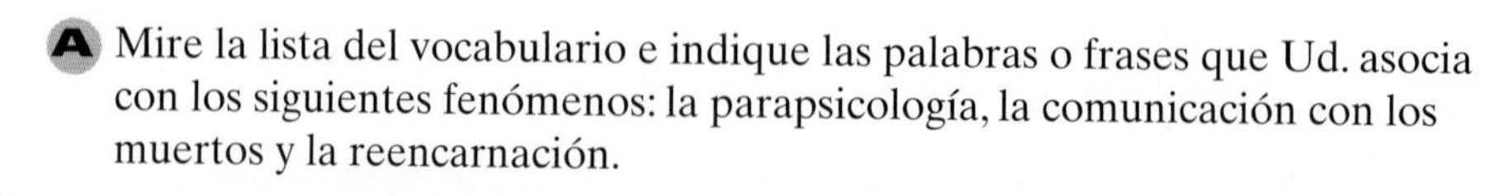

A Mire la lista del vocabulario e indique las palabras o frases que Ud. asocia con los siguientes fenómenos: la parapsicología, la comunicación con los muertos y la reencarnación.

Entre todos ¿Qué otras asociaciones tienen Uds. con estos fenómenos? Trabajando en grupos de dos o tres estudiantes, hagan una lluvia de ideas sobre cada uno. Piensen en acciones, cualidades y objetos que no están en la lista del vocabulario. Luego, organicen sus ideas en un mapa semántico para cada tema.

B Defina brevemente en español. Sea tan específico/a como pueda.

1. ultratumba
2. el ufólogo
3. fidedigno
4. la percepción extrasensorial
5. perecedero
6. el escondite

C Vuelva a examinar los mapas semánticos que hizo en grupo para la actividad A. En general, ¿cree Ud. que la clase es escéptica o más bien receptiva con respecto a cada tema? Para averiguarlo, haga un rápido sondeo entre algunos miembros de la clase para ver si aceptan o rechazan las siguientes declaraciones.

1. La existencia de visitantes de otros planetas y de espíritus es posible.
2. Es posible la comunicación con los muertos a través de un(a) médium o por medio de objetos como un tablero de ouija.
3. Cuando uno muere es posible que vuelva a nacer, tiempos después, con otra identidad.

D Divídanse en grupos de tres. Cada miembro de cada grupo debe leer uno de los tres artículos a continuación. Después de terminarlos, los tres deben reunirse para compartir su información, completando la siguiente tabla para cada artículo.

	TITULO DEL ARTICULO:
1. Defina o dé algunos ejemplos del fenómeno descrito.	
2. Resuma brevemente la idea principal del texto.	
3. Dé por lo menos un punto que sirva de evidencia a favor del fenómeno.	
4. Dé por lo menos un punto que sirva de evidencia en contra del fenómeno.	
5. Explique brevemente su propia opinión al respecto y justifíquela con argumentos basados en el texto o en su propia experiencia.	
6. ¿Qué tiene en común este fenómeno con los otros dos? (Ud. tiene que hablar con los otros de su grupo para formular esta respuesta.)	

La invasión de los ultracuentos

Los poderes ocultos de la mente jamás se han podido probar en laboratorio, el vampirismo es más una parte del folklore que un hecho comprobado y la mayoría de los casos de OVNIs tiene una explicación psicológica, muy alejada de la presencia extraterrestre. Y, sin embargo, el número de adeptos a lo paranormal aumenta día tras día...

Por Salvador Hernáez

Para miles de personas, los gobiernos del mundo ocultan las pruebas para impedir que sepamos que los extraterrestres ya se encuentran entre nosotros. No es una creencia baladí: decenas de fotografías e informes pululan por los despachos de los ufólogos, que tratan de poner orden en el enorme caudal de intoxicaciones informativas con que les bombardean. El tan famoso como burdo vídeo de la autopsia de extraterrestres estrellados con su nave en Roswell (Nuevo México) ha sido el colofón de una larga serie de despropósitos.

Según una encuesta publicada en *La Vanguardia* en 1990, casi el 66% de los españoles cree en la existencia de vida extraterrestre. Más recientemente, la revista *Newsweek* afirmaba que un 48% de los estadounidenses cree en los platillos volantes y un 29% piensa que ya han existido contactos con alienígenas. Es más, según una encuesta realizada en 1991 por la organización Roper, el 7% de los estadounidenses asegura haber visto un OVNI, y nada menos que el 11% afirma haber visto un fantasma. Según Gallup, uno de cada cuatro norteamericanos cree que el espíritu de los muertos retorna a ciertos lugares, y un 18% considera posible la comunicación con los espíritus.

De Roswell al chupacabras

Si tuviéramos que establecer un *ranking* de los más populares fenómenos paranormales, comenzaríamos por Roswell y sus secuelas y terminaríamos por el chupacabras, en ambos casos temas que llenan revistas especializadas de gran éxito.

Originario de México, el chupacabras es un supuesto ser ultradimensional [sic] que mata ganado y a veces le chupa la sangre. También se han recogido testimonios de ataques a personas a lo largo de toda América...

Pero Roswell es otra cosa... Se supone que un OVNI se estrelló en esta población en junio de 1947. Otras investigaciones más serias afirman que se trataba de un globo experimental,... pero para los ufólogos más recalcitrantes era una nave extraterrestre tripulada. A los alienígenas capturados, al parecer ya fallecidos, se les efectuó una autopsia cuyas imágenes ruedan por ahí...

OVNIs

Fenómeno: Luces y fenómenos en el cielo llamados Objetos Volantes No Identificados (OVNIs) o *Unidentified Flying Objects* (UFOs) en inglés...

A favor: Fotos, películas, huellas de aterrizaje y otras pruebas, aunque en su mayoría se trata de imposturas y fraudes demostrados. Aquellas en las que no se ha detectado engaño siguen siendo un misterio...

En contra: No existe una sola prueba concluyente de que nos visiten seres de otros mundos, lo cual no invalida la existencia del misterio. El astrónomo Donald Howard Menzel lo explica mediante fenómenos como meteoros, caídas de satélites, experimentos militares secretos o efectos atmosféricos...

Experiencias extracorpóreas (EEC)

Fenómeno: El espíritu abandona el cuerpo, y podemos vernos a nosotros mismos mientras flotamos en el aire, siendo posible a veces atravesar paredes y puertas cerradas.

A favor: Se han recogido cientos de testimonios. Según los especialistas, casi todos hemos sentido alguna vez los preludios de una EEC, cuando durante el sueño sentimos que se paraliza nuestro cuerpo y nos inunda una sensación de inmovilidad.

En contra: Wilder Pendfield, especialista canadiense en el cerebro, consiguió reproducir el fenómeno en 1955 con la implantación de un electrodo en el lóbulo temporal de un epiléptico.

Percepción extrasensorial (PES)

Fenómeno: Quienes supuestamente tienen estos poderes conocen a distancia sucesos ocurridos —o que están ocurriendo— mediante clarividencia, saben qué piensa otra persona gracias a la telepatía y perciben sucesos futuros a través de la precognición.

A favor: Algunos parapsicólogos creen que todos poseemos mecanismos para la PES, pero que se encuentran atrofiados. Debido a la dificultad para repetir los experimentos en laboratorio, no se excluye su existencia. Hasta el momento, ninguna teoría es concluyente.

Experiencias cercanas a la muerte (ECM)

Fenómeno: Muchos de los que han sufrido una muerte clínica y han sido reanimados posteriormente describen cómo salieron de su cuerpo y atravesaron un túnel, al final del cual existía un luminoso lugar, donde encontraron a parientes y amigos fallecidos.

A favor: Numerosos libros recogen cientos de testimonios.

En contra: Morir no es estar muerto. En caso de fallecimiento repentino, se disparan mecanismos mentales de protección. Numerosos operados han descrito también situaciones de ECM en sus delirios. Ronald Siegel demostró en 1985 que las alucinaciones de casi todo el mundo son parecidas, ya sean debidas a fatiga, fiebre, epilepsia, privación sensorial o drogas. En definitiva, serían alucinaciones de un cerebro en situación de estrés.

Psicokinesia (PK)

Fenómeno: Los supuestos *dotados* serían capaces de desplazar objetos con el pensamiento, sin que intervenga ningún elemento físico conocido. Es «*el poder de la mente sobre la materia*», tal y como lo venden los especialistas.

A favor: Uri Geller o Nina Kalugina son los más famosos privilegiados que se dicen dotados de poderes telequinésicos para mover o transformar objetos, y son apoyados por algunos científicos.

En contra: No existe fuerza conocida en el universo que produzca este fenómeno. Por otra parte, ningún experimento positivo ha podido ser corroborado o repetido en los laboratorios, y tanto Geller como Kalugina han sido desenmascarados como impostores en numerosas ocasiones. Se han propuesto dos sencillos experimentos que, de repetirse, podrían dar validez científica a la PK: desplazar una pestaña sobre una superficie lisa en el vacío o hacer girar una aguja diminuta, suspendida por magnetismo para que no exista prácticamente fricción. Nadie lo ha logrado.

Abducciones

Fenómeno: Miles de humanos han sido visitados por extraterrestres en sus domicilios durante la noche, y algunos otros aseguran que un OVNI les ha secuestrado para implantarles en el organismo algún elemento extraño.

A favor: Budd Hopkins, con su libro *Intrusos*, y Whitley Strieber con *Comunión*, dieron en 1987 el pistoletazo de salida a la fiebre abduccionista. Su teoría es que los *aliens* buscan crear nuevas especies interestelares híbridas.

En contra: Los experimentos de Michael Persinger han concluido que todos estos casos de abducción son debidos a una actividad eléctrica anormal en el cerebro, que provoca estas alucinaciones.

Criptozoología

Fenómeno: Yetis, monstruos del lago Ness, Bigfoot, gatos alados y chupacabras son algunos de los ejemplares que se exhíben en el singular bestiario que busca y estudia esta nueva disciplina.

A favor: Fotos casi siempre borrosas y testimonios de segunda y tercera mano.

En contra: A pesar de su popularidad, ninguno de estos animales deja pruebas inequívocas de su existencia... En más de un siglo de búsqueda del monstruo del lago Ness no se ha podido obtener ninguna foto definitiva.

Fantasmas

Fenómeno: Entidades incorpóreas que corresponden al espíritu de los muertos, que vagan por nuestra dimensión a la espera de su ubicación definitiva en el paraíso. Además de dejarse ver, también se les puede grabar en cinta magnetofónica; son las denominadas *psicofonías.* Cuando son juguetones y se dedican a mover y manipular objetos, se les llama *poltergeist.*

A favor: Según el psicólogo G. Jahoda, en 1969 un 17 por ciento de los ingleses manifestaba creer en los fantasmas, y un 42 por ciento aseguraba haberlos visto.

En contra: ¿Por qué los fantasmas nunca aparecen desnudos? Esta pregunta trivial desconcierta sobremanera a los investigadores... La mayoría de las apariciones fantasmales pueden atribuirse a procesos alucinatorios.

Punto de vista: Ramos Perera, Presidente de la Sociedad Española de Parapsicología

¿Por qué los científicos no prestan interés a la parapsicología?
Primero, por razones económicas. Se requiere mucho dinero para demostrar sus hipótesis, y las cantidades disponibles son ridículas. También hay problemas de política, ya que la ciencia no quiere ver perturbados sus trabajos, que en muchos casos tendrían que revisarse a la luz de esos nuevos conocimientos. Y, por último, por un problema de imagen: los peores enemigos de la parapsicología son los propios parapsicólogos y videntes. Muchos sólo buscan notoriedad cuando aparecen en la televisión y las revistas para hacer el payaso.

¿Qué fenómeno paranormal interesaría antes a la ciencia?
Algunos como la hiperestesia, una agudeza inhabitual de los sentidos. Creo que el ser humano no posee sólo cinco sentidos, sino más de 50, como el magnético, el térmico o el eléctrico, como muchos animales.

¿Existen personas con capacidad paranormal?
Sí, pero es intermitente, no programable en el tiempo. A veces el fenómeno no se vuelve a repetir en veinte años. Cuando estos individuos hacen de esta facultad una actividad lucrativa acuden al fraude, como Uri Geller, que desde el principio ya era un ilusionista.

Quo, Madrid

¿Podemos comunicarnos con los muertos?

Péndulos, ouijas y ectoplasmas son algunos instrumentos de los que se sirven los muertos para charlar con los vivos. Por lo menos así lo aseguran los partidarios del espiritismo...

Por Rosa Gómez Oliva

1 El deseo de comunicarse con los difuntos con fines adivinatorios es común a muchos pueblos de la antigüedad y cuenta con numerosos ejemplos documentados.

5 Con la institucionalización del cristianismo se reprimen los intentos de contactar con ultratumba. La Iglesia no tiene interés en lo que puedan decir los difuntos sobre el más allá porque las revelaciones sobre la otra vida ya han sido hechas por Jesucristo y 10 sus apóstoles. Sin embargo, subsiste la necesidad larvada de comunicarse con lo desconocido.

Durante las últimas décadas del siglo XIX la moda espiritista hace furor en Europa. De la noche a la mañana todo el mundo parece interesado en 15 recibir mensajes del más allá y las sesiones espiritistas proliferan por doquier...

Aparte de los naturales y oscuros desahogos de la libido y del genuino interés por contactar con familiares y amigos fallecidos, el espiritismo se impone 20 porque satisface la necesidad de conectar con un mundo mágico en una sociedad que ha cerrado las puertas a todo lo que no sea racional. Y en concordancia con ese espíritu —esta vez en sentido figurado— hubo algunos intelectuales y científicos 25 prestigiosos que se avinieron a analizar concienzudamente el fenómeno antes de condenarlo sin más.

Entre aquellos primeros estudiosos del espiritismo destaca Hippolyte Deon Rivail, un profesor lionés de gran preparación intelectual que, bajo el seudónimo de Allan Kardec, publicó varios libros en los 30 que recopila y sistematiza las respuestas dadas por los supuestos espíritus a través de diez médiums que se prestaron a colaborar con él.

Mientras Kardec formulaba las bases del espiritismo, la sociedad europea seguía con asombro 35 las hazañas de un médium que parecía desafiar todas las leyes de la física: Daniel Douglas Home, un escocés de ojos dulces y aspecto romántico... En 1857, y con sólo veinticuatro años de edad, fue llamado a las Tullerías por Napoleón III. Apenas llegó al pala- 40 cio, una mesa de madera maciza salió proyectada contra el techo. Seguidamente se materializó una mano que empezó a firmar como «Napoleón I» con la misma caligrafía que el gran emperador.

Entre 1869 y 1873, Home se prestó a ser recono- 45 cido por sir William Crookes, uno de los mejores físicos de su tiempo, quien tras someterle a diferentes pruebas con aparatos ideados para los experimentos quedó plenamente seguro de la autenticidad de los poderes del médium escocés, al que 50 nunca nadie sorprendió en fraude a lo largo de toda su carrera.

PHILLIP, EL INVENTADO

Un curioso experimento realizado en 1972 parece afianzar la tesis del psiquismo, que intenta explicar el fenómeno espiritista atribuyendo las presuntas manifestaciones de seres del más allá a simples proyecciones del inconsciente. La idea consistía en crear un espíritu totalmente ficticio a partir de los datos proporcionados por ocho miembros de la Sociedad de Investigaciones Psíquicas de Toronto (Canadá). En unos días fueron dotándole de una completísima biografía—incluido un dibujo al carboncillo—, pero repleta de contradicciones históricas para asegurarse de que nunca hubiese existido. El personaje, a quien bautizaron Phillip, sería un aristócrata inglés de mediados del XVII, que habría acabado suicidándose preso de los remordimientos por haber dejado quemar en la hoguera a su amante gitana.

El grupo se estuvo reuniendo durante todo un año, una vez por semana, alrededor de un tablero de *ouija* para invocar a Phillip. Por fin, un día el *espíritu* empezó a responder a las preguntas de los investigadores dando golpes en la mesa. Un golpe significaba sí, dos significaban no.

Poco a poco el personaje inventado fue cobrando entidad y, aunque se atenía a la biografía inventada, a veces sostenía sus propias ideas. Los experimentadores también descubrieron que cuando todos estaban de acuerdo, Phillip respondía afirmativamente, pero cuando alguien del grupo disentía, el *espíritu* dudaba.

Con el paso del tiempo los miembros del grupo aceptaron a Phillip como a un compañero más —al que incluso gastaban bromas y regañaban cuando se presentaba tarde a las sesiones—, hasta que finalmente, después de recibir una fuerte reprimenda, no volvió a manifestarse nunca más.

En la década de los ochenta, científicos de la talla de William Barrett, prestigioso médico, Oliver 55 Lodge, físico de fama mundial y el premio Nóbel Charles Richet... llegaron a la conclusión de que la personalidad continúa existiendo después de la muerte y que es posible comunicar con los fallecidos. Sin embargo, los resultados no convencieron a mu- 60 chos otros hombres de ciencia....

A partir de los años sesenta, los espiritistas encuentran nuevos argumentos a su favor. En 1964, el ama de casa Rosemary Brown empieza a escribir la música que, según ella, le dictan Liszt, Chopin, De- 65 bussy, Brahms, Bach, Beethoven y otros grandes compositores. Lo más asombroso es que las obras conservan el estilo de sus supuestos autores...

Hoy parece claro que muchas de las proezas realizadas por los médiums fueron y son auténticas, 70 pero eso no demuestra que estén causadas por los espíritus. Veamos algunas evidencias.

La mayoría de los médiums asegura contar con uno o varios espíritus-guía que les asisten durante las sesiones, les protegen de peligros y coordinan la intervención de otras entidades astrales. Sin embargo, 75 con frecuencia, los supuestos espíritus-guía cometen graves anacronismos al referirse a su presunta vida y no están a la altura de la personalidad que dicen haber sido. El guía de Leonore Piper afirmaba ser un médico francés, pero en la práctica apenas comprendía este 80 idioma y no sabía mucho de medicina.

Uno de los grandes *milagros* espiritistas, la materialización de objetos surgidos de la nada, parece deberse a la extraordinaria capacidad que tienen algunos médiums para desintegrar y volver a recomponer la 85 materia que conforma los objetos ya existentes. Para ello, el médium utilizaría su propia energía física y, a veces, la de los asistentes. Esto explicaría la pérdida de peso y el descenso de la temperatura registradas en sesiones en las que se producen materializaciones, 90 desplazamientos de objetos o levitaciones.

En definitiva, el espiritismo no consigue demostrar la inmortalidad del alma, pero juega un importante papel al impulsar el estudio sobre los poderes de la mente. La psique obra los milagros, ahora sólo 95 hace falta saber cómo.

Muy Especial, Madrid

Reencarnación: ¿Hay otras vidas después de la vida?

Por Joseph Scheppach

1 Llorando, suspirando y con voz ahogada, una mujer describe su propio nacimiento. «Más atrás», murmura el psicoterapeuta. Y realmente, Jane Evans, un ama de casa del País de Gales, retrocede todavía más

y llega al estado embrional. «Aun más», apremia el psiquiatra, Arnall Bloxham. Después de algunos minutos de «oscuridad y silencio» la paciente hipnotizada hace un esfuerzo y de pronto vuelve a «ver». Ahora se llama Rebecca y vive en York, en el año 1189. Su marido —cuenta— es un rico prestamista judío, de nombre Joseph. Además, tiene dos hijos, un niño y una niña. La niña se llama Rachel.

Llena de odio y armargura —siempre en estado de trance hipnótico— la mujer describe su desesperada huida de los fanáticos religiosos de aquellos tiempos. Jadeando y exhausta, con sus perseguidores pisándole los talones, llega a una iglesia «fuera de los muros de la ciudad», donde ella y su familia buscan refugio. El cura intenta vedarles la entrada, pero ellos le atan las manos y logran penetrar en la iglesia, «escondiéndose en la cripta debajo del altar». Pasan las horas, y el hambre y la sed obligan a Joseph y a su hijo a salir de su escondite para intentar buscar agua y comida.

Llegado ese punto de su relato, la voz de *Rebecca* se llena de pánico. Oye el ruido de unos cascos de caballo que se acercan cada vez más. Ahora grita: «Ya están en la iglesia... el cura viene con ellos... ¡Oh no! No, a Rachel, no, no, a Rachel no.» La mujer se agita sobre el diván y lanza un grito estridente: «¡Noooo! ¡Dejadla en paz!» Y de repente, con voz abatida: «Se la han llevado.»

El psiquiatra pregunta ansioso: «¿Y usted? ¿Qué han hecho con usted?» Silencio.

Insiste el psiquiatra: «¿Se encuentra bien? ¿Qué le han hecho?»

«Oscuro... oscuro... », murmura la mujer.

Cuando por fin sale de la hipnosis e intenta levantarse, cae desmayada al suelo.

El «caso Rebecca» es uno de los más impresionantes de las 400 anotaciones magnetofónicas que el psiquiatra británico Arnall Bloxham ha venido recopilando durante veinte años. Todas estas grabaciones se refieren a hechos que sus pacientes le contaron, en estado de *regresión hipnótica,* sobre sus supuestas vidas anteriores.

¿Cómo hay que valorar estos aparentes indicios de reencarnación? ¿Son fidedignos? Todos conocemos la experiencia del *déjà-vu* (ya visto, en francés). En algún lugar desconocido o en una situación nueva nos asalta de repente la sensación: «esto ya lo conozco, esto lo he vivido antes». ¿Se trata de meras confusiones de la memoria, disrupciones en el fluido químico-eléctrico de las neuronas? ¿O se esconde en nuestro cuerpo una persona que antes de la vida actual pasó por muchas otras vidas?

Así lo creen uno de cada tres británicos, uno de cada cuatro estadounidenses y uno de cada cinco españoles. Con ello no se encuentran en mala compañía. También lo creyeron Sócrates, Platón, Victor Hugo, Balzac, Goethe... Incluso Jesucristo, según las escrituras gnósticas y algunos pasajes bíblicos, parece aceptar la idea del renacimiento...

A partir de ahí, la reencarnación se convierte casi en un juego de sociedad. A lo que los lamas budistas, los sufíes musulmanes o los maestros chinos del tai-chi llegaron sólo tras muchos años de meditación y paciente trabajo espiritual, cuidándolo como un precioso tesoro, hoy lo pretendemos alcanzar a través de cursillos acelerados de un fin de semana. Cualquiera puede apuntarse a un viaje colectivo al fondo de la mente y cada vez hay más *transpersonalistas* que se ofrecen como guía turístico para acompañar a las almas a sus vidas anteriores.

Muchos de estos *gurus* poseen una formación psicoanalítica, lo que no ha de extrañar a nadie, ya que la pretensión de retrotraer a una persona a su existencia anterior y esperar de este hecho un efecto curativo parece enlazar directamente con la teoría de los traumas desarrollada por Sigmund Freud. Según el padre del psicoanálisis, la raíz de todos los problemas psíquicos se encuentra en los conflictos de una época anterior que han sido reprimidos y no elaborados.

Este método terapéutico de retroceder al pasado lo están llevando los psicólogos reencarnistas a sus últimos extremos. En su trabajo recurren a un procedimiento que se remonta a las enseñanzas orientales del *karma.* Con ayuda de la hipnosis trasportan al *viajero del tiempo* a sus vidas anteriores, a fin de desenredar los complicados entramados de su *karma.* «Siempre he tenido miedo al agua —relata un paciente—, pero desde que sé que este temor se debe a que en mi vida anterior morí ahogado, el miedo ha desaparecido».

Sin embargo, son las mismas razones por las que Freud abandonó finalmente la hipnosis las que dan a la terapia reencarnacionista un cierto toque sospechoso: el estado de *trance* delimita hasta tal punto el campo de la conciencia que al paciente sólo le queda un único contacto con el mundo exterior: el que conduce a través del hipnotizador.

Recientemente, el psicólogo estadounidense Robert A. Baker demostró cuánta fuerza puede tener la sugestión. Repartió a sesenta estudiantes en tres grupos, proporcionando a cada grupo una información distinta sobre el *estatus* científico de la reencarnación, y les retrocedió después en el tiempo. A los primeros les había contado que la regresión hipnótica hasta llegar a las vidas anteriores es un remedio terapéutico científicamente aceptado, por lo cual podían entregarse totalmente y sin ningún temor a las instrucciones del hipnotizador. El segundo grupo recibió una información escueta y neutral, mientras que a los chicos del tercero, Baker les dijo que la idea de la reencarnación no es más que una confusa amalgama de creencias y supersticiones absurdas.

El resultado: en estado hipnótico, casi todos los miembros del primer grupo contaron impresionantes escenas de vidas anteriores. En el segundo grupo, sólo la mitad consiguió hacer retroceder la rueda del *karma*. Y en el tercero, únicamente dos de los estudiantes consiguieron viajar al pasado. Más tarde se reveló que estos dos ya creían en la reencarnación previamente.

Baker concluyó que los viajes fantásticos de los estudiantes crédulos fueron provocados por su propia postura de expectación, así como por la sugestión que les transmitía el terapeuta, mientras que los demás no experimentaron lo mismo por faltar estos componentes. Para Baker, esto era de esperar, ya que otros experimentos anteriores le habían mostrado que la mente humana, bajo determinadas circunstancias, produce imágenes fantásticas y llenas de simbolismos que fácilmente se pueden interpretar como «conocimientos milenarios» pero que en realidad sólo reflejan deseos y anhelos del inconsciente.

Sin embargo, aún quedan muchas interrogantes abiertas. Por ejemplo, ¿cómo es posible que algunos *regresados* dominen antiguas danzas o rituales que no pueden haber aprendido en ningún lugar puesto que desaparecieron muchos siglos atrás? Algunos hablan incluso idiomas que nunca antes oyeron pronunciar.

Una explicación podría ser que todos vemos películas y leemos libros donde se cuenta cómo vivieron antes los distintos pueblos y razas. El psiquiatra finlandés Reima Kampman sostiene que de esta forma nuestro cerebro puede recibir y almacenar información que no recordamos conscientemente. Su método de investigación fue el siguiente: hipnotizaba por segunda vez a aquellas personas que en el primer *trance* le habían contado hechos de sus vidas anteriores y les preguntaba cuándo habían aparecido por primera vez en su vida actual tales escenas.

Un hombre que en estado hipnótico se expresaba perfectamente en osco, una antigua lengua que se hablaba hace 2.500 años en el oeste de Italia, *confesó* que lo había aprendido en una biblioteca: en cierta ocasión había estado sentado junto a un historiador que leía *La maldición de los Vivia*, un documento osco datado en el siglo V antes de Cristo.

Este fenómeno de recuperar recuerdos olvidados se llama *criptoamnesia*, y parece demostrar —por muy maravilloso que sea el hecho de hablar perfectamente un idioma muerto sólo por haberlo visto de reojo en un libro— que los relatos sobre vidas anteriores no son muy fiables.

Pero el caso sigue sin estar cerrado. La psicóloga Helen S. Wambach, de Chicago, atacó el problema desde el punto de vista estadístico. Desenredando los detalles de 1.088 relatos sobre vidas anteriores, obtuvo los siguientes sorprendentes resultados.

—Las condiciones de vida que describen los *regresados* se corresponden exactamente con el reparto de las distintas clases sociales en las diferentes épocas, según los datos recopilados por los historiadores.

—Lo lógico habría sido que los *regresados* cometieran más errores en las descripciones sobre épocas muy remotas que en otras sobre tiempos más recientes y ampliamente documentados. Pero no fue así. Independientemente de si una *vida anterior* había transcurrido en la China del año 2500 antes de nuestra era o en el Nueva York de 1800, los detalles históricos resultaban igual de exactos en ambos casos.

Por otra parte, no sólo existen relatos realizados en trance hipnótico, sino también otros en que los recuerdos sobre una vida pasada se manifiestan con plena consciencia. El psiquiatra estadounidense Ian Stevenson recopiló e investigó 1.700 de estos casos. La mayoría de las veces se trata de niños pequeños que hablan espontáneamente de sus familiares *anteriores* o de la casa en que vivieron *antes*.

¿Y cómo terminó el caso de Jane Evans, alias *Rebecca*, muerta en el año 1189 en la cripta de una iglesia en las afueras de la ciudad de York? Su terapeuta pasó la grabación del relato a un historiador. A éste no le fue difícil encontrar la iglesia en cuestión: St. Mary, en Castlegate. Pero por mucho que buscó en viejas crónicas no halló ninguna pista de que aquella iglesia hubiera tenido nunca una cripta debajo del altar. Unos años más tarde convirtieron la iglesia en museo. Durante los trabajos de restauración, los obreros encontraron un túnel bajo el altar: la entrada a una cripta.

Muy Especial, Madrid

Comprensión

Cada grupo de tres estudiantes debe reunirse para compartir su información acerca de los tres artículos; entre todos deben poder completar una tabla como la de la página 161 para cada uno de los artículos. Después, compartan su información con los demás grupos de la clase. ¿Hay mucha diferencia de opiniones?

Aplicación

A ¿Sabe Ud. de otros casos, o ha experimentado personalmente alguna vez un fenómeno, como los que se describieron en los artículos de la Lectura II de este capítulo? Describa las circunstancias. ¿Qué pasó? ¿Le contó a otra persona lo que le había pasado? ¿Cómo reaccionó esa persona?

B Los fenómenos descritos en los tres artículos son tratados con frecuencia en la literatura, el cine y la televisión. ¿Puede Ud. contar algunos casos recientes o muy conocidos?

C En los tres casos, se sugiere que estos fenómenos tienen una larga historia y que se dan en todas las culturas humanas. ¿Cómo interpreta Ud. esto? ¿Es evidencia a favor de la credibilidad de tales fenómenos o es evidencia de otra cosa? En su opinión, ¿hay alguna relación entre esto y la popularidad de estos fenómenos en la literatura y el cine? Explique.

D ¡Necesito compañero! ¿Pueden Uds. explicar o definir lo siguiente? Trabajando en parejas, expliquen en qué consisten o para qué sirven. ¿Cuál creen que es más fidedigna? ¡Prepárense para defender su selección!

la numerología	la astrología
la quiromancia (*palm reading*)	la tabla de ouija

E Mucha gente rechaza o se burla de la idea de poder saber el futuro pero lee su horóscopo fielmente cada día. ¿Conoce Ud. a alguien que actúe así? ¿Cómo explica Ud. su comportamiento?

VOCES

1. ¿Practica Ud. alguna religión? ¿De qué manera afectan su vida sus creencias religiosas?

Daniel B.: Buenos Aires, Argentina
El tema religioso es algo difícil para mí. Practico la religión católica, pero no me he podido integrar a ninguna comunidad por no haber coincidido en maneras de pensar o actuar (tal vez lo mío sea falta de voluntad). De todas maneras creo que mi vida fue muy condicionada por la enseñanza religiosa, pero particularmente lucho contra el esquema formado que estamos en esta vida para sufrir ciertas cargas (una visión pesimista contra una optimista).

José Manuel L.: Madrid, España
No.

Xavier N.: Caracas, Venezuela
Yo practico el Budismo Zen. Desde que era un niño, valores e ideas filosóficas relacionadas con religiones orientales flotaron en mi casa. Creo que la filosofía de vida de mi padre me abrió las puertas a la meditación, a cierta cualidad contemplativa que tienen las religiones del oriente. Para mí la religión es fundamental en mi vida... Yo no veo la religión como algo que se practica en las iglesias o templos. El verdadero lugar para practicar la religión es en la vida diaria...

Juan C.: Lima, Perú
Sí, soy «católico». Pero tal vez debiera contestar con «no». Es decir, no soy un tipo que creo en dogmas estipulados por la tradición. Si digo que soy «católico» es porque fui bautizado en esta religión, pero no estoy de acuerdo con cosas que veo dentro de esta religión.

2. ¿Cree Ud. que la religión es un factor importante en la vida de la mayoría de la población de su país?

Daniel B.: Buenos Aires, Argentina
Creo que el sentido religioso en la mayoría de la población ha disminuido mucho, aunque hay sorpresas cuando se convoca a actos religiosos y ceremonias donde concurre mucha gente. Hay cada vez más vocaciones religiosas.

José Manuel L.: Madrid, España
Don Miguel de Unamuno decía que «en este país hasta los ateos somos católicos». Tal vez esa paradoja pueda expresar muy bien que la religión católica es un factor de relativa importancia en la vida de la mayoría de la población española. Desde luego, es mucho menos importante de lo que se piensa en el extranjero. De una parte, se observa que las fiestas de los pueblos se celebran en honor de santos o que casi todo el mundo bautiza a sus hijos, pero los practicantes religiosos son minoritarios.

Xavier N.: Caracas, Venezuela
En Venezuela... yo diría que más o menos un 90 por ciento de la gente es católica... Hay muchísimas iglesias católicas (casi ninguna de otra denominación) y la gente acude a ellas principalmente para las misas del domingo. Existen varias festividades de origen estrictamente religioso que todo el país sigue, por ejemplo Semana Santa, el Día de Todos los Muertos, Navidad, etcétera. Además en poblaciones pequeñas las comunidades a menudo tienen «procesiones» religiosas.

Juan C.: Lima, Perú
Indudablemente que en países latinos la religión juega un papel preponderante... Por ejemplo, ...en mi país el nuevo gobierno ha tratado de concientizar a la gente para el uso de preservativos (condones) por muchas razones lógicas —planificación familiar, riesgo de contraer todo tipo de enfermedades, embarazos no deseados, etcétera. Pero, como bien es sabido, la Iglesia católica no permite el uso de ningún tipo de contraceptivos. Lógicamente entonces surge un desacuerdo entre gobierno e Iglesia y debo señalar que la gran mayoría está de lado de la Iglesia. Y esto es sólo un ejemplo.

¡Ud. tiene la palabra!

A A Daniel B. le fue difícil contestar la primera pregunta, y es cierto que algunas personas se sienten incómodas al hablar de sus creencias religiosas. ¿Cómo caracterizaría Ud. (*would you characterize*) a los distintos individuos en este respecto? ¿tranquilo? ¿incómodo? ¿inquieto? ¿no serio? ¿reservado? ¿Con quién (o quiénes) de las *voces* se identifica Ud. más?

B ¿Cree Ud. que las respuestas son de alguna manera muy «hispanas» o que bien podrían (*could*) ser una muestra (*sample*) de las opiniones que daría (*would give*) cualquier norteamericano? Dé ejemplos específicos de las semejanzas y las diferencias entre lo que dicen estas personas y lo que diría (*would say*) un individuo norteamericano típico.

C ¿Le han sorprendido algunas de las respuestas? Explique.

D ¡Necesito compañero! Utilizando la segunda pregunta de esta sección, entreviste a un compañero / una compañera de clase. Luego, entre todos, hagan un resumen de las ideas que se mencionan con más frecuencia. ¿Cómo se compara el resumen con las ideas que se sugerían al contestar la actividad B de arriba?

CAPITULO 9 NUEVE

Los hispanos en los Estados Unidos

Los Angeles, California

Por muchos años se dijo que los Estados Unidos eran como un crisol o «cazuela» (*casserole*) en donde se fundían muchas culturas diferentes para unificarse. Sin embargo, hoy en día se prefiere comparar esta relación entre distintas razas y culturas con una «ensalada», en la cual todos los ingredientes están mezclados pero ninguno pierde ni su identidad ni su propio sabor.

Conteste brevemente las siguientes preguntas con respecto a su propia experiencia.

1. En el lugar donde Ud. vive, ¿hay personas de diversas razas y culturas? ¿de cuáles?
2. ¿Qué otras lenguas ha tenido la oportunidad de escuchar en el área donde vive?
3. En su opinión, ¿qué imagen se aproxima más a la realidad de los EEUU: la de la «cazuela» o la de la «ensalada»? ¿Por qué?
4. ¿Conoce otros países en donde haya la misma variedad racial y cultural que hay en los EEUU? ¿Cuáles son?

Los hispanos son uno de los grupos que contribuyen a la variedad racial y cultural de este país. Pero, ¿quiénes son realmente los hispanos? ¿De dónde vienen? ¿Qué buscan? ¿Qué características los unen y cuáles los diferencian?

Piense en aquellas imágenes o estereotipos que se asocian con el concepto de «hispano». Describa cómo se suele caracterizar a una persona hispana en cuanto a los siguientes temas.

- su aspecto físico
- su trabajo
- su inteligencia
- sus intereses

Ahora, observe el mural de la izquierda y conteste estas preguntas.

- ¿Qué símbolos relacionados con el mundo hispano están representados en este mural?
- ¿Qué rasgos físicos caracterizan a las tres personas del mural? ¿Corresponden esos rasgos a la imagen que Ud. tiene de los hispanos? ¿Cree que esa imagen corresponde a la realidad o que es un estereotipo?
- ¿Qué temas cree Ud. que van a tratarse en este capítulo? ¿Qué le gustaría aprender sobre la cultura hispana?

LECTURA I MEXICOAMERICANOS: SU HISTORIA Y UNA EXPERIENCIA PERSONAL

APROXIMACIONES AL TEXTO

More About Text Structure: Developing and Organizing an Idea (Part 1)

Many texts are built around a main idea that is developed through examples and supporting ideas. For example, an essay on the contributions of immigrant groups to U.S. culture might include information about food, holidays, and language.

The writer might organize the supporting ideas in a number of ways, including comparison/contrast, cause/effect, and division/classification. Being able to recognize the particular structure of a text's argument helps the reader establish expectations about the types of information in the text. It also provides a basis for evaluating the text: Did the author "follow through" appropriately? Did the author accomplish what he or she set out to do?

Comparison/contrast. An effective technique for describing an object, action, or idea is comparison/contrast: pointing out the similarities and differences between the object and something else with which the reader may be familiar. An essay based on comparison/contrast of two objects (two groups of people, for example) can be developed in two ways.

1. First present the information about group 1 with respect to particular points (food, religion, dress, and so on), followed by all the information about group 2.
2. Compare/contrast the groups with respect to each point before continuing on to the next point.

Here is a schematic representation of these two methods.

METHOD ONE	
group 1	**group 2**
food religion dress	food religion dress

METHOD TWO		
food	**religion**	**dress**
group 1 group 2	group 1 group 2	group 1 group 2

Many chapters in *Pasajes: Cultura* are organized around comparison/contrast because they describe elements of Hispanic culture with respect to related elements of U.S. culture.

A Dos ejemplos del uso de comparación/contraste se encuentran en los Capítulos 3 y 4.

1. Examine el Capítulo 3 y haga un breve bosquejo de sus puntos principales. ¿Cuál de los métodos de organización anteriormente presentados describe mejor la presentación de las ideas?
2. ¿Cómo se organiza la información en la sección sobre «La educación de los hijos» en el Capítulo 4?

Cause/effect. This method of development is particularly appropriate for exploring the reasons why something is the way it is. Why is the Spanish spoken in the New World different from that spoken in Spain? Why are intellectuals more active politically in the Hispanic world than is customary in the United States? It may examine both immediate and underlying causes of a particular situation. For example, the assassination of Archduke Ferdinand was the immediate cause of World War I, but there were also many underlying social and economic causes. Cause/effect development may also explore the direct and/or long-term consequences of an action.

B Hasta este punto, dos capítulos de *Pasajes: Cultura* han utilizado el método de causa/efecto para organizarse.

1. ¿Puede Ud. identificar los dos capítulos cuya idea principal ha tratado de contestar la pregunta «¿por qué?»?
2. En los casos identificados, ¿se ha hablado más de causas inmediatas o de causas remotas? Dé un ejemplo de cada una.

Division/classification. Division/classification is another method of organizing a text. Division involves separating a concept into its component parts. Classification is the reverse process: it sorts individual items into larger categories. For example, to describe a car using the technique of division, you would examine each of its parts. On the other hand, when using the technique of classification, you might categorize them as Fords, Toyotas, and Volkswagens.

C Mire el título de este capítulo y luego los títulos de las tres lecturas que lo componen. ¿Qué tipo de organización caracteriza el capítulo? Dentro de cada una de las lecturas, ¿qué otras técnicas de organización es probable que se utilicen? ¿Qué temas relacionados con estas técnicas cree Ud. que se van a tratar en este capítulo en general? ¿y en cada una de las lecturas?

Palabras y conceptos

acoger to welcome, receive
acogedor welcoming, warm
la acogida welcome, reception
la aculturación aculturation (*adapting to a culture different from one's own*)
el adiestramiento job training
la alienación alienation
la asimilación assimilation (*taking on the characteristics of a culture different from one's own*)
el becario person who receives a scholarship
la concienciación raising of consciousness
controvertido controversial
el crisol crucible; melting pot
la desventaja disadvantage
empeñarse (en) to insist on, be determined to
el empeño insistence, determination
el ferrocarril railroad
la formación educativa academic preparation or background
hacer caso to pay attention
la inmigración immigration
la ley law
la oleada wave, surge
la propuesta proposal

A ¿A qué palabras de la lista del vocabulario corresponden las siguientes definiciones?

1. prestar atención
2. un estudiante que recibe ayuda económica para sus estudios
3. recibir bien a una persona
4. entrenamiento para un trabajo
5. algo polémico o problemático

B ¡Necesito compañero! Trabajando en parejas, mencionen por lo menos dos películas que se relacionen con cada uno de los siguientes conceptos. Si uno de Uds. no sabe nada de una película, la otra persona debe explicarle brevemente el argumento. Después, compartan sus selecciones con las demás estudiantes. ¿Qué otras películas se mencionaron?

1. la inmigración
2. la formación educativa

C ¿Cierto (**C**) o falso (**F**)? ¿Qué sabe Ud. ya de los grupos hispanos en los Estados Unidos? Tome la siguiente prueba para averiguarlo (encontrará las respuestas correctas en el capítulo).

1. _____ Los puertorriqueños son el grupo hispano más numeroso de los EEUU.
2. _____ La mayoría de los chicanos son trabajadores migratorios.
3. _____ En la ciudad de Miami hay más cubanos que en cualquier otra ciudad del mundo después de La Habana.
4. _____ Todos los hispanos están a favor de la educación bilingüe.
5. _____ Los puertorriqueños, los chicanos y los cubanos son todos inmigrantes.
6. _____ Puerto Rico es una colonia de los EEUU.
7. _____ Los hispanos tienen muchas dificultades en asimilarse a la cultura estadounidense.
8. _____ Las nuevas oleadas de inmigrantes hispanos provienen de Chile y del Perú.
9. _____ El español es el idioma que más se habla en los EEUU después del inglés.

D Entre todos

- ¿Es Ud. de familia de inmigrantes? ¿De dónde es su familia?
- ¿Cuántas generaciones hace que llegaron sus antepasados a este país?
- ¿Se conservan todavía en su familia algunas de las tradiciones de sus antepasados?
- ¿Le gustaría conservar esas tradiciones para siempre o no le importaría perderlas?

E Papel y lápiz Ya que casi todos los habitantes actuales de los Estados Unidos o son inmigrantes o tienen antepasados que lo fueron, es probable que Ud. ya sepa algo de lo que es la experiencia de ser inmigrante. Explore esto en su cuaderno de apuntes.

- ¿Qué imágenes asocia Ud. con la experiencia de ser inmigrante? ¿Dónde suele vivir la mayoría de los inmigrantes recientes, en las ciudades o en las zonas rurales? ¿Por qué?
- ¿Con qué problemas —sociales, económicos, culturales— tienen que enfrentarse? ¿Qué recursos tienen para solucionar estos problemas?
- ¿Qué pueden o deben hacer los ciudadanos de un país para facilitar el proceso de integración de los inmigrantes? ¿Qué deben hacer los inmigrantes para acelerar su asimilación al nuevo país?

Mexicoamericanos: Su historia y una experiencia personal

Es muy sabido que, con excepción de la minoría indígena, los Estados Unidos son una nación de inmigrantes. Antes de 1860, sin embargo, los inmigrantes formaban una población bastante homogénea: de los cinco millones que llegaron entre 1820 y 1860, casi el 90 por ciento venía de Inglaterra, Irlanda o Alemania. Después de 1860, en cambio, llegaron en oleadas cada vez más grandes inmigrantes procedentes de culturas con tradiciones muy variadas. En la llamada «Gran Inmigración» de 1880 a 1930, desembarcaron en este país casi treinta millones de personas: italianos, polacos, rusos y muchos otros procedentes de las distintas naciones del centro y del este de Europa.

Hoy en día «la nueva oleada» de inmigrantes son los hispanos: especialmente los mexicanos, los puertorriqueños y los cubanos. Como se verá,[1] este grupo tiene características que lo distinguen de otros inmigrantes: primero porque muchos no son en realidad «inmigrantes» y, segundo, porque algunos grupos hispanos han vivido en los Estados Unidos desde hace mucho tiempo.

Los mexicoamericanos

La presencia hispana es más palpable en el suroeste de los Estados Unidos, aunque también va en aumento en muchas otras partes del país. La arquitectura del suroeste recuerda los años de la colonización española, y luego mexicana, y la comida tiene un distintivo sabor picante. Los carteles[2] en muchas tiendas anuncian que «se habla

[1]va a ver [2]*signs*

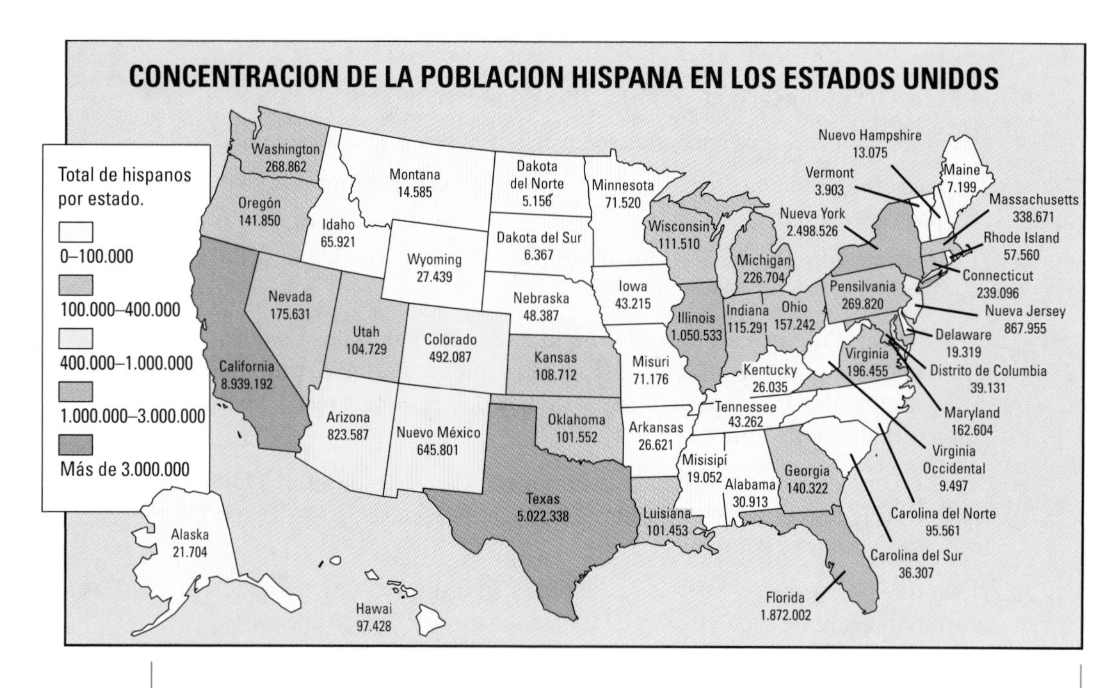

español», lo cual no sorprende nada, ya que en California, Arizona, Colorado, Nuevo México y Texas, una de cada seis personas es hispana. La mayoría de estas personas son mexicoamericanos, o chicanos,* descendientes de los primeros pobladores de esa región.

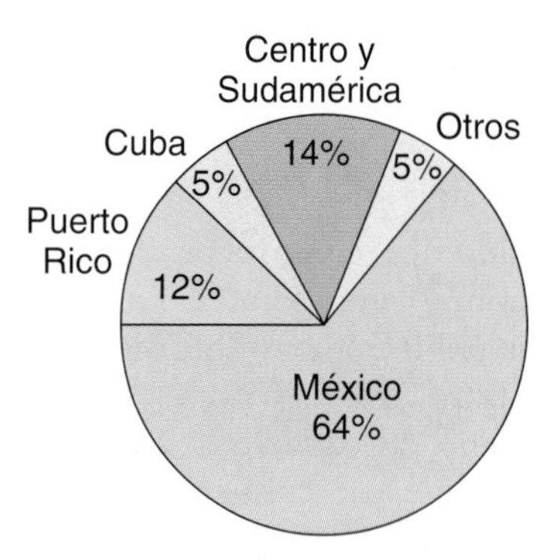

Cuando los colonos ingleses fundaron Jamestown en 1607, los españoles y los mexicanos ya llevaban más de sesenta años en el suroeste. Todo el territorio del suroeste pertenecía a España y luego a México; cuando los primeros estadounidenses empezaron a llegar a la región (alrededor de 1800), había unos 75 mil mexicanos que ya vivían allí.

El enorme tamaño del territorio permitía que los recién llegados se establecieran y siguieran viviendo de acuerdo con sus costumbres y tradiciones, manteniéndose al margen de los mexicanos. Al principio el gobierno mexicano estaba contento de tener pobladores de cualquier tipo, pero al notar la rápida americanización de su territorio, empezó a alarmarse. En 1830 México prohibió la inmigración procedente de los Estados Unidos, pero ya era demasiado tarde. El territorio de Texas se rebeló en 1836 y logró independizarse de México. Pronto Texas votó

*La historia de la palabra **chicano** no es exacta, pero generalmente se considera una abreviación de **mexicano.** No todos los mexicoamericanos aceptan el uso de este término. Por lo general, los jóvenes prefieren llamarse **chicanos;** los mayores, **mexicoamericanos** o **mexicanoamericanos.** En algunas regiones de Nuevo México, es frecuente el uso de los términos **hispano** y **Spanish American.**

por formar parte de los Estados Unidos y, para evitar que México recuperara este territorio, en 1846 los Estados Unidos declararon la guerra contra México.

El Tratado de Guadalupe Hidalgo puso fin a la guerra en 1848, dando a los Estados Unidos la tierra de Texas, Nuevo México y Arizona, y parte de California, Nevada y Colorado. México había perdido la mitad de su territorio total, y los Estados Unidos habían ganado un tercio[3] del suyo. A los 75 mil ciudadanos mexicanos que se encontraban en lo que era ahora territorio norteamericano se les ofreció la alternativa de volver a México o de convertirse en ciudadanos norteamericanos. La gran mayoría decidió quedarse y aceptar la ciudadanía. Fueron éstos los primeros mexicoamericanos, que llegaron a serlo no por medio de una inmigración deliberada, sino por medio de la conquista.

El Tratado de Guadalupe les garantizaba la libertad religiosa y cultural a los mexicoamericanos y reconocía sus derechos respecto a la propiedad. Sin embargo, con la excepción de la práctica de su religión, no se ha hecho caso de estas garantías. La hostilidad hacia los mexicoamericanos empezó en 1848 con la firma del Tratado de Guadalupe. Entre 1865 y 1920, hubo más linchamientos de mexicoamericanos en el suroeste que de negros en el sureste. La llegada del ferrocarril en la década de 1870 atrajo a más y más pobladores anglos, y hacia 1900 los mexicoamericanos habían sido[4] reducidos a la condición de minoría subordinada.

Las tradiciones hispanas forman una parte importante de la cultura del suroeste de los Estados Unidos. Estas mujeres preparan tortillas en una fiesta en San Antonio, Texas.

La subordinación de los mexicoamericanos

En el suroeste el clima es tan árido que sólo son provechosas la agricultura y la cría de ganado hechas en gran escala. Perdidas sus tierras* y por no tener educación ni formación especializada, los mexicoamericanos se convirtieron en la mano de obra de sus nuevos dueños: terratenientes[5] ricos, grandes corporaciones, financieros y ferroviarios.[6]

[3]un... *one-third* [4]habían... *had been* [5]los que tienen mucha tierra [6]los que construían el ferrocarril

*Los mexicanos poseían tierras según el sistema español tradicional de latifundios (*land grants*), y muchos las perdieron debido a la dificultad de probar su posesión.

Fue, además, una mano de obra muy barata: la proximidad de la frontera con México aseguraba una fuente casi sin límite de trabajadores. Todos los días llegaban nuevos inmigrantes, muchos ilegales, que buscaban trabajo y estaban dispuestos a trabajar por cualquier salario. La naturaleza cíclica de la agricultura ocasionaba períodos de trabajo seguidos de otros de desempleo. El trabajo en los campos aislaba a los mexicoamericanos del resto de la sociedad, y el hecho de que los obreros se trasladaran de un lugar a otro en busca de cosechas hacía imposible la educación de sus hijos. Así la segunda generación, sin educación ni formación académica, sólo podía seguir a sus padres a trabajar en el campo y el ciclo se repetía una y otra vez.

La Segunda Guerra Mundial (1939–1945) y la rápida mecanización de la agricultura que la siguió ayudaron a romper el ciclo. Muchos mexicoamericanos volvieron de la guerra con una nueva conciencia: por primera vez empezaron a identificarse como «americanos», los que lo pueden hacer todo. Tenían, además, una nueva formación. Al ver que disminuía el trabajo en los campos, muchos de ellos se fueron a las ciudades. Hoy, más del 80 por ciento de la población mexicoamericana es urbano. La mayoría se ha establecido en Los Angeles, cuya población de ascendencia mexicana es la segunda más importante del mundo, superada sólo por la de la capital de México. En las áreas metropolitanas la situación económica de los mexicoamericanos se estabilizó y pudieron beneficiarse de muchos bienes sociales: medicina, educación, vivienda. Con todo, aunque su nivel de vida había mejorado, pronto descubrieron que socialmente seguían subordinados e incluso despreciados.

El estereotipo de inferioridad que con frecuencia se les aplicaba a los mexicoamericanos se fue arraigando[7] a través de la literatura y, sobre todo, del cine. En ellos el anglo siempre era fuerte, valiente y trabajador. En cambio, se retrataba al mexicano como a un ser vil, sucio y perezoso. El anglo progresaba hacia el futuro al lado de la tecnología y la ciencia; el mexicano era un reaccionario que vivía rodeado de supersticiones e ignorancia. En las escuelas se castigaba a los niños por hablar español y lo mismo les ocurría a sus padres en el trabajo. Los anglos les decían que su cultura no les ayudaba, sino que los perjudicaba: la familia era culpable del fracaso o poco éxito de sus niños porque hacía hincapié[8] en las relaciones personales en vez de fomentar la competencia; que su religión les hacía demasiado fatalistas; incluso que en su comida faltaban proteínas. De alguna manera u otra, siempre se les recordaba a los mexicoamericanos que eran inferiores, y que siempre lo serían mientras conservaran su herencia mexicana.

La Raza y el chicanismo

El período entre la Segunda Guerra Mundial y los años sesenta puede llamarse «la generación de los mexicoamericanos». Durante este período se vio cierto progreso respecto a la educación y al nivel de vida y se esperaba lograr una mayor aceptación social y una mayor afluencia económica. Pero pronto se experimentó una profunda desilusión ante los numerosos problemas que se iban planteando[9] y, también, surgió una desconfianza casi total respecto al sistema jurídico y político.* La lucha que el movimiento negro realizaba en aquella época a favor de

[7]se... *was becoming entrenched* [8]hacía... daba importancia [9]se... *kept coming up*

*Las relaciones entre la comunidad chicana y la policía han sido especialmente negativas; de hecho, las dos decisiones de la Corte Suprema que han tenido más efecto sobre los poderes de la policía surgieron como consecuencia de los enfrentamientos entre la policía y los chicanos (*Escobedo* versus *Illinois*, *Miranda* versus *Arizona*).

los derechos civiles ofrecía otra alternativa y, siguiendo su ejemplo, nació el chicanismo. En vez de esperar que el sistema se reformara, los chicanos empezaron a organizarse para insistir en esas reformas; en vez de negar su cultura, decidieron fomentar un orgullo étnico y crear una imagen positiva de sí mismos. Empezaron a preferir el término *chicano* y a referirse a sí mismos como «la Raza», una gente unida por una historia común, una herencia cultural compartida y un propósito político. César Chávez tuvo éxito en los campos organizando un sindicato con los trabajadores migratorios; en las universidades, especialmente en las de California, se establecieron programas de estudios chicanos; en 1970 se formó el partido de la Raza Unida que propuso (y sigue proponiendo) candidatos políticos chicanos; en los barrios de East Los Angeles y de Pilsen, Chicago, se expresó el nuevo orgullo y la nueva esperanza que se sentían a través de grandes murales callejeros que presentan la cultura chicana.

Hoy, sin embargo, más de treinta años después de los logros[10] de Chávez y del nacimiento del movimiento chicano, todavía queda mucho por hacer. Se puede hablar de un progreso entre los chicanos sólo si se les compara con sus propios padres o abuelos. En comparación con otros grupos, todavía están muy por debajo en cuanto a educación, vivienda e ingresos.[11] Lo que es más, en la década de los noventa se ha visto un resurgimiento político y social de la hostilidad hacia los que en este país no hablan bien el inglés, no tienen «tarjeta verde» y no son inmigrantes legales, y se les están cerrando aún más puertas en los campos de la educación, la medicina y las oportunidades de trabajo.

En su autobiografía, *Hambre de recuerdos* (1982), Richard Rodríguez describe su propia experiencia como mexicoamericano plenamente asimilado a la sociedad y la cultura norteamericanas. De ser un niño que apenas conocía unas pocas palabras en inglés, Rodríguez se hizo un distinguido escritor y conferenciante. Como contrapartida[12] a los logros de su trayectoria social y pública, Rodríguez experimentó un doloroso vacío a nivel familiar a medida que su asimilación a unos nuevos patrones culturales le alejaba de la cultura y la lengua de sus padres. *Hambre de recuerdos,* selecciones del cual aparecen a continuación, sirve como testimonio de uno de los principales problemas con que ha de[13] enfrentarse toda persona que busca integrarse en una nueva cultura.

[10]*achievements* [11]*earnings* [12]*contrast* [13]ha... tiene que

La formación educativa de Richard Rodríguez

Hace mucho tiempo yo era un niño socialmente desventajado. Un niño feliz. La mía fue una niñez de una gran unión familiar. Y una extrema alienación pública.

Treinta años más tarde escribo este libro como un americano de clase media. Asimilado.

* * * * * * * * *

Rodríguez. Ese es el nombre que aparece en la puerta. El nombre de mi pasaporte. El nombre que me dieron mis padres —que ya no son mis padres culturalmente. Así es como yo lo pronuncio: «Richheard Road-ree-guess». Así es como lo escucho más a menudo.

La voz del micrófono dice, «señoras y señores es un placer presentarles al Sr. Richard Rodríguez». Ultimamente me invitan a menudo para hablar sobre educación en auditorios universitarios y en salas de baile de Holiday Inn. Voy; todavía siento el impulso de actuar como profesor, pese a no tener la titulación. A veces mi audiencia es una convención de administrativos universitarios; otras veces, maestros de inglés de escuelas secundarias, otras, grupos de antiguas alumnas.

«El Sr. Rodríguez ha escrito mucho sobre el sistema educativo moderno». Varios ensayos. He criticado especialmente dos programas del gobierno — acción afirmativa y educación bilingüe.

«Es un orador controvertido».

Me he hecho famoso entre ciertos líderes de la izquierda étnica americana. Soy considerado una víctima, un imbécil, un tonto —Tom Brown, un tío Tom moreno, interpretando la escritura en la pared para un grupo de faraones fumando puros.

En el almuerzo del club de mujeres, una señora elegante se acercó al estrado después de mi discurso para decir que, después de todo, era una pena que yo no hubiera podido «usar» mi español en la escuela. ¡Qué vergüenza! ¿Pero cómo se atreve esa señoritinga a compadecer mi vida?

Hay algunos, en la América de los blancos, a quienes les gustaría que yo representase para ellos un drama de reconciliación ancestral. Quizás porque estoy marcado por un color indelible fácilmente suponen que permanezco inalterable al cambio de status social y que puedo reclamar vínculos indestructibles con mi pasado. ¡Menuda posibilidad! En un tiempo en el que muchos niños y padres de la clase media se distancian, ya no se comunican, las soluciones románticas atraen.

Pero yo rechazo ese papel (Caliban* no transportará un equipo de televisión a su isla para recobrar allí sus raíces).

Las ruinas aztecas no tienen un interés especial para mí. No busco en los cementerios aztecas vínculos con antepasados innombrables. Asumo que retengo algunos rasgos de gesto y carácter que provienen de vidas enterradas. También hablo español ahora y leo a García Lorca† y García Márquez‡ cuando me apetece. Pero qué consuelo puede este hecho darme cuando sé que mi padre y madre nunca oyeron hablar de García Lorca o García Márquez. Lo que me preocupa es el presente inmediato: la separación, en pérdida, que sufro con mis padres. Esto es lo que me importa: la historia del becario que regresa a casa de la universidad un verano para descubrir que entre sus padres y él media un silencio desconcertante. Esta es mi historia. Una historia americana.

Comprensión

A Dé la forma correcta del verbo señalado. Luego decida si la oración es cierta (**C**) o falsa (**F**) según la información presentada en la Lectura I y corrija las oraciones falsas.

1. ____ La región del suroeste de los EEUU (*was settled*: poblar) por los españoles antes que la región de Jamestown.
2. ____ Cuando los primeros colonos norteamericanos llegaron al suroeste, encontraron que el territorio (ser/estar) deshabitado.
3. ____ Los norteamericanos que (establecer/establecerse) en el suroeste no querían (adaptar/adaptarse) a las costumbres mexicanas.
4. ____ Un territorio equivalente al tamaño de Texas y Nuevo México (*was gained*: ganar) por los EEUU en la guerra de 1846.
5. ____ Después de la guerra, los mexicanos que (vivían/vivieron) en la región del suroeste (*were expelled*: echar).
6. ____ Los derechos de los mexicoamericanos (*were denied*: negar) en el Tratado de Guadalupe.
7. ____ (*Is found*: Encontrar) evidencia del orgullo étnico en los murales mexicoamericanos de los barrios de East Los Angeles y de Pilsen, Chicago.

---

*Personaje de *La tempestad* de Shakespeare.
†Federico García Lorca (poeta y dramaturgo español).
‡Gabriel García Márquez (novelista colombiano, premio Nobel de Literatura).

B Ponga cada efecto con su causa. ¡Cuidado! No se usan todas las causas.

CAUSA

1. _____ la llegada del ferrocarril al suroeste
2. _____ la participación de los mexicoamericanos en la Segunda Guerra Mundial
3. _____ la naturaleza cíclica del trabajo agrícola
4. _____ la constante inmigración de México
5. _____ la necesidad de trabajadores baratos
6. _____ la lucha de los negros en favor de los derechos civiles
7. _____ la condición de «conquistados»

EFECTO

a. la reducción de los mexicoamericanos a la condición de minoría étnica
b. un nuevo motivo de orgullo y más posibilidades de trabajo
c. el chicanismo

¿Puede Ud. dar otros posibles efectos producidos por las causas que identificó? Y ¿cuáles son las resultados provocados por las causas que Ud. no identificó?

Interpretación

¡Necesito compañero! Trabajando en parejas, comenten las siguientes preguntas sobre las selecciones del libro de Richard Rodríguez.

- En su opinión, ¿cuáles son los motivos que pudieron provocar el sentimiento de separación total entre Richard Rodríguez y sus padres? ¿Se trata de un problema generacional o tiene otras causas? ¿Conocen Uds. a alguien que también se sienta alienado de su familia por razones similares a las de Rodríguez?
- Las palabras de Richard Rodríguez parecen indicar que la alienación familiar es el precio que hay que pagar por la asimilación social. ¿Qué opinan Uds. de esta afirmación? ¿Consideran que es exagerada? ¿Por qué sí o por qué no?
- Richard Rodríguez afirma estar en contra de dos programas del gobierno diseñados teóricamente para ayudar a los grupos minoritarios a asimilarse. ¿Cuáles son estos programas? ¿Pueden Uds. adivinar las razones que apoyan la posición de Rodríguez? ¿Creen que esos programas son necesarios? Identifiquen cinco argumentos a favor y cinco en contra de la existencia de ambos.
- El autor comenta que miembros de grupos minoritarios le desprecian e insultan. ¿Cuáles son las causas de este problema? ¿Pueden Uds. señalar otros líderes pertenecientes a otras minorías étnicas o culturales que se encuentren en la misma situación? ¿Cuál será (*might be*) una posible solución?

Ahora, compartan sus opiniones con las demás parejas. ¿Qué ideas tienen todos en común? ¿Sobre qué punto(s) *no* están de acuerdo?

LECTURA II LOS PUERTORRIQUEÑOS

APROXIMACIONES AL TEXTO

More About Text Structure: Developing and Organizing an Idea (Part 2)

Comparison/contrast, cause/effect, and division/classification are three techniques that are frequently used to organize information. Often a writer may find that a combination of approaches is the most effective way to develop his or her ideas. For example, to develop the idea that "the computer is becoming increasingly more important in this day and age," the writer may first want to identify the ways in which the computer is important (division) and then to explain how each of these is more important today than at some established point in the past (comparison/contrast). The writer may even want to conclude by showing some of the reasons for the computer's steady increase in importance (cause/effect).

Most of the readings in *Pasajes: Cultura* are structured according to one of the three patterns mentioned, or a combination of them, but many other patterns of development are also possible.*

A ¿Qué tipo(s) de organización sugieren los siguientes títulos?

1. ¿Qué tipo de auto debe Ud. comprar, un auto de fabricación nacional o un auto importado?
2. La crisis económica de los años treinta: ¿Por qué no la predijo (*predicted*) nadie?
3. Los grupos indígenas del Amazonas
4. Los indígenas del Amazonas: Ayer y hoy
5. Las consecuencias de la Guerra de los Cien Años
6. El uso del color rojo en las pinturas de Van Gogh y Gauguin
7. La peste (*bubonic plague*)
8. Las partes de la computadora

B En el Capítulo 6 («El hombre y la mujer en el mundo actual»), se ve una combinación de dos técnicas de organización. ¿Puede Ud. identificarlas?

Note that simply using an *example* of comparison/contrast or several *instances* of cause/effect within a text is not the same as using one of these techniques to structure the entire argument of the text. Chapter 2 (**"La comunidad hispana"**), for example, includes some cause/effect information, but the texts themselves are not structured around the questions "Why?" or "What are the consequences?" Which of the patterns discussed in this chapter do you think best describes the structure of Chapter 2?

---

*Additional information may be found in the *Cuaderno de práctica.*

Los puertorriqueños

La población puertorriqueña de los Estados Unidos es urbana y se concentra fundamentalmente en las ciudades de Nueva York, Boston, Filadelfia y Chicago. Gran parte de la inmigración puertorriqueña empezó después de la Segunda Guerra Mundial, durante la década de los años cincuenta. En 1940 sólo había 70 mil puertorriqueños en todos los Estados Unidos; en 1990, en cambio, había más de 3,9 millones. De hecho, más puertorriqueños viven en Nueva York que en San Juan, la capital de Puerto Rico. Como los demás inmigrantes, han venido con sus costumbres y sus tradiciones, su comida y sus fiestas; en particular, su música y su danza han introducido nuevo ritmo y colorido en el mundo norteamericano.

A diferencia de otros inmigrantes, los puertorriqueños no tienen que pedir permiso para entrar en el país ni preocuparse por cuotas migratorias ni por el proceso de naturalización. No son inmigrantes sino que ya son ciudadanos americanos.

Los puertorriqueños recibieron la ciudadanía americana en 1917 pero su asociación con los Estados Unidos empezó varios años antes, durante la Guerra de 1898 entre España y los Estados Unidos. En aquella guerra España perdió las islas Filipinas y sus últimas colonias en el hemisferio occidental: Cuba y Puerto Rico. Cuba consiguió su independencia al terminar la guerra. En las islas Filipinas el proceso de independización fue más lento, pero finalmente consiguieron su independencia de los Estados Unidos en 1946. En Puerto Rico las cosas siguieron otra ruta: la Isla, más o menos del tamaño de Connecticut, se convirtió en territorio de los Estados Unidos.

Durante las tres primeras décadas del siglo XX, la presencia norteamericana en Puerto Rico trajo consigo muchos cambios positivos. La tasa de mortalidad bajó un 50 por ciento, y se elevó la tasa de crecimiento de la población. Pero económicamente los cambios no eran tan favorables. Antes de la llegada de los norteamericanos más del 90 por ciento de las fincas pertenecía a los labradores puertorriqueños. La economía agrícola de la Isla se basaba en tres productos principales: el azúcar, el café y el tabaco. Después de la ocupación norteamericana, varias compañías grandes se establecieron en Puerto Rico y, al cabo de diez años, habían incorporado a sus enormes plantaciones de azúcar la mayoría de las pequeñas fincas. La economía pasó abruptamente de manos jíbaras[1] a manos norteamericanas.

Tanto en los Estados Unidos como en Puerto Rico, había una gran insatisfacción por la situación colonial de la Isla. Los norteamericanos que se oponían a esta situación lograron que el Congreso aprobara el *Jones Act*, por el cual los puertorriqueños recibían la ciudadanía norteamericana y se otorgaban[2] al gobernador de la Isla más poderes sobre los asuntos internos. A pesar de sus buenas intenciones, ese acuerdo ha sido rechazado por un gran número de puertorriqueños. En primer lugar, ellos alegan que nunca habían solicitado la ciudadanía. (En 1914 los puertorriqueños habían mandado una resolución al Congreso en la que expresaban su oposición a la imposición de la ciudadanía norteamericana a menos que fuera refrendada[3] por el voto del pueblo, pero su petición fue desatendida.) En segundo lugar, la Isla seguía siendo una colonia: el Congreso de los Estados Unidos mantenía control sobre las leyes, el sistema

[1]campesinos puertorriqueños [2]daban [3]*authenticated*

monetario, la inmigración, el servicio postal, la defensa de Puerto Rico y sus relaciones con otros países. El sistema educativo se configuró según[4] el sistema norteamericano y se impuso el inglés como lengua de instrucción.

En los años siguientes la dependencia económica de Puerto Rico respecto a los Estados Unidos aumentó considerablemente. Aunque el deseo de independencia no disminuyó, la supervivencia económica de la Isla pedía otra solución. Un acuerdo político realizado en 1948 convirtió a la Isla en Estado Libre Asociado[5] (ELA). Ser ELA proporcionó a los puertorriqueños más control sobre sus propios asuntos —podían elegir a su propio gobernador— pero al mismo tiempo sus responsabilidades y privilegios seguían siendo diferentes de los de otros ciudadanos norteamericanos. Aunque no pagan impuestos federales, los puertorriqueños se benefician de muchos de los programas federales de educación, medicina y salud pública. Pueden servir en el ejército (y antiguamente estaban obligados a hacerlo), pero no pueden votar en las elecciones generales, sólo en las elecciones presidenciales primarias; mandan representantes al Congreso pero éstos tampoco tienen voto.

Durante los primeros veinte años después del establecimiento del ELA, se produjeron cambios notables en Puerto Rico. Bajo la dirección de su primer gobernador, Luis Muñoz Marín, se instituyó un programa de mejoramiento económico llamado *Operation Bootstrap,* que estimuló el desarrollo industrial. La renta[6] por familia aumentó un 600 por ciento, llegando a ser la más alta de toda Latinoamérica; el 85 por ciento de los jóvenes puertorriqueños asistió a las escuelas, donde el español volvió a ser la lengua oficial; Puerto Rico se convirtió en el cuarto país del mundo en cuanto al número de jóvenes que asistían a universidades o a institutos técnicos (el 19 por ciento); y la tasa de mortalidad infantil fue la más baja de toda Latinoamérica.

En comparación con el resto del Caribe o de Latinoamérica, Puerto Rico progresaba mucho, pero si se comparaba con el mínimo nivel aceptable en los Estados Unidos, la situación no era muy alentadora. El nivel de desempleo era dos veces más alto que en el resto de los estados norteamericanos, mientras que la renta *per capita* llegaba solamente a la mitad. Además, el desarrollo económico había traído consecuencias negativas. La Isla iba perdiendo casi por completo su carácter rural y tradicional. La televisión, el cine y los productos de consumo anuncian un nuevo estilo de vida. En consecuencia, la cultura y los valores tradicionales de Puerto Rico se ven amenazados: la unidad familiar, las relaciones personales, la dignidad individual y el respeto son reemplazados cada vez más por una exagerada competencia económica y se da cada vez más importancia al dinero y a los bienes materiales.

La migración

La migración de los puertorriqueños hacia los Estados Unidos empezó después de la Segunda Guerra Mundial.* La mayoría llegó sin instrucción ni formación especializada, sin recursos económicos y sin un buen dominio del inglés. Se enfrentaron con muchos de los problemas que habían padecido los inmigrantes anteriores: discriminación social y explotación económica. Pero en varios sentidos

[4]se... tomó como modelo [5]Estado... *Commonwealth* [6]*income*

*La Gran Crisis Económica de los años treinta, y luego la guerra misma, impidieron una migración más temprana.

los puertorriqueños son diferentes, y estas diferencias afectan —de manera positiva tanto como negativa— su situación en los Estados Unidos.

A diferencia de otros inmigrantes, por ejemplo, muchos de los puertorriqueños no piensan quedarse para siempre en los Estados Unidos. Puerto Rico está cerca y el pasaje es barato; así que muchos de ellos son migrantes «cíclicos», que llegan para buscar trabajo cuando la economía de la Isla presenta dificultades y vuelven cuando han podido ahorrar algún dinero. Su sueño es tener una vida mejor no en los Estados Unidos sino en Puerto Rico. Por esto, aunque reconocen la importancia de aprender inglés, no están dispuestos a renunciar a su español. El mantenimiento del español, al igual que las inmigraciones periódicas, dificulta enormemente la educación de sus hijos. En los Estados Unidos éstos no progresan debido a sus problemas con el inglés, pero cuando regresan a Puerto Rico, muchos se dan cuenta de que su español deficiente les plantea graves problemas para salir adelante en sus estudios.

Cambios y nuevas posibilidades

Aunque la situación de los puertorriqueños es muy difícil, en algunos aspectos es mejor de lo que era hace treinta años. Igual que en la comunidad chicana, el movimiento negro a favor de los derechos civiles motivó una concientización de la comunidad puertorriqueña, dándole una nueva conciencia política, un nuevo orgullo cultural y una nueva determinación por mejorar su situación. Las artes, siempre importantes en la cultura puertorriqueña, son muy visibles en Chicago y en Nueva York, donde varios centros culturales latinos ayudan y animan a los jóvenes poetas, artistas y músicos. A partir de 1974 se instituyó la educación bilingüe en algunas escuelas de Nueva York.

Según algunos, Puerto Rico nunca va a lograr su propia identidad a menos que se independice de los Estados Unidos.

Lo que todavía queda por resolver son las futuras relaciones de la Isla con los Estados Unidos. Desde el principio Puerto Rico ha mantenido dos posiciones básicas acerca de sus relaciones con los Estados Unidos: o debe ser incorporado 115 como un estado igual que los otros cincuenta o debe recibir su independencia. Hoy, después de más de cincuenta años del compromiso del ELA, la Isla todavía está profundamente dividida con respecto a lo que debe ser su situación legal. En términos filosóficos y sentimentales, la independencia todavía es muy atractiva. Sin embargo, ateniéndose a razones más pragmáticas, la mayoría rechaza la idea 120 de la independencia. La independencia pondría[7] en peligro la estabilidad económica de la Isla, que todavía depende casi totalmente de los Estados Unidos; los puertorriqueños perderían[8] el derecho a entrar libremente en este país, al igual que los otros derechos y beneficios de la ciudadanía. Cualquier decisión que se tome va a incluir penosos y delicados compromisos, pues no sólo están en 125 juego[9] cuestiones puramente económicas y políticas, sino la identidad cultural de todo un pueblo.

[7]*would put* [8]*would lose* [9]en... *in the balance*

Comprensión

A ¡Necesito compañero! Trabajando en parejas, escojan una de las siguientes preguntas y preparen una respuesta según la información presentada en la Lectura II. Luego, den una breve presentación oral de su respuesta y escuchen las presentaciones de las demás parejas.

1. ¿Dónde se encuentra ahora la mayoría de la población puertorriqueña dentro de los EEUU continentales? ¿Cuándo empezaron a llegar allí en grandes números? ¿Es correcto llamar a esta llegada una «inmigración»? ¿Por qué sí o por qué no?
2. ¿Cómo y cuándo pasó Puerto Rico a ser territorio de los EEUU? ¿Qué cambios experimentó la economía de la Isla después de ese suceso?
3. Comenten la importancia o el impacto del Jones Act de 1917 en los puertorriqueños. ¿En qué sentido son semejantes o diferentes los derechos de ciudadanía de los puertorriqueños de los de otros ciudadanos norteamericanos?
4. ¿Por qué es significativo que muchos de los puertorriqueños sean migrantes «cíclicos» que piensan algún día regresar a la Isla? ¿Qué problemas lingüísticos y educativos ocasiona esto a sus hijos?
5. ¿Qué semejanza hay entre la influencia que tuvo el movimiento negro de los años sesenta en los mexicoamericanos y la influencia que tuvo en los puertorriqueños? ¿Cuál es la situación socioeconómica actual de la comunidad puertorriqueña en los EEUU?
6. ¿Cuál es la situación política actual de la Isla de Puerto Rico con respecto a los EEUU? ¿Cuál es la actitud de la mayoría de los puertorriqueños hacia la independencia? ¿hacia la conversión en un estado con plenos derechos? Expliquen.

B Papel y lápiz A través de las Lecturas I y II, Ud. ha podido aprender muchas cosas sobre los mexicoamericanos y los puertorriqueños. Escriba en su cuaderno de apuntes sus ideas sobre las siguientes preguntas.

- ¿Qué características tienen en común los mexicoamericanos y los puertorriqueños? ¿Qué experiencias son comunes a ambos grupos?
- ¿Qué diferencia a los mexicoamericanos de los puertorriqueños con relación a su asimilación en los Estados Unidos? ¿Cree Ud. que uno de los dos grupos tiene más dificultades en integrarse en la vida norteamericana? Explique.

LECTURA III LOS CUBANOAMERICANOS

Los inmigrantes cubanos son radicalmente diferentes a los grupos anteriormente mencionados, no solamente por las características de las personas que integran el grupo sino también por las razones que motivaron su emigración a los Estados Unidos y la acogida que recibieron al llegar allí.

Cuando Fidel Castro tomó posesión del gobierno de Cuba en 1959 y proclamó el triunfo de la revolución, contaba con el apoyo de los obreros, los campesinos y los universitarios jóvenes e idealistas. El nuevo régimen quiso establecer un sistema productivo más igualitario a través de profundas reformas en la educación, la agricultura y la estructura social. Evidentemente, estos cambios no se emprendieron sin conflictos ni privaciones que a veces fueron muy duros. La nacionalización de millones de dólares de capital norteamericano tuvo como consecuencia una reducción notable en la compra del azúcar que, junto con el posterior bloqueo económico de la isla por parte de los Estados Unidos y de sus aliados políticos, intensificaron las dificultades económicas del país. Poco después de la revolución, los Estados Unidos rompieron sus relaciones diplomáticas con Cuba y apoyaron un desastroso intento de invasión llevado a cabo por exiliados cubanos en abril de 1961. Después de este fracaso en la Bahía de Cochinos, las relaciones entre ambos gobiernos empeoraron. La alianza entre Cuba y la Unión Soviética provocó una gran desilusión entre muchos cubanos, quienes habían esperado el establecimiento de un gobierno democrático. Muchos decidieron salir al exilio y entre 1960 y 1980 más de 750 mil cubanos buscaron refugio en los Estados Unidos.

La situación de los cubanos en los Estados Unidos

Muchos de los inmigrantes cubanos se ubicaron en Nueva Jersey y Nueva York, pero la mayoría se estableció en Miami y en otras ciudades del Condado de Dade en la Florida. Aunque el gobierno de Castro les había permitido salir, no les permitió llevarse nada, en muchos casos ni siquiera una maleta. En consecuencia, llegaron a los Estados Unidos con mucho menos que otros inmigrantes. No obstante, tuvieron dos grandes ventajas. Primero, no entraron como inmigrantes, sino como refugiados políticos. Viendo en esto una oportunidad tanto política como humanitaria, el gobierno de los Estados Unidos echó la casa por la ventana[1] para acoger a las «víctimas» del comunismo. Mientras que otros inmigrantes necesitan visas y entran según cuotas y otras restricciones, los refugiados cubanos entraron libremente. Por medio de un programa federal especial, a cada individuo se le dio $60 (y a cada familia $100) para ayudarle a establecerse y se puso a su disposición beneficiosos préstamos comerciales. Segundo, a diferencia de la mayoría de los inmigrantes de otros grupos, los cubanos eran en gran parte personas con educación. Entre un tercio y un cuarto de la población eran profesionales y muchos ya sabían inglés.

Como era de esperarse, la gran mayoría de los cubanos exiliados llegaron a los Estados Unidos convencidos de que algún día el gobierno de Castro se derrumbaría[2] y ellos podrían[3] volver a su patria. Por lo tanto, se empeñaron en mantener su lengua y su cultura. Los cubanos todavía no se han asimilado a Miami tanto como Miami se ha asimilado a los cubanos. En 1963 se estableció por primera vez en una escuela pública de los Estados Unidos un programa bilingüe. Lo que es más, este programa tenía como meta no solamente enseñarles inglés a los niños de los refugiados, sino también la lengua y la cultura hispanas.* Se esperaba que los jóvenes llegaran a poder funcionar en su propia comunidad hispanohablante tanto como en la anglohablante. El programa tuvo (y sigue teniendo) mucho éxito. A la vez que Miami ha prosperado económicamente debido a la participación cubana, se ha convertido en una de las ciudades más bilingües de los Estados Unidos. Además de las librerías, restaurantes, bancos y empresas, hay periódicos y revistas hispanos y varias emisoras de radio y de televisión que transmiten programas en español.

Cuba bajo Castro

En los aproximadamente cuarenta años de gobierno castrista, Cuba ha experimentado profundos cambios. La campaña educativa ha eliminado casi por completo el analfabetismo; el servicio médico es gratis y se ha reducido en gran medida la tasa de mortalidad. Se ha reducido el desempleo y por medio de las leyes de reforma urbana se ha posibilitado el que muchas personas sean propietarias por primera vez de sus casas o apartamentos. La corrupción gubernamental ha sido combatida y ha surgido un nuevo orgullo nacional y una nueva conciencia social. Pero en otros aspectos las condiciones de vida han mejorado poco. El racionamiento de muchos comestibles, medicinas y otros artículos impuesto en 1961 seguía siendo necesario veinte años más tarde debido al embargo económico —iniciado por los Estados Unidos y apoyado por las Naciones Unidas— que sufría el país.† Por eso, muchos cubanos se desilusionaron de la revolución y de las

[1]echó... *rolled out the red carpet* [2]se... *would collapse* [3]*would be able*

---

*Este tipo de programa bilingüe se llama «mantenimiento» porque tiene la doble meta de mantener el español mientras enseña el inglés. Por eso, aun después de dominar el inglés, los estudiantes siguen recibiendo alguna instrucción en español. En contraste, la gran mayoría de los programas bilingües que se han establecido en otras partes de los Estados Unidos son de tipo «transición»: los estudiantes sólo reciben instrucción en español hasta que tienen cierto dominio del inglés. La idea es prepararlos a reemplazar el español por el inglés.

†Todavía hoy, a pesar de la creciente oposición al embargo manifestada por muchos de los aliados políticos de los Estados Unidos, que no ven a Castro como ninguna amenaza en la nueva época «poscomunista», los gobiernos estadounidenses de los años noventa se oponen por completo a terminar el embargo ni a reducir la severidad de sus términos. Así que la situación económica, y por lo tanto la situación sociopolítica, de la isla no tiene mucha esperanza inmediata de mejorar.

Muchos de los programas bilingües son ineficaces; sin embargo, en estudios que se han hecho comparando a los niños que reciben instrucción en una sola lengua con los que la reciben en dos, los niños bilingües se muestran superiores. El modelo canadiense, que se basa en la inmersión «*two-way*» (es decir, el método por el cual todos los estudiantes aprenden varias materias en dos lenguas), ha sido empleado con éxito en varias ciudades norteamericanas.

promesas de Castro, desilusión que se agudizó[4] durante 1978 a 1980, cuando se permitió que unos 100 mil cubanoamericanos visitaran a sus parientes en Cuba. Su evidente prosperidad bajo el capitalismo instó a muchos a salir del país.

La segunda oleada

Los emigrantes de esta «segunda oleada» no gozaron de[5] la misma acogida que los de la primera. Como no se les consideraba «refugiados», no recibieron la ayuda económica que se les había dado[6] a los primeros emigrantes.* Los que llegaron en esta segunda oleada eran más jóvenes y tenían menos educación, menos adiestramiento y menos experiencia profesional y laboral que los que llegaron en la primera. En el nuevo grupo había un porcentaje significativo de cubanos de ascendencia africana que, al igual que los puertorriqueños y los mexicanos, siguen teniendo que luchar contra el racismo. Como si estos problemas no fueran bastante para los nuevos inmigrantes, también les ha rodeado la sospecha de criminalidad. Castro no sólo dejó salir a los que pedían salida, sino que también permitió la salida de presos comunes de las cárceles cubanas. La presencia de estos «marielitos»[7] ha transformado las antiguas calles tranquilas de Miami en lugares

[4]se... *heightened* [5]no... *didn't enjoy* [6]se... *had been given* [7]los que salieron del puerto de Mariel, Cuba

*En muchos casos la comunidad cubanoamericana reemplazó las subvenciones federales con generosos donativos de dinero, comida y ropa, ayudando también al proceso de adaptación lingüística y cultural.

con un alto índice de crimen y violencia y también ha contribuido a hacer más difícil la aceptación de los nuevos inmigrantes.

Quizás el problema más agudo sea la actual situación social de los Estados Unidos. Después de una década de poco crecimiento económico (la década de los 85 ochenta), las demandas que impone la existencia de inmigrantes en una localidad sobre el sistema educativo, servicios sociales e impuestos representan una carga penosa que ha influido negativamente en la aceptación y en la completa asimilación del grupo. En fin, la actitud de muchos ciudadanos ha cambiado de una de tolerancia y simpatía por los inmigrantes, basada en un sentimiento generalizado 90 de que «hay para todos los que quieran entrar en el país», a una de intolerancia y hostilidad, provocada por la idea de que el país ya no tiene recursos suficientes para todos sus propios ciudadanos, ni mucho menos para las personas que llegan de otros países.

En la década de los noventa, el derrumbamiento de los gobiernos comunistas 95 por toda Europa y el rechazo del comunismo en el territorio de la antigua Unión Soviética han dañado aun más la economía del régimen castrista y lo han aislado políticamente. Castro se empeña en declarar su lealtad a los principios de Marx y Lenin pero muchos piensan que quizás pronto sea posible cerrar la brecha en las relaciones entre Cuba y los Estados Unidos.

Comprensión

A Vuelva a mirar la actividad C de la página 174. ¿Qué tal acertó Ud. con respecto a los grupos hispanos en los Estados Unidos?

B Basándose en las Lecturas I, II y III, indique las causas de los siguientes efectos y los efectos de las siguientes causas.

CAUSA	EFECTO
En las escuelas de los EEUU se prohibía a los niños mexicanos hablar español.	
	Los mexicanos se convirtieron en una minoría étnica en el suroeste de los EEUU.
Fidel Castro inició un gobierno comunista en Cuba.	
	En Cuba, continúa el racionamiento de muchas necesidades impuesto desde hace casi cuarenta años.
Puerto Rico se convirtió en un Estado Libre Asociado en 1948.	
	Puerto Rico pasó a ser parte del territorio de los EEUU.

CAUSA	EFECTO
El movimiento negro a favor de los derechos civiles empezó en los años sesenta.	
	El nivel de vida de los mexicoamericanos ha mejorado durante las últimas décadas.
Miles de exiliados cubanos se instalaron en Miami.	
	La primera oleada de exiliados cubanos tuvo menos dificultades en adaptarse que otros grupos de inmigrantes.
La economía de Puerto Rico pasó de manos jíbaras a manos norteamericanas.	
	Puerto Rico depende culturalmente de Latinoamérica y económicamente de los EEUU.

C Dé un resumen de las lecturas, completando esta tabla.

	LOS MEXICANOS	LOS PUERTORRIQUEÑOS	LOS CUBANOS
¿En qué fechas llegaron?			
¿Dónde se establecieron?			
¿Cuál era su situación migratoria*?			
¿Qué dificultades tuvieron en adaptarse?			
¿Qué tipo de trabajo ejercieron con más frecuencia?			

*En decir, ¿qué características especiales tenían como inmigrantes?

Interpretación

A Vuelva a mirar la actividad de la página 171. ¿Ha cambiado su opinión de los hispanos en los Estados Unidos? Explique.

B En las lecturas de este capítulo se ha hablado de «exiliados políticos» y «exiliados económicos». ¿A qué cree Ud. que se refiere la expresión «exiliados culturales»? Dé por lo menos dos ejemplos.

C ¿Cree Ud. que existen diferencias en la acogida que reciben los inmigrantes a este país según pertenezcan a un grupo racial u otro? En su opinión, ¿qué factor contribuye más a una buena aceptación de los inmigrantes por la sociedad mayoritaria: su raza, su situación social o su formación profesional? ¿Qué factor contribuye más a que se les reciba de manera negativa?

D ¿Cuál parece ser la organización de cada una de las lecturas de este capítulo?

1. comparación/contraste
2. causa/efecto
3. división/clasificación
4. combinación de _____ y _____

E ¿Cuál cree Ud. que es el propósito de la selección de textos en este capítulo? Explique el porqué de su decisión. (Puede escoger más de un propósito.)

1. divertir
2. informar
3. criticar
4. describir
5. alabar (*to praise*)
6. convencer
7. defender
8. explicar
9. cuestionar

Aplicación

A Hoy en día, parece que en muchas partes del mundo la gente está en un estado casi constante de movimiento y emigración, por razones políticas, económicas, religiosas y sociales, entre otras. Aparte de los grupos mencionados en este capítulo, ¿qué otros grupos étnicos o culturales conoce Ud. que actualmente estén emigrando a otros países? ¿Cuáles son los motivos de la emigración en cada caso?

B Todas las afirmaciones a continuación, hechas por intelectuales y escritores de diferentes partes del mundo, aluden a temas relacionados con las lecturas de este capítulo. ¿A qué problemas hacen referencia cada una de estas oraciones y qué relación tienen con el tema de los hispanos en los Estados

Unidos? ¿Cuál de estos problemas le parece más importante a Ud.? ¿Por qué?

1. «El extranjero provoca el mismo miedo que siente» —Elie Wiesel (premio Nobel de la Paz, 1991).
2. «El temor al extranjero no se origina por la diferencia, sino por la semejanza» —Tahar Ben Jalloun (escritor marroquí).
3. «Hay algo en la libertad que hace que uno se acostumbre a ella inmediatamente» —Salman Rushdie (escritor inglés de ascendencia india).
4. «Perdería (*I would lose*) la voz si no regreso a la tierra de la que surge la vitalidad de mi canto» —Mercedes Sosa (cantante argentina).
5. «Queremos pasar de la miseria a una pobreza digna» —Jean Bertrand Aristide (ex presidente de Haití).
6. «Los derechos humanos no pueden ajustarse a las diferentes culturas» —Fernando Savater (filósofo español).

C ¡Necesito compañero! Trabajando en parejas, preparen un cuestionario con todas las preguntas que les gustaría hacerle a una persona hispana. Pueden ser preguntas sobre su origen, cuándo llegó a los Estados Unidos, las dificultades que tuvo en adaptarse, etcétera. Fuera de la clase, háganle estas preguntas a una persona de origen hispano. (Puede ser un compañero / una compañera de clase o de residencia, un vecino / una vecina, el dependiente / la dependienta de una tienda, etcétera.) En la próxima clase, presenten las respuestas que recibieron y comenten las de los otros compañeros de clase.

D Hay varias películas que presentan algunos temas de la problemática sobre la que Ud. leyó en este capítulo: *El sur, My Family, El norte, Fresa y chocolate,* entre otras. Si tiene ocasión, vea una de ellas y comparta con la clase su opinión sobre esa película y los problemas que en ella se plantean.

E Explique brevemente las características de los siguientes métodos diseñados para los estudiantes cuya primera lengua no es la lengua mayoritaria. ¿Cuáles son las ventajas y las desventajas que presenta cada sistema?

- la educación bilingüe «mantenimiento»
- la inmersión
- la educación bilingüe «transición»
- la inmersión «*two-way*»

F ¿Por qué creen muchas personas que la educación bilingüe puede resolver los problemas educativos de los hispanos? ¿Por qué creen otras que la educación bilingüe perjudica a los hispanos? ¿Qué piensa Ud.? En su opinión, ¿deben los niños anglohablantes aprender español para ser también bilingües?

G En su opinión, ¿qué significa «americanizarse»? ¿Es posible ser un buen «americano» y mantener a la vez las tradiciones y los valores de otra cultura? Explique.

VOCES

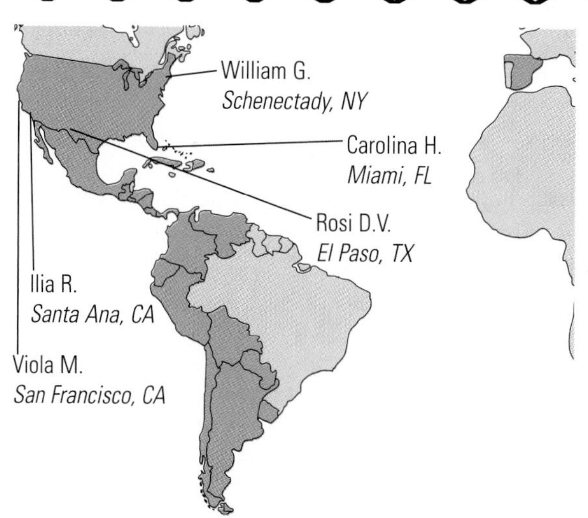

1. ¿De dónde es Ud.? ¿y sus padres? ¿Ha tenido dificultades en ser aceptado por la cultura mayoritaria?

William G.: Schenectady, NY
Mis padres y mis abuelos son del norte de Puerto Rico, de la ciudad de Arecibo. Yo también nací en Arecibo, pero vine a los Estados Unidos hace cinco años para comenzar mis estudios graduados en una universidad norteamericana.

Mi experiencia en los Estados Unidos ha sido en general positiva. Estoy consciente de que mi status profesional ayuda. No estoy seguro de que mi experiencia hubiera sido la misma si yo fuera, por ejemplo, un obrero...

Viola M.: San Francisco, CA
Mis padres nacieron en este país: mi padre nació en Tucumcari, Nuevo México; mi madre en Muleshoe, Texas. Sus padres también nacieron en la región *Southwest.* Pero mis bisabuelos son de México.

Yo aprendí mi español en la escuela secundaria. Cuando una persona americana me pregunta «¿Cómo se dice... ?», muchas veces respondo «No sé». Me preguntan «¿Cómo que no sabes? ¿No eres latina/mexicana/chicana?» Entonces tengo que explicar... No entienden por qué mis padres no nos enseñaron a hablar español.

La vida era muy difícil en Texas para mis padres y ellos decidieron empezar una «nueva vida» en San Francisco. Al mismo tiempo, decidieron que, para mejorar sus chances, sería importante que sus hijos hablaran únicamente en inglés. Poco a poco, mis dos hermanos mayores dejaron de hablar español, hasta el punto de olvidarlo completamente. Y ahora se arrepienten.

Ilia R.: Santa Ana, CA
Mis padres son de Puerto Rico. Yo nací en la ciudad de Nueva York.

Mis padres se divorciaron cuando yo tenía dos años. En ese respecto mi familia es típica de los Estados Unidos. Pero en otros, es muy diferente... Cuando mi mamá y yo nos mudamos a California en 1978, vivimos al principio en la ciudad de Irvine en el sur del estado. Era una comunidad mayormente rica y blanca y nosotras dos éramos pobres y puertorriqueñas. Yo casi no hablaba inglés. Me sentí rechazada por los alumnos en mi escuela. A veces llegaba de la escuela llorando porque alguien me había insultado. Sin embargo cuando aprendí a hablar el inglés mejor y a vestirme como ellos, me dejaron más en paz.

2. ¿Qué diferencias culturales le fueron más difíciles de aceptar al principio?

Rosi D.V.: El Paso, TX
Mis padres nacieron en Cuba; yo nací en La Habana, Cuba.

En general no encontramos grandes dificultades culturales, aunque mis padres tuvieron dificultades para aceptar que en los Estados Unidos las muchachas no llevan «chaperona» cuando salen con muchachos. Yo conocí a mi esposo sólo unos días después de mi llegada a El Paso y la primera vez que me invitó a cenar y a ver una obra de teatro le tuve que decir que no podía ir sola con él. El invitó a mi hermana y su novio, pero ¡le salió muy cara la noche!

Carolina H.: Miami, FL
Yo salí de Cuba a los cuatro años. Primero fui con mi familia a Puerto Rico y viví allá cinco años. A los nueve años llegué a Miami. El problema más grande para mí al principio fue el idioma. En mi escuela nadie hablaba español. Muchas mañanas yo lloraba en la clase porque ni la maestra me entendía.

Viola M.: San Francisco, CA
Aunque mis padres nacieron en este país, se consideran muy «mexicanos» por la razón de que en la región del *Southwest,* hay muchos mexicanos, mexicoamericanos... Tanto que uno puede nacer en Texas, vivir toda su vida en Texas, y nunca aprender inglés. En todos los servicios: la tienda, la carnicería... se puede encontrar gente que habla español. También, como esta región fue parte de México originalmente, hay mucha gente que se considera simplemente «mexicana» aunque tiene generaciones de estar «aquí».

¡Ud. tiene la palabra!

A ¿Cuáles son los temas que estas personas mencionan al describir el encuentro entre su cultura y la cultura mayoritaria de los Estados Unidos?

B ¿Cree Ud. que estas personas se consideran «típicas» de su grupo étnico? ¿Qué factores han influenciado sus experiencias en los Estados Unidos?

C ¿Qué emociones sintió Ud. al leer o escuchar estos testimonios? ¿Le parecieron cómicos o divertidos algunos de ellos? ¿Hubo algunos que le parecieran tristes?

D ¿Habla Ud. otra lengua en casa? ¿y su familia? ¿Le hubiera gustado (*Would you have liked to*) hablar otra lengua desde pequeño/a?

E ¿Alguna vez ha tenido Ud. la experiencia de ser «representante» de un grupo étnico? ¿En qué ocasión? ¿Fue una experiencia agradable? Explique.

Hábitos y dependencias

Madrid, España

El uso de estimulantes, calmantes, estupefacientes (*narcotics*) y alucinógenos tiene una larga trayectoria en la historia de la humanidad. Sin embargo, cada cultura acepta su consumo en algunos contextos y lo rechaza en otros. Por ejemplo, la foto de la izquierda muestra una situación en la cual se acepta el consumo de ciertas sustancias dentro de la sociedad española. ¿Qué sustancias consumen libremente las personas de la foto? ¿En qué circunstancias se encuentran esas personas? ¿Qué edad tienen, aproximadamente? ¿Es aceptable el uso de esas mismas sustancias en circunstancias similares en los Estados Unidos? ¿En qué situaciones no es aceptable el uso de esas sustancias en este país?

En su opinión, ¿es aceptable en determinadas circunstancias el uso de algunas sustancias que alteran las funciones del cuerpo o de la mente? Señale las circunstancias en las que Ud. toleraría el consumo de las siguientes sustancias.

	CIRCUNSTANCIAS			
	EN PRIVADO	EN REUNIONES SOCIALES	EN CEREMONIAS RELIGIOSAS	EN NINGUNA CIRCUNSTANCIA
fumar cigarrillos	☐	☐	☐	☐
fumar «la pipa de la paz»	☐	☐	☐	☐
fumar marihuana	☐	☐	☐	☐
tomar cerveza	☐	☐	☐	☐
tomar vino	☐	☐	☐	☐
tomar licores fuertes	☐	☐	☐	☐
consumir hoja de coca	☐	☐	☐	☐
aspirar cocaína	☐	☐	☐	☐
inyectarse estupefacientes	☐	☐	☐	☐
consumir setas (*mushrooms*) alucinógenas	☐	☐	☐	☐

Compare sus respuestas con las del resto de la clase. ¿En qué sustancias o circunstancias difieren? ¿Por qué razones?

LECTURA I
LAS PLANTAS ALUCINOGENAS Y EL ALCOHOL EN EL MUNDO HISPANO

APROXIMACIONES AL TEXTO

Writing Summaries

The ability to write a good summary is an important study skill. The practice you have had thus far in finding the topic sentence and main ideas and in recognizing text structure and patterns of essay development will help you construct accurate and concise summaries.

Lea el siguiente artículo y los resúmenes que de él escribieron cuatro estudiantes. Luego, conteste las preguntas a continuación para determinar cuál de los resúmenes es el mejor.

Caídos del «caballo»

El día que Beatriz, diecinueve años, una rubia muchacha de un rico barrio de Madrid, consiguió fumarse un porro (un cigarrillo de hachís o marihuana), pudo calmar su curiosidad. Entonces tenía catorce años.

«Como soy muy curiosa —dice Beatriz —seguí probando anfetaminas de todo tipo y luego pasé a la heroína. Aquello marchaba hasta que me di cuenta que se necesitaba mucho dinero y, claro, mi familia no lo tenía ni me lo iba a dar para estas cosas.»

Beatriz no quiere decir cómo pudo continuar adquiriendo la droga. Su compañera Ana, veinticinco años, es más explícita:

«Cuando necesitaba el *caballo* (heroína) cualquier medio era válido, como traficar, prostituirse o robar. Era una ruina. Me veía atrapada en una espiral que no terminaba. Un día incluso pensé en quitarme la vida.»

Las dos, Beatriz y Ana, son personas que han visto lo peor de la vida. Como todos los compañeros —treinta y uno en total— con los que conviven en Hontanillas, un pueblo abandonado de Guadalajara, donde la Asociación Madrileña para Ayuda al Toxicómano desarrolla una interesante experiencia de rehabilitación: el fortalecimiento de la propia voluntad para dejar la droga en el medio natural.

El centro de Hontanillas —una especie de granja o finca con todas las tareas laborales de la vida del campo— funciona desde hace seis meses y piensa extenderse hacia otras regiones.

El secreto de este sistema de recuperación se basa en un régimen bien simple: el distanciamiento de los peligrosos ambientes que causaron la caída.

«La vida sana, no estar en medio de la ruina que rodea a la droga y, sobre todo, pasar del asfalto de la gran ciudad es esencial para sentirse bien», dice Juanjo, treinta y nueve años, ex traficante que ha sufrido siete años de cárcel por esta causa y que ahora intenta sacudirse de la adicción.

Entre las humildes casas de Hontanillas, bajo las frondas de los viejos árboles que circundan el pueblo, el camino de la rehabilitación es una voluntaria renuncia a la droga, conducida, después, por la solidaridad de los compañeros más recuperados a la integración social con el resto.

En el tratamiento no se utiliza ningún tipo de fármaco, salvo para curar alguna enfermedad menor no asociada con la droga. Baños, masajes, tisanas, paseos por el campo, junto con la participación en programas de trabajo —ahora trabajan en la reconstrucción de gran parte del viejo pueblo—, configuran la vida que los va a salvar. Tal vez en unos meses, quizá en un año. «El peligro —dice Goyo, uno de los pioneros del centro —está fuera. Lo ideal sería asumir un nuevo concepto de la vida, con la naturaleza como centro. Dejar atrás la corrupción, la destrucción de la ciudad.»

Cada día, en asamblea, este grupo de heroinómanos va configurando el programa de su propia recuperación, planificando la vida de cada día, consolidando sus nuevos pasos. Todos comparten la misma confianza de que, algún día, sin que se den cuenta, el campo les habrá curado.

Cambio16, Madrid

Resumen 1
Beatriz es una joven madrileña toxicómana. Empezó fumando porros y luego pasó a la heroína. Sufrió mucho y tuvo que hacer muchas cosas terribles para obtener la droga. Decidió acudir a Hontanillas, un pueblo abandonado de Guadalajara, donde hay un centro para la rehabilitación de toxicómanos. Vive allí con Ana, Goyo, Juanjo y muchos otros jóvenes. Todos son toxicómanos y han sufrido mucho a causa de la droga. Cada uno tiene una historia diferente, pero todos esperan dejar sus hábitos ahora que están lejos de las tentaciones de la gran ciudad. Ya que el centro está en un pueblo viejo y pequeño, el ambiente del centro es natural y tranquilo. El tratamiento no incluye medicinas ni otras drogas. Los jóvenes son grandes amigos y participan en varios proyectos que requieren trabajo físico, como, por ejemplo, la reconstrucción de la ciudad. Todos están convencidos de que van a curarse pronto.

Resumen 2
La historia de Beatriz, Ana y otros jóvenes toxicómanos que quieren rehabilitarse.

Resumen 3
El artículo describe a Beatriz, una joven madrileña, y a varios otros jóvenes, todos toxicómanos, que ahora se encuentran en un centro de rehabilitación en Guadalajara. Viven allí en un ambiente natural y tranquilo. El tratamiento, que consiste en separar a los toxicómanos del ambiente urbano peligroso, no incluye medicinas ni otras drogas; depende del ambiente natural, el trabajo físico y la amistad entre los compañeros del grupo.

Resumen 4
En Guadalajara, en el viejo pueblo de Hontanillas, la Asociación Madrileña para Ayuda al Toxicómano ha establecido un centro para la rehabilitación de los jóvenes enganchados a la droga. El programa del centro es simple: la vida sana y natural del campo. El centro fue establecido hace seis meses y en el futuro se piensa establecer otros en diferentes regiones del país.

En su opinión, ¿cuál es el mejor resumen? Considere los siguientes factores.

1. **La longitud:** ¿Es demasiado extenso? ¿demasiado corto?
2. **Las ideas básicas:** ¿Incluye la idea central? ¿Incluye ideas poco importantes? ¿Incluye ideas equivocadas?
3. **El balance entre la brevedad y suficientes detalles sobre las ideas más importantes**: ¿Se pueden identificar rápidamente las ideas importantes? ¿Se entienden las ideas sin tener delante todo el artículo?

Palabras y conceptos

alucinógeno producing hallucinations
amargo bitter
la borrachera drunkenness
la campaña campaign
escaso scarce
la espina thorn
la falta (de) lack (of)
lamer to lick
la hoja leaf
masticar to chew
la peregrinación pilgrimage
el sacerdote priest
la semilla seed
la seta mushroom
sorber to sip; to sniff
el vidente seer, prophet

A Explique la relación que existe entre cada grupo de palabras.

1. amargo, masticar, sorber, lamer
2. la semilla, la hoja, las espinas
3. la seta, alucinógeno, borrachera
4. escaso, disminuir, la falta

B ¿Qué palabras de la lista del vocabulario asocia Ud. con el consumo de estimulantes? ¿Qué palabras asocia con los rituales religiosos? En su opinión, ¿hay alguna relación entre la religión y los estimulantes? Explique.

C ¡Necesito compañero! Coloquen cada una de las siguientes palabras en un lugar distinto de la línea a continuación, según el grado en que represente para Uds. un concepto individual o uno colectivo. Luego, explíquenles a las otras parejas por qué lo hicieron así. ¿Hay gran diferencia de opiniones?

borrachera	masticar	sacerdote
campaña	peregrinación	sorber

individual ←——————————————→ colectivo

¿Que otras palabras asociadas con el consumo del alcohol, del tabaco o de las drogas conocen Uds.? ¿Dónde las pondrían en la línea anterior?

D Papel y lápiz Anote en su cuaderno de apuntes algunas ideas que Ud. tenga sobre el uso del alcohol, el tabaco y las plantas alucinógenas en las culturas indígenas de América y en las no indígenas. ¿De qué manera se consumen o se consumían estas sustancias? ¿En qué circunstancias o contextos? ¿Con qué propósitos? No se preocupe si Ud. tiene poca información; escriba lo que sepa. Más tarde tendrá la oportunidad de completar estos apuntes.

Puede organizar sus apuntes en una tabla como la siguiente.

SUSTANCIA	CULTURAS INDIGENAS	CULTURAS NO INDIGENAS
el alcohol		
el tabaco		
las plantas alucinógenas		

E Entre todos

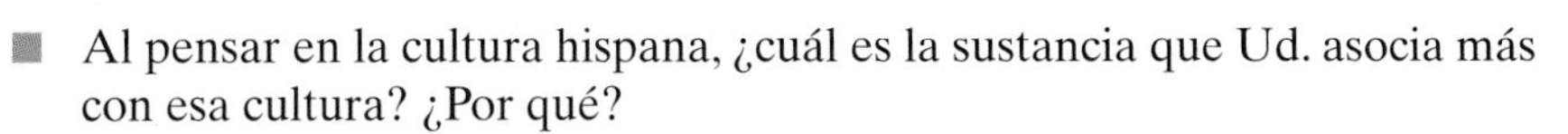

- Al pensar en la cultura hispana, ¿cuál es la sustancia que Ud. asocia más con esa cultura? ¿Por qué?

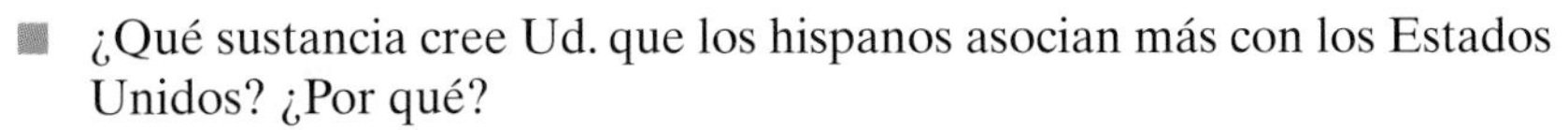

- ¿Qué sustancia cree Ud. que los hispanos asocian más con los Estados Unidos? ¿Por qué?

Las plantas alucinógenas y el alcohol en el mundo hispano

Desde hace miles de años, los seres humanos han empleado diversos productos que alteran su percepción normal de la realidad. El uso del alcohol es casi universal y el de ciertas drogas que se extraen de la naturaleza también tiene una gran extensión geográfica.

En el continente americano, las diferentes culturas indígenas usaban y siguen usando,[1] con fines rituales y comunitarios, productos obtenidos de la naturaleza. En muchas de esas sociedades, las sustancias alucinógenas se han destinado exclusivamente para los ritos chamanistas. El chamán es al mismo tiempo vidente, poeta, médico y sacerdote. Su misión más importante consiste en mantener abierta la comunicación con el mundo espiritual en forma de visiones o sueños. Por medio del tabaco u otras hierbas, el chamán se libera de la limitada percepción cotidiana y se eleva al mundo de los dioses dentro de condiciones cuidadosamente establecidas y con frecuencia mantenidas en secreto.

Las plantas alucinógenas

Las culturas nativas de América emplearon, para sus ritos religiosos y celebraciones comunitarias, productos vegetales como la hoja de tabaco y de coca, la semilla de dondiego,[2] el peyote y algunas variedades de setas alucinógenas. El tabaco es originario de América y no se conocía en Europa hasta el descubrimiento del Nuevo Mundo. Había en el continente unas cuarenta especies de tabaco, algunas de las cuales contenían una concentración de nicotina mucho más elevada que la del tabaco moderno, con efectos alucinógenos muy poderosos. Con fines rituales y nunca por puro gusto, el tabaco se fumaba en pipas o en cigarros. También se extraía un líquido de las hojas, o se sorbía por la nariz o se lamía, y a veces se tomaba en forma de enema.[3] En todo caso, el propósito fue siempre ponerse en contacto con los dioses.

Otra droga empleada por los indígenas fue la semilla de la planta dondiego, de un gran efecto psicodélico. Sólo en 1960 se descubrió que las semillas del

[1] siguen... *continue to use* [2] *morning glory* [3] líquido que se introduce por el recto

dondiego son muy parecidas en estructura química al ácido lisérgico, mejor conocido como LSD.

También se ha descubierto en los últimos años que ciertas especies de setas con propiedades alucinógenas fueron empleadas por los indígenas de México y que este consumo se conserva actualmente en varias comunidades regionales. El desconocimiento de este consumo hasta fecha reciente se debe a la resistencia indígena a revelar su culto a forasteros.[4] El peyote, una especie de cacto sin espinas y de sabor amargo, se ha usado desde hace por lo menos dos mil años y hoy en día es una de las escasas sustancias alucinógenas legales, aunque sólo para los miembros de la Iglesia Indígena Americana (*Native American Church*). La cosecha ritual del peyote que realiza la comunidad huichol de México proporciona un buen ejemplo de la actitud de los indígenas hacia el cacto sagrado.

Antiguamente se veneraba el peyote en buena parte de Centroamérica, pero hoy en día sólo los huichol —un grupo de aproximadamente diez mil indígenas— siguen la tradición de sus antepasados. Los huichol viven en la Sierra Madre, a unas 300 millas del desierto Chihuacha, donde crece el peyote. Para conseguir el peyote, los adultos hacen una peregrinación anual al desierto.

Para el pueblo huichol, el viaje en busca del peyote es una manera de ponerse en contacto con la tradición de sus antepasados. El primer viaje es una iniciación a la cultura, y los siguientes fortalecen y hacen más profundo el conocimiento de la metafísica huichol. Mientras que en las sociedades industrializadas la gente toma drogas para escapar de su cultura y de las presiones que ésta le impone, la gente indígena consume su peyote, su tabaco o su dondiego para profundizar en los valores de su cultura y para ponerlos en práctica después de su experiencia alucinógena.

Desde tiempos remotos, los indígenas de los Andes han masticado la hoja de la coca. Esta mujer boliviana vende pequeñas bolsas de coca en un mercado de La Paz.

[4]personas no conocidas

La coca es otra droga usada desde épocas antiguas (los estudios arqueológicos sugieren que, cuando menos,[5] tres mil años antes de Cristo) en el Perú y en parte del territorio de Bolivia. Los incas la empleaban en sus ceremonias religiosas y durante cierto tiempo fue usada como dinero, tanto por los indígenas como por los conquistadores que así pagaban a sus trabajadores esclavizados. Se estima que actualmente más de dos millones de individuos consumen coca, probablemente de la misma manera que la consumían sus antepasados: masticando las hojas. El efecto, débil pero todavía muy efectivo, es casi inmediato: la boca se adormece como si un dentista hubiera aplicado una anestesia local, desaparece o se reduce la fatiga, y se pierde la sensación de hambre.

Además de este consumo tradicional, la coca se exporta legalmente a los Estados Unidos para elaborar la esencia base de la Coca-Cola, y también diversos productos médicos con efectos anestesiantes. Pero estos tres usos apenas absorben una mínima parte de la producción total de la coca de Bolivia y el Perú. La mayor parte de la producción cocalera es convertida en pasta básica de coca (PBC), que luego se refina y se convierte en cocaína con destino al tráfico ilegal.

El alcohol

Las bebidas alcohólicas también tienen una larga historia en las culturas hispanas. Los indígenas americanos tradicionalmente han consumido, en sus fiestas y celebraciones, bebidas fermentadas de maíz y de frutas. Los métodos de preparación y los nombres varían según la región, pero el consumo de estas bebidas es generalmente festivo y comunitario. No se tolera a los que beben solos pero tampoco se tolera a los que no beben. Entre los mapuche de Chile, por ejemplo, se ofrece chicha[6] para demostrar amistad y confianza en el otro. El invitar a alguien a beber es una forma de establecer confianza porque el alcohol disminuye las inhibiciones y permite una aproximación mutua. Además, si alguien se niega a tomar algo, esto indica una falta de confianza en los que lo invitan, y el hecho es interpretado como un insulto.

En muchas sociedades indígenas se bebe hasta emborracharse, y para ello se aprovechan casi todas las celebraciones nacionales, religiosas, locales o familiares. A pesar de la frecuencia de la borrachera, el índice del alcoholismo es muy bajo en las comunidades que se han mantenido fieles a su sistema de valores tradicionales. El beber en exceso ocasionalmente es muy distinto que el hacerlo constantemente. Y la diferencia entre las dos formas de beber es lo que separa a una comunidad coherente de una que está en proceso de desintegración. En aquellos lugares en donde otras culturas se han impuesto y los valores indígenas han sido sustituidos por otros extraños, el alcoholismo se ha convertido en un grave problema.

Por su parte, España ya exportaba vino durante la época romana y hoy es uno de los países productores más importantes del mundo. España trajo el vino a América y el cultivo de la vid se extendió rápidamente. Hoy en día Chile y la Argentina —países de producción vinícola importante— respectivamente ocupan los lugares número 12 y 15 del mundo. Además del vino, en todo el mundo hispano se producen y se consumen cerveza y bebidas alcohólicas destiladas.

El alcohol obviamente se relaciona con el problema del alcoholismo, aunque éste no es tan fácil de definir. Lo que en una cultura se considera como alcoholismo puede ser una conducta aceptable o deseable en otra cultura. En España normalmente se toman copas con el aperitivo antes de comer.[7] Luego se bebe

[5]cuando... por lo menos [6]bebida fermentada de maíz, fruta o algún cereal [7]almorzar (en España se come entre la una y las dos de la tarde)

vino a la hora de la comida y antes de la cena. Además, se bebe vino en los bares y después del trabajo. En los bares la gente puede sentarse en una mesa, pero lo más común es que se permanezca de pie al lado del mostrador,[8] donde hay una gran variedad de tapas.[9] Durante algún tiempo se creyó que en las culturas donde se comía a la par[10] que se bebía, no había una alta incidencia de alcoholismo. Hoy en día esta teoría ha sido desacreditada, pero en España sigue aceptándose que el consumo del alcohol es un acto sumamente social. No es raro que un español beba todos los días y esto no significa necesariamente que sea un alcohólico.* Lo que sí es evidente es que casi siempre bebe acompañado de sus parientes o amigos. El bebedor solitario es poco frecuente y se le condena. Además, los bares en general son lugares a los que puede acudir[11] toda la familia, no sólo los adultos como en los Estados Unidos, sino los niños y jóvenes también.†

El cultivo de la uva y el procedimiento para fabricar vino tienen una tradición de miles de años en España, donde hay numerosos viñedos como el que se ve en esta escena.

[8]*counter* [9]*finger foods* [10]a... al mismo tiempo [11]venir

Comprensión

A Complete las oraciones a continuación según la Lectura I.

---

*Aunque las estadísticas no siempre concuerdan, varios estudios parecen indicar que, mientras que la borrachera es más frecuente y más evidente en los países germánicos o nórdicos que en los países latinos, el alcoholismo se da más a menudo en éstos que en aquéllos. Los latinos, que suelen consumir alcohol de manera regular, desarrollan una resistencia tal que su consumo casi nunca afecta su funcionamiento normal y muy raras veces llega a la borrachera. Desarrollan también una dependencia física que, por su mayor resistencia a la borrachera, no siempre se nota en su rutina diaria.

†En los bares españoles también se sirve una gran variedad de refrescos sin alcohol, café, dulces, golosinas e incluso helados.

1. El tabaco ____.
2. Las bebidas alcohólicas ____.
3. El vino ____.
4. El dondiego ____.
5. Las sustancias alucinógenas ____.
6. La gente huichol ____.
7. La coca ____.

a. es muy semejante al LSD en su estructura química
b. fue llevado a Hispanoamérica por los españoles
c. no es originario de Europa
d. usa el peyote para ponerse en contacto con los valores de sus antepasados
e. fue usada por los incas en sus ceremonias religiosas
f. se usan para comunicarse con los dioses en algunas culturas indígenas de Hispanoamérica
g. normalmente se toman en compañía de parientes y amigos

B Según el contenido de la Lectura I, ¿qué asociaciones le sugieren las siguientes palabras?

1. el chamán
2. ritual
3. la peregrinación
4. la Coca-Cola

C Exprese en español las palabras entre paréntesis, utilizando la voz pasiva con **se.** Después, determine si las oraciones son ciertas (**C**) o falsas (**F**) según la lectura y corrija las oraciones falsas.

1. ____ La mayor parte de la coca (*is refined*: refinar) para elaborar productos medicinales.
2. ____ El consumo de alucinógenos (*was kept*: mantener) en secreto durante siglos para evitar la intervención de forasteros en los asuntos religiosos indígenas.
3. ____ En las sociedades indígenas, muchas plantas alucinógenas (*have been used*: consumir) para escapar de las presiones del mundo moderno.
4. ____ Entre los indígenas, las bebidas alcohólicas generalmente (*are consumed*: tomar) en las fiestas y celebraciones comunitarias.
5. ____ El consumo social y familiar del alcohol (*is accepted*: aceptar) en España, pero el consumo solitario (*is condemned*: condenar).

D Papel y lápiz Vuelva a mirar sus apuntes sobre el alcohol, el tabaco y las plantas alucinógenas en las culturas indígenas y las no indígenas (página 201). ¿Qué nueva información puede Ud. incluir según lo que aprendió de la Lectura I?

Interpretación

A ¿Qué diferencias encuentra Ud. entre la cultura no indígena de los Estados Unidos y la cultura tradicional indígena en cuanto a los siguientes temas?

- los motivos para consumir sustancias alucinógenas y las circunstancias en que se consumen
- los motivos para consumir alcohol y las circunstancias en que se consume

B ¿Por qué generalmente no se considera el consumo del alcohol como un vicio en la cultura hispana? ¿Cuáles son las consecuencias de esta actitud? ¿Qué contrastes puede Ud. señalar entre el uso del alcohol en España y en los Estados Unidos?

C Explique la diferencia entre la borrachera y el alcoholismo. ¿Cree Ud. que uno de éstos sea un problema en los Estados Unidos? Explique.

LECTURA II LAS DROGAS EN EL MUNDO HISPANO

Palabras y conceptos

cubrir to cover; to hide
el cultivo cultivation, farming
desmantelar to dismantle
difundir to spread
el estupefaciente narcotic, drug
la fuente source
el funcionario public official
la jeringa, la jeringuilla syringe
policial pertaining to the police
el rechazo rejection
rentable profitable
sobornar to bribe
la zozobra agitation, distress

A ¿Qué palabras de la lista del vocabulario asocia Ud. con los siguientes conceptos? Explique el porqué de sus asociaciones.

1. la violencia social
2. la corrupción política
3. la lucha contra las drogas
4. el tráfico ilegal de drogas (el narcotráfico)

B ¿Qué entiende Ud. por la palabra **droga**? ¿A qué sustancias se refiere? ¿Qué son «drogas duras»? ¿y «drogas blandas»?

C ¡Necesito compañero! Trabajando en parejas, piensen en las drogas duras, las drogas blandas y los cigarrillos. Ordénenlos por su importancia en cuanto a la intensidad de su efecto (1 = el efecto mayor) con respecto a cada uno de los siguientes temas. Prepárense para justificar sus opiniones.

1. el efecto negativo en la salud
2. la popularidad entre sus amigos
3. la popularidad entre las personas de la generación de sus padres
4. el precio
5. el carácter adictivo
6. la aceptabilidad social
7. el prestigio social
8. la gravedad que representa como problema social

D Al hacer la actividad C, ¿se mencionó alguna diferencia con respecto a la preferencia por ciertas sustancias según la edad del consumidor? ¿Qué cambios ha habido a través del tiempo en cuanto a la aceptabilidad social de las siguientes sustancias?

1. el alcohol
2. el tabaco
3. la marihuana
4. la cocaína

Las drogas en el mundo hispano

El uso ritual o comunitario del alcohol y las plantas alucinógenas es muy diferente del consumo comercial de las drogas en las sociedades industrializadas. En primer lugar, las drogas y los cigarrillos crean dependencia en las personas que los usan, produciendo una ansiedad por consumirlos cada vez con mayor frecuencia, hasta afectar seriamente las facultades y la salud del individuo. En segundo lugar, el tráfico ilegal de drogas genera graves problemas como la corrupción política y la violencia criminal.

Las drogas blandas y los cigarrillos

Hoy en día el tabaco no se considera una droga, es decir, no se encuentra en la misma categoría que la marihuana o la cocaína, pero sí se considera una adicción. El hábito de fumar está muy difundido en las sociedades hispanas, donde los cigarrillos no encuentran el rechazo social que existe en los Estados Unidos. No hay edad mínima para comprar cigarrillos, y en muchos lugares públicos la gente fuma libremente. Además, hay muchos fumadores ocasionales, pues en las calles y en los bares se puede comprar cigarrillos sueltos, es decir, uno por uno. Con todo, hay una conciencia creciente sobre los efectos del tabaco, y en varios países hispanos existen campañas contra el hábito de fumar y restricciones en la propaganda del tabaco.

En contraste con el gran número de consumidores de tabaco, el uso habitual de drogas blandas como la marihuana y el hachís se reduce a porcentajes muy bajos. Su consumo es ocasional. En España, por ejemplo, el 40 por ciento de los estudiantes se ha fumado un porro alguna vez.* La droga más común en España desde hace mucho tiempo es el hachís (jachís) africano, el cual se fuma mezclado con sustancias aromáticas. Sin embargo, durante los años setenta el consumo de la marihuana se extendió tanto en España como en Hispanoamérica, especialmente entre los estudiantes, quienes seguían la moda norteamericana.

Las drogas duras

El consumo de las drogas duras —la cocaína, la heroína y las drogas sintéticas como el *crack* y los barbitúricos — se ha difundido menos en las sociedades industrializadas de los países hispanos que en los Estados Unidos. Sin embargo, la

---

*En 1983, España se convirtió en la primera nación europea en legalizar el consumo de las drogas blandas. Pero todavía se imponen graves penas por cultivar, transportar o vender hachís o marihuana.

heroína y la pasta básica de coca (PBC) se consumen mucho entre la gente de bajos recursos económicos de varias regiones hispanas.

La PBC es una sustancia barata y muy nociva[1] que resulta del primer paso en convertir las hojas de coca en cocaína. Entre los grupos marginados de los países andinos, el consumo de la PBC se ha extendido considerablemente, pues su poder adictivo es altísimo. Esta droga produce graves efectos en el organismo, afectando el corazón y los pulmones hasta causar en muchos casos la muerte.*

El consumo de la heroína también se ha difundido entre los jóvenes y grupos marginados de varios países hispanos, especialmente en España. Tal vez más que ninguna otra droga, la heroína se relaciona con la prostitución, la delincuencia y el contagio de enfermedades como el SIDA y la hepatitis a través de las jeringuillas.

En contraste con la heroína y la PBC, en las sociedades hispanas la cocaína es algo así como la droga de las clases acomodadas. Dado su alto costo, por lo general sólo se consume cocaína en forma esporádica, en determinadas fiestas y reuniones sociales. En los países donde se cultiva la coca o se procesa la cocaína, la mayor parte de la producción se destina a la exportación ilegal.

Durante las últimas décadas, el tráfico de sustancias estupefacientes se ha convertido en una jugosa[2] fuente de ingresos para vastos sectores de la población latinoamericana, especialmente en Colombia, el Perú y Bolivia.† El cultivo de la coca comenzó a ser mucho más rentable que el de otros productos agrícolas, y mucha gente condenada a una vida de miseria y desempleo encontró en la industria y el contrabando de estupefacientes una lucrativa manera de ganarse la vida. Además, para cubrir sus ingresos ilegales, las organizaciones de narcotraficantes invirtieron en negocios y tierras que dieron trabajo a muchas personas antes desempleadas, y reclutaron a muchos jóvenes para defender sus intereses con las armas y la violencia.

De este modo, el narcotráfico ha llegado a ser un importante motor económico en esos países, y los millonarios ingresos derivados de la exportación de drogas permiten que sus beneficiarios tengan una gran influencia política, sobornando o amenazando la vida de funcionarios del ejército, la policía, la justicia y el gobierno.

La violencia y la corrupción que produce el narcotráfico en Latinoamérica se conjugan[3] con el grave problema del abuso de drogas en los Estados Unidos y otras naciones industrializadas. Este conflicto ha causado agudas tensiones internacionales, pues los Estados Unidos han ejercido presiones económicas y militares para que se extermine el tráfico de estupefacientes desde Latinoamérica. Esta estrategia represiva ha conducido a la captura de importantes cabecillas del narcotráfico,[4] pero también se ha pagado con innumerables muertes y un estado de zozobra social y política en los países andinos.

A pesar de estos logros, la persecución policial y el esfuerzo por sustituir el cultivo de la coca por el de otros productos no han dado hasta el momento resultados satisfactorios. Apenas se desmantela una banda de traficantes cuando

[1]*harmful, noxious* [2]lucrativa [3]se... *combine* [4]cabecillas... *drug lords*

*El consumo de la PBC puede compararse con el del *crack* en los Estados Unidos, especialmente en lo relativo al precio, al alto nivel de adicción que produce y también al daño que causa en el organismo.

†En los últimos años también se han descubierto grandes bandas de narcotraficantes en Panamá, México, Cuba y Puerto Rico.

aparece otra, y siempre hay otros terrenos en donde sembrar más coca. Por otra parte, no es nada fácil convencer a los campesinos pobres de que vuelvan a cultivar productos que les van a producir cinco o diez veces menos dinero.

Tal vez sólo haya dos direcciones con posibilidades de éxito para solucionar los problemas relacionados con los estupefacientes. Por un lado, tiene que lograrse una reducción drástica en el mercado mundial de drogas. Para esto habría que contar con profundas campañas de sensibilización e información, e incluso programas de desarrollo económico-social orientados particularmente a los jóvenes.

El otro camino podría ser la legalización de las drogas. Si se tiene presente que la marihuana y la heroína en particular pueden cultivarse en cualquier lugar, es probable que, al legalizarse, los países andinos ya no serían los únicos países productores. El acceso fácil y barato a estas drogas que esta competencia produjera podría poner fin a la violencia y corrupción asociada con su tráfico.

Estas dos posturas para combatir el tráfico de las drogas ganan cada día más seguidores en muchos países occidentales y especialmente en España. Aunque no hay total unanimidad, es posible que cualquier solución tenga que combinar aspectos de las dos.

Lo cierto es que el tráfico y consumo de drogas es un problema grave tanto para los países consumidores como para los productores. Para resolverlo, será necesario el esfuerzo conjunto de todas las naciones involucradas,[5] y es evidente que la estrategia represiva necesita combinarse con políticas educativas y socioeconómicas que aborden[6] las causas más profundas de un problema que afecta a toda la población.

Para demostrar pacíficamente el rechazo de la población a la droga y la violencia del narcotráfico, regularmente se organizan eventos públicos como esta manifestación en Bogotá, Colombia.

[5]*involved* [6]*address*

Comprensión

A Forme oraciones comparativas basándose estrictamente en la información presentada en la Lectura II. Use las palabras indicadas y agregue cualquier otra que necesite.

1. cultivo de la coca / cultivo de otros productos / rentable
2. abuso de la PBC / abuso del *crack* / grave
3. los cigarrillos / en los EEUU / en el mundo hispano / difundido
4. la marihuana / consumirse ocasionalmente / en España / en Hispanoamérica
5. las drogas duras / en los EEUU / en el mundo hispano / difundido

B ¡Necesito compañero! ¿Qué información contiene la Lectura II sobre los siguientes temas? ¿Qué parte de esa información les parece a Uds. básica o esencial dentro de la lectura? Trabajando en parejas, busquen la información que contiene la Lectura II sobre cada uno de los seis temas a continuación. ¿Qué parte de esa información les parece a Uds. básica o esencial? Compartan sus opiniones con el resto de la clase e identifiquen las ideas que todos consideren más esenciales sobre cada tema.

1. los cigarrillos
2. la marihuana y el hachís
3. la PBC
4. la heroína
5. la cocaína
6. el narcotráfico

C Papel y lápiz Basándose en el título de la Lectura II y en los seis temas que Ud. acaba de comentar en la actividad B, escriba en su cuaderno de apuntes un resumen de dos párrafos sobre la lectura. En el primer párrafo, debe introducir el tema y presentar la información básica sobre las drogas blandas en el mundo hispano. En el segundo, debe presentar la información básica sobre las drogas duras y el narcotráfico en el mundo hispano. Si lo desea, puede utilizar el siguiente formato como punto de partida para organizar su resumen.

> La adicción a los cigarrillos y a las drogas comerciales es un problema muy serio por dos razones: A pesar de las campañas contra el tabaco, en el mundo hispano... En cambio, las drogas blandas...
>
> En los países hispanos se consumen menos las drogas duras que en... , pero entre las clases bajas ha aumentado el consumo de... Sin embargo, el mayor problema relacionado con las drogas en Latinoamérica es... porque... Para combatir este problema, se han empleado estrategias que enfocan... , pero... Otras dos estrategias posibles son... y... En cualquier caso, la solución tendrá que ser...

D Entre todos Comparen los resúmenes de la Lectura II que cada persona escribió en su cuaderno de apuntes. ¿En qué ideas básicas coinciden los resúmenes? ¿En qué ideas difieren? Utilicen las preguntas de la página 199 para evaluar los resúmenes, y después trabajen juntos para escribir un nuevo resumen completo y conciso que reúna los puntos fuertes del resumen de cada persona.

Interpretación

A Pensando en lo que Ud. ya sabe de la gente de las regiones andinas y el tipo de vida que lleva, ¿cómo se puede explicar la importancia de la coca en esos pueblos? ¿Qué implicaciones puede tener esta tradición para el narcotráfico?

B ¿Qué relación se señaló en la Lectura II entre el consumo de varias drogas y la clase social a que pertenecen los consumidores? En la sociedad norteamericana, ¿hay drogas o sustancias que se consideran propias de la «clase alta»? ¿que se consideran propias de la «clase baja»? Explique. ¿Qué impacto tiene esto en el consumo?

C Describa las tres estrategias para combatir el narcotráfico que presenta la Lectura II: 1) la persecución criminal; 2) la reducción del consumo 3) la legalización. ¿Qué éxito ha tenido o podría tener cada una de estas estrategias? ¿Qué problemas traen o podrían traer?

PUNTOS DE VISTA FRENTE A LOS HABITOS Y DEPENDENCIAS

Cada tema tiene sus pros y sus contras. ¿Qué punto de vista representa cada uno de los siguientes artículos?

A Lea los títulos de los seis artículos a continuación y clasifique cada uno según el tema (**T** = el tabaco, **A** = el alcohol, **D** = la droga) y la perspectiva (+ = pro, – = contra).

B Entre todos

- Hagan una lluvia de ideas para completar el cuadro que aparece en la próxima página. Apunten todas las ideas que se les ocurran. Consideren aspectos relacionados con el consumo de las sustancias, los individuos que las usan, su tráfico, etcétera.
- Después, la clase debe dividirse en grupos de dos o tres. El profesor / La profesora le asignará a cada grupo un par de artículos. Los grupos deben leer sus artículos y luego trabajar juntos para completar las actividades de Comprensión en las páginas 214–215.

TEMA	PRO	CONTRA
el tabaco		
el alcohol		
la droga		

Europa sin humo

Después de la Primera Conferencia sobre Tabaco, celebrada en Madrid, se habla ya de la «Europa sin humo», para lo que se aconseja consumir el tabaco sin quemarlo, vendiéndose éste dentro de una pequeña bolsita que permite depositarlo directamente en la boca, donde es disuelto lentamente por la saliva, absorbiéndose la nicotina a través de la mucosa bucal.

Este método de «fumar sin humo» es sumamente peligroso, puesto que aumenta enormemente el riesgo de padecer cáncer de boca. Al menos eso es lo que afirma el profesor Miguel Lucas y Tomás, catedrático de Estomatología de la Universidad Complutense de Madrid, fundamentando su aseveración en que en los Estados Unidos, donde el hábito de fumar sin humo ha aumentado un 42 por ciento en los últimos quince años, se ha registrado un incremento espectacular en la incidencia del cáncer de lengua de un 80 por ciento.

Como además es un hecho incontrovertible que el tabaco, como factor de riesgo del cáncer de la boca, se potencia considerablemente si se asocia al hábito de beber alcohol, el doctor Lucas manifiesta que resulta necio aguardar con esperanza el «tabaco sin humo». Lo que hay que hacer es dejar de fumar totalmente.

Cambio16, Madrid

Alcoholismo

España se encuentra entre los diez países con mayor consumo de alcohol, según se publica en el último número de la revista Tribuna Médica. Se calcula una media de 156 litros de bebidas alcohólicas por habitante y año, lo que conduce a que exista un número de alcohólicos verdaderamente importante, que puede evaluarse en unos cuatro millones de personas. Esto da lugar a la ocupación del 20 por ciento de las camas de hospitalización de larga estancia de los hospitales psiquiátricos. Estas preocupantes cifras se convierten en desolación cuando se sabe que los españoles gastamos en beber más del doble que en leer.

Cambio16, Madrid

Un sorbito de champán no hace daño

Durante las Navidades es difícil no sucumbir a la tentación de tomar alguna copita, y para que nadie se amargue la vida por ello, nos hacemos eco de un dato tranquilizador: en pequeñas dosis, el alcohol es incluso beneficioso para el organismo. La mujer no debe tomar más de 14 cañas de cerveza o seis copas de vino de mesa o un whisky y medio a la semana. En el caso del hombre es un poco menos del doble (21, 9 y 2½). Por supuesto quedan excluidos de estos datos las mujeres embarazadas y los niños, que no deben tomar ninguna bebida alcohólica, por muy baja que sea su graduación.

Ser Padres Hoy, Madrid

El tabaco es bueno para la amistad

Por Antonio Burgos

Tantas campañas se hacen en contra del tabaco, que algunos debemos estar públicamente a favor, al menos para contrarrestar esa presión social que convierte al fumador virtualmente en un delincuente. Cada vez que me subo a un avión pienso lo absurdo que es este mundo en que vivimos, que se mueve por modas, y donde la salud tampoco escapa a las modas. Si sube usted al avión y, si es fumador, recibe todas en el mismo lado, ya he comentado en esta página que le condenan a viajar en los últimos asientos, eso si encuentra plaza libre de fumador, lo cual no siempre ocurre. Pero en cuanto el avión ha despegado, ese mismo sistema que por los altavoces le anuncia que no puede fumar si no se encuentra entre los ciudadanos apestados del fondo, y que tampoco puede hacerlo en los pasillos, ni en los lavabos; ese mismo sistema —decía—, al instante le ofrece toda suerte de bebidas alcohólicas, que trae la azafata en el carrito.

Y mi pregunta es muy simple: ¿por qué no ponen en los aviones zonas de «no bebedores»? Si a usted, señora, le molesta tanto el olor del cigarrillo que me estoy tirando «a pecho», como decíamos de muchachos, también a mí me molesta el vaho a alcohol que echa ese lingotazo de coñac que se está usted metiendo para el chaleco. Quien haya padecido, como un servidor ha sufrido, en un vuelo transatlántico desde Nueva York las incomodidades de un grupo de estudiantes americanos que descubren la libertad del alcohol para los menores de veintiún años, vomitona incluida, me dará toda la razón en pedir también las zonas de «no bebedores» en los aviones. Y se planteará, como me planteo, lo absurdo de esta lucha social contra el tabaco, fuente de inspiración, compañía de los solitarios, alivio para los nervios y excusa para trabar conversación.

ABC, Madrid

Despenalizar la droga es un disparate

Por M.ª José García Alvarez

Como madre de tres hijos estoy absolutamente en contra de la legalización de la droga. Sería absurdo, además, que se hiciera en España y en otros países no. Pero aunque se llegara a un acuerdo internacional, me parecería un disparate. Quienes tenemos chavales adolescentes conocemos perfectamente su curiosidad por probarlo todo, por fumar el primer cigarrillo o emborracharse por primera vez. En esas edades, en las que su carácter está definiéndose, son frecuentes las depresiones, las crisis de identidad, la necesidad de autoafirmación y los enfrentamientos con los padres. No es difícil que un joven, a la menor contrariedad, se acerque a la droga, a menos que existan fuertes barreras para ello. Si tienen droga al alcance de la mano, y a un precio asequible, no dudarán en probarla.

Ser Padres Hoy, Madrid

La legalización es la mejor arma

Por Carlos, Asistente Social

No tengo hijos, pero trabajo con jóvenes drogadictos desde hace seis años y creo firmemente que la legalización sería la única forma de solucionar, si no totalmente, sí en parte, el problema de la drogodependencia. Casi la práctica totalidad de los toxicómanos delinquen o se prostituyen para conseguir heroína; son capaces de hacer cualquier cosa por una papelina. Si el precio de la droga fuese asequible, o se distribuyera gratuitamente, como ha propuesto el alcalde de Hamburgo, estos chicos no harían las barbaridades que hacen y, por otra parte, se les podría controlar desde el punto de vista sanitario. Cada año mueren, sólo en Madrid, más de cien chavales por inyectarse heroína en malas condiciones o consumir droga adulterada. Creo que la gravedad del problema está forzando a buscar soluciones urgentes, y ésta no es descabellada. Hasta el SUP, el Sindicato Unificado de Policía, ha declarado que el 80% de sus funcionarios está a favor de la legalización, por considerar que la droga no es un problema policial, sino social y sanitario. La legalización, una buena campaña para mentalizar a los ciudadanos, como se está haciendo con éxito contra el tabaquismo, y centros suficientes y bien equipados de rehabilitación y ayuda al toxicómano, serían las mejores armas contra la drogodependencia y el deterioro físico y mental que sufren nuestros jóvenes.

Ser Padres Hoy, Madrid

Comprensión

A ¡Necesito compañero!

- Trabajando en parejas, identifiquen la idea principal de cada uno de los dos artículos que su grupo ha leído y resúmanla en una o dos oraciones. En comparación con sus expectativas (de la actividad A de Aproximaciones al texto), ¿qué tal acertaron con respecto a las perspectivas en pro y en contra?
- Con relación a cada idea principal, identifiquen todas las ideas específicas de que el autor / la autora se vale (¡por lo menos *una*!) para apoyar su punto de vista.
- De los dos artículos que su grupo ha leído, ¿cuál creen Uds. que es el más convincente? ¿Por qué?

B Entre todos

- Todos los grupos que leyeron los mismos artículos deben juntarse (*get together*) para comparar sus respuestas y llegar a un acuerdo entre sí en cuanto a la información obtenida. ¡Cuidado! Prepárense bien porque van a explicar la información en estos artículos a los grupos de la clase que no los han leído.

- Compartan la información que obtuvo su grupo con los demás de la clase.
- Según la conversación, decidan cuál es el más convincente de todos los artículos.

Interpretación

A ¿Qué artículo les parece a todos que es el más controvertible? ¿Por qué?

B ¿Hay un punto de vista que *no* se encontraría en una revista o periódico en los Estados Unidos? ¿Cuál? ¿Por qué no?

Aplicación

A ¿Qué sabe Ud. del movimiento en contra del consumo del alcohol en este país? ¿y de la enmienda constitucional de prohibición? ¿Qué efecto tuvieron? ¿Está muerto el movimiento?

B ¿Cree Ud. que debe haber una edad mínima para el consumo del alcohol? Explique. ¿Deberían castigarse las borracheras en público? ¿Cree Ud. que el castigo por conducir en estado de ebriedad (borrachera) debería ser más severo o menos? ¿Por qué?

C En su opinión, ¿cuál es la manera más efectiva de reducir el consumo de drogas, controlar el narcotráfico o cambiar las actitudes hacia la droga? ¿Por qué? ¿Cuál de estas técnicas se usa actualmente con respecto al consumo del tabaco en este país? ¿al consumo del alcohol?

D Pro y contra Divídanse en cuatro grupos. El profesor / La profesora le asignará a cada grupo una de las declaraciones a continuación. La mitad de cada grupo debe preparar los argumentos a favor del tema asignado y la otra mitad, los en contra. Después, cada grupo presentará su debate ante la clase para que los demás miembros de la clase determinen cuáles son los argumentos (en pro o en contra) más convincentes.

1. Se deben eliminar las restricciones que limitan la edad para la compra y el consumo del alcohol.
2. Las compañías tabacaleras deben ser responsables legalmente de la muerte de cáncer de quien fuma su producto.
3. Se deben establecer secciones de «no bebedores» en los aviones.
4. Se deben legalizar la venta y el consumo de las drogas.

VOCES

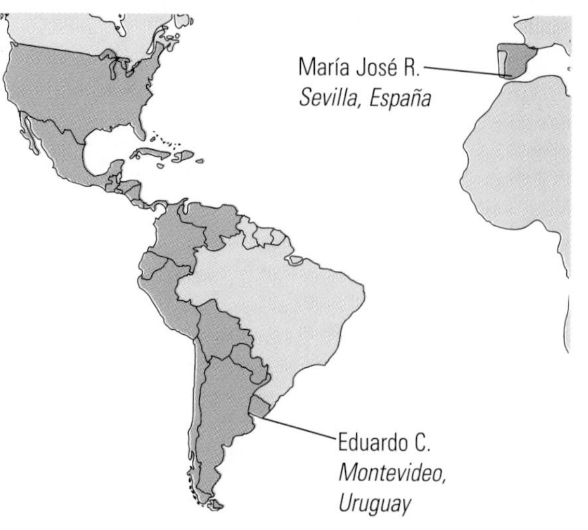

1. ¿Toma Ud. bebidas alcohólicas?

Eduardo C.: Montevideo, Uruguay
Prácticamente todos los miembros de mi familia toman... La gran mayoría de los uruguayos son descendientes de españoles, italianos y portugueses y por eso generalmente toman vino con el almuerzo y la cena. También es común tomar un aperitivo antes de las comidas, especialmente en reuniones y fines de semana.

María José R.: Sevilla, España
En España se consume mucha cerveza; es prácticamente nuestro refresco nacional. Es muy normal ver a las familias sentadas en las terrazas de verano con su «caña» (vaso) de cerveza... En todas las Facultades de las Universidades españolas hay cafeterías, que desde luego venden bebidas alcohólicas durante todo su horario... Pues bien, después de haber pasado cinco años en la universidad puedo decir que jamás vi a ningún estudiante borracho allí. Creo que la sociedad española es bastante permisiva en cuanto a este tema, y sin embargo no se tolera bien que las personas no «sepan beber». Se dice «saber beber» a saber mantenerse sin emborracharse. Esto nos diferencia claramente de otras culturas. Los borrachos no están bien vistos. Por lo general cuando se sale de juerga (para divertirse), lo lógico es estar algo entonado después de varias horas bebiendo y charlando, a veces después de toda una noche, pero nunca se sale a emborracharse.

2. ¿Fuma Ud.? ¿Ha cambiado en la última década en su país la actitud de la gente hacia el fumar?

Eduardo C.: Montevideo, Uruguay
Empecé a fumar a los 15 años y, lamentablemente, todavía fumo... Creo que sí ha cambiado un poco la actitud de los uruguayos hacia el fumar... Hay campañas publicitarias del Ministerio de Salud Pública con información sobre los problemas de la salud causados por el tabaco, para estimular a la gente a que deje de fumar. Esta campaña ha producido resultados, ya que hoy día hay menos fumadores en el Uruguay. Pero todavía es simplemente inconcebible pedirle a alguien que fume fuera de la casa como sucede aquí en los Estados Unidos comúnmente. Prácticamente todos mis amigos en California no dejan que nadie fume dentro de sus casas, ¡inclusive mi propia esposa!

María José R.: Sevilla, España
En la actualidad no fumo. He sido fumadora durante diez años, pero definitivamente lo he dejado... Recuerdo que mis primeros cigarrillos se los quité a mi papá cuando yo tenía 9 ó 10 años... Después empecé a fumar a los 15 ó 16 sin duda influenciada por mis amigos y algunas primas mayores por las que sentía gran admiración... En el año 1980 tuve ocasión de ir a California, y ¡menuda sorpresa ver que el tabaco no estaba muy bien visto! ¡Incluso te preguntaban si fumabas cuando ibas a alquilar una habitación! Yo continué fumando contra viento y marea (*despite all the grief I got*). Es más, observé que cuando conocía a un fumador americano, por lo general era más fumador todavía que la media (*average*) de fumadores [españoles] que yo conocía... Cuando yo iba a la universidad (1975–1980) recuerdo que sólo uno o dos profesores nos pedían que no fumásemos en las clases. Pocos años después, mi hermana pequeña me decía que le habían pedido a un profesor que fumaba que por favor no lo hiciese durante la clase. Prácticamente hoy no se fuma en las clases, ni en muchos comercios, ni en muchos sitios relacionados con la salud, ni en los medios de transporte públicos, ni en los cines ni teatros... Puede decirse que hay mayor sensibilidad hacia los no fumadores aunque, por ejemplo, todavía es muy raro encontrarse un restaurante con divisiones para los fumadores y los no fumadores.

¡Ud. tiene la palabra!

A Mientras Ud. lee y/o escucha las voces de esta sección, apunte en una lista la información que le parece similar a lo que ocurre en los Estados Unidos y en otra la información que le parece muy diferente a lo que ocurre en los Estados Unidos. Luego, comparta sus listas con los demás de la clase. ¿Hay mucha diferencia de opiniones?

B ¿Se identifica Ud. con alguno de los individuos de esta sección? ¿Con quién? ¿Por qué? ¿Qué tienen Uds. en común?

C ¡Necesito compañero! ¿Qué comparaciones sugieren estas personas con respecto al consumo del tabaco y el alcohol? Trabajando en parejas, apunten las ideas comparativas en estos comentarios. Pueden incluir comparaciones entre los Estados Unidos y los países hispanos, entre los sexos, entre las edades, etcétera. Luego, compartan su lista con las otras parejas de la clase para recopilarlas en una sola lista.

La ley y la libertad individual

Barcelona, España

La necesidad de toda sociedad de establecer un sistema de leyes para mantener el orden interno, protegerse de las amenazas exteriores y establecer un equilibrio entre sus miembros limita inevitablemente la libertad individual. De la lucha constante entre estas necesidades de la sociedad y los derechos y deseos de sus miembros surge a menudo una gama de conflictos que ha acompañado a los seres humanos desde el establecimiento de las primeras comunidades. La violencia criminal, el terrorismo estatal y el de grupos políticos o religiosos y los atentados contra los derechos humanos son, antes que nada, el resultado directo del difícil intento de mantener el equilibrio entre la ley y la libertad individual.

Trabajando en grupos de tres o cuatro estudiantes, pongan en orden de gravedad las siguientes violaciones contra la libertad del individuo (1 = la más grave, 15 = la más leve). Después, comparen sus decisiones con las de los demás grupos. ¿Hay mucha diferencia de opiniones?

el abuso (físico o psicológico)
el acoso sexual (*sexual harassment*)
el asesinato
el chantaje (*blackmail*)
el fraude
la infracción de tráfico
el robo
el secuestro (*kidnapping*)
el soborno (*bribery*)
el terrorismo
el timo (*swindle*)
la tortura
el tráfico de drogas
la violación (*rape*)

- ¿Cuáles de los crímenes y delitos de esta lista son más frecuentes en su comunidad? ¿Cuáles asocian Uds. con la imagen que tienen del mundo hispano? ¿Hay otros delitos que no están en la lista que ocurran en su comunidad o en otra que conozcan? ¿Cuáles son?
- En general, cuando Uds. piensan en la violencia, ¿qué asociaciones (personas, lugares, emociones, acciones) se les ocurren? ¿Tienen que ver estas asociaciones más con la violencia criminal que con la violencia política o viceversa? Expliquen.

LECTURA I EL CRIMEN Y LA VIOLENCIA: LA VIOLENCIA CRIMINAL

APROXIMACIONES AL TEXTO

Understanding Connecting Words

Understanding relationships between clauses is extremely important when you are reading in any language. The message of the first sentence below is quite different from that of the second, even though the clauses in each sentence are identical. The change in meaning results from the way the second clause is related to the first, as determined by the italicized word in each sentence.

> The wildlife was abundant *because* the river was very low.
> The wildlife was abundant *although* the river was very low.

In the first sentence, the information in the second clause *explains* the information in the first clause; in the second sentence, the information in the second clause *contrasts with* the information in the first clause.

There are many connecting words (**palabras de conexión**) like *because* and *although* that indicate how clauses are related. They also perform the same function between sentences, or between simple phrases within a paragraph. These words fall into several general categories.

1. Some introduce the *cause* of a situation or condition.

a causa de (que)	*because of*	debido a (que)	*because of; due to*
como	*since, because*	porque	*because*

2. Some introduce the *effect* of a situation or condition.

así (que)	*thus*	por consiguiente por lo tanto	*therefore*
en consecuencia	*as a result*	por eso	*for that reason; therefore*

3. Some introduce a *contrast*.

en cambio por otra parte	*on the other hand*	a diferencia de en contraste con	*in contrast to*
no obstante sin embargo	*nevertheless; however*	a pesar de (que)	*in spite of; despite*
		al contrario	*on the contrary*

con todo	*nevertheless; still*	aunque	*even though; although*
pero / sino	*but*		

4. Some introduce a *similarity.*

así como / de la misma manera / de manera semejante / del mismo modo	*similarly; in the same way*	igual que + noun	*like + noun*
		tal como	*just like; just as*
		tanto... como...	*both . . . and . . ., . . . as well as . . .*

5. Other useful expressions are as follows.

Additional information:	además (de)	*besides; furthermore*
	en adición (a)	*additionally; in addition (to)*
Restatement:	es decir / o sea	*that is to say; in other words*
General statement:	en general / por lo general	*in general*
Specific statement:	por ejemplo	*for example*

A Lea rápidamente las siguientes oraciones e indique si la información que sigue a las palabras en letra cursiva es lógica (**L**) o ilógica (**I**) según el resto de la oración. Luego, cambie las palabras en letra cursiva por otras para que las oraciones ilógicas tengan sentido.

1. _____ *Debido a* sus crímenes, le redujeron la sentencia.
2. _____ No respetan las leyes; *en consecuencia,* irán a la cárcel.
3. _____ Lo torturaron durante tres días; *sin embargo,* está muy débil.
4. _____ Ernesto «Che» Guevara, *además de* revolucionario, fue médico.
5. _____ *A diferencia de* los policías, a los ladrones les gusta robar.

B Lea las oraciones a continuación y escoja la frase que complete lógicamente la idea de cada oración. Luego, sustituya las palabras en letra cursiva por otras que estén de acuerdo con la frase alternativa.

1. La patrulla de policía no tenía armas de fuego; *por lo tanto,* _____
   a. detuvo a los criminales fácilmente.
   b. pidió refuerzos.
2. La bomba fue tremenda; *además,* _____
   a. no causó muchas víctimas.
   b. explotó a la hora punta (*rush hour*).
3. El juez no creyó nada de lo que dijo el acusado, *aunque* _____
   a. éste nunca dijo la verdad.
   b. éste no tenía antecedentes criminales.
4. Es una persona muy violenta; *por otra parte,* _____
   a. es muy inteligente.
   b. siempre comete actos violentos.
5. Los abogados defensores, *tanto como* los fiscales, _____
   a. han estudiado la carrera de leyes.
   b. defienden a los acusados.

C Complete estas oraciones según su propia opinión.

1. Hoy en día la tasa de delincuencia es mayor *debido a* _____.
2. *A pesar de* los esfuerzos de la policía, _____.
3. Muchas personas son toxicómanas *a causa de* _____.
4. La pena de muerte debe / no debe existir *porque* _____.
5. En España está permitido el consumo de la marihuana. *En cambio,* _____.

Understanding Text Structure

In most of the previous chapters, the structure of the main text followed a common and predictable pattern. The first paragraph introduced the main idea of the selection. Succeeding paragraphs developed this idea with specific information, sometimes using titles and subtitles to make explicit the organization of the information. It is easy to make an outline of this type of organization in order to summarize the main points of a reading and the relationships among them.

A Haga un bosquejo de la lectura del Capítulo 7 usando las frases de la derecha.

I. _____	El factor económico
A. _____	Los Estados Unidos en Hispanoamérica: Metas y motivos
B. _____	La Política de Buena Voluntad
C. _____	Mirando hacia el futuro
II. _____	La época de la intervención: Roosevelt, Taft y Wilson
A. _____	La Doctrina Monroe
B. _____	Los Estados Unidos en Hispanoamérica: Una perspectiva histórica
C. _____	El factor político

Un bosquejo puede ser más detallado si se quiere: sólo hay que añadir más subdivisiones en cada categoría. Por ejemplo, ¿cómo se pueden subdividir A, B y C de la primera sección del bosquejo que Ud. acaba de completar? Escriba por lo menos dos subdivisiones para cada sección.

Not all texts follow this type of organization, and texts organized in different ways may lend themselves to different formats for summarization. For example, tables may be more appropriate for summarizing texts that present numerous comparisons and contrasts; diagrams may be more accurate for newspaper texts or texts based on classifications. And, since newspaper articles are often structured around answering basic questions (who, what, where, when, why), one can use these questions to identify and summarize major points of information within the article.

B Lea rápidamente el texto a continuación y luego conteste las siguientes preguntas. ¡Cuidado! Puede ser que en el texto no se incluya la respuesta a alguna de estas preguntas.

1. ¿Qué?
2. ¿Quién?
3. ¿Dónde?
4. ¿Por qué?
5. ¿Cuándo?

Descubierto un alijo de heroína en el avión del presidente colombiano

Por Pilar Lozano

BOGOTÁ – Un alijo de más de tres kilos de heroína fue hallado el viernes 20 en el avión oficial dispuesto para el viaje del presidente Ernesto Samper a la Asamblea de las Naciones Unidas en Nueva York, y puso de nuevo en ridículo a Colombia y a su cuestionado mandatario. Unidades antinarcóticos hallaron 14 paquetes de la droga en el portaequipajes delantero del aparato, perteneciente a la Fuerza Aérea, tras una llamada telefónica anónima al servicio de inteligencia del ejército. El embajador de los Estados Unidos negó que su país tenga nada que ver con el asunto.

El avión ya había sido sometido a la minuciosa inspección de rigor y se encontraba en un hangar en el aeropuerto militar de Catam, en Bogotá, cuando una llamada anónima al servicio de información de la Fuerza Aérea obligó a realizar un nuevo registro de última hora. Fue fácil para los expertos antinarcóticos encontrar el alijo, repartido en 14 bolsas y camuflado en la parte delantera del avión. El revuelo fue inmediato. El comandante de la Fuerza Aérea y el director general de la policía iniciaron la investigación. Nadie se explica quiénes y cómo lograron burlar las medidas de seguridad del aeropuerto. El ministro de Justicia, Carlos Medellín, aseguró que tras esta acción criminal están manos oscuras que sólo buscan «enlodar el nombre del presidente».

El País, 23 de septiembre de 1996

Palabras y conceptos

acatar to respect, obey (*laws*)
adinerado monied, wealthy
alentador encouraging
la aprobación approval
delictivo criminal (*adj.*)
la delincuencia criminality, delinquency
  el delincuente criminal, delinquent
el delito crime
desaparecer to disappear
el enfrentamiento clash, confrontation
el escuadrón squad
estallar to explode
estremecedor terrifying; shocking
el juicio trial; judgment
la matanza killing
la piratería aérea skyjacking
prevenido prepared, on one's guard
procesar to put on trial
el proscrito outlaw
raptar to kidnap
  el rapto kidnapping
recurrir a to resort to, fall back on
refrenar to hold back, curb
  el freno brake; check
la represalia reprisal, retaliation
el rescate ransom, reward
sangriento bloody
secuestrar to kidnap
  el secuestro kidnapping
tender (ie) to have the tendency to; to tend to
el tiroteo shooting
violar to break the law; to rape
  la violación violation of the law; rape

A ¡Necesito compañero! Trabajando en parejas, emparejen cada una de las palabras o expresiones de la próxima página con otras dos de la lista del vocabulario para formar oraciones lógicas.

MODELO: violar: el delincuente, el enfrentamiento →
Cuando un individuo viola la ley, habrá un enfrentamiento entre ese delincuente y la policía.

1. la represalia
2. la aprobación
3. la piratería aérea
4. acatar

B ¿Qué circunstancias asocia Ud. con los siguientes estados o acciones?

1. recurrir a la violencia
2. estar prevenido
3. violar la ley
4. desaparecer
5. temer una represalia

C ¡Necesito compañero! ¿Cuántos lugares, personas o sucesos diferentes pueden Uds. asociar con las siguientes palabras? Trabajen en parejas para hacer todas las asociaciones que puedan. ¡Sean específicos y prepárense para explicarle a la clase las asociaciones que hagan!

1. el secuestro
2. procesar
3. el enfrentamiento
4. el tiroteo
5. alentador
6. estremecedor

D Defina brevemente en español.

1. el juicio
2. raptar
3. la delincuencia
4. el proscrito
5. adinerado
6. el freno

E ¡Necesito compañero! Trabajando en parejas, vuelvan a mirar la lista del vocabulario y organicen todas las palabras que puedan en las siguientes categorías.

1. la violencia criminal
2. la violencia política

Luego, comparen sus listas con las de los otros compañeros para llegar a un acuerdo.

F Papel y lápiz Si Ud. fuera a escribir un libro sobre la cultura norteamericana dirigido a estudiantes hispanos, ¿incluiría en él un capítulo sobre el crimen y la violencia? ¿Por qué sí o por qué no? ¿Cómo afecta el nivel de criminalidad de una cultura la vida diaria de su gente? Explore esto en su cuaderno de apuntes, dando ejemplos para explicar su punto de vista.

El crimen y la violencia: La violencia criminal

Junto con el amor y el trabajo, el humor y la creatividad, en todas las sociedades humanas se dan en mayor o menor grado la violencia y la criminalidad. Entre todas las imágenes que se asocian con la sociedad norteamericana, no hay que olvidar el proscrito de las películas del oeste, el *gangster* de Chicago y Nueva York, las pandillas callejeras[1] y los disturbios[2] raciales. De modo semejante, un *collage* de lo hispano tendría que incluir a un hombre armado, apasionado e imprudente, dispuesto a defender su honor de toda mancha[3] imaginaria o real. La visión estereotipada de los gobiernos hispanoamericanos es, para muchos, una sucesión de golpes de estado, militares, guerrilleros y revolucionarios. Si un

[1]pandillas... *street gangs* [2]*riots* [3]*stain*

¿Existe una relación entre la violencia cinematográfica y la violencia real? ¿Contribuyen los medios de comunicación a crear una cultura global de violencia? ¿Qué características tiene?

norteamericano piensa en México, suele recordar la figura de Pancho Villa, con su traje negro, su fría mirada y su bandolera al pecho.

Estos estereotipos, como todos, son exageraciones, pero sin duda el carácter de la violencia se manifiesta de distintas maneras según la sociedad en que se da. Puede expresarse individualmente, es decir, mediante la violencia criminal, o colectivamente, por medio de la violencia política. De todos modos, su presencia es al mismo tiempo producto de las varias circunstancias históricosociales de esa sociedad como también reacción contra ellas. No es posible entender las diferentes manifestaciones de la violencia sin primero tener en cuenta esas circunstancias.

Las comparaciones culturales

En cualquier definición de la violencia —ya sea criminal o política— normalmente se mencionan dos factores: el uso de la fuerza y la violación de un derecho. Ya que hay muchas interpretaciones de lo que es o no es un *derecho,* el concepto de la violencia y la identificación de lo criminal varían de acuerdo con los valores socioculturales en determinados momentos históricos. Por ejemplo, el homicidio, que en la cultura norteamericana moderna es considerado como un delito grave, causa menos escándalo entre algunas comunidades indígenas de Hispanoamérica que la violación de ciertos tabúes tradicionales. Estas comunidades no castigarían el infanticidio pero sí castigarían duramente a quien faltara a su deber de castidad. Hoy en día en algunos países el suicidio es un crimen mientras que en otros se ve como un acto privado al que todo ser humano tiene derecho. En muchas culturas se toleran entre familiares niveles de abuso físico que entre desconocidos serían denunciados inmediatamente.

Hay otras razones que hacen difícil cualquier intento de catalogar la clase y el número de delitos que se cometen en diferentes países. En primer lugar está el problema de la denuncia de los delitos que ocurren. Por ejemplo, los que tienen carácter sexual o que implican a miembros de la familia de la víctima no suelen ser declarados. Tampoco los delitos perpetrados por las autoridades gubernamentales son denunciados, por miedo a las represalias. Segundo, existen muchas variaciones en cuanto a la manera de recoger y recopilar estadísticas sobre los delitos que sí son declarados.

Por consiguiente, es más válido comparar tendencias acerca de la incidencia de algunos actos violentos que buscar una comparación estrictamente numérica. En los Estados Unidos, la violencia criminal se considera más problemática que la violencia política. En cambio, en la mayor parte del mundo hispano, el ciudadano medio teme la violencia política más que la criminal.

Se ha tratado de explicar la frecuencia de la violencia criminal en los Estados Unidos señalando que desde un principio la violencia ha sido parte íntegra de la formación de la nación. Como ejemplos, se traen al caso la matanza sistemática de los indígenas, la colonización del oeste por medio de las armas, la brutalidad de la esclavitud y los frecuentes conflictos violentos del movimiento laboral. La defensa del derecho a llevar armas ejemplifica claramente este carácter de la violencia norteamericana, como explícitamente lo proclama uno de los letreros adhesivos que puede verse en los parachoques[4] de los automóviles: «*God, guns, and guts. They made America great. Let's keep it that way.*» Algo que sorprende a casi cualquier extranjero.

Igualmente violenta fue la historia de Hispanoamérica. Por ejemplo, no se puede hablar de la colonización de Hispanoamérica sin hablar primero de su *conquista,* época que se caracterizó por repetidas luchas sangrientas entre indígenas y europeos. En la Argentina y Chile se emprendieron campañas bélicas dedicadas a la exterminación de la población indígena.*

El desarrollo socioeconómico y la delincuencia

La vigencia de valores culturales tradicionales ayuda a refrenar el uso de la violencia como respuesta a circunstancias difíciles. Desafortunadamente, la creciente urbanización de los últimos años ha puesto en grave peligro la pervivencia de estos y otros valores. La actual sociedad industrializada y consumista —con su ideología del bienestar, la carrera adquisitiva, la crisis familiar, la soledad, el anonimato— produce condiciones aptas para la violencia.

Por varias razones, los emigrantes en general son más susceptibles de desarrollar una conducta criminal. El traslado a un nuevo ambiente suele ir acompañado de inestabilidad económica y familiar; además, las normas que rigen la conducta en el lugar de origen (sea el campo del mismo país u otro país) suelen ser distintas de los del nuevo lugar. Por eso, en todo el mundo el número de crímenes que se cometen en una ciudad grande es dos veces mayor que el de los cometidos en un pueblo, o en una ciudad mediana, y la incidencia de delitos violentos es cinco veces mayor. En el caso de Hispanoamérica la urbanización se ha llevado a cabo a una velocidad asombrosa, generalmente con el crecimiento de una sola gran ciudad en cada país.† Los valores tradicionales se ven reemplazados cada vez más por intereses materiales. La familia, desprovista del apoyo tradicional y afligida por los choques generacionales, se desintegra. Crecen la desilusión y el descontento, y por consiguiente, los delitos y la violencia. El fenómeno de los gamines,

[4] *bumpers*

*Las guerras contra los indígenas tuvieron lugar entre los años 1840 y 1900.
†Véase el Capítulo 5, «Geografía, demografía, tecnología».

jóvenes abandonados que dependen de la vida criminal para sobrevivir, se puede observar ahora en casi todas las grandes ciudades hispanas.

Por otro lado, es importante reconocer que el crimen no resulta de la pobreza en sí, sino del contraste que se percibe entre la pobreza y la riqueza. No hay muchos crímenes en aquellas culturas en las que todo el pueblo tiene más o menos el mismo nivel económico. En la sociedad urbana, los contrastes entre ricos y pobres son cada vez más evidentes. Muchas de las grandes ciudades de Hispanoamérica están rodeadas de tristes «villas de miseria», con casas de cartón,[5] de hojalata[6] o de cualquier material que abrigue[7] un poco de la lluvia y del sol; dentro de estas casuchas viven familias grandes, sin empleo, sin agua y sin comida. Ya hay graves problemas en ciudades como Lima, Bogotá y México, en las que la gente adinerada vive en casas rodeadas de murallas,[8] incluso a veces custodiadas por guardias privados. Y los ciudadanos están conscientes de que tienen que vivir prevenidos para evitar ser víctimas de un delito.

Con el desarrollo viene también mayor contacto con otras culturas y con ello[9] mayores posibilidades de que el país se vea afectado por las actividades de organizaciones criminales internacionales. El tráfico de drogas entre los Estados Unidos e Hispanoamérica, tanto como el tráfico de armas entre Hispanoamérica y otros países, están ahora en manos de individuos que viajan de un país a otro con pasaportes falsos y amistades poderosas. Con millones de dólares en juego, los traficantes están dispuestos a hacer todo lo que puedan para proteger sus intereses. Los asesinatos y los ajustes de cuentas entre la mafia y los delincuentes no respetan fronteras.

La corrupción asociada con el tráfico de drogas y su principal consecuencia, la violencia, han sido particularmente problemáticas en Bolivia, Colombia y el Perú.* No es extraño que periódicamente algún alto funcionario sea acusado de estar implicado en el tráfico de cocaína u otra droga. De hecho, en 1996 se encontró un alijo de heroína en el avión presidencial colombiano. También en los Estados Unidos la droga y sus implicaciones son las causas principales de los actos delictivos y violentos.

Las organizaciones criminales internacionales, además de los negocios relacionados con la droga, participan en el tráfico de objetos de arte, joyas, pieles, automóviles e incluso de niños y muchachas hispanoamericanas. En consecuencia, no se puede hablar exclusivamente de los delitos dentro de una cultura o país; el problema supera las fronteras para convertirse en un fenómeno de alcance mundial.

La democracia y la criminalidad

Tras la muerte del dictador español Francisco Franco en 1975, uno de los descubrimientos más tristes de la población española ha sido el de la conexión que existe entre la libertad personal y el crimen. El nivel de violencia criminal en España, mínimo bajo el régimen represivo de Franco, subió después de establecerse en ese país la democracia. De igual modo, la larga tradición de gobiernos militares y dictaduras autoritarias en Hispanoamérica ha impedido la incidencia de violencia criminal en aquella región. Ahora que estos regímenes autoritarios han dado paso a gobiernos más democráticos, es posible que las naciones

[5]*cardboard* [6]*tin* [7]proteja [8]paredes altas [9]tal contacto

*Véase el Capítulo 10, «Hábitos y dependencias».

125 hispanoamericanas también sufran un aumento de la violencia criminal. Sin embargo, no hay duda que el abuso de poder llevó a los antiguos gobiernos militares a cometer los peores tipos de violencia política. Este fue el caso, por ejemplo, de los últimos gobiernos militares que regían[10] en Chile y la Argentina.

[10]*ruled, governed*

Comprensión

A Explique la importancia que tienen las siguientes ideas dentro del contexto de la Lectura I. ¿Qué asocia Ud. con cada una?

1. la violencia criminal
2. el derecho a llevar armas
3. el homicidio
4. el tráfico de drogas
5. el contraste entre ricos y pobres

B ¡Necesito compañero! Las siguientes ideas vienen de la Lectura I. Trabajando en parejas, busquen dos o tres puntos de la lectura que apoyen o que ejemplifiquen cada idea.

1. Son muy difíciles las comparaciones culturales en cuanto al número y la clase de delitos que se cometen.
2. La historia de los EEUU, al igual que la de Hispanoamérica, fue violenta.
3. La urbanización es una causa directa e indirecta de gran parte de la delincuencia y de los actos violentos que ocurren en el mundo moderno.
4. La desintegración de la familia y sus valores incide en el (contribuye al) aumento global de la violencia.
5. La violencia criminal actualmente tiene implicaciones internacionales.

C ¡Necesito compañero! Trabajando en parejas, completen las siguientes oraciones condicionales según la información de la Lectura I, cambiando los verbos entre paréntesis al tiempo apropiado. Prepárense para justificar sus respuestas.

1. Si los lazos familiares (ser) menos fuertes, (haber) (más/menos) delincuencia en la sociedad hispana.
2. Si España (volver) a tener un régimen totalitario, la violencia criminal (aumentar / disminuir / no verse afectada).
3. Si (haber) un acuerdo absoluto sobre la definición de la palabra «derecho», (ser / aún no ser) posible hacer comparaciones culturales sobre la incidencia del crimen y la delincuencia.
4. Si las diferencias entre ricos y pobres (notarse) menos, los índices de la delincuencia criminal (subir / bajar / no cambiar).

D ¡Necesito compañero! Trabajando en parejas, analicen la Lectura I de este capítulo, buscando cinco oraciones introducidas por una de las palabras de conexión de las páginas 220–221. En cada caso, determinen a qué categoría (es decir, causa, efecto, contraste, similitud, etcétera) pertenece cada palabra. Luego, presenten sus oraciones a los demás grupos de la clase. ¿Están de acuerdo todos con su análisis?

Interpretación

A ¿Cuáles son algunos de los estereotipos sobre los hispanos respecto a la violencia y la delincuencia? ¿De dónde vienen estos estereotipos? ¿Qué películas o series de televisión han reforzado estas imágenes? En su opinión, ¿hay algunas que sean más acertadas que otras? Explique.

B ¿Qué relación existe entre la pobreza y la delincuencia? ¿y entre ésta y la prosperidad económica? ¿Existe alguna relación entre la pobreza / la prosperidad económica y el castigo que se le aplica al delincuente? Explique.

LECTURA II
EL CRIMEN Y LA VIOLENCIA: LA VIOLENCIA POLITICA

APROXIMACIONES AL TEXTO

A ¿Cuáles de los siguientes delitos clasificaría Ud. como ejemplos de violencia política? Trate de agregar otros a la lista también.

el terrorismo
las huelgas
el fraude
la brutalidad policíaca
el chantaje
el asesinato de una figura pública elegida
las manifestaciones políticas
los movimientos revolucionarios
el soborno
la represión
la tortura
la falta de libertad de expresión
la falta de libertad de prensa
el espionaje
la intervención en la política de las organizaciones criminales
¿ ?

De esas actividades, ¿cuáles existen o se practican en los Estados Unidos?

B Ud. ya ha aprendido algo sobre la violencia y la delincuencia en la cultura hispana. Complete la siguiente prueba para averiguar lo que sabe con respecto a la violencia política en esas regiones. (Encontrará las respuestas en la Lectura II de este capítulo.)

¿Qué elemento de la segunda columna asocia Ud. con uno de la primera?

1. _____ España
2. _____ Chile
3. _____ la Argentina
4. _____ Nicaragua

a. las Madres de Plaza de Mayo
b. Augusto Pinochet
c. la ETA
d. los contra

C Papel y lápiz ¿Qué entiende Ud. por «derechos humanos»? ¿Se diferencian éstos de los derechos civiles? En su cuaderno de apuntes, haga un mapa semántico para organizar las ideas que Ud. tenga al respecto.

El crimen y la violencia: La violencia política

Por todas las razones anteriormente señaladas, el índice de la violencia criminal está en aumento en el mundo hispano. Sin embargo, es la violencia política lo que ha sido y sigue siendo uno de sus problemas más graves. En algunos casos, como se verá, los mismos factores que han refrenado la violencia criminal han sido la causa principal de la violencia política. Al hablar de la violencia política, se pueden identificar dos clases específicas: la violencia que caracteriza una guerra o revolución y el terrorismo.

La actividad revolucionaria

Una revolución es una lucha —casi siempre militar— que intenta llevar a cabo cambios radicales y profundos en la estructura del gobierno o de la sociedad de un país determinado. La lucha revolucionaria puede ser «tradicional», o sea, consistente en enfrentamientos a gran escala de tropas de soldados usando armas y métodos ortodoxos y convencionales. O puede ser no regular, es decir, conducida por guerrilleros,* terroristas, escuadrones de la muerte y otros grupos que no se ligan ni a gobiernos ni a otras instituciones sociales. La actividad revolucionaria, y especialmente la actividad guerrillera, es común en Hispanoamérica desde hace mucho tiempo. De todas formas, hay que tener en cuenta que las revoluciones propiamente dichas no ocurren con mucha frecuencia. Algunos de los movimientos revolucionarios más importantes de este siglo en Hispanoamérica que consiguieron triunfar, no sin evitar a veces una auténtica guerra civil, son la revolución mexicana (1910–1920), la revolución cubana (1955–1958) y la revolución sandinista que en 1979 acabó con la dictadura de Anastasio Somoza en Nicaragua.

Por lo demás, los cambios de gobierno se han efectuado por medio de elecciones generales o por medio de golpes de estado, en los que un grupo militar toma el poder.

La actividad guerrillera, aunque no siempre ha conducido a verdaderas revoluciones, sí es común en Hispanoamérica. Las razones son muchas y complicadas. La débil e inestable situación económica de los países hispanoamericanos† ha creado una frustración crónica y un gran descontento entre los obreros industriales y agrícolas, que se desesperan por no alcanzar nunca un mejor nivel de

---

*El término «guerrilla», el diminutivo de «guerra», se usó por primera vez durante las campañas del duque de Wellington en España (1809–1813), cuando pequeños grupos de insurgentes españoles y portugueses ayudaron a expulsar a las tropas de Napoleón de la península Ibérica. Sin embargo, en realidad las tácticas guerrilleras son mucho más antiguas. Quizás el origen de su uso en la edad moderna se encuentre en la Revolución Americana, cuando grupos de colonos formaron pequeñas bandas de rifleros (*riflemen*) cuyos métodos no ortodoxos pudieron frustrar el entrenamiento formal superior de los soldados ingleses.

†Véase el Capítulo 7, «El mundo de los negocios».

Entre 1993 y 1995 se logró una marcada debilitación de los grandes carteles de drogas. Pablo Escobar, jefe del cartel de Medellín, murió en 1993 y en 1995 el gobierno colombiano arrestó a los líderes del cartel de Cali. Esto frenó en parte el tráfico de drogas, pero el nivel de la violencia terrorista —en especial los secuestros y las bombas— no disminuyó. Las perspectivas para el futuro todavía son pesimistas.

vida. De hecho, los obreros industriales fueron el principal soporte político que permitió la elección de Salvador Allende —un político izquierdista, dirigente del Frente Popular— como presidente de Chile en 1970. Además, fue este grupo el que sufrió las mayores represalias tras el golpe de estado del general Pinochet, quien acabó con la democracia chilena en 1973. Los obreros agrícolas también han sido un factor decisivo para la actividad revolucionaria. No se puede olvidar que la revolución mexicana fue impulsada en gran parte por el movimiento campesino liderado por Emiliano Zapata. Precisamente el nombre de Zapata ha servido de bandera para el reciente movimiento guerrillero que surgió sorpresivamente en el estado mexicano de Chiapas en las Navidades de 1994. Este grupo revolucionario retomó el lema zapatista de «tierra y libertad» y se levantó en armas contra el actual gobierno mexicano para combatir la marginación de los campesinos indígenas del sur del país.

Durante la década de los sesenta, nacieron movimientos revolucionarios en el Perú, Venezuela, Colombia, Bolivia, Guatemala y el Uruguay. Miles de personas murieron en los enfrentamientos entre las fuerzas revolucionarias y las fuerzas del ejército o de la policía. Fracasaron todos estos movimientos, en parte porque nunca lograron movilizar lo suficiente al resto de la población y en parte debido a la masiva reacción represiva de los gobiernos.* Actualmente, la actividad

*Esta actividad revolucionaria izquierdista preocupó mucho al gobierno norteamericano, que apoyó enérgicamente su represión. Véase el Capítulo 7, «El mundo de los negocios».

guerrillera izquierdista se concentra en Colombia, el Perú* y, como se describirá más adelante, especialmente en Centroamérica.

El terrorismo

El terrorismo es el uso sistemático del terror (poner bombas, asesinar, torturar, secuestrar) como manera de alcanzar cierto objetivo político. Los actos terroristas pueden ser cometidos por individuos, grupos e incluso gobiernos.†

España sufre desde hace varias décadas los ataques terroristas del grupo vasco ETA.‡ Esta banda armada lucha de forma violenta por la independencia política del País Vasco, lo cual ha sido un deseo histórico del pueblo vasco. Aunque su lucha por conseguir una serie de derechos por esta zona ha despertado algunas simpatías,§ hoy, con un régimen democrático y un estatuto de autonomía votado por el pueblo vasco, sus acciones admiten cada vez menos justificación política y reciben cada vez menos aprobación popular.

En Hispanoamérica muchos grupos revolucionarios latinoamericanos han usado métodos terroristas, en especial el secuestro y las bombas, esperando demostrar a la población que el gobierno ya no podía mantener el orden establecido ni proteger a los ciudadanos. Durante la década de los sesenta, por ejemplo, hubo un gran número de secuestros y casos de piratería aérea. Los tupamaros en el Uruguay raptaron a diversos representantes del mundo de los negocios y de la política y exigieron grandes rescates para financiar sus actividades revolucionarias.

Los derechos humanos

Casi todos los regímenes dictatoriales han recurrido al abuso del poder militar para eliminar toda oposición. Este tipo de gobierno valora la estabilidad y seguridad del Estado más que los derechos civiles de los ciudadanos. Hay quienes critican los gobiernos militares precisamente por esta razón; otros dirían que el orden y la paz social proporcionados por los regímenes dictatoriales facilitan las condiciones para el progreso económico. Sin embargo, no hay duda que durante los últimos años varios gobiernos dictatoriales de Hispanoamérica, particularmente los de Guatemala y El Salvador (como antes los de Chile y la Argentina), lejos de proteger el orden y la paz social ni de acatar las mismas leyes que decían representar, se han convertido en los peores enemigos de su propio pueblo.

---

*En Colombia el gobierno actual trata de negociar con cuatro grupos guerrilleros distintos; en el Perú el Sendero Luminoso (*Shining Path*) es el grupo guerrillero más importante, y el grupo Tupac Amaru capturó la atención mundial en 1996 al apoderarse de la embajada japonesa en Lima durante las últimas semanas de diciembre, tomando más de doscientos rehenes (*hostages*).

†El terrorismo como concepto abstracto ha sido condenado por todos los países. Más problemática ha sido la manipulación del término por motivos políticos. Ciertos gobiernos que practican actividades terroristas disfrazan sus acciones bajo otros términos: «campaña contrarrevolucionaria», «control social», «acción antisubversiva». Del mismo modo muchos gobiernos denominan a ciertos grupos de oposición como «terroristas» para desacreditarlos. Además, si un grupo tiene una causa legítima a los ojos de los demás y está luchando contra una fuerza poderosa, muchas personas se inclinan a perdonar acciones que en otro contexto serían llamadas terroristas.

‡Siglas del lema político *Euskadi ta Azkatasuna* (País Vasco y Libertad).

§El pueblo vasco fue víctima de un tratamiento brutal durante la Guerra Civil española, a manos de las tropas del general Franco. El episodio más conocido es el bombardeo de Guernica, un pueblo vasco indefenso. Ese ataque aéreo fue obra de aviones nazis, por orden de Franco. Esto, seguido de las restricciones severas impuestas al pueblo vasco durante el régimen franquista, permitió que muchos españoles, e incluso algunos observadores internacionales, miraran con cierta simpatía la reacción violenta de la ETA.

La lucha constante de las Madres de Plaza de Mayo contra la violencia y el abuso de los derechos humanos ha llamado la atención mundial. Estas mujeres organizan grandes manifestaciones pacíficas para que el gobierno argentino responda por los miles y miles de individuos «desaparecidos» durante la «guerra sucia».

En la Argentina, entre 1976 y 1982, los gobiernos militares llevaron a cabo la llamada «guerra sucia» contra los «elementos subversivos». Desaparecieron hasta 10 mil personas sin que sus parientes ni amistades se enteraran de por qué habían desaparecido, ni adónde habían sido llevados. Ni siquiera sabían si seguían
85 vivos.

Lo que más atrajo la atención mundial a la situación argentina fue la campaña de las llamadas «Madres de Plaza de Mayo», un grupo de madres que cada semana se reunía, y todavía se reúne, para pasar en silencio frente a la casa de gobierno para pedir la devolución de sus hijos desaparecidos. En 1983 en la Ar-
90 gentina se volvió a instaurar un gobierno civil y una de las primeras promesas del nuevo presidente Raúl Alfonsín fue de investigar los casos de los desaparecidos y castigar a los culpables. Nombró un tribunal a fin de iniciar el procedimiento contra las tres juntas militares que gobernaron el país entre 1976 y 1983. El tribunal procesó a nueve líderes militares, entre ellos a tres ex presidentes, y escuchó en un
95 juicio oral y público el testimonio de más de mil testigos. La sentencia, pronunciada en 1985, de cinco condenas y cuatro absoluciones, dejó insatisfechos a muchos. Sin embargo, poquísimas veces en la historia ha sucedido que un gobierno civil haya responsabilizado legalmente a un gobierno militar por actos violentos, y el hecho de que esto haya ocurrido es enormemente esperanzador.*

*En 1990 el presidente argentino Carlos Menem concedió el indulto (*pardon*) a los militares que cumplían sentencia. La medida suscitó una gran controversia.

En Chile, el general Augusto Pinochet llegó al poder en 1973 a través de un sangriento golpe de estado. Desde ese año y hasta 1989, año en que volvieron a celebrarse elecciones libres, Pinochet se mantuvo en el poder ejerciendo una política represiva y terrorista. Se calcula que unas mil personas fueron ejecutadas por tener ideas políticas contrarias al régimen y que otros mil detenidos «desaparecieron». Se desconoce el número total de desaparecidos pero sí se ha podido demostrar el uso repetido de la tortura física y psíquica. Después de su elección en 1989, el presidente Patricio Aylwin estableció una comisión para examinar las evidencias más claras de violación de derechos humanos en el país durante la dictadura. Esta comisión ya ha publicado su informe (el informe Retting), pero los más de doscientos implicados en crímenes políticos todavía no han sido sometidos a juicio.

En Centroamérica la situación fue aun más trágica, ya que allí durante las últimas décadas las circunstancias han combinado una casi constante violencia guerrillera con el terrorismo. Tanto los movimientos de la izquierda y los de la derecha, como las fuerzas del gobierno y de la oposición, no dudaron en recurrir a los llamados «escuadrones de la muerte» que tanta desolación y sufrimiento han dejado a su paso. Lo más estremecedor es que las víctimas en todas estas confrontaciones, como en casi todas las otras de tipo guerrillero y terrorista, en su gran mayoría hayan sido civiles.*

En El Salvador, donde se vivió en estado de guerra civil desde 1979 hasta 1992, se estima que el número de muertos constituyó entre el diez y el veinte por ciento de la población. En Guatemala, un país con una población de menos de nueve millones de personas, han muerto más de treinta y ocho mil en las luchas del gobierno militar contra los indígenas y otros grupos izquierdistas durante las últimas décadas. La historia reciente de Nicaragua no ha sido más pacífica. Después de una sangrienta guerra civil, las fuerzas guerrilleras sandinistas acabaron con la dictadura de Anastasio Somoza en 1979. Casi inmediatamente comenzó otra guerra entre el nuevo gobierno y «los contra» (miembros de la Fuerza Democrática Nicaragüense). En las elecciones de 1990, Violeta Barrios de Chamorro venció mayoritariamente al frente sandinista y también consiguió la desmovilización de «los contra». Entre 1990 y 1996, Nicaragua empezó a recuperar políticamente bajo la democracia lo que había perdido durante los excesos de dos dictaduras: más respeto por los derechos humanos y otros principios democráticos como la libertad de prensa. Desgraciadamente, la situación económica del país empeoró gravemente durante ese mismo período. A finales de 1996, la mayoría del pueblo nicaragüense escogió a Arnaldo Alemán, antiguo alcalde de Managua, como el nuevo presidente; uno de los candidatos vencidos en las elecciones fue Daniel Ortega, antiguo presidente del gobierno sandinista.

Conclusión

El mundo hispano, como se acaba de ver, no es ajeno a la violencia ni a los delitos. Además, conviene recordar que la creciente actividad guerrillera y terrorista en Hispanoamérica no es sino parte de una onda mundial de violencia. La presión

*Las confrontaciones de tipo «no regular» siempre afectan a los civiles mucho más que la guerra tradicional. Se estima que el 17 por ciento de las bajas (*casualties*) durante la Primera Guerra Mundial fue civil; en la Segunda Guerra Mundial, el 45 por ciento; en las Guerras de Korea y Vietnam, el 70 por ciento. Otro efecto devastador de la lucha no regular es el desplazamiento humano. En 1989 había más de 15 millones de refugiados en el mundo; siete años después, en 1996, el número aproximado de desplazados mundialmente había ascendido a 50 millones de personas.

demográfica y las crisis económicas y sociales, combinadas con la desesperación y el deterioro de viejas instituciones y estructuras, hacen que se considere legítima la violencia como manera de conseguir cualquier fin.

145 En palabras del periodista y novelista argentino Tomás Eloy Martínez: «Después de las atrocidades de las dictaduras, nuevas formas de miedo, de inseguridad y de humillación humana se han instalado en América Latina. Y como en aquellos tiempos ominosos, la barbarie del ojo por ojo y del terror oficial como sanción contra el terror marginal, son las únicas e indignantes salidas que se proponen. A 150 los hombres les cuesta aprender de su pasado. Tal vez por eso se pierden con frecuencia en los laberintos del futuro.»

Comprensión

A Después de haber leído la Lectura II, ¿qué le sugieren las siguientes palabras y expresiones?

1. la violencia política
2. la revolución
3. la lucha guerrillera
4. desaparecer
5. el terrorismo

B Vuelva a la actividad B de la sección Aproximaciones al texto en la página 229 e identifique cada uno de los términos de la columna de la derecha.

C ¡Necesito compañero! Las siguientes ideas vienen de la Lectura II. Trabajando en parejas, busquen en la lectura dos o tres puntos que apoyen o que ejemplifiquen cada idea.

1. Algunos de los factores que refrenan la violencia criminal en el mundo hispano contribuyen a la violencia política.
2. Tanto grupos como gobiernos pueden ser responsables de actos de terrorismo.
3. La actividad guerrillera ha sido común en Hispanoamérica; las revoluciones, no.
4. La revolución cubana tuvo el doble impacto de provocar la actividad revolucionaria en la América Latina y al mismo tiempo de aumentar la represión militar.
5. El juicio de los militares argentinos, aunque problemático, tiene gran importancia histórica.

D Complete las siguientes oraciones condicionales según la información de la Lectura II, sustituyendo los verbos entre paréntesis por una forma del tiempo apropiado. Prepárese para justificar sus respuestas.

1. Según algunos expertos, si muchos migrantes (estar) desempleados, la actividad criminal (hacerse) (más/menos) común.
2. Según algunos dictadores, si su régimen (ser) más abierto, (haber) (más/menos) estabilidad política y por lo tanto (mejores/peores) condiciones económicas.
3. Si los enfrentamientos violentos (tener) el carácter de guerras «regulares», el número total de bajas y de refugiados (aumentar/disminuir).

E ¡Necesito compañero! Trabajando en parejas, analicen la Lectura II de este capítulo, buscando cinco oraciones introducidas por una de las palabras de conexión de las páginas 220–221. En cada caso, determinen a qué categoría (es decir, causa, efecto, contraste, similitud, etcétera) pertenece cada palabra. Luego, presenten sus oraciones a los demás grupos de la clase. ¿Están todos de acuerdo con su análisis?

Interpretación

A ¿Qué entiende Ud. por «terrorismo»? ¿Cuál es la diferencia entre «actividad guerrillera» y «actividad terrorista»?

B Comente brevemente el efecto que pueden tener los siguientes factores en el índice de la violencia en el mundo hispano. Explique si cada uno afecta principalmente la violencia criminal o la violencia política.

- el dramático aumento del consumo de drogas en los EEUU y Europa
- el crecimiento demográfico
- la urbanización
- la percepción de grandes diferencias entre los ricos y los pobres
- la transición de gobierno militar a gobierno civil en una docena de países hispanoamericanos desde 1979

C En su opinión, ¿cuál parece ser la organización de la Lectura II? ¿Comparación y contraste? ¿causa y efecto? ¿división y clasificación? ¿Cree Ud. que la actitud del autor hacia el tema es objetiva o subjetiva? Busque citas en la lectura para justificar su respuesta.

D Siguiendo los puntos presentados en la sección Aproximaciones al texto del capítulo anterior (páginas 198–199), prepare un breve resumen de la Lectura II de este capítulo. En su resumen, trate de incluir tres o cuatro elementos de cada uno de los siguientes.

- las palabras de conexión
- la lista del vocabulario de este capítulo
- los usos del subjuntivo ya estudiados

Aplicación

A ¿Existen algunas imágenes o estereotipos del criminal en los Estados Unidos? Por lo general, ¿son positivas o negativas estas imágenes? ¿Cómo influyen en nuestra cultura y en nuestro sistema de valores respecto a la violencia?

B Identifique brevemente a los siguientes personajes del cine o de la televisión. ¿Qué revelan de la actitud norteamericana acerca de la violencia? En su opinión, ¿qué otros personajes también representan la actitud norteamericana acerca de la violencia?

- Rambo
- Walker, Texas Ranger
- Superman
- Teenage Mutant Ninja Turtles
- Terminator
- Xena

C En la cultura hispana tanto como en la cultura norteamericana, la violencia es mayor entre los hombres que entre las mujeres, y también mayor entre los jóvenes que entre los adultos. ¿Qué factores (sociales, biológicos, culturales, etcétera) pueden explicar este hecho?

D Los psicólogos han observado que la agresión entre los animales aumenta notablemente cuando viven en jaulas demasiado llenas o demasiado pequeñas. ¿Qué aplicaciones pueden tener estas investigaciones en el estudio de la violencia humana? ¿Sabe Ud. de otra investigación científica sobre la agresividad? Explíquela.

E ¿Ocurren muchos delitos en el recinto (*campus*) de esta universidad? Comente. Donde Ud. vive, ¿cuáles son los tipos de delitos cuya incidencia ha aumentado últimamente? ¿Cuáles han disminuido? ¿Están de acuerdo estas tendencias con las estadísticas nacionales? Explique.

F Pensando en los varios factores contribuyentes a la violencia criminal ya señalados, ¿cuáles pueden ser las causas que expliquen la violencia contra los niños y los adolescentes? ¿Qué otros motivos se deben de tener en cuenta para entender este tipo de violencia? Explique.

G En la Lectura II se indicó que el juicio civil de los líderes militares argentinos de 1983 a 1985 fue un proceso sin muchos antecedentes históricos. ¿Puede Ud. nombrar algún otro caso similar? ¿Por qué son importantes estos casos?

H En los últimos años, los Estados Unidos han experimentado varios casos de violencia política y religiosa, cometidos por agencias del gobierno o por otros grupos e individuos. ¿Qué información recuerda Ud. de los siguientes casos? ¿Cuál fue el papel del gobierno en cada uno?

1. El incendio del rancho de los «Davidianos» en Waco, Texas, en 1993.
2. El atentado con coche bomba contra el edificio federal en la Ciudad de Oklahoma en 1995.
3. Los enfrentamientos entre los «freemen» de Montana y las autoridades federales en 1995.
4. La explosión de una bomba durante los Juegos Olímpicos de Atlanta en 1996.

I ¿Puede Ud. encontrar algunas semejanzas entre los casos mencionados en la actividad H y aquéllos cometidos en España y la América Latina citados en este capítulo? ¿En qué se diferencian? ¿Qué importancia tiene el hecho de que la violación de los derechos humanos se produzca bajo una dictadura o bajo un régimen democrático?

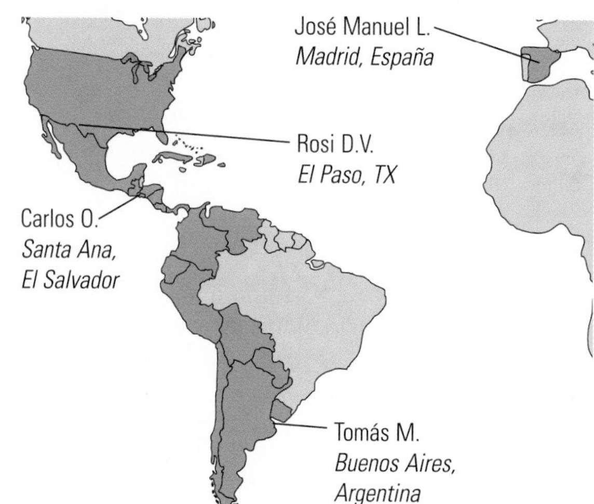

1. ¿Ha sido Ud. víctima alguna vez de un acto delincuente? Describa las circunstancias y sus impresiones acerca de lo que le sucedió.

Carlos O.: Santa Ana, El Salvador
La primera experiencia que tuve con un acto de delincuencia me ocurrió en los Estados Unidos. Me robaron mi carro y esto fue porque yo lo dejaba parqueado en la vía pública por no tener garaje. Esto me causó una gran decepción pero, gracias a la ayuda de la policía, lo recuperé pronto.

José Manuel L.: Madrid, España
Una sola vez. Hace más de veinte años, me quitó un poco de dinero en el metro un carterista (*pickpocket*) «de los de antes». (Utilizo esta expresión para referirme a los delincuentes anteriores a la extensión del consumo de drogas. Aquéllos eran hábiles en su oficio y no violentos.) En seguida, me di cuenta de quién me había sustraído el dinero. Me dirigí a él, le cogí del brazo y en la jerga que hablaban entonces los delincuentes, le pedí que me devolviera «la pasta» y, en efecto, me devolvió el dinero.

Tomás M.: Buenos Aires, Argentina
A fines de 1975 fui amenazado de muerte por una organización conocida como la Triple A que —según se probó diez años después— era dirigida por funcionarios del gobierno argentino. Se me dieron cuarenta y ocho horas para salir del país y, como no obedecí a tiempo, mi casa y mi lugar de trabajo fueron atacados con bombas. Permanecí más de ocho años en el exilio, hasta que las garantías constitucionales fueron restablecidas.

Tuve suerte. Durante ese lapso, más de nueve mil personas fueron secuestradas, torturadas y asesinadas en campos de concentración controlados por la dictadura militar argentina (1976–1983).

Rosi D.V.: originariamente de La Habana, Cuba; ahora vive en El Paso, TX
El único caso, afortunadamente, resultó en el robo de dos bicicletas llevadas del patio. Supongo que el hecho de que nuestra casa [aquí en El Paso] tiene un sistema de alarma nos ha ayudado.

2. ¿Han cambiado las libertades personales y políticas en su país en la última década?

José Manuel L.: Madrid, España
El respeto por las libertades personales y políticas aumentó en la última década hasta el comienzo de la guerra contra Irak. En este momento, las autoridades ejercen diversos tipos de presión contra las libertades. Un ejemplo concreto es la última circular de la Fiscalía General del Estado (*Attorney General's Office*) acerca de las posibles persecuciones no sólo de los desertores sino también de los pacifistas que se entienda que incitan a la deserción...

Tomás M.: Buenos Aires, Argentina
Han cambiado por completo. Desde el 10 de diciembre de 1983, una dictadura militar fue sustituida por dos gobiernos democráticos, libremente elegidos.

Rosi D.V.: originariamente de La Habana, Cuba; ahora vive en El Paso, TX
Las libertades personales y políticas simplemente no existen [en Cuba]... Nadie se atreve a expresar una opinión en contra del sistema, nadie se atreve a quejarse de que carecen de cosas esenciales como ropa y alimentos, transporte apropiado, servicios adecuados de electricidad, agua y teléfono. La represión es tal que padres no se atreven a hablar de los problemas en presencia de los hijos.

¡Ud. tiene la palabra!

A ¿Le parece que los testimonios presentados en este capítulo confirman o contradicen la información que se da en las lecturas acerca de la violencia política y la violencia criminal? Explique y dé ejemplos.

B ¿Cuál de los testimonios le afectó más fuertemente? ¿Por qué?

C Hay mucha mención de robos. ¿Tiene Ud. alguna experiencia en común con alguno de los testimonios en este respecto?

D ¿Qué piensa Ud. de la descripción de José Manuel L. del «carácter» de los carteristas o ladrones modernos en comparación con los de hace varios años? ¿Se puede aplicar a la situación en los Estados Unidos también? Explique.

El trabajo y el ocio

La Plaza Mayor. Madrid, España

Cómo completaría Ud. esta serie? Alto... bajo, contento... triste, joven... viejo, pequeño... grande, ocio... ¿ ? Algunas personas dirían que la palabra que falta es «trabajo», pero ¿son el trabajo y el ocio dos conceptos realmente opuestos? El trabajo incluye el esfuerzo físico y el ocio se caracteriza más por el relajamiento, ¿verdad? Entonces, ¿hacer gimnasia y levantar pesas (*working out*) se consideran actividades de trabajo o de ocio? ¿Cómo definiría Ud. los dos conceptos?

- ¿Qué tipos de actividades en el mundo hispano asocia Ud. con el ocio y el trabajo? Mire la foto de la izquierda. ¿Por qué habrá tantas personas sentadas en la plaza? ¿Será domingo o cualquier otro día de la semana? ¿Será verano o puede ser cualquier otra estación del año? ¿Se podría observar escenas semejantes en los Estados Unidos?
- ¿Qué foto usaría Ud. para representar una actividad típicamente estadounidense relacionada con el ocio? ¿Sería una actividad más bien individual o una actividad en grupo? ¿Cuál(es) de las siguientes escenas incluiría?

    un concierto de rock
    una fiesta «tailgate»
    tomar un café latte y charlar en una terraza
    un maratón
    un picnic
    mirar televisión
    leer
    una feria callejera (*street fair*)
    un partido de balonvolea playera (*beach volleyball*)
    caminar con el perro por el parque
    ¿ ?

LECTURA I

EL TRABAJO Y EL OCIO: LAS PRESIONES Y EL ESTRES

APROXIMACIONES AL TEXTO

Taking Notes

As you have seen, various methods of reconstructing the message of a reading—the use of outlines, diagrams, tables, and summaries—can improve your understanding of the content, as well as your ability to remember it. Taking notes is another useful method.

Whether you jot down your notes on the text or use a separate sheet of paper, remember that the most effective notes (like the most effective summaries) use the most abbreviated way possible to *reconstruct* the message that is found in both the content and the form of the text. Effective notes point out the text's major facts as well as its main idea, and also indicate its purpose (to describe? to defend? to attack?).

When you can write notes on the text itself, you should underline important points. You should also make marginal notes that will help you remember the relationships among the ideas without having to reread the entire article. Keep the following techniques in mind.

- When the text anticipates information ("as we will see later") or refers to information already discussed ("as we have already seen"), note in the margin exactly where this information can be located in the text, or summarize it briefly in the margin.
- When the text suggests an enumeration ("there are two main types of *x*," "this has had several important consequences"), briefly list the main points in the margin or number each point in the margin as it is discussed.
- If there is no single sentence that summarizes the main idea of a paragraph or section, summarize it briefly in the margin in your own words.

Lea brevemente el siguiente texto sobre el insomnio. Luego, examine las notas sobre el texto tomadas por tres estudiantes (páginas 243–244).

Insomnio: Causas y remedios

Por Gabriela Cañas

1 Si no consigue coger el sueño y el despertador no va a perdonar por la mañana, intente poner en práctica este remedio chino: con el dedo pulgar frótese el dedo gordo de los pies, por la planta, veinte veces en
5 cada uno. El movimiento es hacia arriba, con la uña, y hacia abajo, con la yema del dedo. Lo más probable es que se quede frito a los diez minutos.

Este sería uno de los muchos remedios caseros para vencer el insomnio. Pero, cuidado. Según el radiólogo Manuel Rosado, «sólo el 5 por ciento de 10 las personas que dicen sufrir de insomnio lo padecen de verdad. Lo que le pasa a mucha gente es que tiene falta de inducción al sueño, pero luego duermen las ocho horas reglamentarias. Eso no es insomnio.»

Lo realmente importante es ir siempre a la raíz del problema. Si no se trata de una enfermedad física (muchas pueden ser causantes de insomnio), es que el problema viene por otro lado. «Hay un ritmo vital, —dice el doctor Rosado— y la incapacidad de inducción al sueño es producida por la ruptura de ese ritmo. Una acumulación de agresiones externas que quedan en el subconsciente es lo que, por la noche, no nos permite relajarnos para coger el sueño. El único remedio realmente eficaz, pero que los occidentales no sabemos aplicar, es dejar la mente en blanco, olvidar todos los problemas.»

Para nosotros es más fácil relajar el cuerpo y, de rechazo, relajar la mente. Las hierbas pueden ser muy útiles en casos así. Las más eficaces son la tila, la melisa y la valeriana. La manzanilla es muy utilizada, pero sólo resulta si la causa del insomnio es algún trastorno digestivo.

Otros remedios muy sencillos, indicados por el doctor Octavio Aparicio, que ha publicado varios artículos sobre el tema, son: tomar un vaso de leche con miel, huir de los alimentos fuertes, cenar temprano y poco, respirar aire fresco o mantener los pies, durante cinco minutos, en agua fría.

Estos remedios hay que usarlos esporádicamente, ya que, de recurrir a ellos todos los días, terminan por no dar resultado. Demasiado hábito.

Aunque esto del hábito, la costumbre, el ritmo, puede ser también utilizado. Es posible que usted se acostumbre a tomar una determinada bebida antes de acostarse y de no hacerlo, no consiga dormir. En plan sofisticado, hay algunos inventos que han aprovechado el ritmo para inducir al sueño. Los rusos, por ejemplo, han fabricado una lámpara que mantiene un ritmo constante de encendido y apagado. Mirándola fijamente se duerme uno antes de quince minutos.

Algunas veces, la causa del insomnio hay que buscarla en una mala digestión. En este caso el remedio es bien sencillo: tomar buena nota de la experiencia para que no suceda lo mismo la próxima vez. Una cuestión de voluntad, si puede uno evitarse las cenas tardías y pesadas. Hay quien aconseja, incluso, suprimir la sal en la cena. Las digestiones difíciles pueden también originar pesadillas durante el sueño. Para librarse de estas pesadillas, los médicos de comienzos de siglo aconsejaban tomar una infusión de hojas de naranjo, poco antes de acostarse. Remedio tan antiguo como el de contar corderitos. O el imposible del dicho popular: ordeñar una abeja.

De todas formas, antes de buscar el remedio más adecuado, hay que insistir en la teoría del doctor Rosado. Si se duermen ocho horas diarias, aunque haya que recurrir a la siesta, y a pesar de la dificultad para coger el sueño por la noche, no hay que preocuparse. «Es mucho más peligroso —dice el doctor Rosado— dormir más de lo necesario. Durante el sueño, se consume menos oxígeno y los órganos vitales están relajados. Por ello, cuanto más se duerme, más sueño se tiene. Pero, además, el cuerpo produce menos defensas, con lo que se está más expuesto a cualquier enfermedad. Se ha comprobado que dos horas diarias más de sueño acorta diez años la vida.»

Es realmente alarmante para los que se permiten el lujo de dormir diez horas. Los demás, sabiendo esto, es posible que duerman ahora más tranquilos.

El País, Madrid

Estudiante 1

El artículo indica varias causas del insomnio (dificultades en relajarse, problemas digestivos) y describe remedios caseros (las hierbas, evitarse las cenas tardías y pesadas). Según el artículo, en realidad no hay tantas personas que padecen de insomnio; lo que le pasa a mucha gente es que tiene dificultad en dormirse pero una vez que se duermen, pueden dormir normalmente.

Estudiante 2

Artículo sobre varias causas del insomnio y algunos remedios caseros. Incluye otros dos puntos interesantes.

- Hay muchas personas que tienen dificultad en dormirse, pero esto realmente no es insomnio, ya que una vez que se duermen pueden dormir sus ocho horas.

- Dormir más de ocho horas al día puede ser más peligroso que no dormir lo suficiente.

Causas	Remedios
muchas agresiones externas (el estrés)	relajarse → dejar la mente en blanco, las hierbas, un vaso de leche con miel, respirar aire fresco, etcétera
romper el ritmo vital	recuperar el ritmo → lámpara rusa con ritmo constante de encendido y apagado, contar corderitos
trastornos (problemas) digestivos	la manzanilla, evitarse las cenas tardías y pesadas, reducir la sal, infusión de hojas de naranjo (para las pesadillas)

Estudiante 3
Artículo sobre varias causas del insomnio y algunos remedios caseros.

- remedio chino: frotar el dedo gordo de los pies 20 veces hacia arriba y hacia abajo
- sólo el 5 por ciento de las personas que dicen sufrir de insomnio lo padece de verdad; en realidad las demás solamente tienen dificultad en dormirse
- la raíz del problema → ruptura del ritmo vital a causa de la «acumulación de agresiones externas que quedan en el subconsciente» → no nos permite dormir
- único remedio eficaz = dejar la mente en blanco; otros remedios caseros = las hierbas (la tila, la melisa, la valeriana y la manzanilla, especialmente para los problemas digestivos); tomar un vaso de leche con miel, huir de los alimentos fuertes, cenar temprano y poco, respirar aire fresco o mantener los pies durante cinco minutos en agua fría
- también es útil recurrir a la costumbre y el hábito: lámpara rusa que se enciende y se apaga rítmicamente
- si la causa es la mala digestión, otros remedios: no volver a comer/beber lo que causó el problema la primera vez, evitarse las cenas tardías y pesadas, reducir la sal
- para las pesadillas: tomar una infusión de hojas de naranjo antes de acostarse
- contar corderitos
- ordeñar una abeja
- si uno duerme ocho horas diarias (puede incluir la siesta), uno está perfectamente bien. Pero, dormir más de ocho horas al día puede ser peligroso. Mientras uno duerme, el cuerpo produce menos defensas y por lo tanto está más expuesto a cualquier enfermedad. «Se ha comprobado que el dormir dos horas diarias más acorta diez años la vida.»

Si Ud. necesitara notas sobre el texto, ¿a quién se las pediría prestadas? ¿Por qué? Indique los puntos fuertes y los puntos débiles de cada pasaje.

Palabras y conceptos

A Lea brevemente los titulares y mire los cinco textos que forman parte de la Lectura I. Indique los temas que le sugieren. ¿Qué tiene que ver cada uno con el subtítulo («Las presiones y el estrés») de la lectura?

B Necesito compañero! ¿Saben Uds. lo que es el estrés? Trabajando en parejas, comenten los siguientes temas.

1. ¿Cómo se define el fenómeno del estrés? (¿Es una enfermedad, un problema mental, etcétera?)
2. ¿Cuáles son algunos de los síntomas del estrés? (¿Cómo se sabe si una persona sufre del estrés?)
3. ¿Cuáles son algunas de las causas del estrés?

Escala del estrés, más de 300 alerta

Todo cambio, ya sea bueno o malo, puede desencadenar estrés. Dos psiquiatras americanos, Holmes y Rahe, han cuantificado estos cambios en una escala de valor. Según comenta el Dr. Soly Bensabat, hay que tener en cuenta una cierta mesura a la hora de la interpretación matemática; pero lo que sí es seguro es que cada vez son más importantes los cambios, el ritmo de aceleración es mayor, la exigencia de adaptación es más grande y el tributo que hay que pagar aumenta. Resultado: los grandes estrés que totalizan un índice superior a 300 presentan un riesgo importante de enfermedad grave (infartos, úlcera, depresión). Los escores de 150 a 300 son igualmente candidatos a serios problemas de sanidad. Como los cambios son imprevistos y en muchos casos inevitables, lo que hay que aprender es a dirigirlos de la mejor forma.

Muerte de un compañero	100	Partida de los hijos de la casa paterna	29
Divorcio	73	Falta de éxitos personales	28
Enfermedades	53	Comienzo o fin de la escolaridad	26
Matrimonio	50	Cambio en las condiciones de vida	25
Licenciatura	47	Modificación en los hábitos personales	24
Reconciliación	45	Dificultades con el patrón	23
Retiro	45	Cambio de condiciones de trabajo	20
Engordar	40	Mudanzas	20
Problemas sexuales	39	Cambio de aficiones	19
Llegada de un nuevo miembro a la familia	39	Cambio de religión	19
Problemas de negocios	39	Cambio de actividades	18
Cambio en la situación financiera	38	Cambio en los hábitos del sueño	16
Muerte de un amigo íntimo	37	Cambio en los hábitos alimentarios	15
Aumento de disputas conyugales	35	Vacaciones	13
Responsabilidades profesionales	29	Navidades	12

Entre todos Compartan entre sí los comentarios sobre el estrés. Según la clase, ¿qué es el estrés y cuáles son sus causas? ¿Notan Uds. algunas diferencias entre las causas del estrés en las mujeres y en los hombres?

C Lea brevemente la escala del estrés de la página anterior. ¿Qué tienen que ver las causas indicadas en esta escala con las identificadas por la clase?

Ahora lea los artículos de la Lectura I. Mientras lee, apunte en una tabla como la de la página 246 la información indicada referente a cada artículo.

TITULO:
Idea principal: ______
Relación con el estrés: ______
«Puntaje» en la escala del estrés: ______
¿Podría un artículo semejante aparecer en la prensa en los EEUU? ______
Semejanzas/Diferencias (uno o dos puntos específicos) entre este fenómeno en el mundo hispano y en los EEUU: ______

El trabajo y el ocio: Las presiones y el estrés

El mundo es cada vez más pequeño. El comercio internacional y el turismo, la radio, la televisión y el cine, todos acortan las distancias que separan las naciones del mundo y hacen más inevitable el contacto entre sus culturas. En los Estados Unidos, artistas internacionales como Antonio Banderas y Gerard Depardieu son conocidos y admirados. En el mundo hispano se nota la creciente presencia cultural de Inglaterra, de Francia y de los Estados Unidos. Son omnipresentes la Coca-Cola y los *blue-jeans*. Entre las caras más reconocidas figuran artistas norteamericanos: Kevin Costner y Tina Turner atraen un público tan grande en los países hispanos como en los Estados Unidos.

El trabajo, tanto como el ocio, tiene sus características culturales. Este hombre se gana la vida como afilador, profesión que apenas existe en la cultura norteamericana.

Es que las diferencias culturales dependen hasta cierto punto del aislamiento. Con la progresiva industrialización y urbanización y los muchos contactos internacionales que esto implica, y también la continua emigración entre países, todas las naciones industrializadas empiezan a parecerse más. Hace cien años era necesario hablar de una cultura francesa, una alemana y una española como entidades bastante independientes, pero hoy en día es posible hablar de una cultura «europea». Hace un papel importante en esto la prensa, que selecciona y difunde la información que llega a formar parte integral de esta cultura cada vez más colectiva. Hay que señalar que la prensa hispana suele informar sobre culturas extranjeras mucho más que la prensa norteamericana.

El resultado de este contacto se ve en la manera de vivir. Ultimamente el paso lento de la vida hispana* tradicional va cediendo el paso al ritmo más

*La mayoría de los artículos de este capítulo enfocan en las experiencias y las percepciones de los españoles.

apresurado de la sociedad moderna. Por consiguiente, hay una preocupación por las tensiones y el estrés asociados con el trabajo y el impersonal ambiente urbano. También se nota evidencia del intercambio cultural en los artículos que tratan de las actividades del tiempo libre.

Cómo recurrir las multas

VOCABULARIO UTIL

el asesoramiento advice
el ayuntamiento city hall
el bien asset
caducar to expire; to lapse
el domicilio home
embargar to seize
el expediente legal action
la grúa tow truck
el infractor person who breaks the law
la multa fine, penalty
el plazo period of time
recurrir to appeal
transcurrir to pass, go by (*period of time*)

Son muchos los conductores que se sienten indefensos ante las sanciones de tráfico impuestas indiscriminadamente por las autoridades. Las empresas de gestión de multas dicen que siempre merece la pena recurrirlas

Por Carla Pulin

Cobertura legal

1 Pagar una multa dejó de ser un detalle sin importancia desde el 1 de mayo de 1991, fecha en que la reforma del Reglamento General de Recaudación establece que el primer bien a embar-
5 gar sea la cuenta corriente del infractor.

Endurecimiento penal

Según el nuevo Código Penal, conducir bajo los efectos del alcohol o drogas supone un arresto de ocho a 12 fines de semana y retirada del permiso de conducir de uno a cuatro años. Negarse a hacer
10 la prueba de detección de alcohol supone de seis meses a un año de prisión. Conducir de forma temeraria: prisión de uno a cuatro años y retirada de carné de seis a diez años.

Asesoramiento y ayuda

Existen asociaciones automovilísticas y empresas que asesoran a sus socios a la hora de recurrir una multa: ADA, RACE y AEA (Automovilistas Europeos Asociados) y Multauto. Esta es la única empresa española dedicada exclusivamente a la gestión de multas. Por 8.000 pesetas anuales realiza todos los trámites a sus 40.000 clientes, que presentan una media anual de cinco multas. Si la empresa no gana un recurso de cada dos, devuelve el dinero al cliente. Estas empresas insisten en que no pretenden dar carta blanca a que se cometan imprudencias, sino defender a los infractores injustamente multados. El 80 por ciento de las sanciones que tramitan son por exceso de velocidad y mal aparcamiento y el 20 por ciento restante por no tener cinturón puesto, luces, ITV, no respetar las señales de tráfico.

Grúa y abuso de poder

La grúa puede retirar un coche siempre que constituya peligro o cause graves perturbaciones a la circulación o al funcionamiento de algún servicio público; cuando pueda presumirse su abandono; en caso de accidente; o cuando haya sido inmovilizado por deficiencias del mismo.

AYUNTAMIENTO

DE GRANADA

GRANADA 08/06/96 ZONA: 3 12:13

****** VEHICULO ******
MATRICULA: GR-5716-L
FORD ORION Azul

***** INFRACCION *****
LUGAR.: ANCHA DE GRACIA

NUMERO: 0008

CAUSA.: ESTACIONAR EN ZONA DE APARCAMIENTO LIMITADO SIN TICKET DE ESTACIONAMIENTO.

OBSERVACIONES:
Conductor ausente

CONTROLADOR: 8006

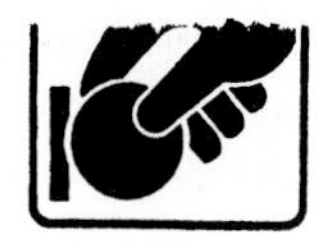

Está usted infringiendo la Ordenanza Municipal de la O.R.A. por lo que el presente boletín se ha trasladado a la Policía Local para su ratificación.

Una vez ratificada, recibirá notificación del Excmo. Ayuntamiento de Granada, de conformidad con el art. 79 de la Ley sobre Tráfico, Circulación de Vehículos a Motor y Seguridad Vial, con los plazos y actuaciones legalmente establecidos.

Consejos prácticos

1 Al recurrir la multa, usted nunca debe reconocer los hechos y tratar de justificarlos. 15

2 No firme el boletín de denuncia, pues ganará tiempo a la Administración. Si no llega al domicilio en un plazo de dos meses, prescribirá.

3 No discuta con el agente que le sanciona.

4 Nunca rechace una notificación certificada cuando llegue a su domicilio. 20

5 Las autoridades tienen obligación de parar e identificar al conductor en el momento en que se produzca la infracción.

6 Recuerde que los defectos formales son motivo de recurso. En las denuncias debe constar la identificación del vehículo (matrícula, marca, modelo y color); la relación del hecho (debe relatar la infracción con exactitud); identificación del denunciado y del denunciante. 25 30

7 Solicite pruebas de la infracción. Si es por exceso de velocidad, una fotografía de su coche, asegurarse del perfecto funcionamiento del cinemómetro. Si la denuncia es por aparcamiento incorrecto, solicite informes de señalización.

8 Recuerde: Desde la fecha en que se produce la infracción hasta la notificación de la multa puede pasar un plazo máximo de seis meses y 30 días hábiles. Si transcurre dicho plazo sin que la Administración tome una decisión, el expediente caduca y se archiva.

9 Las multas de la ORA no tienen presunción de veracidad al ser denuncias que hacen particulares. El ayuntamiento puede limitar el tiempo de estacionamiento en una vía pública y cobrar por su utilización. Lo que no puede hacer es imponer una sanción de tráfico a aquél que no pague ni retirar los vehículos. Unicamente puede cobrarle el precio del tiempo de estacionamiento y añadir un 20 por ciento de recargo.

10 Si recibe una denuncia por infracción de tráfico de un controlador en su domicilio, siempre deberá recurrirla negando los hechos. El ayuntamiento debe aplicar el principio de presunción de inocencia y anularla. Si no la recurre y la rechaza, la denuncia seguirá su curso.

Cambio16, Madrid

Las angustias del tráfico

VOCABULARIO UTIL

- **impreso** printed
- **mecanografiado** typed
- **el parabrisas** windshield
- **el quinto pino** (way out in) the "sticks"

Traigo aquí hoy dos documentos reveladores de las tensiones que provoca la caótica situación del tráfico en Madrid. Me los han enviado dos lectores que me dicen, en sus respectivas cartas, que los encontraron en el parabrisas del coche que habían dejado aparcado en la calle. El primero es una tarjeta impresa por un anónimo señor, en la que se insulta al automovilista que deja el coche mal aparcado. El otro es una hojita mecanografiada que lleva el sello de la Parroquia de Nuestra Señora del Pilar y que contiene, envuelta en sacerdotal cortesía, la amenaza de avisar a la grúa si no se respeta la señal que prohíbe el aparcamiento.

Triunfo, Madrid

¡GRACIAS!

Por haber ocupado con su coche dos espacios, he tenido que ir a aparcar al quinto pino.

Su coche, además de sus caballos tiene un burro ¡¡USTED!!

Piense en los demás. *Contamos contigo.*

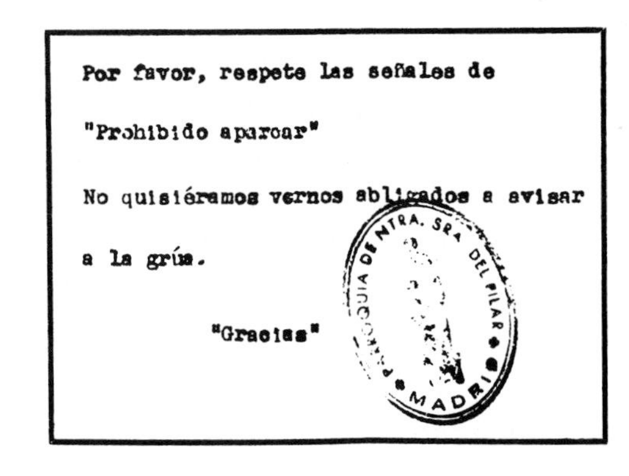
Por favor, respete las señales de

"Prohibido aparcar"

No quisiéramos vernos obligados a avisar

a la grúa.

"Gracias"

PARROQUIA DE NTRA. SRA. DEL PILAR • MADRID •

El estrés estival

VOCABULARIO UTIL			
aflojar	to relax	**estival**	summer
el agotamiento	exhaustion	**la gripe**	cold, flu
desenchufar	to unplug		

A veces, las vacaciones no sirven para descansar

Por Raúl García Luna

Más de una vez habrá escuchado usted un comentario como el siguiente: *«Che, qué pálida lo de don López Lastra. Todo el año frente a la empresa y ni una gripe. Y en cuanto sale de vacaciones, ¡paf!, un preinfarto».* O este otro, más corriente y menos trágico: *«De la oficina no quería ni acordarme. Solcito, casino, nada de estrés. Y apenas me mando una picada de cornalitos, chau: indigestión total».* La pregunta se cae de madura: ¿por qué se producen estos *shocks* durante el descanso anual, si el ajetreo laboral ha quedado atrás? Los hipotéticos don López Lastra y el oficinista del caso podrían explicarlo así: «Mientras trabajábamos era imposible aflojar. Hay compromisos, responsabilidades, imposible enfermarse». A *grosso modo*, no se equivocan. Pero el tema es más complejo. La doctora clínica Susana Demaestri, especialista en la técnica llamada *interpretación de contenidos y evolución de las estructuras corporales de la personalidad,* da pistas amplias para entender el fenómeno.

—Antes que nada, doctora, díganos qué entiende usted por estrés.

—Un estado que puede ser causado por frustraciones, excesivas exigencias, contradicciones internas, falta de comunicación u otros problemas de la vida contemporánea. Pero el estrés también se origina a partir del trato que damos a nuestro cuerpo. Los cambios de hábitos generan estrés.

—¿Un período de vacaciones, por ejemplo, puede ser campo para el estrés?

—En verano y durante las vacaciones, *contrariamente a lo deseado,* se sufren toda clase de situaciones estresantes: cambios de clima, de dieta, de horarios, y exceso de alimentos, de acción física, de sol.

—¿Por qué y cómo ocurre esto? Es decir, ¿cuáles son los mecanismos?

—En vez de relajarse y eliminarse tensiones, éstas se conservan y generan, por suma, nuevas expresiones de estrés que llevan al agotamiento psicofísico. Es la típica sensación de estar *peor que antes.* El veraneante no conoce la forma de disolver tensiones, liberar energía y armonizar el descanso. Por eso puede volver a casa con contracturas corporales, bloqueos y una fea sensación de insatisfacción y hasta de frustración.

Según la doctora Demaestri, *«el estrés se expresa y se fija en el cuerpo».* Para nuestro segundo entrevistado, el psiquiatra y psicoanalista Carlos Tachouet, *«el estrés es un fenómeno netamente psíquico».* Y más: *«El estrés se manifiesta en un estado físico (hipertensión, taquicardia, trastornos neurovegetativos), pero sobre todo en un estado psíquico (presión, tensión)».*

—¿Conviene usted en que existe un estrés propio de las vacaciones?

—Sí. También para los veraneantes hay un factor de estrés. La rutina protege de los imprevistos durante el año, y al romperse ese ritmo diario con las vacaciones surge *otra* rutina que provoca un estrés inmediato.

—Pero esa otra *rutina, ¿no se supone que es* benéfica *para la salud?*

—Todo es relativo. Lo que pasa es que éste es una especie de *estrés de competencia:* cierta presión social indica cómo comportarse, dónde veranear, qué no hay que perderse. Y es el preciso momento en que se dejan a un lado las habituales preocupaciones para entrar en las *nuevas.* El consumismo y la moda *llaman* a una rutina, y ésta conduce al estrés.

Como conclusión, por simple que parezca, hay que tener muy presente que el veraneo es placer más descanso.

Somos, Buenos Aires

No poder desenchufarse[a] y cambiar de rutina: dos causas de estrés veraniego.

[a] *to unplug*

Se busca

VOCABULARIO UTIL	
el apego fondness	**la licenciatura** degree; degree course
autodidáctico self-taught	**polígloto** speaking more than one language
el caracol snail	**vinculado** tied, linked
desmedido excessive	
el engranaje meshing of gears	
imprescindible crucial	

Importante empresa necesita ejecutivo ideal

Formación profesional

El alto ejecutivo necesita en la actualidad una carrera universitaria, especialmente Económicas, Empresariales, Derecho o Ingeniería. Atrás quedaron los tiempos de los directivos autodidácticos. Pero la licenciatura debe ir complementada con algún *master* de prestigio, bien sea del Instituto de Estudios Empresariales (IES) o de alguna universidad extranjera.

Dominio del inglés

En un mundo como el actual, en el que las fronteras no existen para los negocios, es imprescindible el aprendizaje de idiomas. La utilidad del inglés es algo incuestionable. Un ejecutivo no puede tener éxito si no posee unos amplios conocimientos de inglés comercial. Si además sabe algún otro idioma, todavía mejor. Tener la posibilidad de hablar con los clientes en su propia lengua es una ventaja a la hora de hacer negocios. Un profesional polígloto causa siempre buena impresión.

Experiencia en multinacional

Las empresas valoran mucho, a la hora de contratar, la experiencia de los altos ejecutivos en empresas importantes. Aquellos que han trabajado en industrias multinacionales tienen muchas más posibilidades de obtener un trabajo bien remunerado. Si ha trabajado en el extranjero, su valía aumenta todavía más. El conocimiento de los mercados internacionales es una garantía para las compañías que tienen intereses en diversos países.

Ciudadano del mundo

Un ejecutivo de alto *standing* debe tener siempre la maleta preparada y debe saber moverse por los aeropuertos. El apego a la casa que demuestran en no pocas ocasiones los españoles no es precisamente una cualidad que tengan en cuenta las empresas. Más bien al contrario. Los altos cargos tienen la obligación de ser como los caracoles. No basta sólo con coger la maleta y salir pitando. A veces, es necesario cambiar de casa.

Aspecto jovial

El nuevo ejecutivo tiene entre 30 y 40 años. No es que el ciudadano que ande por los 50 no sea válido. En ocasiones, sobre todo en la industria, el perfil está cercano a esa edad. Pero los cambios de mentalidad dan prioridad a la juventud. Los talentos están siempre vinculados a la empresa a la que sirven, pero se marcharán a otra ante una oferta mejor. Su filosofía está más cerca de la cultura americana que de la japonesa, donde la empresa está considerada como una gran familia, un núcleo más de ese complicado engranaje que comienza con la idea del imperio.

Gran comunicador

Tener dotes de comunicador es algo importante en una sociedad tan interconectada como la actual. El ejecutivo ideal es líder de equipo, hábil negociador, simpático y debe poseer una sana ambición, que le permita servir a su empresa de forma desmedida y conseguir para ella todo lo mejor.

El Sol, Madrid

Las profesiones del siglo XXI

VOCABULARIO UTIL

a la carta a la carte
la alimentación nutrition
el catedrático professor
de nuevo cuño newly minted
estar reacio a to be opposed to; to resist
la exigencia demand
hacer hueco a to make a space for
el licenciado / la licenciada person who has completed a college degree program
parado/a unemployed
el reto challenge

El paro no sólo se combate con medidas económicas y fiscales. Hay que echarle también imaginación al asunto. Eso es, precisamente, lo que están haciendo las universidades de este país: crear nuevas carreras con demanda de empleo, como Ciencias Ambientales o Ingeniería Multimedia. Son las profesiones del nuevo milenio. Junto a ellas, otras actividades ya tradicionales, como las relacionadas con la informática, las telecomunicaciones, las ventas y los seguros necesitarán nuevos puestos de trabajo.

Por Fátima Ramírez, *con la colaboración de Beatriz Juez, Gorka Landaburu (País Vasco), José Miguel Fernández (Barcelona), Javier Casal (Valencia) y Juan José Fernández Trevijano (Sevilla)*

Los licenciados en Ciencias Ambientales y Ciencias del Mar, los ingenieros de Materiales y Multimedia y los graduados en Enología y en Diseño, así como titulados medios o superiores en otras materias (Alimentación, Informática, Telecomunicaciones o Relaciones públicas) son los profesionales del futuro.

Mientras la universidad arroja al paro, año tras año, a miles y miles de graduados y licenciados en carreras clásicas (abogados, periodistas, economistas, médicos, etcétera), las empresas españolas empiezan a hacer hueco en sus nóminas a los profesionales de nuevo cuño...

«Evolucionan el mercado de trabajo, las demandas sociales, económicas, industriales, de servicios, culturales... mientras la universidad se mantenía en unas estructuras clásicas más o menos inmóviles. Hacía falta adecuarse a estas demandas», explica Francisco Michavila, secretario general del Consejo de Universidades. El primer paso es ver qué tipo de estudios necesita este país para modernizarse y adaptarse a las exigencias de unas empresas cada vez más competitivas. Es una de las fórmulas más creativas y realistas para enfrentarse a ese cáncer que tiene la sociedad española: el paro.

La universidad, que siempre ha permanecido reacia a los cambios, abre sus puertas a los nuevos tiempos y prepara las carreras del siglo XXI. Titulaciones que entroncan con los sectores más emergentes de la sociedad: medio ambiente, nuevas tecnologías, alimentación o reciclado de productos. Al tiempo que se consolidan actividades de toda la vida, como seguros, ventas y publicidad.

Pasión por la ecología

Teniendo en cuenta las pasiones que despiertan las cuestiones ecológicas, el medio ambiente era un campo que había que cubrir. Para ello se ha creado una licenciatura en Ciencias Ambientales...

Otra especialidad con gran futuro es el reciclado de materiales. «Es un sector emergente. Frente a la filosofía del despilfarro, se impone la de aprovechar y preservar el medio ambiente», afirma Juan Martín Cano, secretario de la Asociación Nacional de Empresas de Fabricación Automática de Envases de Vidrio (Anfevi).

Para conseguir el reciclado se necesita la colaboración del ciudadano y de los ayuntamientos. Magín Revila, presidente del Comité de Reciclado de Vidrio, afirma que «el sector del reciclado se está desarrollando mucho y demanda personas con conocimientos de este tema».

Las ingenierías son las carreras que cuentan con un menor índice de parados. En el futuro, aparecen tres muy importantes. La Ingeniería de Materiales supone uno de los grandes retos de la sociedad y de la industria ligera: los clásicos materiales, como el hierro o el acero, se han sustituído por otros menos pesados que requieren sus propios tratamientos.

La Ingeniería Química es capaz de elaborar los más variados productos a partir de las materias primas. Por ejemplo, del petróleo se derivan no sólo la gasolina, sino los plásticos, que constituyen una industria muy sofisticada. Ese sector requiere utilizar

Carreras y empleos con futuro

Publicidad y Relaciones Públicas

Formación en la creación, diseño y producción de la comunicación publicitaria, así como en las estrategias y aplicaciones de las relaciones públicas.

Ciencias Ambientales

Profundiza en el estudio del medioambiente.

Graduado en Enología

Estudio y tratamiento de los vinos.

Ingeniería Química

Elaboración de productos sofisticados a partir de las materias primas.

Ingeniería de Materiales

Creación y tratamiento de los nuevos materiales.

Informática

En contra de lo que muchos piensan, es un sector cuyo desarrollo está empezando.

Geodesía y Cartografía

Estudio de las dimensiones, forma y composición del globo terrestre y trazado de mapas y cartas geográficos.

Historia y Ciencias de la Música

Estudio de la teoría e historia de la música, sus métodos y técnicas.

Servicios para la Tercera Edad

Una población cada vez más longeva genera mucho trabajo a su alrededor: residencias, turismo, asistencia sanitaria, consumo, etcétera.

Ciencias del Mar

Estudio del mar en su planteamiento geológico, geográfico y como fuente de recursos.

moléculas cada vez más complicadas, estructuras más resistentes, polímeros... Quien domine todo este mundo tiene una buena salida.

Como la tiene la Ingeniería Multimedia, que ahora no existe como titulación universitaria y es un poderoso instrumento para desarrollar muchas profesiones. Otra de las nuevas carreras es Ciencia y Tecnología de los Alimentos. Los alimentos ya no van directamente al consumidor o a la tienda desde los campos, los mataderos o los barcos, sino que requieren procesos complicados.

Los consumidores exigen cada vez más: fecha de caducidad, etiqueta de emvasado, control de calidad... «Todo lo que esté vinculado con calidad y más generalmente con calidad de vida tiene futuro», afirma Michavila.

La calidad de vida depende, en buena parte, de los nuevos recursos. Aquí encuentra su sentido la licenciatura en Ciencias del Mar. En esta disciplina se unen el conocimiento científico y el de ciencia aplicada. Por ejemplo, son una buena fuente de generación de energía. O la fauna para la alimentación. O los fondos marinos, de los que se extrae petróleo.

La publicidad, las relaciones públicas y el marketing seguirán creciendo en importancia en esta sociedad de la imagen, donde tan fundamental es crear productos como saber venderlos. En el área de humanidades, licenciaturas como Traducción e Interpretación tienen un porvenir muy interesante, pues con las nuevas tecnologías se borran las fronteras.

«El trabajo fijo se acaba»

De reciente hornada es la licenciatura en Humanidades y se hace especialmente importante ahora que los directivos de las empresas quieren tener una visión global del mundo. Dirigiendo empresas ya no sólo hay ingenieros o economistas...

De todas maneras y a pesar de todas las previsiones, no hay buenas y malas carreras, como dice Mercedes Doval, vicerrectora de Estudios de la Complutense:

—El mercado de trabajo es muy cambiante. El trabajo fijo se acaba y hay que tener una mente abierta y organizarse los estudios con una visión pluridisciplinar. Lo más importante es tener una buena preparación de base y después especializarse en un segundo ciclo. No hay que rechazar carreras porque se piense *a priori* que no tienen salida...

Con el interés de la formación pluridisciplinar se elaboró el nuevo plan de estudios, que permite la

Carreras y empleos con futuro

Traducción e Interpretación

El dominio de idiomas será fundamental en un mundo donde se borran las fronteras.

Dietética y Alimentación Humana

Graduado de Diseño

Telecomunicaciones

Seguirán generando empleo en los próximos años.

Ciencia y Tecnología de los Alimentos

Los alimentos requieren un complicado proceso desde que nacen hasta que llegan al consumidor.

Autoempleo

Nuevas empresas tienen que surgir para atender las demandas sociales.

Seguros

España tiene un déficit de aseguramiento respecto a otros países europeos, que se resolverá en unos años.

Venta

Profesionales cualificados recorrerán el mundo vendiendo todo tipo de productos.

Ingeniería Multimedia

Estudia la tecnología multimedia y sus aplicaciones.

Empresas de Trabajo Temporal

Son las intermediarias en un mundo donde no habrá puestos fijos de trabajo.

Reciclado

Proceso que permite la reutilización de viejos productos para la conservación de la naturaleza.

combinación de ciclos de campos diferentes. Francisco Michavila le concede una gran importancia:

—Tenemos que luchar porque se consolide este sistema de máxima flexibilidad, muy bueno de cara al futuro. Por ejemplo, combinar tecnología y economía o leyes y economía. El estudiante tiene la libertad de poder hacer sus estudios más a la carta (carreras de pasarela)...

Para el catedrático de Sociología de la Universidad de Valladolid, Ricardo Montoro, «el futuro de las profesiones no está en el título, sino en la funcionalidad del sujeto que la trabaja. Esto es lo que se denomina polivalencia o capacidad de adaptación».

Ahora, lo normal es que cada persona desarrolle exclusivamente el mismo tipo de trabajo. Montoro, que ha dirigido diversos estudios de mercado de trabajo para jóvenes, explica:

—En el futuro, se cambiará de posiciones, de funcionalidades. Una persona podrá pasarse diez años vendiendo un producto y los diez años siguientes fabricándolo. Es una *estructura de ocupación* mejor que la anterior y la gente se beneficiará con los cambios.

El sociólogo tiene muy claro que en los próximos 10 ó 15 años «no va a haber espacio para la gente que no tenga cualificación, algún tipo de estudios, que sepa hacer algo diferente. Tener la seguridad de que se puede competir en lo que sea es la clave del futuro».

Quienes dominen la informática probablemente tengan el futuro asegurado. «No sólo no está copado, sino que está empezando. Precisamente ahora sufrimos una falta de profesionalización del servicio de la informática. Es una veta sobre la que se puede trabajar», añade Montoro.

Una de las características de esta sociedad inteligente es el espíritu ecologista. Por tanto, cualquier oficio relacionado con la protección del medio ambiente tiene futuro. El reciclado y la reutilización

«Más posibilidades de trabajo»

Mónica C., 24 años, Licenciada en Físicas, 1° de Ingeniería de Materiales. «Quería ampliar mis estudios de Físicas y con esta nueva carrera tengo más posibilidades de trabajo, ya que somos la primera promoción y no hay nada parecido en el mercado laboral. Me gustaría trabajar en la empresa privada».

«Tiene muchas salidas»

Eva T., 23 años, Diplomada en Biología, 1° de Ciencia y Tecnología de los Alimentos. «Sabía que existía este tipo de estudios en el extranjero y cuando pusieron esta carrera en España decidí hacerla. Tiene muchas salidas: los alimentos siempre nos van a tener que hacer falta. La gente siempre se tendrá que alimentar. La producción de alimentos es lo que más me atrae».

«Si no protegemos la tierra, nos quedamos sin nada»

Elena P., 20 años, 1° de Ciencias Ambientales. «Quería hacer algo de ciencias, biología o veterinaria pero, cuando salió esta carrera, pensé que me podría atraer. Es un tema que nos debía interesar a todos porque, si no protegemos la Tierra, nos quedamos sin nada. Es una carrera bonita y con salidas».

«Profesión con mucho futuro»

Mariano M., asistente social geriátrico, Diplomado en Trabajo Social. «Nos piden información sobre lugares donde puedan ser atendidos sus familiares, porque ellos no pueden hacerse cargo de la situación. Ser asistente geriátrico es una profesión con mucho futuro. La población europea envejece y hay que encontrar algún tipo de salida para la gente mayor».

«No dudé en elegir Ciencias del Mar»

Ainhoa C., 18 años, 1° de Ciencias del Mar. «Terminé mis estudios de COU el año pasado. Y no dudé en elegir Ciencias del Mar. Todo lo relacionado con el medio ambiente y el mar me interesa y creo que son temas que tienen futuro».

«Puedo tener más oportunidades»

Carmen F., 23 años, estudiante de Geodesía y Cartografía. «Al acabar el primer ciclo de Ingeniería Topográfica elegí esta nueva especialidad, que presenta mayores expectativas. Al ser pionera en España, sabemos que podemos tener más oportunidades».

de todo tipo de productos abre nuevos campos de trabajo.

Quien se especialice en el tratamiento y depuración del agua y en agrobiología, cuyo objetivo es sustituir los pesticidas químicos por los de origen biológico, difícilmente se quedará en el paro.

Pero también habrá oficios más sencillos, tantos como permita la imaginación. Así, recoger el cristal o el papel de las casas y llevarlos a los centros de reciclaje.

La figura del vendedor se potenciará. Los comerciales del futuro, licenciados o no, no sólo tendrán *labia*, sino que serán profesionales cualificados, con conocimientos técnicos, que recorrerán el mundo con sus productos. Pasarán tanto tiempo en los aviones como en las tiendas.

Todos los servicios relacionados con la tercera edad tendrán una importante expansión, en una sociedad donde hay cada vez más gente mayor. Personas de compañía, enfermeros, geriatras, sanatorios, etcétera serán muy necesarios entonces. Pero no sólo hay que contemplar la parte negativa.

Como recuerda Ricardo Montoro, «muchos de nuestros mayores hasta ahora han sido analfabetos, procedentes de núcleos rurales y con muy poca capacidad adquisitiva». Y añade:

—Pero en 20 años serán lo contrario. Dispondrán de dinero y serán grandes consumidores, mucho más que los jóvenes. Habrá numerosos productos dirigidos a ellos, desde viajes y vaqueros hasta coches y viviendas. Y serán muy selectivos».

Otro sector que se impulsará, en opinión de Montoro, es el de los seguros. España tiene un déficit de aseguramiento respecto a otros países europeos.

—El *boom* de asistencia de viajes es muy reciente y las cifras de aseguramiento de las casas son ridículas. Esta situación cambia cuando la capacidad de renta de los países mejora.

Las telecomunicaciones seguirán generando empleo en los próximos años, así como la ingeniería industrial y las empresas de trabajo temporal. Los más atrevidos podrán afrontar el autoempleo.

«Hay cuota de mercado. Lo que hace falta es gente con mentalización empresarial para hacerlo», comenta el sociólogo Montoro. Y aconseja: «El sentido común, para quien no se pueda permitir el lujo de hacer un estudio de mercado, es la primera cualidad para emprender con éxito la aventura».

Cambio16, Madrid

Comprensión

Entre todos Compartan los análisis que Uds. hicieron de los diferentes artículos de la Lectura I. ¿Cuál de las situaciones estresantes recibió el puntaje más alto en la escala del estrés de la página 246? ¿Notaron algunas diferencias y semejanzas entre las situaciones estresantes en los hispanos y en los norteamericanos? ¿Sería raro encontrar alguno de estos artículos en la prensa norteamericana? Expliquen.

Interpretación y aplicación

A En el artículo «Las angustias del tráfico», ¿cuál de los dos documentos le parece a Ud. más efectivo? ¿Por qué? En su opinión, ¿dejar en un coche una tarjeta como éstas es una manera efectiva de combatir el problema señalado? ¿Por qué sí o por qué no? ¿Qué le indica a Ud. el hecho de que ninguna de las tarjetas esté escrita a mano?

B En el artículo sobre el tráfico se da una serie de consejos sobre cómo recurrir las multas.

- ¿En su opinión, cuáles son los más importantes? ¿Hay algún otro consejo que Ud. añadiría a la lista? ¿Cuál sería?
- ¿Qué le parecen las posibilidades de recurrir las multas? ¿Piensa Ud. que es mejor pagar la multa y olvidar el problema? ¿Es mejor no pagar la multa si cree que ésta no ha sido justa? ¿Por qué sí o por qué no?
- Todos conocemos lugares por donde es más frecuente o posible recibir una multa de tráfico. ¿Piensa Ud. que a veces los policías de tráfico imponen multas principalmente para recaudar dinero para la ciudad o el pueblo? ¿Piensa que los policías de tráfico tienen que imponer cierta cantidad de multas como mínimo?
- Si Ud. tiene un coche de color rojo y deportivo, ¿piensa que lo van a detener por cualquier causa con más frecuencia que si tiene un vehículo de otro color y/o tipo? ¿Qué otros factores pueden influir en la decisión del policía de echarle una multa al conductor? Explique.

C ¿Son iguales todas las infracciones? ¿Cuáles le parecen más graves? ¿menos graves? Explique. De las siguientes infracciones, ¿cuáles son muy graves (**MG**), graves (**G**) o leves (**L**)? Indique qué sanción impondría Ud. en cada caso. Luego, compare su lista con la de sus compañeros para ver en qué coinciden.

	MG	G	L	SANCION
1. saltar un semáforo en rojo	☐	☐	☐	_____
2. saltar un Stop	☐	☐	☐	_____
3. conducir a 40 millas en zona de 30	☐	☐	☐	_____
4. conducir a 75 millas en zona de 65	☐	☐	☐	_____
5. no respetar un «ceda el paso» (*yield*)	☐	☐	☐	_____
6. conducir solo/a en estado de embriaguez (*under the influence of alcohol*)	☐	☐	☐	_____
7. conducir en estado de embriaguez con otras personas en el coche	☐	☐	☐	_____
8. conducir sin abrocharse el cinturón de seguridad	☐	☐	☐	_____
9. conducir sin que el coche tenga seguro	☐	☐	☐	_____
10. estacionar en zona prohibida	☐	☐	☐	_____
11. adelantar (*to pass*) imprudentemente	☐	☐	☐	_____
12. adelantar cuando está prohibido	☐	☐	☐	_____
13. conducir sin permiso de conducir	☐	☐	☐	_____
14. otras: _____	☐	☐	☐	_____

D Según el artículo «El estrés estival», las vacaciones pueden causar el estrés. ¿Está Ud. de acuerdo? ¿Sufren de este problema de vez en cuando los estudiantes? Explique.

E ¿Qué opina Ud. sobre las cualidades del ejecutivo ideal que se mencionan en el artículo «Se busca»? De todas ellas, ¿cuál le parece en realidad imprescindible? Según la escala del estrés, ¿podría causarle estrés al ejecutivo desarrollar o mantener alguna de esas cualidades? Explique.

F ¡Necesito compañero! El artículo «Se busca» está escrito desde la perspectiva de una empresa o negocio que busca un ejecutivo. Trabajando en parejas, preparen un texto («Se ofrece») en el que describan las cualidades que Uds. podrían ofrecerle a su empleador ideal.

G ¡Necesito compañero! El artículo sobre las profesiones del siglo XXI menciona una serie de carreras universitarias destinadas a un mercado profesional bastante nuevo. ¿Cuál de ellas le parece que tiene más futuro? ¿Por qué? Trabajando en parejas, hagan una lista de carreras universitarias que en su opinión serán muy aceptadas cuando Uds. se gradúen. Hagan otra lista de carreras en que posiblemente tendrán dificultades en encontrar un empleo. Luego, comparen sus listas con las de sus compañeros para ver si están de acuerdo. Finalmente, entre todos preparen algunas recomendaciones que le harían a un(a) estudiante que va a comenzar la universidad. ¿Qué debe estudiar?

H El artículo sobre las profesiones del siglo XXI incluye algunos testimonios de estudiantes que seleccionaron una de las nuevas licenciaturas universitarias. En la opinión de esos estudiantes, ¿cuál parece ser el aspecto más atractivo de la licenciatura elegida? ¿Ya ha seleccionado Ud. una carrera o especialización? ¿Consideró Ud. (o va a considerar, si todavía no se ha decidido) ese mismo aspecto al tomar su propia decisión? ¿Por qué sí o por qué no? ¿Qué otros factores tomó (va a tomar) en cuenta?

I ¡Necesito compañero! ¿Están Uds. de acuerdo con la selección de las situaciones estresantes que se incluyen en la escala del estrés? ¿Qué tienen que ver con la vida de un estudiante típico / una estudiante típica? Trabajando en parejas, hagan otra escala a base de las experiencias más típicas de un(a) estudiante. Luego, comparen su escala con las de las otras parejas para recopilarlas en una sola lista. Según esta nueva escala, ¿hay algunos estudiantes en la clase que serán candidatos a problemas de salud por el estrés?

J Pro y contra Divídanse en tres grupos de cuatro o seis estudiantes para debatir los siguientes temas. Siguiendo los pasos establecidos en las actividades Pro y contra de los capítulos anteriores —identificar, presentar, evaluar— la mitad de cada grupo debe preparar los argumentos de la perspectiva A, mientras que la otra mitad prepara los argumentos de la perspectiva B. Todos los estudiantes también deben preparar preguntas que hacer durante los debates de los demás grupos y luego deben ayudar a decidir esos casos.

PERSPECTIVA A	PERSPECTIVA B
La misión de la universidad debe ser preparar a los estudiantes para una carrera porque...	La misión de la universidad debe ser enseñar a los estudiantes a desarrollar la facultad de pensar críticamente porque...
Los hombres sufren menos de estrés porque son más fuertes que las mujeres.	Los hombres sufren menos de estrés porque su vida es menos complicada que la de las mujeres.

K Papel y lápiz En su cuaderno de apuntes, explore más uno de los siguientes temas ya comentados en clase.

- La escala del estrés del / de la estudiante que se elaboró en la actividad I. ¿Es inevitable el estrés durante los años escolares? ¿Por qué sí o por qué no? ¿Se puede hacer algo para reducirlo?
- Los hombres y el estrés. ¿Sufren más estrés que las mujeres o menos? ¿Por qué? ¿Cambia esto a lo largo de la vida? Explique.
- La misión de las universidades. ¿Tienen el deber de preparar a los jóvenes para la vida laboral?
- La selección de una carrera. Los factores que hay que considerar.
- La justicia y las multas de tráfico.

EL TRABAJO Y EL OCIO: EL TIEMPO LIBRE

Palabras y conceptos

Lea brevemente los titulares y mire los textos que componen la Lectura II. Indique los temas que le sugieren. ¿Qué tiene que ver cada uno con «El tiempo libre», subtítulo de esta lectura?

Mientras lee los artículos, apunte en una tabla como la siguiente la información indicada referente a cada artículo.

TITULO:
Idea principal: ______
Relación que puede tener con lo que se ha aprendido respecto al estrés: ______
¿Podría un artículo semejante aparecer en la prensa en los EEUU? ______
Semejanzas/Diferencias (uno o dos puntos específicos) entre este fenómeno en los países hispanos y en los EEUU: ______

Trabajo y ocio: Las otras vitaminas

VOCABULARIO UTIL	
agobiar to overwhelm	**la exigencia** requirement
el agobio nervous strain	**la jornada laboral** workday
baldío worthless, a waste of time	**poner de manifiesto** to make clear

Por Gonzalo C. Rubio

Trabajar cansa, quién lo duda, pero ¿y no hacer nada, si es que esto es posible? El trabajo y el ocio pueden ser agotadores o descansados, pero al mismo tiempo productivos o baldíos. No importa tanto qué se haga como en qué condiciones —físicas, psicológicas y sociales— se realice. A los adictos al trabajo se les recomienda una terapia de ocio tanto como a los grandes desocupados, una terapia ocupacional.

Los psicólogos ocupacionales fundamentan su trabajo en el estudio del de los demás, y a estas alturas nadie ignora que tanto el trabajo como el ocio tienen ribetes beneficiosos y perjudiciales para la salud, según sean elegidos o impuestos, imaginativos o rutinarios, placenteros o desagradables.

La mayoría de la gente se siente mejor, más sana y saludable, cuando tiene una actividad laboral que cuando se queda en casa. Un estudio británico lo dice, el 69 por ciento de los hombres y el 65 por ciento de las mujeres que tienen una jornada laboral completa continuarían trabajando aun cuando no necesitasen el dinero que ganan.

Y si pocos son los que renunciarían al trabajo, aun son menos los que lo harían con sus momentos de ocio. Más bien se tiende, al menos en las sociedades desarrolladas, a reducir la jornada laboral y a ampliar el número de días de descanso.

¿Qué tiene el trabajo —o el ocio productivo— para haberse convertido en un objeto de deseo? Retribuciones aparte, el trabajo es un complejo vitamínico que contiene importantes exigencias psicológicas necesarias para la salud.

El psicólogo ocupacional británico Peter Warr ha identificado nueve *nutrientes* psicológicos que todo trabajo saludable debe proporcionar: empleo de habilidades, oportunidad de autonomía y control de las demandas, variedad, incertidumbre mínima, dinero suficiente, demandas moderadas, condiciones dignas, amistad en el trabajo y una posición valorada en la sociedad. El trabajo ideal es aquel que combina en sus justas proporciones estas nueve gratificaciones psicológicas, sin que falte cierto grado de autonomía y el mínimo posible de incertidumbre.

En el trabajo —y en el descanso— también es cierto aquello de «dime cómo te gustaría trabajar —o descansar— y te diré quién eres», ya que es sabido que la realidad en muchas ocasiones poco tiene que ver con los deseos.

¿Qué gratificación psicológica puede haber cuando el trabajo no tiene otro incentivo que el económico y se reduce a un número de horas o de piezas pagadas? La primera encuesta sobre las condiciones de trabajo en España, realizada por el Instituto Nacional de Higiene y Seguridad en el Trabajo en 1987, puso de manifiesto que para muchos españoles el trabajo está lejos de ser un medio de desarrollo integral de la persona. La monotonía y la repetitividad, la falta de interés y autonomía, el horario y las comunicaciones son algunas de las principales agresiones que sufren los trabajadores a diario.

Todavía nadie se ha propuesto realizar una encuesta similar sobre las condiciones de ocio. Pero, a buen seguro, ambas prospecciones tendrían bastantes puntos comunes. La masificación y la concentración de los días de vacaciones en los mismos días de la semana y en unas cuantas semanas de año, los agobios en los puntos de mayor interés turístico y hasta las inclemencias del tiempo pueden hacer anhelar a más de uno la vuelta al trabajo.* Con todo, la cuestión no es ni dónde ni cuándo, sino cómo: en el trabajo y en el ocio, esos dos rostros cada vez más parecidos de toda actividad, lo que importa es que realmente aporten su dosis vitamínica.

Conocer, Madrid

Este mimo entretiene a un joven que pasea por las Ramblas en Barcelona, España.

*Más del 60 por ciento de los españoles que toman vacaciones anualmente lo hace durante el mes de agosto. Gran parte de estos veraneantes se dirigen hacia las costas de España.

Nochebuena en casa, Nochevieja en la calle

VOCABULARIO UTIL	
el cotillón ball, formal dance	**disfrutar** to enjoy
desmedido excessive	**la Nochebuena** Christmas Eve
el día de asueto day off	**la Nochevieja** New Year's Eve

Durante las Navidades los españoles comen mucho, viajan poco y apenas van a misa

Por José Manuel Huesca

Cotillones, regalos, ocio, viajes, champán y turrón son palabras habitualmente relacionadas con la Navidad. Una época que para muchas personas es una fiesta familiar, mientras que para otras significa simplemente la oportunidad para disfrutar unas vacaciones. Esto es lo que se desprende de un estudio realizado para CAMBIO 16 por la empresa de marketing Emopública.

La primera conclusión de este estudio es que en Navidad se sale poco. Los españoles prefieren festejar estos días en su hogar con la familia que apenas ven a lo largo del año. Sólo uno de cada cuatro combina las salas de fiestas con su casa para celebrar las fiestas navideñas.

No obstante, las personas entrevistadas sí se echan masivamente a la calle en una fecha con-

¿EN COMPAÑIA DE QUE PERSONAS PASA LAS FIESTAS?

	% Total
Siempre las paso en familia	84,3
Siempre las paso con mis amigos, novia/o	2,2
Las paso solo	1,0
Unos días las paso en familia y otros por mi cuenta	9,6
No siempre las paso con la misma compañía	1,2
NS/NC	1,8

¿QUE DIA SALE A FIESTAS/COTILLONES?

	% Total
Nochebuena	25,1
Navidad	20,2
Nochevieja	83,8
Año Nuevo	32,5
Reyes Magos	28,9
NS/NC	1,8

¿QUE ES LA NAVIDAD?

¿Cuál de estas frases se ajusta más a la forma en que usted pasa las Navidades?

	% Total
Es una fiesta fundamentalmente religiosa	9,5
Es una fiesta esencialmente familiar	73,6
Es una fiesta para consumir y gastar dinero	7,3
Son unas vacaciones de invierno, sin ningún otro significado	3,2
Es una época triste y deprimente que preferiría que no existiera	6,1
NS/NC	0,4

creta: Nochevieja. Es un acontecimiento muy especial, sobre todo, para los adolescentes: se trata de la primera noche que pasan fuera de casa divirtiéndose con los amigos y amigas, en una discoteca o en algún local que alquilan expresamente para esa ocasión.

Para muchos, las Navidades ya no son unas fechas meramente religiosas. Más de la mitad de los entrevistados no asisten a ningún oficio católico. Y casi un tercio cree que todas las fiestas tienen la misma relevancia: lo importante es que durante estas fechas no se trabaja.

Las mujeres son la excepción que confirma la regla. Un 51 por ciento declaran que en estos días van a la iglesia. Algo que sólo hacen un 33 por ciento de los hombres.

Ser *rico* tiene sus ventajas, como es sabido. Según confirma la encuesta, las personas con más dinero son las que tienen más tiempo para descansar y para viajar. Y la ciudad más privilegiada es precisamente una ciudad rica: Barcelona. Cuenta con el mayor número de ciudadanos que tienen más días de asueto durante el período navideño.

Otras personas menos adineradas también viajan en estas fechas: son los emigrantes que quieren pasar las Navidades en su ciudad natal.

Hablar de la Navidad es hablar de los regalos. A pesar de la influencia anglosajona de los últimos años, un 64 por ciento de los españoles prefieren dar los juguetes a sus hijos el día de Reyes, mientras que sólo un 10 por ciento lo hace el día de Navidad. Son los más jóvenes los que anhelan la fecha del 6 de enero para recoger los regalos que les han dejado en los calcetines Melchor, Gaspar y Baltasar.

En estas fechas, a pesar de la crisis económica, los españoles se permiten el lujo de comer bien. Pero la encuesta confirma que el dinero es el eterno problema de los españoles. Las pesetas ahorradas durante meses se gastan en un abrir y cerrar de ojos durante las Navidades: los gastos en regalos, comidas y fiestas superan, como media, las 30.000* pesetas. Los más jóvenes a veces no superan las cinco mil pesetas.

Cambio16, Madrid

¿CUAL DE ESTAS FIESTAS ES MAS IMPORTANTE?

	% Total
Nochebuena	30,8
Navidad	19,4
Nochevieja	19,4
Año Nuevo	3,7
Reyes Magos	3,6
Todas por igual	21,2
NS/NC	2,0

ADORNO DEL HOGAR

	% Total
En mi casa ponemos el portal de Belén	17,4
En mi casa ponemos el árbol de Navidad	28,6
En mi casa ponemos el portal y el árbol	20,1
En mi casa no ponemos adornos especiales	30,9
NS/NC	2,0

¿QUE DIA HACE USTED LOS REGALOS?

	% Total
Día de Reyes Magos	64,0
Día de Navidad	9,9
Días de Navidad y de Reyes Magos	6,8
No hay día fijo para dar regalos	9,3
No hacemos regalos	8,9
NS/NC	1,0

*Cuando se hizo esta encuesta, el cambio de dólares a pesetas estaba aproximadamente a 100 pesetas por 1 dólar.

Los madrileños tienen suficiente tiempo libre

VOCABULARIO UTIL			
la caza	hunting	**la hípica**	horseback riding
el culturismo	body building	**madrileño**	from Madrid
el «footing»	jogging	**el patinaje**	skating

Más de un 60 por 100 de los madrileños considera que dispone de mucho o suficiente tiempo libre, según se desprende de la encuesta Formas de vida en el municipio *realizada por el Departamento de Estudios y Análisis del Ayuntamiento de la capital.*

Por Alejandro Acosta

En el capítulo dedicado al uso que hacen los madrileños de su tiempo libre, la investigación distingue entre las actividades que éstos realizan en casa y las que practican fuera del hogar.

Ver la televisión o el vídeo, charlar con la familia, oír la radio, ordenar la casa, recibir visitas y leer el periódico son, por este orden, las principales ocupaciones caseras de los encuestados. Cuando salen fuera, más de la mitad de los entrevistados prefiere sobre todo pasear, ir de compras y visitar amigos.

Por el contrario, es poco frecuente entre los madrileños la asistencia a centros cívicos, clubs de ancianos, locales de asociaciones vecinales, sindicales, bingos y discotecas, si bien entre un 30 y un 40 por 100 visitan museos, acuden a bares, restaurantes, cines, teatros o salen de excursión.

La investigación afirma que *«se advierte un fuerte dominio del ocio pasivo sobre el activo y del ocio no productivo sobre el productivo»,* aunque existen diferencias, a veces notables, según el sexo, la edad, la situación laboral, el tipo de familia y el nivel económico y cultural que tienen los encuestados.

Libros y deportes

Entre los jóvenes son más frecuentes las actividades de ocio cultural y activo como leer libros, escuchar música, recibir visitas o atender el cuidado del cuerpo. Del mismo modo este tipo de prácticas recreativas son también más frecuentes entre los varones que entre las mujeres. Y lo mismo ocurre si se atiende al nivel económico y cultural.

En el área 1 —clase alta y media alta— un 72 por 100 leen libros, un 78 por 100 leen periódicos y un 20 por 100 invierten parte de su tiempo libre en estudiar. Estos porcentajes están muy por encima de los del área 3 —donde residen las familias más humildes—, que para esas mismas actividades son de 38, 47 y 8 por 100, respectivamente.

En cuanto a los deportes, el estudio señala que es poco habitual que los cabezas de familia y sus cónyuges practiquen alguno, y cuando lo hacen, se restringe prácticamente a los varones. En cualquier caso, los deportes que sobresalen son la natación, tenis, fútbol y culturismo, estos dos últimos con idéntico peso. Les siguen en importancia el ciclismo, la caza y el «footing». El golf, patinaje, o la hípica, por ejemplo, siguen siendo minoritarios, al menos por lo que a practicantes se refiere.

Academias

Aparte de los estudios oficiales, la encuesta *Formas de vida* analiza lo que denomina *«enseñanzas no regladas»*, en las que incluye aquellas que no están controladas por el Ministerio de Educación y con las que no se obtiene ningún título oficial.

Este tipo de estudios no convencionales tienen una gran aceptación entre los madrileños ya que algo más de una tercera parte los siguen, y de ellos un 69 por 100 lo hacen en exclusiva y un 31 por 100 los compatibilizan con enseñanzas oficiales.

Idiomas, mecanografía y secretariado, informática, educación física y culturismo son los cursos que más adeptos tienen. Les siguen los de plástica y artística, capacitación profesional, dirección y gestión de empresas, cualificación profesional en servicios y cualificación profesional en industrias.

Las mujeres se inclinan más por los idiomas, mecanografía y secretariado, artística y plástica, y a

65 partir de los 30 años por los de corte y confección. Los varones prefieren informática y la cualificación profesional en el sector industrial; entre los menores de 30 años, un número importante de hombres madrileños se apuntan a los cursos de preparación
70 física y culturismo.

Por grupos sociales, el 42,1 por 100 de los residentes en el área 1 cursan algún tipo de enseñanza no reglada, porcentaje que desciende en el área 3 hasta el 32,9 por 100.

Villa de Madrid, Madrid

El fútbol es el deporte que más apasiona a los hispanos. Los niños lo practican en todas partes y los profesionales son héroes nacionales.

El turista accidentado

VOCABULARIO UTIL	
dar gato por liebre to sell someone "a pig in a poke"; to cheat someone	**reclamar** to file a claim or complaint
la etiqueta (price) tag	**la hoja de reclamación** complaint form
la factura invoice; receipt	**el saldo** clearance sale, liquidation
el folleto brochure	

Las asociaciones de consumidores alertan sobre el fraude en viajes organizados

Hoteles de cuatro estrellas que se convierten en «cuevas cuaternarias», billetes de clase turista a precio de primera, excursiones guiadas en japonés... Estos son algunos ejemplos con los que puede encontrarse el consumidor si no lee la letra pequeña y los asteriscos de los contratos de algunos viajes organizados. Una situación que las asociaciones de usuarios, los viajeros y las propias agencias de viajes desean erradicar.

Por Francisco J. Titos

1 Antes de contratar un viaje organizado con una agencia, cualquier consumidor ha leído montones de catálogos, folletos y revistas. Sin embargo, la experiencia de la Federación de Amas de Casa, Consumidores y Usuarios *Al-Andalus* es que, en la mayoría de los casos, el ciudadano no conoce sus derechos

como turista. El viajero español se queja más que reclama, y con frecuencia olvida que puede exigir una factura completa o que tiene a su disposición hojas de reclamaciones.

Según esta Federación andaluza, para evitar desagradables sorpresas, todo consumidor que afronte un viaje organizado debe exigir a la agencia dos documentos fundamentales: un folleto informativo y un contrato.

El folleto, además de fotos con playas de cocoteros y sugerentes chicas en tanga (rara vez aparece un chico), debe incluir el destino, medios de transporte para llegar, duración del viaje, itinerarios, alojamientos, comidas (especificando la categoría de hoteles y restaurantes), precio del viaje, posibles excursiones opcionales, condiciones de financiación, cláusulas aplicables a posibles responsabilidades, así como datos de los organizadores.

Contenidos exigibles

El turista debe tener siempre en cuenta que éste es el documento que le va a dar una visión, más o menos clara, de adónde va, cómo va a llegar, qué puede ver allí y cuánto le va a costar. Asimismo, debe tener claro que todos y cada uno de los elementos que se reseñan en el folleto serán exigibles a la hora de realizar el viaje, a no ser que agencia y consumidor lleguen a un acuerdo sobre posibles cambios...

La Federación de Amas de Casa, Consumidores y Usuarios *Al-Andalus*, aconseja prestar especial atención a la letra pequeña y asteriscos del documento contractual. Es necesario leerlo entero, despacio y con atención. Del mismo modo, advierte sobre la necesidad de guardar toda la documentación sobre el viaje con vistas a posibles reclamaciones posteriores. Si, a pesar de todas estas precauciones, el viaje no responde a lo firmado, el usuario tiene derecho a una indemnización...

Compras en rebajas

Esta Federación previene también a los consumidores sobre las tan populares rebajas veraniegas en pequeños comercios y grandes almacenes. Para que los usuarios no se lleven a casa un gato en vez de una liebre, es necesario advertir que, en las rebajas, las tiendas deben ofrecer siempre sus productos habituales, pero a precios reducidos, sin que por ello su calidad sea inferior a la de los artículos ofrecidos en temporada. Jamás debe aceptarse como rebajado el género dañado, normalmente destinado a venta en saldos.

En la etiqueta de todo artículo rebajado el nuevo precio debe figurar junto al habitual. Este nunca debe aparecer superpuesto, de modo que no impida al comprador comprobar la diferencia de precios y, por supuesto, que el producto ha sido rebajado.

Antes de realizar cualquier compra, el usuario debe informarse sobre si el establecimiento admite cambios, y si éstos pueden ser por otro artículo, por dinero o por un vale de compra. Del mismo modo, siempre debe exigirse el ticket o factura, ya que ambos son elementos imprescindibles para cualquier reclamación.

De acuerdo con la nueva Ley de Comercio, las tarjetas de crédito normalmente admitidas por un establecimiento, también deberán ser aceptadas en época de rebajas, y los productos que tengan un certificado de garantía deberán incorporarlo en las mismas condiciones durante este período.

En dicha legislación se recoge que en la publicidad e información ofrecida a los consumidores sobre las rebajas deberá indicarse tanto su fecha de inicio como de finalización. Asimismo, los productos que se ofrezcan rebajados deberán permanecer separados de los productos que no lo estén y perfectamente identificados para evitar confusiones.

Ideal, Granada

Comprensión

Entre todos Compartan los análisis que Uds. hicieron de los diferentes artículos de la Lectura II. ¿Notaron algunas diferencias y semejanzas entre la forma en que pasan el tiempo libre los hispanos y los norteamericanos? Hagan un breve resumen de estas semejanzas o diferencias con respecto a lo siguiente.

- las actividades más frecuentes para pasar el tiempo libre y las tendencias que se pueden atribuir al sexo, la edad y la clase social

- los intereses de los hispanos con respecto al aprendizaje
- los hábitos de los hispanos en lo tocante a las grandes festividades tradicionales
- los problemas relacionados con los viajes organizados y las rebajas

Interpretación y aplicación

A ¿Cuáles de las actividades de ocio descritas en la Lectura II cree Ud. que contribuyen al estrés? Explique. ¿Se puede decir lo mismo con respecto a estas mismas actividades (o actividades similares) en los Estados Unidos? ¿En qué sentido?

B De los artículos anteriores, ¿hay alguno que sería raro encontrar en la prensa norteamericana? Explique.

C Según el artículo «Los madrileños tienen suficiente tiempo libre», las actividades de ocio cultural (como leer libros o escuchar música) son más frecuentes que ninguna otra. ¿Cree Ud. que el norteamericano medio lee bastante? ¿Por qué sí o por qué no? ¿Leen más los jóvenes que los mayores o viceversa? ¿Se puede evaluar el nivel cultural de un pueblo por sus hábitos relacionados con la lectura? ¿Por qué sí o por qué no? ¿Es importante tomar en cuenta el tipo de lectura que se hace? Explique. ¿Qué otros indicios pueden usarse para establecer el nivel cultural de una nación?

D Si llegara un(a) visitante de otra cultura a los Estados Unidos, ¿en qué actividad (no necesariamente deportiva) debe participar o qué debería presenciar (*witness*) para tener idea de lo «auténticamente estadounidense»? Explique.

E En los Estados Unidos, a muchas personas les gusta comprar en las ventas que tienen lugar en la puerta o en el garaje de una casa (*garage sales*). Esta costumbre no existe en muchos otros países. ¿Cómo podría Ud. explicársela a un visitante hispano / una visitante hispana que no la conociera? Considere los siguientes aspectos.

- ¿Qué se venden típicamente? ¿objectos de gran valor? ¿objetos baratos? ¿objetos raros y únicos? ¿objetos de mucha utilidad o poca? ¿objetos nuevos o viejos?
- ¿Quiénes ponen estas ventas? ¿personas de la clase alta? ¿personas que necesitan dinero? ¿personas que están aburridas?
- ¿Qué tipo de compradores frecuenta estas ventas?

F Pro y contra Divídanse en tres grupos de cuatro o seis estudiantes para debatir los siguientes temas. Siguiendo los pasos establecidos en las actividades Pro y contra de los capítulos anteriores —identificar, presentar, evaluar— la mitad de cada grupo debe preparar los argumentos de la perspectiva A, mientras que la otra mitad prepara los argumentos de la perspectiva B. Todos los estudiantes también deben preparar preguntas que hacer durante los debates de los demás grupos y luego deben ayudar a decidir esos casos.

PERSPECTIVA A	PERSPECTIVA B
Pasar mucho tiempo mirando la televisión no tiene gran efecto en nuestra cultura porque...	Pasar mucho tiempo mirando la televisión tiene un enorme efecto en nuestra cultura porque...
La asistencia masiva del público a competencias deportivas indica que una sociedad es saludable porque...	La asistencia masiva del público a competencias deportivas indica que una sociedad es enferma porque...

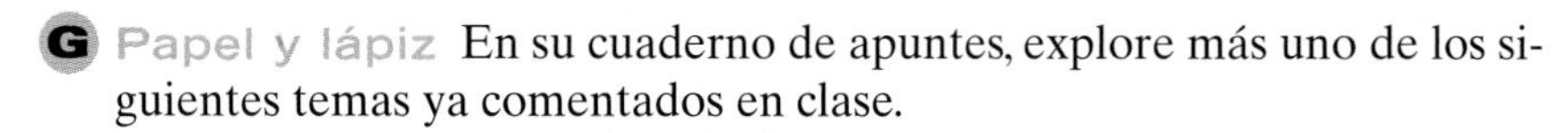

G Papel y lápiz En su cuaderno de apuntes, explore más uno de los siguientes temas ya comentados en clase.

- Entreviste a alguien que no sea de los Estados Unidos sobre sus impresiones acerca de las ventas de garaje. Escriba sus impresiones y prepare un informe para presentar a la clase.
- El ocio y el estrés.
- El nivel cultural de un pueblo: ¿Se relaciona con la lectura? ¿con el viajar? ¿con otra cosa?
- La actividad de ocio (o de trabajo) «auténticamente estadounidense».

VOCES

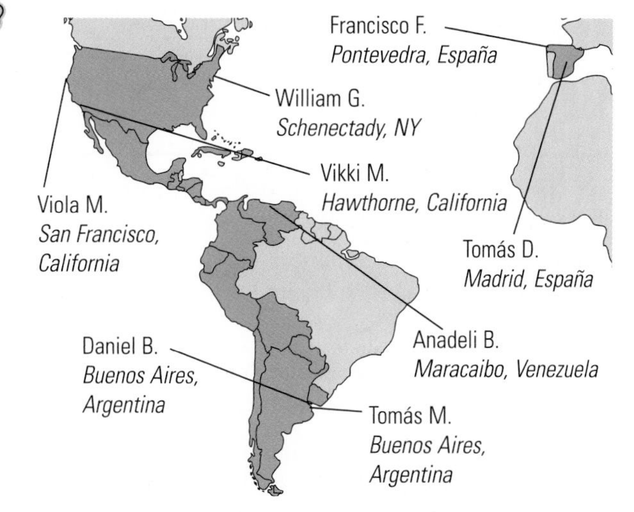

1. ¿Cómo pasa Ud. su tiempo libre?

Tomás D.: Madrid, España
Paso mi tiempo libre leyendo y ocupado con mi familia. Soy una persona de tipo contemplativo. Me muevo lo suficiente durante toda la semana que los fines de semana lo único que deseo es paz y tranquilidad. No obstante, mi deporte es caminar.

Anadeli B.: Maracaibo, Venezuela
Leyendo, viendo la televisión, arreglando mi casa y comunicándome con amigos.

William G.: Schenectady, NY
Tengo tres tipos de actividades favoritas cuando se trata de pasar mi tiempo libre: ver películas (ya sea en el cine o en casa), salir con amigos (a cenar, al teatro, al bar) y leer. A veces no tengo mucho tiempo libre a causa de mi trabajo pero intento siempre sacar tiempo libre para alguna de estas actividades... Me ejercito constantemente, entre cuatro a seis días por semana. La mayor parte de las veces salgo a correr o hago los aeróbicos en casa, pero dos días a la semana voy a levantar pesas al gimnasio. El ejercitarme me toma una hora y ya se ha hecho una parte de mi rutina...

Vikki M.: Hawthorne, CA
Yo paso mi tiempo libre viendo películas o de compras en el *mall*. Muchas veces voy al gimnasio, como tres veces a la semana. Ahí corro, monto bicicleta y levanto pesas. Ultimamente mis padres le han dado importancia al ejercicio y caminan mucho en las tardes.

2. ¿Cuáles son las profesiones de más prestigio en su país?

Daniel B.: Buenos Aires, Argentina
Las profesiones de más prestigio

supuestamente son las de más años de estudio, pero eso fue más en otras épocas, pues ahora hay más profesionales que los necesarios... En general diría que suelen merecer un mayor prestigio los abogados y escribanos, luego los médicos. Considero que la arquitectura y la ingeniería deberían tener más prestigio, pues la construcción reactiva la economía general de un país.

Francisco F.: Pontevedra, España
Yo creo que la profesión más importante es la de maestro, profesor. Nada hay más noble que enseñar, pero en la actualidad ante la obsesión por el dinero el prestigio de los profesores está en franca descendencia...

Tomás D.: Madrid, España
Yo creo que las profesiones de mayor prestigio son la medicina, las ingenierías de la telecomunicación, arquitectura, agentes de Bolsa, notarios (abogados), etcétera. No necesariamente tiene que ver con la remuneración, por ejemplo, agentes de Bolsa y notarios son profesiones eminentemente prestigiosas por sus remuneraciones; en cambio las otras no...

Tomás M.: Buenos Aires, Argentina
Hasta fines de los años 60 eran las llamadas profesiones tradicionales: médicos, abogados, ingenieros. Desde comienzos de los 80, los jóvenes son estimulados a estudiar Administración de Empresas y Economía. No hay profesiones más o menos prestigiosas en estos años. Lo que hay son *profesionales* de prestigio. El mejor termómetro para reconocerlos es la frecuencia con que aparecen en la televisión. Los mejores remunerados, en cambio, son los agentes de Bolsa, los dueños de las llamadas «mesas de dinero», los operadores del mercado financiero. La industria más próspera en la Argentina contemporánea es la especulación. ¿Las profesiones que deben ser más apreciadas? Las que contribuyen al bienestar y a la felicidad del mayor número de personas; la investigación científica, la creación artística, la ecología. Quienes se dedican a esas actividades en la Argentina son ya, sin embargo, una especie en extinción.

Viola M.: San Francisco, CA
Para mí, las profesiones de más prestigio son las de las leyes, aunque mucha gente dice que los abogados son como tiburones... Me gustaría que las secretarias fueran más apreciadas y mejor remuneradas por la razón de que ellas tienen que saber todito de su compañía. Me ha pasado muchas veces que, en mis días libres, mi jefe me ha llamado por teléfono para hacerme una simple pregunta.

¡Ud. tiene la palabra!

A ¿Con quién de estas personas se identifica Ud. más? ¿Por qué?

B ¿Qué semejanzas o diferencias nota Ud. entre la manera en que estos hispanos pasan su tiempo libre y la manera en que lo hacen los norteamericanos?

C ¿Cómo calificaría Ud. a cada uno de los individuos que contestaron la segunda pregunta: realista, materialista o idealista? Explique.

D ¡Necesito compañero! Utilizando la segunda pregunta de esta sección, entreviste a un compañero / una compañera de clase para saber lo que piensa al respecto. Luego, compartan su información con el resto de la clase. ¿Están todos de acuerdo con respecto a las profesiones de mayor prestigio en este país? ¿Cuáles son las profesiones que la mayor parte considera que deberían ser mejor apreciadas? Hoy en día, ¿tienen ciertas profesiones el mismo prestigio que tenían en el pasado o ha habido un cambio? Expliquen.

EPILOGO

Si Ud. describiera doce aspectos de la cultura norteamericana, ¿cree que habría dado un retrato completo de la vida en los Estados Unidos? Es probable que no. Es igualmente probable que los doce temas que Ud. eligiera no serían los mismos escogidos por otro miembro de la clase o por un(a) estudiante estadounidense de otra parte del país. Por esta misma razón, en los doce capítulos de *Pasajes: Cultura* no se pretende ofrecer un retrato completo de la cultura hispana. La civilización y cultura hispanas son ricas y variadas, y las costumbres que rigen en un país no tienen siempre la misma importancia, ni la misma forma de manifestarse, en otro.

Con todo, hay ciertas características que sí ayudan a distinguir la cultura hispana de la norteamericana y éstas son las que se han presentado aquí. Al pensar en lo que Ud. ha leído en este libro, debe tener presente que las generalizaciones son muchas veces inexactas y que la cultura hispana, como toda cultura viva, está en proceso de evolución. Tiene también sus virtudes y sus defectos que con frecuencia son imposibles de separar. Una virtud puede ser consecuencia de un defecto o viceversa. Por ejemplo, el hecho de que exista el problema de los indígenas en Hispanoamérica es el resultado de la política de convivencia que rigió durante la época colonial. En cambio, la ausencia relativa de este problema en la mayoría de los Estados Unidos proviene de la casi exterminación de los indígenas durante y después de la época colonial.

No se puede decir que una cultura sea superior o inferior a otra. Toda cultura representa la adaptación de un pueblo a su ambiente y, por consiguiente, es válida. Sin embargo, surgen problemas cuando dos culturas con valores distintos se confrontan. En tal caso, el único modo de evitar graves conflictos es por medio de una comprensión mutua, respetuosa y libre de prejuicios. La meta de *Pasajes: Cultura* ha sido precisamente fomentar dicha comprensión.

Aplicación

A Imagínese que Ud. va a escribir un libro sobre la cultura norteamericana dirigido a estudiantes hispanos. Haga una lista de los doce rasgos que Ud. considera fundamentales o muy importantes en esta cultura. Compare su lista con las de sus compañeros de clase, comentando las diferencias hasta que todos se pongan de acuerdo sobre una sola lista.

B Siguiendo la lista de temas o rasgos de la cultura norteamericana, ¿cuál debe ser la idea general del capítulo sobre cada tema tratado en su libro?

C ¡Necesito compañero! Trabajando en parejas, hagan una lista de cinco aspectos positivos de la cultura hispana y cinco aspectos de la cultura norteamericana que les parezcan igualmente positivos. Luego, comparen su lista con la de otras parejas para ver en qué coinciden y en qué difieren.

ANSWER APPENDIX

KEY ** means more than one possible answer

CAPITULO 1: TIPOS Y ESTEREOTIPOS

(page 7) 1. H 2. N 3. H 4. H 5. N 6. N 7. N 8. H 9. H 10. N 11. H 12. N **LECTURA I: *Los estereotipos culturales* **Aproximaciones al texto** **A.** 2 **B.** 1. The world becomes smaller and smaller every day. 2. Does this movement lead to a better understanding of the U.S. in Hispanic countries? 3. The image that many North Americans have of Latin America is just as simplistic. 4. On the other hand, many people from Hispanic countries believe that the majority of North Americans are materialistic and that they are not interested in spiritual and artistic values. 5. This kind of stereotype springs from lack of understanding of other cultures. **La idea principal es que tanto los norteamericanos como los hispanos tienen ideas estereotipadas sobre la otra cultura.

Palabras y conceptos **A.** 1. las gafas 2. lujosos 3. bolsillo 4. evitar 5. nacer **B.** 1. cada vez más 2. una lata 3. rascacielos 4. en cambio 5. todavía 6. sino 7. reflejo **Comprensión** **A.** 1. Los norteamericanos viajan más y por eso comprenden mejor a los hispanos. Falso; aunque viajan más, suelen conservar visiones estereotipadas, especialmente cuando sólo pasan por un país como turista. 2. Para muchas turistas norteamericanos, España es el país del flamenco y todos los españoles son morenos. Cierto. 3. Algunos latinoamericanos tienen una imagen de Norteamérica que también es simplista. Cierto. 4. Los norteamericanos «típicos» son unos materialistas que usan gafas oscuras y que viven en una casa lujosa. Falso; no hay un norteamericano «típico». 5. Las personas que creen en estereotipos son gente de poca inteligencia. Falso; aún las personas educadas e inteligentes pueden tener visiones estereotipadas de otras culturas. ****B.** **LECTURA II: *Contrastes entre culturas*** **Aproximaciones al texto** 1. d 2. f 3. a 4. e 5. c 6. b **Palabras y conceptos** 1. en casa o un lugar privado 2. nerviosa, incómoda 3. se abrazan para saludar o despedirse de un amigo; se estrechan la mano para saludar o despedirse en una situación formal; se cogen del brazo cuando son pareja 4. dice «Good-bye» o algo parecido **Comprensión** Para despedirse en una fiesta un hispano estrecha la mano a cada uno de los que están presentes; El norteamericano estrecha la mano al viejo amigo en una reunión inesperada; La madre hispana amamanta a su nene en el parque público; La madre norteamericana regresa a casa; Los hispanos hablan hasta dieciséis pulgadas de cerca; Dos amigas hispanas caminan cogidas de los brazos o las manos.

CAPITULO 2: LA COMUNIDAD HUMANA

LECTURA I: *El pueblo español* **Aproximaciones al texto** ****A.** ****B.** **Palabras y conceptos** **A.** 1. identidad: Todos son sustantivos que se refieren a la persona. 2. patria: Todos son sustantivos que indican algún grupo de personas. 3. mantener: Todos son verbos que refieren a la acción de evitar los cambios. 4. marginado: Todos son adjetivos que indican alguna condición de estar excluido/a. **B.** 1. Una persona que no sabe leer o escribir. 2. No haber suficiente empleo para todos. 3. Una persona o grupo que no tiene domicilio fijo. 4. Lugar donde se cortan dos líneas literales (p.ej., caminos) o figurativas (p.ej., ideas). C. 2 y 3. cruce, gitano, identidad, mezcla, patria.
Comprensión **A.** (la primera frase de cada párrafo) ****B.** 1. el cruce: el punto donde dos culturas comparten una geografía y período. 2. la mezcla: la combinación entre dos o más culturas. 3. la lengua: idioma, a veces hablado y mantenido por un pequeño grupo. 4. la unidad: las costumbres, la lengua y la circunstancia que culturalmente une a un grupo de personas. 5. la patria chica: identificación con el lugar específico (ciudad o pequeño territorio) donde uno nació. 6. nómada: gitanos, sin domicilio fijo. 7. el flamenco: baile y canto de los gitanos en el sur de España. 8. marginados: grupo excluído, como, por ejemplo, los gitanos. **C.** 1. En las diversas regiones de España, se conservan muchas tradiciones y costumbres distintas. Cierto. 2. En algunas de las comunidades, se habla una lengua diferente. Cierto. 3. En el siglo XV, se pensaba que los gitanos venían de la India. Falso. En el siglo XV, se pensaba que los gitanos venían de Egipto. 4. Se atribuían características muy negativas a los gitanos porque se creía que era gente mala. Cierto. 5. Ya no se ve mucha discriminación contra los gitanos en España. Falso. Todavía hoy hay mucha discriminación contra los gitanos en España. **LECTURA II: *El pueblo hispanoamericano*** **Aproximaciones al texto** 1. verbo: contiene; sujeto: comunidad; compl. directo: diversidad; sustantivos: conflictos; adjetivos: humana, latinoamericana, rica, exenta, económicos, políticos 2. verbo: consideran; sujeto: ellos (tácito); compl. directo: indígenas; sustantivos: lugares; adjetivos: muchos, inferiores; adverbios: Erróneamente, todavía 3. verbo: mantienen; sujeto: indígenas; compl. directo: distancia; sustantivos: víctimas, violencia, robo, frecuencia, sociedades; adjetivos: recelosa, «ladinas»; adverbios: Históricamente, con frequencia 4. verbo: Existen; sujeto: latinoamericanos; sustantivos: procedencia; adjetivos: muchos, judía, irlandesa, árabe, japonesa

5. verbo: padecen; sujeto: descendientes; compl. directo: condiciones; sustantivos: esclavos; inferioridad; adjetivos: africanos, social, económica; adverbios: todavía 6. verbo: crece, sujeto: conciencia; sustantivos: Latinoamérica, importancia, comunidades; adjetivos: general, indígenas; adverbios: Actualmente. **B. 1. La comunidad latinoamericana es diversa y tiene conflictos económicos y políticos. 2. Muchos desprecian a los indígenas. 3. Los indígenas se cuidan de los ladinos porque han sufrido violencia y robo. 4. Muchos latinoamericanos son de origen judío, irlandés, árabe, y japonés. 5. Los descendientes de esclavos africanos sufren pobreza y discriminación social. 6. Ahora muchas personas empiezan a tomar en cuenta las comunidades indígenas. **C.** # 1. **Palabras y conceptos** **A.** 1. tipificar 2. encerrar 3. la riqueza 4. actual 5. el aporte 6. rescatar 7. luchar por **B.** 1. someter 2. la llegada 3. perder 4. autóctono 5. la esclavitud **C.** 1. desarrollar 2. la igualdad social 3. la esclavitud 4. la colonización **D.** el aporte, los derechos, perder, el reto, superar, tipificar **E.** Son marginados; tienen una cultura distinta a la del resto de la población; sufren problemas sociales y económicos. **F.** **Comprensión** **A.** 1. c 2. a 3. i 4. e 5. g 6. h **B.** **C.** Colonización anglosajona: ingleses; eliminar o encerrar; aislamiento; desconfianza. Colonización hispánica: españoles; explotar; pobreza; desconfianza.

CAPITULO 3: LA MUERTE Y EL MUNDO DEL MAS ALLA

LECTURA: ***Los hispanos ante la muerte*** **Aproximaciones al texto** **A.** 1. a, b, h 2. c, d, e, f 3. a, g, f, h 4. a, b, c, d, e **B.** 1. d, 2. a, 3. b **Palabras y conceptos** **A.** **B.** Primer dibujo: La esposa y familia del **difunto** asisten al **velorio**. Están tristes; el **recuerdo** de su pariente muerto causa **dolor** y gran **sufrimiento.** Todos se portan con mucha **gravedad** y algunos **lloran** por su **pérdida.** Segundo dibujo: La familia y amigos del **difunto** asisten a su **entierro**. Lo **entierran** en un **cementerio** tradicional; los amigos y familiares **permanecen** allí durante la ceremonia, y **tratan** a la familia del **difunto** con mucho respeto. Tercer dibujo: Algúnos parientes escuchan mientras se lee el testamento del **difunto**. El contenido del **testamento sorprende** a todos; a uno de los señores le da **asco** descubrir que el **difunto** no quiso dejarle nada—cree que es de muy **mal gusto. En cambio,** dos de los señores parecen contentos con la información que comparte el abogado. **C.** the Grim Reaper, exit, end, finish, roll call, crossing the river, eternal rest, the last rest, the deep end, last roundup, going to the other side **D.** **Comprensión** **A.** hispana: convivir, tratar, liberación; norteamericana: disfrazar, evitar, pérdida. Los hispanos no disfrazan ni evitan la muerte tanto como los norteamericanos; la pueden considerar como una liberación. En cambio, en los Estados Unidos se puede observar una tendencia a disfrazar la muerte. **B.** 1. Algunas culturas hispanas llevan velas y flores y celebran el Día de los Difuntos en el cementerio donde enterraron a parientes que han muerto. Pueden pasar horas junto a la tumba comiendo, bebiendo y recordando. En los Estados Unidos, los niños se disfrazan para ir de puerta en puerta para pedir dulces y muchos adultos se disfrazan para asistir a fiestas divertidas que no tienen nada que ver con ningún pariente muerto. 2. Los hispanos también celebran la vida del difunto, y por eso pueden recordar riendo y burlándose tanto como llorando y lamentando. 3. Para los hispanos no es de mal gusto mostrar las emociones ante los demás, por eso no suprimen las lágrimas y los llantos hasta quedarse solos, como lo hacen muchos norteamericanos. 4. Es tan frecuente que muchos estudiantes norteamericanos que estudian la literatura hispana se quejan de que siempre hay una muerte o el tema de la muerte en las obras hispanas. **C.** 1. realizó, reveló; F: El estudio que se realizó en Los Angeles reveló que hay diferencias entre los grupos étnicos con respecto a las actitudes hacia la muerte. 2. iban, comían, charlaban; C 3. solían: C 4. moría, decía, estaba, dormía, vivía; C 5. representaba; F: Según la tradición indígena de la América del Sur, la muerte representaba una mutación, un cambio a otra fase de existencia.

CAPITULO 4: LA FAMILIA

LECTURA I: ***La familia hispana: Modos de vida*** **Aproximaciones al texto** **A.** 1. un problema de la columna vertebral 2. dos de cada diez niños 3. el Scolitrón 4. 70 mil pesetas **B.** 1. no 2. no 3. sí 4. sí 5. sí 6. no **Palabras y conceptos** **A.** 1. a 2. f 3. h 4. c 5. d 6. g 7. i 8. e **B.** ** 1. padres 2. hijos 3. padres e hijos 4. padres e hijos 5. padres 6. padres **C.** **D.** **E.** **Comprensión** **A.** 1. d 2. a 3. b 4. b 5. b **B.** 1. La familia hispana no es homogénea. 2. Las familias campesinas hispanas se parecen más a las familias campesinas de cualquier otro país que a las familias urbanas hispanas. 3. Los hijos ayudan mucho. 4. Hay semejanzas entre familias de ciertas clases socioeconómicas. **C.** 1. La familia extendida es importante. 2. Los hijos ya no saben ni ven tanto del trabajo de los padres. 3. Muchas familias se mudan a centros urbanos. **LECTURA II** ***La familia hispana: Del presente al futuro*** **Aproximaciones al texto** **A.** 1. Las amistades visitan a una mujer hispana. Una mujer hispana acaba de dar a luz. La mayor parte de su atención e interés no recae sobre ella. La mayor parte de su atención e interés recae sobre el bebé. 2. Muchas familias rurales gastan toda su energía en sobrevivir. No muestran cariño con palabras ni con abrazos ni con besos. 3. Un hijo ya mayor puede vivir con sus padres. Está trabajando y ganando algún dinero. Tendrá tanta independencia como el joven que vive solo. 4. La familia hispana ha sido afectada negativamente por los procesos de modernización. Ha conservado algunas características de la familia tradicional. Algunas características de la familia tradicional la diferencian de la estructura familiar típica de los Estados Unidos. **B.** 1. No. 2. 1981. Relativamente pocos. 3. Viajar a otro país y pagar mucho dinero para anularlo. **Palabras y conceptos** **A. **B. 1. a. Parte de **criar** a los niños es **educar**los. b. A veces hay que **castigar** a los niños para **educar**los. c. **Educar** a los niños los ayuda a **independizarse**. d. **El cariño** es importante en el proceso de **educar** a los niños. 2. a. **El matrimonio** es la forma tradicional y preferida de **cohabitación** para muchas personas. b. Muchas parejas prefieren **la unión consensual** al **matrimonio**. c. **El divorcio** es una manera de terminar el **matrimonio**. d. Para muchas personas religiosas, es importante **el matrimonio** antes de **dar a luz** a los hijos. **C. 1. La terminación legal del matrimonio. 2. De todos los días, común. 3. Castigos o control sobre otros en forma de obediencia a través de castigos. 4. Disfrutar. **Comprensión** **A.** 1. cierto 2. falso: Aunque hijos hispanos viven con sus padres hasta más tarde, tienen tanta independencia como hijos norteamericanos que viven solos. 3. falso: El divorcio es legal en varios países hispanos, incluso España. 4. cierto 5. falso: Aunque más mujeres trabajan fuera de casa, siguen tomando la mayoría de la responsabilidad doméstica. **B.** 1. Aunque muchos jóvenes hispanos viven con sus padres hasta casarse, tienen bastante independencia, especialmente los hijos varones. 2. La unión consensual es más y más común en el mundo hispano, por eso, el índice de divorcio en España después de 1981 no ha subido tanto. 3. Hoy en día, los abuelos tienen mejor salud y son más activos e independientes, especialmente en las clases alta y media. 4. Los esposos hispanos de 24 a 35 años de edad son más y más activos en las labores de casa y en la educación de los hijos. **C.** 1. La familia extendida en la que los abuelos ayudan con los niños y la casa es menos común que antes. 2. Algunos hombres, especialmente entre 24 y 35 años de edad, ayudan más en las labores de casa y con los niños. 3. La unión consensual es más y más popular.

CAPITULO 5: GEOGRAFIA, DEMOGRAFIA, TECNOLOGIA

LECTURA I: ***La Hispanoamérica actual*** **Aproximaciones al texto** 1. H 2. H 3. O 4. O 5. H 6. O 7. O 8. H **Palabras y conceptos** **A.** 1. despoblado 2. subir 3. dificultar 4. la periferia 5. disminuir 6. destruir 7. la pobreza 8. lleno 9. a pesar de 10. el regionalismo 11. fértil 12. la escasez **B. *oportunidad*: aumentar, cosecha; *problema*: índice de mortalidad, índice de natalidad; *síntoma*: la pobreza, el regionalismo; *solución*: control de natalidad, cultivar **C. **D. La geografía y la gente hispanoamericanas de hoy: cómo la geografía de Hispanoamérica influye dónde vive la gente y qué oportunidades laborales y agriculturales hay. **Comprensión** **A.** 1. Es **paradójica** la diferencia entre la riqueza natural y la pobreza de la gente. 2. Hay mucha **diversidad** en la geografía latinoamericana. 3. Los Andes son una **barrera** entre la periferia y el interior de Sudamérica. 4. Los Andes producen el **aislamiento** de las comunidades latinoamericanas, lo cual contribuye al analfabetismo de la población. 5. El **control de la natalidad** no se acepta en las clases bajas porque se necesita cierto nivel de educación para emplear los diversos métodos y porque muchas mujeres de estas clases se valoran según el número de hijos que tienen. **B. 1. Es cierto que hay mucha diversidad geográfica en Hispanoamérica. 2. Es cierto que la cordillera de los Andes se extiende desde el país más norteño hasta el punto más al sur de Hispanoamérica. 3. No es cierto que el transporte de mercancías se haga rápida y fácilmente dentro de los países hispanoamericanos. 4. Creo que el índice de mortalidad es más bajo hoy que hace diez años. 5. No creo que muchas rutas comerciales atraviesen los Andes. 6. Dudo que la mayoría de la población viva en los pequeños pueblos de las zonas rurales. 7. Creo que el crecimiento demográfico en Latinoamérica representa uno de los más altos del mundo. 8. No es cierto que el clima en toda Hispanoamérica sea bastante uniforme. 9. Creo que la mayoría de la población en Hispanoamérica es muy joven. 10. Dudo que los escasos recursos naturales de Hispanoamérica causen la gran pobreza de mucha gente. **C. 1. Es bueno que haya mucha diversidad geográfica en Hispanoamérica porque esta diversidad ha contribuido a la diversidad humana y agrícola. 2. La cordillera de los Andes se extiende desde el país más norteño hasta el punto más al sur de Sudamérica. Es problemático que los Andes se extiendan así porque forman una barrera entre la periferia y el interior que hace difícil la comunicación, la transportación y el comercio. 3. El transporte de mercancías entre los países hispanoamericanos es difícil. Es problemático que el transporte de mercancías sea difícil porque muchas comunidades están aisladas y no pueden participar en la economía de Hispanoamérica ni de su propio país. 4. Es problemático que el índice de mortalidad sea más bajo porque la tasa de natalidad no ha bajado y esta combinación se da al crecimiento demográfico más alto del mundo después de Africa. 5. Pocas rutas comerciales atraviesan los Andes. Es problemático que pocas rutas comerciales atraviesen los Andes porque muchas comunidades están aisladas de la economía nacional e internacional. 6. La mayoría de la población vive en la periferia. Es problemático que la mayoría de la población viva en la periferia porque la población está concentrada en un porcentaje pequeño de la tierra, principalmente en las ciudades grandes. 7. Es problemático que el crecimiento demográfico en Latinoamérica represente uno de los más altos del mundo porque casi la mitad de la población tiene menos de quince años y esta población está concentrada en las ciudades grandes. 8. El clima en toda Hispanoamérica varía mucho. Es problemático que el clima varíe mucho porque el clima forma otra barrera a la comunicación, la transportación y el comercio. 9. Es problemático que la mayoría de la población sea joven porque este sector pasivo aumenta mientras que el sector activo que lo sostiene no aumenta. 10. A pesar de los abundantes recursos naturales de Hispanoamérica, se encuentra gran pobreza de mucha gente. Es problemático que se encuentre gran pobreza de mucha gente a pesar de los abundantes recursos naturales porque con una explotación más adecuada de estos recursos, habría menos pobreza. ****D.** **E.** 1. Los Andes dificultan la comunicación. 2. El aislamiento causa un regionalismo fuerte. 3. La mujer de las clases bajas no tiene la educación que necesita para emplear los métodos de control de natalidad, y también muchas mujeres de las clases bajas se valoran según el número de hijos que tienen. 4. Muchas familias emigran a las capitales en busca de trabajo y las comunidades del interior están aisladas por barreras geográficas y climatológicas. **LECTURA II: *El ambiente urbano: Problemas y soluciones,* Primera parte** **Aproximaciones al texto** ****A.** 1. O: Los primeros números se basan en hechos pero la proyección para el año 2000 es una opinión. 2. O: No es cierto que nadie viva en las megalópolis, pero el escritor opina que nadie debe vivir en ellas. 3. H: Es una realidad que las comparaciones son difíciles y la definición de las ciudades es vaga. 4. H: El comentario se basa en números y cálculos científicos. 5. O: El escritor piensa que los países en desarrollo no deben buscar sus soluciones en los ejemplos de países desarrollados, pero puede haber otras opiniones. ****B.** Algunas megaciudades: Nueva York, la Ciudad de México, Buenos Aires, París, Londres, Cairo, Johannesburgo, Moscú, Tokio, Pekín, Shanghai ****C.** Ciudades grandes pueden ofrecer más institutos culturales como museos, bibliotecas, sinfonías, y teatros. Pero también otras instituciones como las escuelas pueden sufrir bajo el peso de la sobrepoblación. Las ciudades ofrecen más diversidad de empleo, pero hay bastante desempleo. También hay mucho tráfico y mucha contaminación. ****D.** Las ciudades grandes, la historia de su desarrollo, las oportunidades para los pobres y los problemas de las ciudades grandes en el Tercer Mundo. Negativamente por las palabras «los pobres» y «no funcionan». ****E.** **Comprensión** ****A.** ****B.** 1. Dudo que en el futuro (es decir, para el año 2025), haya menos megaciudades que hoy. 2. No es cierto que la mayoría de las megaciudades se encuentren en los países industrializados. 3. Creo que la tecnología—las máquinas de vapor, las nuevas técnicas agrícolas, el automóvil—causa el éxodo de los habitantes del campo hacia la ciudad. 4. Creo que la tecnología—el fax, los servicios de mensajería, la informática—ofrece una alternativa a la vida en la gran urbe. 5. Creo que en el futuro, las megaciudades pueden llevar a una revolución de los pobres contra los ricos. 6. Dudo que muchas personas vivan en las megaciudades porque les gusten. 7. No es cierto que sea más fácil gobernar en una megaciudad que en una ciudad pequeña. ****C.** 1. En el futuro, va a haber más megaciudades que hoy. Es problemático que haya más megaciudades para el año 2025 porque tienen efectos negativos en la ecología y muchos residentes serán pobres y jóvenes. 2. La mayoría de las megaciudades se encuentran en los países subdesarrollados. Es problemático que la mayoría de las megaciudades se encuentren en los países subdesarrollados porque éstos no pueden proporcionar la infraestructura, el empleo ni las viviendas necesarios para sostener a su población. 3. Es problemático que la tecnología cause el éxodo de los habitantes del campo hacia la ciudad porque los que van para las ciudades a buscar trabajo suelen ser pobres y de poca educación. 4. Es bueno que la tecnología ofrezca una alternativa a la vida en la gran urbe, porque muchas personas pueden realizar y enviar el trabajo que hacen a través de fax, correo electrónico y otros servicios de mensajería. 5. Es problemático que en el futuro, las megaciudades puedan llevar a una revolución de los pobres contra los ricos porque será violenta y grande. 6. Muchas personas viven en las megaciudades principalmente para trabajar. Es problemático que muchas personas vivan en las megaciudades principalmente para trabajar porque no están a gusto y los pobres viven en condiciones muy malas. 7. Es más difícil gobernar una megaciudad que una ciudad pequeña. Es problemático que sea más difícil gobernar en una megaciudad porque la mitad de la población mundial vivirá en una megaciudad para el año 2025. **Segunda parte** ****Aproximaciones al texto** Problemas: contaminación del aire, desempleo, falta de vivienda adecuada, gobernación, sobrepoblación, tráfico, polución acústica, pobreza. Soluciones: transporte público, reciclaje, institutos y servicios públicos, intercambio de basura por alimentos, teleempleo. **Comprensión** ****A.** ¿Qué problemas tenía Curitiba? Tenía problemas de suficientes viviendas para los pobres, basura, transporte público y la limpieza de la ciudad. ¿Cómo resolvieron estos problemas? Con poco dinero y mucha imaginación, construyeron parques y casas para los pobres, y mejoraron los transportes públicos. Para la basura y la limpieza, iniciaron un programa agresivo de reciclaje y otro programa en que los residentes van a lugares designados para cambiar sus bolsas de basura por un paquete de alimentos. ¿Qué ciudad tiene problemas con la violencia y la pobreza? Nueva York. ¿Qué hacen para mejorar la situación? La ciudad les ofrece a sus residentes varias opciones de educación, entretenimiento y servicios. El texto no incluye información específica acerca de programas para tratar el crimen y la violencia. ¿Qué problemas tienen en Madrid? Como en muchas ciudades, los residentes tienen que enfrentarse con problemas de tráfico y contaminación porque casi todos manejan una distancia bastante larga para llegar y volver del trabajo. ¿Qué soluciones han encontrado? Ahora unos 30.000 españoles trabajan a través del ciberespacio; son teleempleados que se comunican con la empresa con ordenadores, módem y fax. ¿Qué ciudad tiene problemas con la estrechez espacial y la basura? Tokio. ¿Cómo resuelven problemas con la estrechez y la basura? Han construido puntuales medios de transporte público; e implementaron programas de reciclaje, uno de los cuales utiliza el calor de aguas residuales para extraer energía que regula la temperatura de varios edificios. **B.

CAPITULO 6: EL HOMBRE Y LA MUJER EN EL MUNDO ACTUAL

LECTURA I: ***La mujer en el mundo hispano: De la tradición al cambio*** **Aproximaciones al texto** **A.** II. *Idea principal:* Nuestras acciones contradicen nuestro deseo de que hijos e hijas tengan las mismas oportunidades. B. *Ejemplo:* Nos mostramos más preocupados por el futuro de los niños que por el de las niñas. C. *Ejemplo:* No relacionamos la decisión vocacional de nuestras hijas con la necesidad de alcanzar unos ingresos para mantener a su familia como lo hacemos en cuanto a los hijos. III. La escuela, una fábrica de segundonas. A. *Ejemplo:* La escuela, la familia y la sociedad enseñan a las niñas a rechazar las carreras que prometen los puestos de mayores salarios y prestigio. C. *Ejemplo:* Los profesores de ambos sexos dedican más atención e instrucción a los niños que a las niñas. IV. Guerreros y muñecas. *Idea principal:* Los juguetes ponen énfasis en las diferencias entre los sexos. A. *Ejemplo:* La mayoría de los juguetes (y los anuncios para los juguetes) se presentan exclusivamente para niños o niñas sin considerarlos intercambiables. B. *Ejemplo:* Los mensajes e imágenes de los anuncios asocian fuerza, valor, agresividad y competitividad con los niños y la pasividad y maternidad con las niñas. C. *Ejemplo:* Los niños reciben más variedad y cantidad de juguetes que las niñas y sus juguetes son más caros, complicados y activos que los que tradicionalmente se dan a las niñas. ****B.** Sí. Casi todos los puntos identificados en el artículo son representativos de la cultura estadounidense, porque en los EEUU también se encuentra sexismo en todos los niveles mencionados (familia, escuela, sociedad), especialmente en la juguetería. **C.** La mujer hispana tradicional versus la mujer de hoy. Se va a presentar información sobre la educación y el trabajo de la mujer hispana. 1. MP 2. MP 3. Q 4. D 5. MP 6. Q 7. D **Palabras y conceptos** **A.** 1. el mito 2. la abnegación 3. agresivo ****B.** ****C.** 1. Avances verbales o físicos de un género sexual y dirigidos a una persona que no los ha solicitado. 2. Una mujer cuyo esposo murió. 3. Tratar a otro o a un grupo como si fuera inferior o menos válido. **D.** 1. f 2. e 3. b 4. a 5. d **Comprensión** ****A.** Las mujeres hispanas en el pasado, la igualdad o desigualdad de las mujeres en el trabajo, el papel de las mujeres en la sociedad hispana, las diferencias y semejanzas entre las mujeres en los países hispanos y las mujeres en los EEUU. **B.** 1. En la sociedad hispana tradicional se insiste en que las mujeres *sean* pasivas y abnegadas. 2. La gran mano de obra doméstica permite que las mujeres de la clase alta *tengan* más oportunidades profesionales. 3. A los padres tradicionales no les importa que sus hijas *se eduquen*. 4. Muchos maridos hispanos se oponen a que las mujeres *trabajen* fuera de casa. 5. Los hombres hispanos tradicionales prefieren que las mujeres se queden en casa y cuiden a los niños. **C.** a. ... prohíben que las compañías despidan a las mujeres a causa del embarazo. b. ... permiten que las mujeres amamanten a sus hijos durante el día laboral. c. permiten que las mujeres tengan derecho a un descanso pagado después del parto. d. permiten que las compañías paguen más a los hombres que a las mujeres por el mismo trabajo. **D.** 1. Los modelos tradicionales del hombre y de la mujer hispanos; las imágenes subrayan la contradicción entre las expectativas de cada uno. 2. Las actitudes y la manifestación de éstas históricamente en la cultura; los padres y maridos no se preocupan por la educación ni la posición profesional de la niña/mujer; la posición femenina es pasiva, abnegada, materna. 3. No poder leer ni escribir; hay una alta incidencia de analfabetismo entre las mujeres hispanas porque tradicionalmente la educación de la mujer tenía poca importancia en la cultura hispana. 4. Una mujer que limpia las casas, prepara las comidas o cuida a los hijos de otros; los puestos que las mujeres ocupan en el mundo laboral aún son de las tradicionalmente femeninas como la de empleada doméstica. **E.** 1. Hay una gran mano de obra doméstica que libera el tiempo de las mujeres de clase alta, y éstas se aprovechan del tiempo libre para dedicarse a la caridad, a actividades artísticas e intelectuales, a la política y al mundo profesional. 2. En los países hispanos, la ley protege y ayuda a la mujer hispana durante y después de su embarazo, pero el gobierno no ayuda a las empresas con los gastos de dar a las empleadas descanso pagado y tiempo libre para amamantar a sus nenes. Por eso, muchas empresas no emplean a mujeres. 3. No hay muchas oportunidades de empleo en áreas rurales, por eso las mujeres, rurales lo buscan en las ciudades donde se encuentran desorientadas y fácilmente explotadas. 4. Más y más mujeres se benefician de una buena educación, incluso una educación universitaria, y como resultado, más mujeres participan en el mundo laboral. Sin embargo, desgraciadamente, muchas mujeres todavía no tienen un trabajo equiparable a su nivel de educación. ****F.** **LECTURA II:** ***La mujer en el mundo hispano: El camino hacia el futuro*** **Aproximaciones al texto** **A.** 1. *V:* es; *cláusula subordinada:* Aunque estas observaciones generales pueden variar en mayor o menor medida dependiendo del lugar o de las clases sociales; *cláusula subordinada*: que no está mal visto que un hombre presuma de tener relaciones con muchas mujeres 2. ***S:*** La verdad; ***V:*** es; *cláusula subordinada:* que a muchas mujeres todavía les cuesta aceptar su propia capacidad para las carreras tradicionalmente masculinas, temiendo que para alcanzar el éxito profesional tendrán que dejar de ser femeninas 3. ***S:*** la situación; ***V:*** ha mejorado; *frases preposicionales:* en el campo; de la educación; de las mujeres; en los últimos años **B.** 1. ***S:*** la mayoría; ***V:*** opta; *frases preposicionales:* de las mujeres; por carreras menos ambiciosas; *frase verbal:* teniendo mayor acceso a la educación 2. ***S:*** El estudio español; ***V:*** señaló; *frase verbal:* antes citado; *cláusula subordinada:* que los hombres aceptaban la igualdad de las mujeres 3. ***V:*** es; *cláusula subordinada:* que en muchos países la presión de los grupos feministas ha cambiado estas leyes **C.** 1. MP 2. MP 3. MP 4. MP 5. MP **Comprensión** ****A.** Lo que dictan las leyes sobre el adulterio; qué opinan las mujeres hispanas sobre el amor; las carreras que prefieren las mujeres hispanas; qué tipo de trabajo ejercen ahora las mujeres hispanas; el sexismo en el trabajo **B.** 1. a. ... permiten que una pareja se divorcie por razones de adulterio. b. ... permiten que las mujeres asistan a la universidad. c. ... permiten que las mujeres sean elegidas para cargos políticos. 2. a. ... se espera que los hombres tengan mucha experiencia sexual antes de casarse. b. ... la gente se opone a que las mujeres tengan mucha experiencia sexual antes de casarse. c. ... se cree que las mujeres deben estar en casa. ****C.** I. A. El papel de la mujer hispana ha cambiado B. La mujer debe ser pasiva, pura, virginal, sumisa, abnegada. C. El hombre debe ser fuerte, independiente, dominante. II. A. El analfabetismo entre mujeres hispanas era común. B. Muchas estudiantes siguen pautas de comportamiento totalmente tradicionales; estudian carreras relacionadas con las letras. C. Las mujeres que trabajan ocupan puestos tradicionalmente femeninos; la mayoría de las mujeres hispanas no ha conseguido un puesto en el mundo laboral equiparable a su educación. III. A. Se cree que las esposas/madres sólo deben trabajar fuera de casa si hay necesidad económica; muchos hombres no quieren que su esposa trabaje fuera de casa. B. Las empresas hispanas no pueden despedir a empleadas embarazadas y, después del parto, las empresas están obligadas a darles descanso obligatorio y en algunos países una hora para amamantar al hijo. Sin embargo, estas empresas no reciben ninguna ayuda financiera del gobierno que impone estas condiciones y, como resultado, muchas empresas optan por no emplear a mujeres para evitar estas obligaciones. IV. A. Las mujeres solteras menores de veinticinco años de edad no podían vivir solas e independientes sin el permiso de los padres; las esposas estaban obligadas a vivir donde dijera el esposo, no podían abrir su propia cuenta bancaria ni trabajar ni recibir una herencia sin la autorización del marido. B. La unión libre es muy común en muchos países hispanos; en nueve países hispanos el número de hijos ilegítimos es más grande que el número de hijos legítimos. V. Las mujeres han avanzado mucho en las esferas legales y políticas; con un avance semejante de las actitudes de y hacia la mujer, ésta podría mejorar profundamente también su posición social.

CAPITULO 7: EL MUNDO DE LOS NEGOCIOS

LECTURA I: ***Los Estados Unidos en Hispanoamérica: Una perspectiva histórica*** **Aproximaciones al texto** ****A.** 1. una compañía o empresa; convencer; a personas de una edad determinada, a consumidores, a personas de un sexo determinado 2. un experto o especialista; informar, evaluar; a especialistas 3. un periodista; criticar, informar, evaluar; al público general 4. una persona común y corriente; criticar, quejarse; al público general (y al director) 5. un experto o especialista y/o un periodista; convencer, informar, evaluar, entretener; al público general 6. un experto o especialista; convencer, informar, evaluar; a especialistas 7. una persona común y corriente; alabar, al público general **B.** 1. c 2. a 3. d, e 4. f 5. f 6. c 7. c **Palabras y conceptos** ****A.** 1. los bienes, la deuda, la exportación, la fábrica, fortalecer, la fuente, los impuestos, invertir, la inversión, el lema, la libre empresa, las materias primas, el préstamo, proporcionar, el presupuesto, la subvención 2. aliado, culpar, la culpa, culpable, el derrumbamiento, la deuda externa, el dictador, la dictadura, la exportación, fortalecer, la fuente, los impuestos, intervenir, izquierdista, la política (exterior), proteger, respaldar, el respaldo, la subvención 1. c: destruir, hacer caer o derrocar causa el derrumbamiento del recibidor de estas acciones 2. h: estos hombres fueron dictadores 3. f: son compañías o lugares donde se hace inversiones 4. g: un aliado puede ser amigo, defensor o partidario 5. j: el agradecido está contento y atento y da las gracias por lo hecho 6. i: la subvención, como el préstamo, da ayuda económica o crédito financiero 7. b: respaldar es una forma de apoyar, aprobar y ayudar 8. e: éstos son materias primas 9. a: la libre empresa requiere competencia, ganancias y capitalismo 10. d: el presidente y los diplomáticos hacen decisiones y tratados que forman la política exterior **C.** 1. Cuando hay mucha inflación, culpo a una situación en que la demanda es mayor que los productos disponibles. 2. Cuando las condiciones están favorables, recomiendo que inviertan el dinero en la Bolsa. 3. Para proteger la economía de la inflación, a veces es necesario subir el tipo de interés. 4. Durante el deterioro de la economía, tenemos que respaldar a las empresas. 5. Cuando hay mucho crecimiento en la economía, intervengo para evitar la inflación. ****D.** **E.** 1. e, g 2. h 3. f, i 4. a 5. c 6. b, d 7. b, d ****F.** **Comprensión** **A.** 1. interviniera, C 2. siguieron, F: Antes de 1930, los EEUU siguieron una política de intervención en los países centroamericanos. 3. hizo, limitara, F: Theodore Roosevelt hizo mucho para la expansión de los EEUU en la América Latina. 4. defendió, F: El «Corolario Roosevelt» a la Doctrina Monroe marcó el comienzo de un período de frecuentes y violentas intervenciones en los países latinoamericanos. 5. hubiera, C **B.** –Taft; la «Diplomacia del Dólar»; la expansión de los intereses económicos de los Estados Unidos; se establecieron varias empresas norteamericanas en Latinoamérica, y los latinoamericanos empezaron a desconfiarse en los norteamericanos. –Monroe; la Doctrina Monroe; la no intervención europea en América; los EEUU, considerándose protector, intervienen mucho en los asuntos de los países latinoamericanos. –T. Roosevelt; «Corolario Roosevelt»; intervenir en los países latinoamericanos para asegurar las inversiones e intereses económicos de las «naciones civilizadas»; es el período que llaman la Época del Palo Grande y hay muchas intervenciones violentas. –F. Roosevelt; Política de Buena Voluntad; mejorar las relaciones entre los EEUU y Latinoamérica; la sospecha y desconfianza que tenían los latinoamericanos hacia los norteamericanos disminuyen. ****C. LECTURA II:** ***Los Estados Unidos en Hispanoamérica: Metas y motivos*** **Comprensión A.** 1. Muchos países latinoamericanos que dependen de la producción de una o dos materias primas sufren ahora un desequilibrio en la balanza de pagos porque los precios para las materias primas han bajado y consecuentemente, sale del país más dinero del que entra. 2. J. F. Kennedy inició la Alianza para el Progreso para ayudar económica y políticamente a los países de Latino-américa para que éstos pusieran en marcha diversos proyectos para el progreso económico y la reforma social. 3. El enfoque principal de la política exterior norteamericana fue el comunismo desde la Segunda Guerra Mundial hasta el comienzo de la década de los 90; el temor norteamericano al comunismo aumentó con la revolución cubana en 1959. 4. Las materias primas cuestan mucho menos que los productos refinados, y un país que depende económicamente de la exportación de materias primas no gana lo suficiente para amortizar lo que compra o necesita comprar. 5. Los realistas creen que los EEUU deben basar sus decisiones sobre la política exterior principalmente en la defensa de sus intereses y de la seguridad nacional. 6. Los reformistas prefieren emplear principios democráticos para decidir la conducta que se ha de observar con respecto a otros gobiernos; para los reformistas, alianzas con gobiernos autoritarios son malas. 7. El Tratado de Libre Comercio entre México, el Canadá y los EEUU es un tratado económico controvertido que se aprobó en 1993. **B.** 1. estimulara, F: El presidente Kennedy creía que el desarrollo económico estimularía la reforma social. 2. fue, F: Durante las décadas de los cincuenta y los sesenta, la intervención norteamericana fue más directa que hoy en día. 3. respaldaron, fueran, C 4. aprobó, C 5. mejoró, F: La economía latinoamericana sufrió durante la última década del siglo XX porque el valor de las materias primas ha bajado. **LECTURA III:** ***Los Estados Unidos en Hispanoamérica: Memoria del fuego*** **Palabras y conceptos** ****A.** *amenazar* porque uno impone su voluntad al otro; *asesinar* porque es una acción violenta y criminal contra otra persona; *defraudar* porque es una acción a veces criminal y casi siempre dañina a otra persona o grupo de personas; *desamar* porque el aborrecimiento y el odio no nutren el espíritu ni el estado mental; *ira* porque suele provocar a una confrontación violenta; *sublevarse y sublevados* porque, aunque sean justificados, algún abuso o crimen inició el deseo de sublevarse. ****B.** ****C.** **Comprensión A.** 1. C 2. F: Todos los países latinoamericanos tienen tratados comerciales con los EEUU, Inglaterra, Francia y Alemania, pero ninguno los tiene con sus vecinos. 3. C 4. F: Nixon alocó dinero para tumbar al nuevo presidente Allende. 5. F: La enmienda Platt autorizaba a los EEUU a invadir y a quedarse en Cuba cuando quisieran y les atribuía el poder de decidir cuál era el presidente más adecuado para Cuba. 6. C **B.** –1909; Nicaragua; Una compañía norteamericana debe impuestos a Nicaragua; intervención militar norteamericana. –1912; Cuba; sublevación de los campesinos; intervención militar norteamericana. –1953; Guatemala; expropiación de la United Fruit Company; intervención del Secretario de Estado. –1970; Chile; elección de Salvador Allende; intervención de la CIA.

CAPITULO 8: CREENCIAS E IDEOLOGIAS

LECTURA I: ***Tradiciones, misterios y curiosidades: Las tradiciones religiosas*** **Aproximaciones al texto** 1. informar 2. informar 3. informar 4. informar, entretener 5. informar 6. informar, convencer 7. entretener, convencer 8. informar 9. entretener **Comprensión** 1. decidan, C 2. puedan, F: Hoy en día no son muchos los que tienen que bautizarse antes de que puedan hacer la primera comunión sin embargo el número es significativo. 3. deseen, F: A muchos padres les desagradan los factores no religiosos que influyen en el deseo de sus hijos de bautizarse y hacer la primera comunión; sin embargo, 4. eligen, C 5. tengan, C 6. sea, F: En España, las fiestas para celebrar la primera comunión suelen ser grandes y detalladas. **Palabras y conceptos** ****A.** 1. I 2. MP 3. I 4. P 5. I 6. I ****B.** ****C.** **Comprensión** ****A.** **B.** 1. Los periodistas se interesan por los aspectos más inflamantes de la sociedad/cultura, no por la vida y los seres cotidianos. Un elemento esencial de la vida y cultura hispanas es el catolicismo. 2. La Iglesia católica trata a los fieles como una madre trata a sus hijos: comprende sus errores, es paciente y lo perdona todo; no motiva a sus hijos a cambiar su vida ya que los ama a pesar de sus pecados. 3. El traje y la corbata simbolizan algo importante—la educación, el prestigio, el dinero, la clase, el progreso—para los jóvenes muy pobres; asocian el protestantismo con esa imagen del éxito en este mundo. 4. la conexión implícita y «natural» entre América Latina y el catolicismo no va a ser tal como era. **Palabras y conceptos** **A. **B.** 1. tal vez 2. muy posible 3. tal vez 4. muy posible 5. muy posible 6. lo dudo mucho 7. muy posible 8. lo dudo mucho 9. lo dudo mucho 10. tal vez 11. muy posible 12. lo dudo mucho **Comprensión** **A. **B.** 1. d 2. i 3. e 4. a 5. g 6. c 7. b 8. h **C.** 1. F: En la actualidad las relaciones entre el pueblo judío y el pueblo español son muy positivas. 2. F: Los judíos que vivieron en España en el siglo XV hablaban hebreo pero el español era una parte integral de su vida también. 3. F: Los judíos vivían en España cientos de años antes de que España fuera cristiana. 4. F: Después de su expulsión de España, los judíos mantuvieron el ladino y muchas tradiciones judeo-españolas. 5. C 6. F: La mayoría de las personas que usan el ladino hoy en día reside en Israel. 7. F: Hay una gran tradición literaria escrita en ladino. 8. F: Dentro y fuera de Israel los sefardíes tienen mucho contacto social, educativo y político, pero no lingüístico. 9. C 10. F: El gobierno de Israel apoya los esfuerzos de promover el ladino. 11. C 12. F: Según el señor Navon, los judíos sefardíes no tienen una actitud separada hacia la paz. **LECTURA II: *Tradiciones, misterios y curiosidades: Los enigmas y las curiosidades*** **Palabras y conceptos** **A. 1. *parasicología:* la agudeza, materializarse, la percepción extrasensorial, trastornar, ultratumba *la comunicación con los muertos*: anterior, dotado, fallecer, la percepción extrasensorial, retroceder, trastornar, ultratumba *la reencarnación:* fallecer, postular, retroceder, trastornar, ultratumba **B.** 1. más allá de la muerte, «la vida» después de la muerte 2. la persona que estudia apariciones extraterrestres 3. una cosa o acontecimiento en el que se puede creer o fiar 4. una abilidad de percibir cosas (pensamientos de otras personas, espíritus invisibles) imperceptibles para la mayoría de las personas 5. una cosa o una persona que, por naturaleza, va a fallecer o deshacerse 6. un lugar donde una persona o cosa se mantiene impercebida **C. **D.

CAPITULO 9: LOS HISPANOS EN LOS ESTADOS UNIDOS

LECTURA I: *Mexicoamericanos: Su historia y una experiencia personal* **Aproximaciones al texto** **A.** 1. I. Actitud general ante la muerte A. Anglosajona B. Hispana II. Tradiciones A. Norteamericanas: Disfrazar, alejar B. Hispanas: Convivir III. Expresión del sufrimiento A. Norteamericana: Reservada B. Hispana: Expresiva IV. Vida y muerte A. Separación norteamericana B. Fusión hispana C. Mutación maya D. Expresión mexicoamericana 1. Dolor 2. Miedo V. Conclusión El segundo método. 2. I. Visitas postnatales A. Norteamericanas B. Hispanas II. Castigo y afecto A. Hispanos: Demostrativo y abierto B. Norteamericanos: Psicológico III. Hijos e independencia A. Hispanos 1. Convivencia con libertad personal 2. Cooperación B. Norteamericanos 1. Separación para libertad personal 2. Hacerlo solo y competencia El segundo método. **B.** 1. Capítulos 5 y 7 2. Los dos. Causa remota: Las primeras máquinas de vapor sellan el fin del mundo rural → Muchos han emigrado a las ciudades en busca de trabajo resultando en la sobrepoblación de áreas urbanas. Causa inmediata: En los últimos años el valor de las materias primas ha caído en precio provocando un serio desequilibrio en la balanza de pagos en países latinoamericanos que dependen de la exportación de una o dos materias primas. **C.** Este capítulo tiene una organización de división. **Palabras y conceptos** **A.** 1. hacer caso 2. el becario 3. acoger 4. el adiestramiento 5. controvertido **B.** 1. *Green Card, The Pérez Family* 2. *Dead Poets Society* **C.** 1. F 2. F 3. C 4. F 5. F 6. F 7. F 8. F 9. C **D. **E.** **Comprensión** **A.** 1. se pobló, C 2. estaba, F: Cuando los primeros colonos norteamericanos llegaron al suroeste, 75 mil mexicanos ya vivían allí. 3. se establecieron, adaptarse, C 4. se ganó, F: Un territorio equivalente a la mitad del territorio total mexicano se ganó por los EEUU en la guerra de 1846. 5. vivían, fueron echados, F: Después de la guerra, los mexicanos que vivían en la región del suroeste tenían la alternativa de volver a México o quedarse y convertirse en ciudadanos norteamericanos. 6. se negaron, F: Los derechos de los mexicoamericanos se garantizaron en el Tratado de Guadalupe. 7. Se encuentra, C **B.** 1. a 2. b. 3. ∅ 4. a 5. ∅ 6. c 7. ∅ **LECTURA II: *Los puertorriqueños*** **Aproximaciones al texto** **A.** 1. comparación/contraste 2. causa/efecto 3. división/clasificación 4. comparación/contraste 5. causa/efecto 6. comparación/contraste 7. causa/efecto 8. división/clasificación **B.** La organización del Capítulo 6 combina causa/efecto y comparación/contraste. La organización principal del Capítulo 2 es división/clasificación. **Comprensión** **A.** 1. La mayoría de la población puertorriqueña se encuentra en Nueva York, Boston, Filadelfia, y Chicago. Empezaron a llegar en grandes números durante los cincuenta, no como inmigrantes, sino como ciudadanos norteamericanos. Puerto Rico también era para entonces Estado Libre Asociado. 2. España perdió Puerto Rico a los Estados Unidos durante la Guerra de 1898 y en 1917 se convirtió en territorio estadounidense. La economía puertorriqueña sufrió porque muchos campesinos perdieron sus fincas a las grandes compañías norteamericanas. 3. El *Jones Act* les dio a los puertorriqueños ciudadanía norteamericana, pero Puerto Rico aún se consideraba una colonia. Los puertorriqueños no tenían control interno, como por ejemplo, sobre las leyes, o los sistemas monetarios, postales y educativos. 4. Los migrantes «cíclicos» vienen a los EEUU para ganar dinero pero no se establecen aquí porque piensan volver a la isla. Como consecuencia, quieren mantener su lengua y cultura, lo cual hace difícil la educación de sus hijos. Estos tienen problemas con el inglés, y cuando la familia regresa a Puerto Rico, su español también es deficiente. 5. El movimiento negro despertó la «conciencia» cultural y política puertorriqueña. La situación socioeconómica es difícil pero ha mejorado. 6. Puerto Rico es Estado Libre Asociado que depende casi totalmente de los Estados Unidos. La mayoría de los puertorriqueños rechaza la independencia porque pondría en peligro la economía puertorriqueña y los puertorriqueños perderían entrada libre a los EEUU, y los derechos y beneficios de la ciudadanía. Por otro lado, como estado de los EEUU, Puerto Rico perdería su identidad, cultura y lengua. ****B.** **LECTURA III: *Los cubanoamericanos* Comprensión** ****A.** ****B.** Efecto: Los niños mexicoamericanos tienen problemas en la escuela y pierden su autoestima. / Causa: La llegada del ferrocarril en la década de 1870 atrajo a más y más pobladores anglos. Efecto: Los Estados Unidos rompió relaciones con Cuba. / Causa: Los EEUU inician un embargo económico y las Naciones Unidas lo apoyan. Efecto: Los puertorriqueños tienen más control sobre sus propios asuntos. / Causa: Los Estados Unidos ganaron la Guerra de 1898 contra España. Efecto: En las comunidades mexicoamericanas y puertorriqueñas, se despertaron la conciencia y el orgullo políticos, culturales y sociales. / Causa: Después de la Segunda Guerra Mundial y durante los años sesenta, hubo progreso en cuanto a la educación. Efecto: Miami es una de las ciudades más bilingües de los EEUU. / Causa: La primera oleada era principalmente inmigrantes educados que ya hablaban inglés y el gobierno estadounidense los acogió y los ayudó mucho porque eran «víctimas» del comunismo. Efecto: Puerto Rico sufrió económicamente después de la ocupación norteamericana. / Causa: Puerto Rico es Estado Libre Asociado de los Estados Unidos pero lingüística y culturalmente es un país hispano. **C.** *Los mexicanos:* en la década de 1540; en el suroeste; conquistados; educación, discriminación social y explotación económica; mano de obra agrícola. *Los puertorriqueños:* la mayoría, en los 50; en Nueva York, Boston, Filadelfia y Chicago; ciudadanos norteamericanos; discriminación social y explotación económica; trabajo urbano para obreros no cualificados. *Los cubanos:* (primera oleada) en los 60; en Miami, Nueva York y Nueva Jersey; refugiados políticos; llegaron sin ninguna posesión; trabajo para profesionales y educados.

CAPITULO 10: HABITOS Y DEPENDENCIAS

LECTURA I: *Las plantas alucinógenas y el alcohol en el mundo hispano* Aproximaciones al texto El resumen 3 es mejor porque no es ni demasiado largo ni demasiado corto, incluye la idea principal y da suficientes detalles para identificar rápidamente las ideas importantes. **Palabras y conceptos** **A.** 1. Son palabras relacionadas con la actividad de saborear y consumir sustancias por la boca. 2. Son palabras relacionadas con las plantas y la agricultura. 3. Son palabras relacionadas con las drogas. 4. Son palabras que indican deficiencia o reducción. ****B.** el consumo de estimulantes: alucinógeno, amargo, borrachera, hoja, lamer, masticar, semilla, seta, sorber; los rituales religiosos: alucinógeno, peregrinación, sacerdote, vidente. ****C.** ****D.** ****E.** **Comprensión** **A.** 1. c 2. g 3. b 4. a 5. f 6. d 7. e ****B.** 1. líder religioso, vidente, poeta, médico, sacerdote 2. ceremonia religiosa, productos vegetales alucinógenos 3. viaje religioso 4. la coca sudamericana **C.** 1. se refina, F: La mayor parte de la coca se convierte en pasta básica de coca que luego se refina y se convierte en cocaína con destino al tráfico ilegal. 2. se mantuvo, C 3. se han consumido, F: En las sociedades indígenas, muchas plantas alucinógenas se han consumido para profundizar en los valores de su cultura. 4. se toman, C 5. se acepta, se condena, C ****D.** **LECTURA II: *Las drogas en el mundo hispano* Palabras y conceptos** ****A.** 1. amenazar 2. sobornar 3. desmantelar 4. difundir ****B.** ****C.** **Comprensión** **A.** 1. El cultivo de la coca es más rentable que el cultivo de otros productos agrícolas. 2. El abuso de la PBC es tan grave como el abuso del *crack*. 3. El uso de los cigarrillos está menos difundido en los EEUU que en el mundo hispano. 4. Se consume la marihuana ocasionalmente tanto en España como en Hispanoamérica. 5. El consumo de las drogas duras se ha difundido más en los EEUU que en el mundo hispano. ****B.** 1. El consumo de cigarrillos está más difundido en las sociedades hispanas. 2. El consumo de la marihuana y el hachís es ocasional y menos común que el consumo de tabaco. 3. La PBC, una sustancia barata derivada de la coca, se consume mucho entre la gente pobre en varias regiones hispanas. 4. La heroína se usa más y más entre grupos marginados de varios países hispanos, especialmente en España. 5. La cocaína se asocia con las clases más acomodadas y el consumo de la cocaína es esporádico por su alto costo. 6. El narcotráfico es un fenómeno internacional que no admite soluciones fáciles. ****C.** ****D.** **LECTURA III: *Puntos de vista frente a los hábitos y dependencias*** **A.** «Europa sin humo»: T, —; «Alcoholismo»: A, —; «Un sorbito de champán no hace daño»: A, +; «El tabaco es bueno para la amistad»: T, +; «Despenalizar la droga es un disparate»: D, —; «La legalización es la mejor arma»: D, + ****B.** **Comprensión** ****A.** ****B.**

CAPITULO 11: LA LEY Y LA LIBERTAD INDIVIDUAL

LECTURA I: *El crimen y la violencia: La violencia criminal* Aproximaciones al texto **A.** 1. I: a pesar de

2. L 3. I: por consiguiente 4. L 5. L **B. 1. b, sin embargo 2. b, no obstante 3. b, porque 4. a, es decir 5. a, al contrario de **C. **Understanding Text Structure** **A.** I. Los Estados Unidos en Hispanoamérica: Una perspectiva histórica A. Introducción B. La Doctrina Monroe C. La época de la intervención: Roosevelt, Taft y Wilson D. La Política de Buena Voluntad II. Los Estados Unidos en Hispanoamérica: Metas y motivos A. El factor económico B. El factor político C. Mirando hacia el futuro III. Los Estados Unidos en Hispanoamérica: *Memoria del fuego.* II. A. 1. La economía colonial 2. Economías coloniales latinoamericanas 3. Los Estados Unidos y los recursos naturales latinoamericanos 4. Monopolio norteamericano en Latinoamérica B. 1. La lucha contra el comunismo 2. Los Estados Unidos y países anticomunistas C. 1. Confrontación Este-Oeste 2. Reformistas/Realistas 3. Desequilibrios económicos de países latinoamericanos 4. NAFTA **B.** 1. Un alijo de heroína 2. El presidente Ernesto Samper 3. En el avión del presidente colombiano 4. Para «enlodar el nombre del presidente» 5. el 20 de septiembre de 1996 (viernes) **Palabras y conceptos** **A. 1. juicio, proscrito: Después de un juicio que afecta un grupo de proscritos, puede haber una represalia. 2. refrenar, delincuencia: Para refrenar la delincuencia, necesitamos la aprobación pública de ciertas medidas anti-delictivas. 3. tender, prevenido: Las líneas aéreas tienden a estar prevenidas contra la piratería aérea. 4. procesar, adinerado: Este tribunal procesa a las personas adineradas que no acatan a las leyes. **B. 1. toman la justicia en sus manos. 2. después de ser víctima de un crimen o una amenaza. 3. el robo, el asesinato, el secuestro. 4. raptar. 5. después de tomar alguna acción violenta contra otra persona o grupo. **C. **D. 1. proceso legal para determinar la culpabilidad del acusado. 2. llevarse a una persona a través del engaño, la violencia o la seducción. 3. los actos que se consideran infracciones contra la ley. 4. el criminal. 5. una persona rica. 6. lo que retiene u obstaculiza. **E. **F. **Comprensión** **A. 1. En los EEUU, la violencia criminal es más temida que la violencia política. 2. Muchos norteamericanos insisten en su derecho a llevar armas. 3. En algunas culturas indígenas, el homicidio es menos grave que la violación de ciertos tabúes tradicionales. 4. El tráfico de drogas entre los EEUU e Hispanoamérica ha resultado en crímenes que no respetan fronteras y la corrupción asociada con el tráfico de drogas ha causado problemas graves en Bolivia, Colombia y el Perú. 5. El contraste entre los ricos y los pobres es cada vez más evidente, especialmente en las ciudades grandes. **B. 1. Lo que se considera un crimen varía de país en país y de cultura en cultura. No hay un acuerdo absoluto sobre la definición de la palabra «derecho». Un gran número de delitos, especialmente los delitos sexuales o los que implican a un miembro de la familia de la víctima, nunca se declaran. Algunos delitos pertenecen a más de un país. 2. En los EEUU, la matanza sistemática de los indígenas, la colonización del oeste por medio de las armas, la brutalidad de la esclavitud, los conflictos violentos del movimiento laboral. En Hispanoamérica, la conquista, las luchas sangrientes entre indígenas y europeos, la exterminación de la población indígena. 3. Las ciudades producen condiciones aptas para la violencia. Los emigrantes son más susceptibles de desarrollar una conducta criminal. La familia se desintegra, y los valores tradicionales se ven reemplazados cada vez más por intereses materiales. 4. Con la desintegración de la familia, crecen la desilusión y el descontento, y por consiguiente, los delitos y la violencia. Los jóvenes abandonados dependen de la vida criminal para sobrevivir. 5. Cada año, hay más contacto entre culturas y países y con ellos mayores posibilidades de que un país se vea afectado por las actividades de organizaciones criminales internacionales. Hay muchas organizaciones internacionales cuyos delitos superan fronteras. Las actividades de estas organizaciones están en manos de individuos que viajan de un país a otro con pasaportes falsos y amistades poderosas. **C.** 1. son, hay, más 2. volviera, disminuiría 3. hubiera, aún no sería 4. se notara, no cambiaría **D. **LECTURA II: *El crimen y la violencia: La violencia política*** **Aproximaciones al texto** **A.** el terrorismo, las huelgas, la brutalidad policíaca, el asesinato de una figura pública elegida, las manifestaciones políticas, los movimientos revolucionarios, la represión, la tortura, la falta de libertad de expresión, la falta de libertad de prensa, el espionaje, la intervención en la política de las organizaciones criminales **B.** 1. c 2. b 3. a 4. d **C. **Comprensión** **A. 1. terrorismo, guerrilleros, escuadrones de la muerte, ejecuciones, tortura 2. guerra civil, México, Cuba, Nicaragua 3. economías débiles e inestables, obreros agrícolas e industriales 4. militares, guerrillas, fusilamientos 5. la guerra sucia, Argentina, Augusto Pinochet, Chile 6. La ETA de España, secuestros, bombas, piratería aérea, los tupamaros del Uruguay **B.** a. Las madres y otros parientes de algunos de los diez millones de «subversivos» que desaparecieron entre 1976 y 1983 en Argentina. b. El dictador de Chile que mantuvo un poder represiva y terrorista entre 1973 y 1989 en Chile. c. Grupo terrorista vasco en España que lucha por la libertad política del país vasco. d. Miembros de la Fuerza Democrática Nicaragüense. **C.** 1. Muchos regímenes dictatoriales establecen el orden y la paz social pero recurren al abuso del poder militar para eliminar la oposición; después de establecerse la democracia en España, el nivel de violencia criminal subió mucho. 2. grupos: la ETA, los contra, los tupamaros, los campesinos indígenas de Chiapas; gobiernos: Argentina, Chile, Guatemala, El Salvador. 3. Sólo hay tres revoluciones grandes: la mexicana, la cubana y la nicaragüense; la economía débil e inestable de muchos países hispanoamericanos crea una frustración crónica y un gran descontento entre los obreros industriales y agrícolas. 4. La mayoría de los cambios de gobierno en

Hispanoamérica se han efectuado por medio de elecciones generales o golpes de estado. Los movimientos revolucionarios que nacieron en los sesenta no tuvieron mucho éxito porque no lograron movilizar bastante de la población y porque la reacción de los gobiernos fue masiva y represiva. 5. La sentencia de cinco condenas y cuatro absoluciones dejó a muchos insatisfechos, pero es raro que un gobierno civil responsabilice legalmente a un gobierno militar por actos violentos. **D.** 1. están, se hace, más 2. fuera, habría, menos, peores 3. tuvieran, aumentaría. ****E.**

CAPITULO 12: EL TRABAJO Y EL OCIO

LECTURA I: ***El trabajo y el ocio: Las presiones y el estrés*** **Aproximaciones al texto** Usaría los apuntes del estudiante 2. Los apuntes del estudiante 1 son demasiado breves y no diferencian entre la idea principal y una idea mencionada aparte. Los apuntes del estudiante 3 no están bien organizados: no categorizan los puntos y no dan ninguna jerarquía de ideas. Los apuntes del estudiante 2 están claramente organizados con un resumen del tema del artículo, la mención de dos puntos interesantes que abren y cierran el artículo y dos listas de los puntos importantes. **Palabras y conceptos** **A.** *Cómo recurrir las multas* → la confrontación de las autoridades (la policía) con los conductores. Recibir una multa o amenaza de la policía crea presión y estrés. *El estrés estival* → hacer planes, coordinar preferencias y horarios. Las vacaciones pueden producir mucha presión y mucho estrés por conflictos entre los que viajan juntos, precios altos y/o inesperados. *Se busca* → solicitar empleo. Buscar o cambiar de trabajo siempre produce presión y estrés porque uno se está *«vendiendo». Las profesiones del siglo XXI* → trabajo super-técnico, computadoras. La necesidad de prepararse bien para el mundo del trabajo en el futuro causa presión y estrés. ****B.** ****C.** ****Comprensión** **LECTURA II:** ***El trabajo y el ocio: El tiempo libre*** ****Palabras y conceptos** ****Comprensión** Existen bastantes semejanzas y algunas diferencias entre la forma en que pasan el tiempo libre los hispanos y los norteamericanos. A los españoles, por ejemplo, les gusta mirar la televisión, vídeo, charlar con la familia, oír la radio, recibir visitas, etcétera. En general, se prefiere el ocio pasivo frente al ocio activo. Entre los jóvenes predomina el ocio cultural y activo. El cabeza de familia, sobre todo si es varón, a veces practica algún deporte. En cuanto al aprendizaje, las enseñanzas no regladas, es decir, estudios no convencionales, tienen una gran aceptación. Las mujeres prefieren idomas y actividades artísticas; los varones prefieren informática y el sector industrial. Durante las fiestas, sobre todo las Navidades, los españoles suelen estar con la familia, excepto la Nochevieja. A veces, las clases sociales más altas tienen más tiempo libre durante las fiestas y es normal viajar en ellas. Los regalos de Navidad en España se suelen hacer el Día de Reyes. En cuanto a los viajes organizados, es muy importante conocer todos los detalles del viaje con información completa y detallada para prevenir que el consumidor se lleve «gato por liebre». Sobre las rebajas, los consumidores deben asegurarse que las compras son rebajas de verdad en cuanto al precio, calidad, garantías y condiciones en que los productos se ofrecen.

SPANISH–ENGLISH VOCABULARY

This vocabulary does not include exact or close cognates of English; also omitted are certain common words well within the mastery of second-year students, such as cardinal numbers, articles, pronouns, possessive adjectives, and so on. Adverbs ending in **-mente** and regular past participles are not included if the root word is found in the vocabulary or is a cognate. Terms are generally defined according to their use(s) in this text.

The gender of nouns is given except for masculine nouns ending in **-l, -o, -n, -e, -r,** and **-s,** and feminine nouns ending in **-a, -d, -ión,** and **-z.** Nouns with masculine and feminine variants are listed when the English correspondents are different words (*grandmother, grandfather*); in most cases, however, only the masculine form is given (**trabajador, piloto**). Adjectives are given only in the masculine singular form. Based on the Spanish Real Academia's 1994 decision, the letter combinations **ch** and **ll** are no longer treated as separate letters and are alphabetized accordingly. Verbs that are irregular or that have a spelling change are followed by an asterisk (*). In addition, both stem changes are given for stem-changing verbs.

The following abbreviations are used in this vocabulary.

adj.	adjective	*inv.*	invariable
adv.	adverb	*m.*	masculine
coll.	colloquial	*n.*	noun
conj.	conjunction	*pl.*	plural
f.	feminine	*p. p.*	past participle
fig.	figurative	*prep.*	preposition
indef. pron.	indefinite pronoun	*s.*	singular
inf.	infinitive	*v.*	verb

A

abajo *adv.* below; **hacia abajo** downward
abandono abandonment
abarcador inclusive
abarcar* to include
abastecedora supplier
abastecimiento *n.* supplying
abatido dejected
abduccionista *adj.* relating to abduction
abeja bee
abierto (*p. p. of* **abrir**) open
abnegación self-denial, self-sacrifice
abnegado self-denying, self-sacrificing
abogado lawyer
abogar* to advocate
abolición abolition, abolishment
abono fertilizer
abordar to approach (*a problem*); to tackle
aborto abortion
abrazar* to hug, embrace
abrazo hug
abrigar* to protect, shelter
abrir* to open
abrumador vast, overwhelming
abuela grandmother
abuelo grandfather; *pl.* grandparents
abundar to abound, be plentiful
aburrido boring; bored
acabar to end; **acabar con** to put an end to; **acabar de** + *inf.* to have just (*done something*); **acabar por** + *inf.* to end up (*doing something*)
acalorado heated (*discussion, argument*)
acatar to respect, obey (*laws*)
acceder to have access
accionista *m., f.* shareholder, stockholder
acelerado accelerated
acentuarse* to stand out
aceptación acceptance
acerca de about, regarding
acercarse* (**a**) to approach; **acercarse cada vez más** to get closer and closer
acero steel
acertado correct, right
acertar (**ie**) to be correct, right
ácido lisérgico lysergic acid (LSD)
acogedor welcoming, warm
acoger* to receive, welcome
acogida reception, welcome
acomodado well-to-do
acomodar to accommodate
aconsejar to advise
acontecer* to happen
acontecimiento event
acordarse (**ue**) (**de**) to remember
acortar to cut off
acoso sexual sexual harassment
acostarse (**ue**) to go to bed
acostumbrar a + *inf.* to be in the habit of (*doing something*); **acostumbrarse** to become accustomed
actitud attitude
actitudinal relating to attitude
actuación action; activity
actual *adj.* current, present
actualidad: en la actualidad at the present time, nowadays
actualmente currently, at present
actuar* to act, work

acudir to attend; to present oneself at; **acudir a** to go to; to resort to
acuerdo agreement; **de acuerdo con** in agreement with, according to; **estar de acuerdo** to agree; **ponerse de acuerdo (sobre)** to agree (on)
aculturación acculturation, adaptation to another culture
acusado marked, pronounced, striking
acústica: polución acústica noise pollution
ADA (Ayuda del Automovilista) *auto club similar to the American Automobile Association*
adecuado adequate
adelantar to go forward, advance
adelante ahead
adelanto advance
además besides, moreover; **además de** in addition to
adentro: de adentro from within
adepto *n.* follower, supporter
adhesivo: letrero adhesivo bumper sticker
adición: en adición additionally, in addition
adiestramiento job training
adinerado monied, wealthy
adivinar to guess
adivinatorio prophetic
adjunto attached
admirador *adj.* admiring
adormecerse* to become numb
adorno decoration
adquirir (ie) to acquire
adquisitivo acquisitive; buying
adulterado adulterated, altered
adúltero adulterous
adverso opposing
advertir (ie, i) to note, observe; to warn
AEA (Automovilistas Europeos Asociados) *auto club similar to the American Automobile Association*
aéreo *adj.* air; **piratería aérea** skyjacking
aeróbicos *pl.* aerobics, aerobic exercises
afectar to affect, have an effect on
afecto feeling, emotion
afeitado *n.* shave
afeitar: espuma de afeitar shaving cream
afianzar* to support
afición liking, taste
afirmación statement, assertion
afirmar to affirm, assert, state
afligir* to afflict, distress
aflojar to relax
afluencia affluence, wealth
afortunadamente fortunately
afrontar to face
afuera *adv.*: **de afuera** outside; **afueras** *n. pl.* outskirts
agarrar to seize, grasp
agitarse to shake
agobiar to overwhelm
agobio nervous strain
agotador exhausting
agotamiento exhaustion
agradable pleasant
agradar to please
agradecer* to thank; to be grateful for
agradecido grateful
agrado pleasure
agrario *adj.* relating to farming, agriculture; **reforma agraria** land reform
agravar to aggravate
agregar* to add
agresividad aggressiveness
agrícola *adj. m., f.* agricultural
agricultor farmer
agrónomo *adj.* agricultural, farming
agrupación grouping
agrupar to group
agua *f.* (*but* **el agua**) water
aguardar to wait for
agudeza sharpness, keenness
agudizarse* to get worse
agudo acute
aguja needle
agujerear to make holes in; to pierce
ahí there; **a partir de ahí** from then on
ahijada goddaughter
ahijado godson; *pl.* godchildren
ahínco zeal
ahogado muffled; drowned; **morir ahogado** to drown
ahondarse to worsen; to deepen
ahora now; **ahora bien** now then; nevertheless
ahorrar to save (*money*)
ahorro *n.* saving, economy
aislamiento isolation
aislar* to isolate
ajeno detached; **ajeno a** alien to
ajetreo bustle
ajustarse to conform; to fit
ajuste *n.* settling, settlement
ala *f.* (*but* **el ala**) wing
alabar to praise
alado winged
alarmante alarming
albañil bricklayer, mason
alboroto disturbance, uproar
alcalde mayor
alcance range; reach; pursuit; **al alcance (de la mano)** within (arm's) reach
alcanzar* to reach, attain
alegar* to allege
alegre happy, glad
alegría happiness
alejado distant, alienated
alejarse to withdraw
alemán *n., adj.* German
Alemania Germany
alentador encouraging
alergólogo allergist
alerta *m.* alert, alarm
alfabetización *teaching people to read and write*
algo *indef. pron.* something; *adv.* somewhat
alguien someone
algún, alguno some; **alguna vez** sometimes, ever
aliado *n.* ally; *p.p.* allied
alianza alliance
alienación alienation
alienado mentally ill
alienígena *m., f.* alien
aliento encouragement
alijo consignment (*of smuggled drugs*)
alimentación nutrition
alimentar to feed
alimentario nourishing
alivio relief
allá there; **el más allá** life after death, the hereafter; **más allá de** beyond
allí there
alma *f.* (*but* **el alma**) soul
almacén (grocery) store
almacenar to store
almorzar (ue)* to have lunch

almuerzo lunch
alojamiento lodging
alquilar to rent
alrededor de *prep.* around
alrededores *n., pl.* outskirts
altavoz *m.* loudspeaker
alterar to change
altibajos *pl.* highs and lows; ebb and flow
altiplano high plateau
alto high, upper; **altos cargos** upper management; **clase** (*f.*) **alta** upper clase
altura height; **a estas alturas** at this stage, point
alucinación hallucination
alucinatorio *adj.* hallucinatory
alucinógeno *adj.* hallucinogenic
aludir to refer, allude
alumno student
ama *f.* (*but* **el ama**) **de casa** homemaker
amable kind
amalgama amalgam
amamantar to nurse (*an infant*)
amancebamiento illicit union, cohabitation
amante *m., f.* lover
amargar* to make bitter
amargo bitter
amargura bitterness
ambientado set in, located (*drama*)
ambiental *relating to the environment*
ambiente atmosphere; environment; **medio ambiente** environment
ámbito boundary, perimeter
ambos *pl.* both
amenaza menace, threat
amenazar* to threaten
amigo friend
amistad friendship
amor love
amoroso amorous, relating to love
amortizar* to pay off
ampliar* to extend, enlarge
amplio full; wide, broad
analfabetismo illiteracy
analfabeto *n.* illiterate person; *adj.* illiterate
analizar* to analyze
ancho wide, broad; full
anciano elderly person; **asilo de ancianos** retirement home
Andalucía Andalusia (*region of Southern Spain*)
andaluz *n., adj.* Andalusian
andar* to walk; **andar en bicicleta** to ride a bike
andino *adj.* Andean
anecdótica anecdotal
anestesiante *adj.* anesthetic
anglohablante *adj.* English-speaking
anglosajón *n., adj.* Anglo-Saxon
angustia anxiety, distress
anhelar to yearn, long for
ánima *f.* (*but* **el ánima**) soul, spirit
animadversión ill-will, animosity
animar to animate
anonimato anonymity
anónimo anonymous
anormal abnormal
anotación note, record
anotar to note, jot down
ansiedad anxiety
ansioso anxious
ante *prep.* before, in the presence of; **ante todo** above all
antecedente record, history, background; antecedent
antepasado ancestor
anteponer* to give preference to
anterior previous; earlier
antes de *adv., prep.* before; **antes (de) que** *conj.* before; **antes que nada** first of all
anticonceptivo *n., adj.* contraceptive
antiguamente *adv.* in ancient, former times
antigüedad *s.* ancient times
antiguo former, ancient
antinarcótico *adj.* antidrug
antinatural unnatural
antipático unpleasant
antónimo antonym
anular to annul, cancel
anunciar to announce
añadir to add
año year
apagar* to turn off (*light*)
Apalaches *pl.* Appalachian Mountains
aparato device, appliance
aparcamiento *n.* parking
aparcar* to park
aparecer* to appear
apariencia appearance
aparte *adv.* aside; **aparte de** besides
apasionado passionate
apego fondness
apellido last name
apelotonarse to curl up; to pile up
apenas hardly, barely
aperitivo aperitif
apestado annoyed, irritated
apetecer* to appeal to, be appealing
apetecible attractive, desirable
aplicar* to apply
aportar to contribute
aporte contribution
apostar (ue) (por) to bet (on), put one's faith (in)
apoyar to support
apoyo *n.* support
apremiar to urge
aprender to learn
aprendizaje *n.* learning
aprensión apprehension, fear
apresurado hurried
aprobación approval
aprobar (ue) to approve
apropiar to appropriate
aprovecharse to take advantage
aproximación approach
aproximarse to come near, come close
apto suitable, ripe
apuntar to point out; to note (down)
apunte note; **cuaderno de apuntes** notebook, journal
aquel: en aquel entonces at that time; back then
árbol tree
archivar to file, store
arena sand
argumento line of argument; reasoning, thinking; plot
árido arid
aristócrata *m., f.* aristocrat
arma *f.* (*but* **el arma**) weapon; **arma de fuego** firearm
armarse to break out (*a quarrel*)
armonizar* to harmonize, bring into harmony
arraigar* to establish firmly; to root
arrasar to raze, flatten, demolish; to devastate
arrebatado seized
arreglar to arrange

arreglo arrangement
arrendado leased
arrepentirse (ie, i) to regret
arrestar to place under arrest
arresto arrest; imprisonment, detention
arriba above; **hacia arriba** upward
arriesgarse* to risk
arrojar to fling, hurl
artesano artisan
asalariado *n.* salaried worker; *adj.* salaried
asaltar to assault, rush
asamblea assembly, meeting
ascendencia ancestry
ascender (ie) a to add up to
asco disgust, revulsion; **dar asco** to disgust
aseguramiento insurance
asegurar to insure; to guarantee; to assure
aseo cleanliness, neatness
asequible reasonable (*price*)
asesinar to murder
asesinato murder
asesino murderer
asesor counselor
asesoramiento advice
asesorar to advise
aseveración affirmation
así thus, in this way; **así pues** so, then; **así que** so, then; **aun así** even so
asiento seat
asignar to assign
asignatura pendiente pending matter
asilo asylum; **asilo de ancianos** retirement home
asimilación assimilation
asimilar to assimilate
asimismo likewise, also
asistencia assistance; attendance; **asistencia pública** welfare
asistir (a) to attend
asociarse a to join
asombrado surprised
asombro amazement
asombroso astonishing
aspirar to inhale
asqueroso loathsome, disgusting
astral *adj.* astral, relating to the stars
asueto: día (*m.*) **de asueto** day off
asumir to assume, take on
asunto topic, matter, affair
asustar to frighten, scare
atacar* to attack; to confront
atañer*: atañe a it concerns, has to do with
atar to tie
atasco traffic jam
atención: con atención carefully; **prestar atención** to pay attention
atender (ie) to attend to; **atenderse a** to look after, attend to
atenerse (ie)* a to rely on
atentado *n.* criminal assault, attack; aggression against the government or a person representing authority
atento attentive; polite
ateo atheist
aterrador terrifying
aterrizaje *n.* landing
atesorar to store up, accumulate
atinar to hit upon, find; to guess right; to succeed in finding
atónito amazed, thunderstruck
atraer* to attract
atrapar to trap
atrás *adv.* back, behind
atrasado *adj.* backward
atravesar (ie) to cross
atreverse a + *inf.* to dare to (*do something*)
atrevido *adj.* daring
atribuir* to attribute
atrofiado atrophied
atropello outrage
aumentar to increase
aumento *n.* increase; raise
aun *adv.* even; **aun así** even so
aún *adv.* still
aunque even though
ausencia absence
ausente absent
austeridad austerity
austero austere; stern, severe
autobronceador self-tanning lotion
autóctono *adj.* native, indigenous
autodeterminación self-determination
autodidáctico *adj.* self-taught
autoempleo self-employment
automovilista *m., f.* motorist
autonomía independence
autónomo independent
autopista highway
autorizar* to authorize
autorrepresentación self-representation
autovía highway
avance advance (*technological*)
avanzar* to advance, move forward
avenirse (ie, i)* a + *inf.* to agree to (*do something*)
averiguar* to verify
avión *m.* airplane
avisar to notify
aviso notice; warning
ayer yesterday
ayuda help
ayudar to help
ayuntamiento city hall
azafata flight attendant
azúcar sugar
azul blue

B

bahía bay
bailador dancer
bailar to dance
bailarín professional dancer
baile dance; **sala de baile** dance hall
baja *n.* drop, fall
bajar to go down; to lower
bajo *adj.* low; base, despicable; *adv.* under; **clase** (*f.*) **baja** lower clase; **por muy baja que sea...** no matter how low . . . may be
bala bullet
baladí *adj., m., f.* trivial, worthless
balanza de pagos balance of payments
balbucear to stammer, stutter
baldío *adj.* worthless, waste of time
balonvolea volleyball
bálsamo balm
bancario *adj.* bank
banda band, group, gang
bandera flag
bandolera bandoleer (*for carrying gun and bullets across the chest*)
banquería *n.* banking
banquero banker
banquete banquet, feast
bañarse to bathe, take a bath
baño bathroom; bath
barato cheap
barbaridad *fig.* enormous amount; *pl.* nonsense
barbarie barbarism

barbitúrico *n.* barbiturate
barco boat
barrera barrier
barrio neighborhood
basarse (en) to be based (on)
base *f.***: a base de** based on
bastante *adj.* enough; *adv.* enough, sufficiently
bastar to be enough
basura trash, garbage, waste
basurero trash collector
batalla battle
bautismo baptism; **pila del bautismo** baptismal font
bautizar* to baptize
bebedor drinker
beber to drink
bebida drink
becario scholarship recipient
Bélgica Belgium
bélico warlike
belleza beauty
bello beautiful
beneficiar to benefit
beneficio benefit
beneficioso beneficial
benéfico beneficial
besar to kiss
beso kiss
bestiario bestiary
besucón *someone overly demonstrative in showing affection*
biblioteca library
bicameral bicameral (*two-chamber legislative system*)
bicicleta bicycle; **montar en bicicleta** to ride a bicycle
bien *adv.* well; **ahora bien** now then; nevertheless
bienes *n. pl.* (material) goods
bienestar *n.* well-being
bilingüe *adj.* bilingual
billete ticket
bisabuelo great-grandfather; *pl.* great-grandparents
blanco white
blando soft; weak
bloqueo blockade
boato pomp and circumstance
bobo silly, stupid
boca mouth
bocadillo sandwich (*Spain*)
boda wedding
bofetón hard slap
bohemios *n. pl.* bohemians (*poor artists and poets*)
boletín bulletin; report; form
bolsa bag; **Bolsa** stock market
bolsillo pocket
bomba bomb; **coche bomba** car bomb
bombardear to bomb; to bombard
bombardeo *n.* bombing
bombear to pump (*liquids*)
bombero firefighter
bonito pretty
borrachera drunkenness; binge, drinking spree
borracho *n.* drunkard; *adj.* drunk
borrar to erase, wipe out
borroso blurred, indistinct
bosque wood, forest
bosquejo outline
brazo arm; **coger del brazo** to go arm in arm
brecha breach
breve *adj.* brief
broma joke; **gastar bromas** to play jokes
bronceador *adj.* tanning
bruto *adj.* gross, total (*weight, profit, etc.*); rough, uncut
bucal *adj.* pertaining to the mouth
buen, bueno good; **a buen seguro** undoubtedly
bulevar boulevard
burdo coarse, rough
burla joke
burlar to trick, deceive
burro donkey
busca: en busca de in search of
buscar* to look for

C

caballero knight; gentleman
caballo horse
cabecilla leader; **cabecilla del narcotráfico** druglord
caber* to fit, go; **no cabe duda de que** there is no doubt that
cabeza head
cabo: al cabo de at the end of; **llevar a cabo** to complete; to carry out, perform
cada *inv.* each; **cada vez más** more and more; **cada vez menos** fewer and fewer
caducar* to expire; to lapse
caducidad: fecha de caducidad expiration date
caer* to fall; **caer desmayado** to faint; **la pregunta se cae de madura** it's an age-old question
café coffee; café
caída fall, drop
calavera skull
cálculo calculation
calidad quality
caliente warm, hot
calificación *n.* grading, evaluation
calificado qualified
caligrafía penmanship
calle *f.* street
callejero *adj.* street
callejón alley
calor heat
caluroso warm
cama bed
cámara camera; chamber (*legislative*)
cambiante changing, variable
cambiar (de) to change; **cambiar de idea** to change one's mind
cambio change; **a cambio de** in exchange for; **en cambio** on the other hand
caminar to walk
camino road
camión truck
camionero truckdriver
camisa shirt
campamento encampment; camping
campaña campaign
campeonato championship
campesino *n.* peasant, country dweller; *adj.* country; rural
campo field; countryside
camuflado camouflaged
canciller chancellor
canción song
canguro kangaroo; **chica canguro** babysitter
cansar to tire
cantante *m., f.* singer
cantar to sing
cantidad quantity
canto *n.* singing
caña glass (of beer); cane
capa layer; **capa de ozono** ozone layer
capacitación *n.* training
capaz capable
capítulo chapter
captar to capture; to grasp, understand
capuchino Capuchin monk
cara face
carboncillo charcoal
cárcel *f.* jail; prison
carecer* de to lack

carencia lack
carga burden, load, weight
cargo post, position; duty; **altos cargos** upper management; **hacerse cargo (de)** to take charge (of)
Caribe *n.* Caribbean (Sea)
caridad charity
cariño affection
cariñoso affectionate
carne *f.* meat
carnet bankbook
carnicería butcher's shop
caro expensive
carrera career
carretera highway
carrito cart
carro car
carta letter
cartel poster, placard; cartel
carterista *m., f.* pickpocket
cartero mail carrier
cartografía cartography, mapmaking
cartón cardboard
casa house; **ama** *f.* (*but* **el ama**) **de casa** homemaker
casamiento marriage
casarse (con) to get married (to)
casco hoof; **casco urbano** inner city, area within city limits
casero *n.* caretaker; *adj.* household
casi almost
caso case; **hacer caso (de)** to pay attention (to); **hacer caso omiso de** to ignore
castellano *n., adj.* Castillian; Spanish
castidad chastity; celibacy
castigante punishing
castigar* to punish
castigo punishment
castrista *adj. m., f.* of Castro
casucha hut
catalán *n.* Catalonian; Catalonian language; *adj.* Catalonian
catalogar* to catalogue
catarsis *f.* catharsis, release
catecismo catechism
catedrático professor
catequesis *f., s., pl.* catechism classes
catequista *m., f.* catechizer
caudal abundance, wealth
causa: a causa de because of
causante *m., f.* one who causes; originator
caza *n.* hunting
cazuela *fig.* melting pot
ceder to yield; **ceder el paso** to give way
célibe *n., adj.* celibate
cementerio cemetery
cena dinner
cenar to have dinner
centenares *n. pl.* hundreds
centenario *n.* centennial
cepillado groomed
cerca *adv.* nearby; **cerca de** *prep.* close to
cercano *adj.* close
cerebro brain
cerrar (ie) to close
cerro hill
certeza certainty
cerveza beer
cesar to cease, stop
chaleco vest
champán champagne
chantaje blackmail
chapuza odd jobs; **hacer chapuzas** to do small jobs around the house
charlar to chat
chau bye
chaval youngster, kid
chica girl
chicanismo Chicano identity
chicano *n., adj.* Mexican-American
chicha chicha (*alcoholic beverage made by fermenting corn, fruit, or grain*)
chicle chewing gum
chico boy
chinampa artificial garden recovered from a lake
chinchero mosquito netting
chino *n., adj.* Chinese
chiste joke
chistoso funny, amusing
chocante shocking
chocar* to shock
choque conflict, clash
chupacabras bloodsucking beast
chupar to suck
ciberespacio cyberspace
ciclismo *n.* cycling
cielo sky; heaven
cien, ciento hundred; **por ciento** percent
científico scientist
cierto certain; true
cifra figure, number
cigarrillo cigarette
cigüeña stork
cine movie theater
cinta tape
cinturón de seguridad seatbelt
circo circus
circulación circulation, (vehicular) traffic
circular *f.* circular (*letter*)
círculo circle
circundar to encompass
citar to quote
ciudad city; **ciudad natal** home town
ciudadano citizen
civil: derechos civiles civil rights
clarividencia clairvoyance
claro *adj.* clear; *adv.* of course
clase *f.***: compañero de clase** classmate
clásico classic, traditional; classical
cláusula clause
clave *n. f.* key; *adj. inv.* key
cliente *m., f.* client
clima *m.* climate
cobarde *n. m., f.* coward; *adj.* cowardly
cobertura cover
cobrar to acquire; to charge (*someone for something*)
cobre copper
coca coca (*tree, leaves*)
coche car
cochino: la bahía de Cochinos Bay of Pigs
cocina kitchen; cooking
cocinar to cook
cocinero cook
cocotero coconut palm
código code
coger* to catch; to grab; to take (*by the arm*); **coger del brazo:** to go arm in arm
coincidir to agree
colectivo communal, common
colega *m., f.* colleague
colegio primary or secondary school
colocación placement, position
colocar* to place
colofón culmination, climax
colonizador *adj.* colonizing
colono colonist
colorido colorful
coma comma
comadre *f.* godmother
comandante commanding officer

combatir to fight against
combustible *n.* fuel
comentario comment
comentarista commentator
comenzar (ie)* to begin
comer to eat
comerciante *m., f.* businessperson
comercio business; trade
comestible food
cometer to commit
comida food; meal
comienzo *n.* beginning
comité committee
como like, as; **tal como** such as; **tanto... como...** . . . as well as . . . ; **tanto como** as much as; as often as
compadecer* to feel sorry for; to pity
compadrazgo godparent status, relationship
compadre godfather
compañero companion; **compañero de clase** classmate; **compañero de cuarto** roommate
comparar to compare
compartir to share
compasivo compassionate
compatibilizar* to make compatible
compensar to compensate
competir (i, i) to compete
complejo *adj.* complex
completo: por completo completely
comportamiento behavior
comportar to behave
compositor composer
compra *n.* purchase; **ir de compras** to go shopping
comprador buyer
comprar to buy
comprender to understand; to include
comprobar (ue) to prove
compromiso commitment; appointment; predicament
compuesto composed
computador computer
computadora computer
comulgante *m., f.* communicant (*someone who takes communion*)
comulgar* to take communion
común common; **común y corriente** common, ordinary, everyday
comunicador communicator
comunicar* to communicate
comunitario *adj.* related to the community; communal
con tal (de) que provided that
concebir (i, i) to conceive, imagine
conceder to concede; to grant; to admit
concienzudamente conscientiously
concientización consciousness-raising
concientizar* to raise consciousness
concluir* to conclude
concluyente conclusive
concordancia agreement
concordar (ue) to agree
concurrir to meet, come together
condado *n.* county
condena sentence (*law*)
condenar to condemn
condicionar to condition; to determine
conducir* to drive; to lead
conducta behavior
conductor driver
confección: corte y confección dressmaking
conferencia lecture
conferenciante *m., f.* lecturer
confesar (ie) to confess, admit
confiado confident; trusting
confianza confidence
configurar to form, shape
confundir to mistake, confuse
confuso confused
conjugar* to conjugate
conjunto *adj.* joint
conllevar to involve; to bring with
conmemorar to commemorate
conocer* to know, be acquainted with; to meet
conocimiento knowledge; consciousness
conquista conquest
conquistador conqueror
conquistar to conquer
consanguíneo *adj.* blood, kin
consecuencia: en consecuencia accordingly, therefore
conseguir (i, i)* to get, obtain; **conseguir** + *inf.* to manage to (*do something*)
consejo advice
consensual: unión consensual common-law marriage
conservar to keep
consiguiente: por consiguiente consequently
consolador *adj.* consoling
constar de to be composed of
constituir* to constitute
construir* to construct
consuelo consolation, solace
consumidor consumer
consumir to use, take (*drugs*); to consume
consumismo consumerism
consumista *adj. m., f.* consumer
consumo consumption
contabilidad accounting
contabilizar* to take into account
contador accountant; counter, meter
contagio *n.* spreading (*of a disease*)
contaminación pollution
contaminante *adj.* polluting
contar (ue) to tell, relate; **contar con** to count on, depend on
contener (ie)* to contain; to check
contenido *n.* content
contestadora: máquina contestadora de mensajes answering machine; **contestadora de teléfono** answering machine
contestar to answer
continuación: a continuación following
contra *prep.* against; **contra viento y marea** come what may, regardless of the cost or grief
contrabando contraband; smuggling
contradecir (i, i)* to contradict
contraer* to get, acquire
contrapartida compensation; counterbalance
contrario *adj.* contrary; unfavorable; **al / por el contrario** on the contrary
contrarrestar to counteract
contratar to hire
contribuir* to contribute
control de (la) natalidad birth control
controvertible controversial
controvertido controversial

contundente convincing
convencer* to convince
conveniente advisable
converso *adj.* converted
convertir (ie, i) to convert, change; **convertirse en** to become
convincente convincing
convivencia *n.* living together
convivir to live together
convocar* to summon, convoke, call together
conyugal conjugal
cónyuges *pl.* married couple
coñac *m.* cognac
copa wineglass
copista *m., f.* scribe, copyist
corazón heart
corbata (neck) tie
corchete bracket
corderito sheep
cordillera mountain range
coreano *n., adj.* Korean
cornalito type of snack
corolario corollary
corporal *adj.* bodily, relating to the body
corregir (i, i)* to correct
correo mail; **correo electrónico** e-mail
correr to run
corriente *n. f.* current; *adj.* running; current; **común y corriente** common, ordinary, everyday
corte *f.* court (*of law*); **corte** (*m.*) **y confección** dressmaking
cortesía courtesy
corto short (*length*)
cosa thing
cosecha harvest
costa coast; cost; **a costa de** at the cost of
costado *n.* side
costar (ue) to cost; to be difficult
costumbre *f.* custom, habit
costurera seamstress
cotidiano *adj.* daily
COU (Curso de Orientación Universitaria) *college preparatory course*
crear to create
crecer* to grow, become larger
creciente growing
crecimiento growth
crédulo gullible
creencia belief
creer* to believe
creíble believable
creyente *m., f.* believer
criada maid
crianza *n.* raising, bringing up (*of children*)
criar* to raise, bring up (*children, livestock*)
crimen crime
criminalidad crime, criminality
cripta crypt
criptoamnesia *remembering of repressed or forgotten memories*
criptozoología *sighting of mythological creatures*
crisol crucible, melting pot
cristiandad Christendom
cristianismo Christianity
crítica critique; criticism
criticar* to criticize
crítico critical
crónica chronicle
cruce *s.* crossroads
crudo crude, raw
cruzar* to cross
cuaderno de apuntes notebook, journal
cuadro table, chart
cuadruplicar* to quadruple
cual: tal o cual such-and-such
cualidad quality, trait
cualificación qualification
cualquier any; **cualquier... que sea** whatever . . . may be
cuando: de vez en cuando from time to time
cuantificado quantified
cuanto más... más... the more . . . the more . . . ; **encuanto** as soon as; **en cuanto a** in regard to; **unos cuantos** a few
cuarto *n.* room; *adj.* fourth; **compañero de cuarto** roommate
cuaternario having four parts or rooms
cubierto (*p. p. of* **cubrir**) covered
cubrir* to cover, hide
cuenta account; calculation; **darse cuenta (de)** to realize; **por su cuenta** in one's opinion; on one's own; **tener en cuenta** to keep in mind; **tomar en cuenta** to take into account
cuentista *m., f.* short-story writer
cuento short story
cuerpo body; **Cuerpo de Paz** Peace Corps
cuestión matter, issue
cuestionado *n.* questioning
cuestionario questionnaire
cueva cave
cuidado carefulness; care; **tener cuidado** to be careful
cuidadosamente carefully
cuidar to take care of
culpa blame, guilt
culpable guilty
culpar to blame
cultivable cultivatable, arable
cultivar to grow, cultivate
cultivo cultivation
culto *n.* religion; worship; *adj.* educated; cultured
culturismo body building
cumplir to carry out, fulfill; **cumplir... años** to be . . . years old
cuna cradle; birth
cuño: de nuevo cuño newly coined
cura *m.* priest; *f.* cure
cursar to study, follow a course of studies
cursilería cheapness, tawdriness
cursiva *adj.* italic
curso course (*of study*)
custodiar to guard
cuyo whose

D

dañar to damage
dañino harmful
daño harm; injury; **hacer daño** to damage
dar* to give; **dar a luz** to give birth; **dar asco** to disgust; **dar el pecho** to breastfeed; **dar golpes** to strike, hit; **dar la bienvenida** to welcome; **dar la mano a** to shake hands with; **dar las gracias** to thank; **dar lugar a** to cause, give rise to; **dar por sentado** to take for granted; **dar un paso** to take a step; **darse cuenta (de)** to realize
dato datum, piece of information
debajo de *prep.* underneath; **por debajo** *adv.* underneath
deber should, must, ought to; to owe

debido *adj.* due, owed
débil weak
debilitación *n.* weakening
debilitante *adj.* weakening
decano senior member
decenas *pl.* tens
decepción disappointment
decir (i, i)* to say, tell; **cebe decir** it suffices to say; **es decir** that is to say; **ni que decir tiene** needless to say
decisión: tomar una decisión to make a decision
declive decline
dedo finger; toe; **dedo gordo de los pies** big toe; **dedo pulgar** thumb; **yema del dedo** fingertip
defensor defender
definitiva: en definitiva in short
definitivamente definitely; for good
defraudar to cheat
dejar to leave; to let, allow; **dejar de** + *inf.* to stop (*doing something*); **dejar de lado** to leave to one side; **dejar en paz** to leave alone
delante *adv.* in front; **delante de** *prep.* in front of
delantero *adj.* front, fore
delictivo *adj.* criminal
delimitar to fix the limits of
delincuente *m., f.* criminal; delinquent
delinquir* to commit an offense
delito crime
demanda request, inquiry, demand
demandante *m., f.* plaintiff; a person who requests, seeks
demandar to ask for, request, demand
demás: los demás the rest, the others
demasiado *adj.* too much, too many; *adv.* too
demógrafo demographer
demostrar (ue) to demonstrate
denominación denomination; designation
denominar to name, indicate
dentro de within
denuncia denunciation
denunciado *n., p. p.* accused
denunciante *m., f.* accuser
denunciar to report (*to the police*); to accuse
depender (de) to depend (on)
dependiente *n.* clerk; *adj.* dependent
deporte sport
deportivo *adj.* sport, sporting
deprimente depressing
depuración purification
derecha *n.* right hand, right side
derecho *n.* law; right; **derechos civiles** civil rights; *adj.* right
derrame cerebral brain hemorrhage; stroke
derrocar* to overthrow
derrotero course of action; means
derruido torn down, razed, ruined
derrumbamiento *n.* toppling, tearing down
derrumbar to knock down, topple
desacuerdo disagreement
desafiar* to defy
desafortunadamente unfortunately
desagradable disagreeable
desagradar to displease
desagradecido ungrateful
desagravio compensation; amends; satisfaction
desahogo relief, outlet
desalborotar to defuse, calm down
desamar to stop loving; to dislike; to hate
desanimar to discourage
desaparecer* to disappear
desaparecido *n.* one who has disappeared
desapercibido unnoticed
desaprobar (ue) to disapprove of, condemn
desarmar to disarm
desarrollar to develop
desarrollo development; **en (vías de) desarrollo** *adj.* developing
desatendido ignored, neglected
descabellado rash, absurd
descansado restful
descanso (period of) rest
descenso fall, descent
desconcertador disconcerting, bewildering, upsetting
desconcertante disconcerting, bewildering, upsetting
desconcertar (ie) to upset, baffle, bewilder
desconchado chipped, flaking
desconfianza mistrust
desconocer* to not know, be ignorant of
desconocimiento ignorance
descontar (ue) to discount; to take away
descontento *n.* dissatisfaction
descrito (*p. p. of* **describir**) described
descubierto (*p. p of* **descubrir**) discovered
descubrir* to discover
desde *prep.* from; since; **desde entonces** from that time on; **desde hace... años** for . . . years; **desde luego** of course; **desde que** *conj.* since; **desde un principio** from the beginning
desempeñar to fulfill (*a function*); to play (*a role*)
desempleado unemployed
desempleo unemployment
desencadenar to unleash
desenchufar to unplug
desenfrenado uncontrolled
desenlace outcome, ending
desenmascarar to unmask, expose
desenredar to untangle
deseo desire
desequilibrio imbalance
desesperación desperation
desesperado desperate
desesperarse to become exasperated, desperate
desfile parade
desgracia misfortune, bad luck; disgrace, disfavor
desgraciadamente unfortunately
deshabitado uninhabited
deshacer* to undo; to dissolve
desigual unequal
desigualdad inequality
desilusión disillusion, disappointment
desilusionar to disillusion, disappoint
desintegrar(se) to disintegrate
desinterés *s.* lack of interest
deslumbrado overwhelmed
desmantelar to dismantle

desmayado: caer desmayado to faint
desmedido excessive
desmontar to clear (*trees or shrubs*)
desmovilización demobilization
desnudo *adj.* nude
desobedecer* to disobey
desocupado unemployed
despacho office (*specific room*)
despacio slowly
despedir (i, i) to fire (*an employee*); **despedirse de** to say good-bye to
despegar* to take off (*airplane*)
despenalizar* to decriminalize
desperdicio waste, refuse
despertador alarm clock
despertar (ie) to awaken; **despertarse** to wake up
despilfarro wastefulness
desplazamiento displacement; shifting, moving
desplazar* to move (*from one place to another*)
desplomarse to collapse
despoblación depopulation
despoblado uninhabited
despreciar to scorn
desprenderse de to be deduced from
despropósito absurdity, silly thing
desprovisto (*p. p. of* **desproveer**) devoid
después *adv.* afterward; **después de** *prep.* after
destacado *adj.* outstanding
destacar* to stand out
destinar to destine, intend for
destino destiny; destination
desvalorizar* to devalue
desventaja disadvantage
desventajado disadvantaged
desvínculo undoing; chaos
detallado detailed
detalle detail
detallista *adj. m., f.* paying attention to detail
detener (ie)* to arrest, detain
detenido *n.* person under arrest
deterioro deterioration; damage
determinado specific
detrás behind
deuda externa foreign debt
devastador devastating
devolución return (*of an item*)
devolver (ue)* to return (*an item*)
día *m.* day; **día de asueto** day off; **hoy (en) día** nowadays
diario *n.* newspaper; *adj.* daily; **a diario** daily
dibujar to draw
dibujo *n.* drawing
dicho *n.* saying, proverb; (*p. p. of* **decir**) said; mentioned before
dictadura dictatorship
diezmo tithe
diferencia: a diferencia de unlike
diferenciar to differentiate
diferir (ie, i) to be different
dificultar to make difficult
difundir to spread (*news, etc.*)
difunto *n.* deceased person; *adj.* deceased
digerir (ie, i) to bear, suffer
digno deserving, worthy
diminuto tiny, minute
Dinamarca Denmark
dinero money
Dios God
dios god, idol
diputado delegate, deputy
dirección management; direction
directivo manager, executive
dirigente *m., f.* leader
dirigir* to direct; **dirigirse** to address, direct oneself
discurso speech
discutir to argue
disentir (ie, i) to disagree, dissent
diseñar to design
diseño design
disfrazar* to disguise
disminución decline, diminution
disminuir* to decrease, diminish
disolución disintegration
dispararse to increase dramatically
disparate foolishness
disponer* to dispose; **disponerse de** to have at one's disposal
disponibilidad availability
disponible available
dispuesto willing
distanciamiento *n.* distancing
distinguir* to distinguish
distribuir* to distribute
disuelto (*p. p. of* **disolver**) dissolved
diván couch
diversificar* to diversify
divertido funny
divertir (ie, i) to entertain; **divertirse** to have a good time
divorciarse to get divorced
divulgación *n.* spreading (*news, etc.*)
docena dozen
doler (ue) to ache
dolor grief, pain
doloroso painful
domicilio home, domicile
dominio dominion; control
don *courtesy title used before first name;* gentleman
donativos *pl.* donation
dondiego morning glory
doquier: por doquier on every side, everywhere
dormir (ue, u) to sleep; **dormir la siesta** to take a nap; **dormirse** to fall asleep
dosis *f.* dose
dotado *adj.* gifted
dotar to endow; to furnish
dote *f.* gift, talent
dramatismo dramatic character
dramaturgo playwright
duda doubt; **no cabe duda de que** there is no doubt that; **sin duda** without a doubt
dudar to doubt
dudoso doubtful
dueño owner
dulce *n.* piece of candy; *adj.* sweet
dulzura sweetness; gentleness
duplicidad deceitfulness
durante during
durar to last
dureza hardness, roughness; callous
duro hard; harsh

E

e and (*used instead of* **y** *before words beginning with* **i** *or* **hi**)
ebriedad drunkenness
ecce homo *fig.* wretched, broken person

echar to throw; to throw out; to expel, overthrow; to give off (*odor*); **echarle la culpa** to blame (*someone for something*)
ECM (experiencia cercana a la muerte) near-death experience
eco echo
edad age
edificación construction, building
edificio *n.* building
educación training, upbringing
educar* to rear, bring up (*children*); to teach (*rules of good behavior*)
educativo educational; **formación educativa** academic preparation
EEC (experiencia extracorpórea) out-of-body experience
EEUU (Estados Unidos) United States
efecto: en efecto as a matter of fact
efectuar* to carry out, perform
eficaz *m., f.* efficient
efigie *f.* effigy; image
ejecutado executed
ejecutivo *n., adj.* executive
ejemplar copy, reproduction
ejemplificar* to exemplify
ejemplo: por ejemplo for example
ejercer* to exercise (*a right*); to practice (*a profession*)
ejercicio exercise; **hacer ejercicio** to exercise
ejército army
ELA (Estado Libre Asociado) Commonwealth
elaboración *n.* manufacturing
elaborar to manufacture; to make; to work out (*a plan*)
elección choice
electrodoméstico *n.* (household) appliance
electrónico: correo electrónico e-mail
elegir (i, i)* to elect; to choose
elevado *adj.* high, elevated
elevar to elevate
eludir to avoid
embajador ambassador
embarazada pregnant
embarazo pregnancy
embargar* to seize
embargo: sin embargo nevertheless, however
embarrado muddy
emborracharse to get drunk
emboscada ambush
embrional embryonic
emisión broadcast
emisora broadcasting station
emitir to broadcast
emparejar to pair, match
emparentado paired; related by marriage
empeñarse en + *inf.* to insist on (*doing something*), be determined to (*do something*)
empeño insistence, determination
empeorar to become worse
emperador emperor
empezar (ie)* to begin
empleado *n.* employee
emplear to employ, use
empleo employment
emprender to undertake
empresa business, company; **libre empresa** free enterprise
empresarial *adj.* business
empresario employer
empujar to push
encabezar* to head
encajonar to box, crate
encantado enchanting, charming; very happy, pleased
encantadora *n.* magician, enchanter
encarcelar to jail
encargarse* to take charge
encauzar* to channel, direct
encender (ie) to turn on (*lights*)
encendido *adj.* lit
encerrar (ie) to enclose, shut in
encierro confinement
encima (de) on top (of); **por encima de** above; **por encima de todo** above all else
encontrar (ue) to meet; to find
encubrir* to conceal, hide, cover up
encuentro meeting, encounter
encuesta survey, poll
encuestado survey participant
endurecimiento hardening
enemigo enemy
enfadado angry, irritated
enfermar to make ill; **enfermarse** to fall ill
enfermedad illness
enfermero nurse
enfermo *n.* sick person; *adj.* sick
enfocar* to focus
enfoque focus
enfrentamiento clash, confrontation
enfrentar to face; **enfrentarse con** to come face to face with
enganchado addicted
engañar to deceive
engaño deceit
engendrar to produce, generate
engordar to put on weight
engranaje meshing of gears
enlazar* to link
enlodar to smear, defame
enmienda amendment
enología œnology (*science of wine-making*)
enorme enormous
enriquecer* to enrich
ensalada salad
ensayo essay
enseñanza *n.* teaching
enseñar to teach; to show
entender (ie) to understand
entendimiento *n.* understanding
enterarse de to find out about
entero entire
enterrar (ie) to bury
entierro burial
entonado arrogant, haughty
entonces then; **desde entonces** since then; **en aquel entonces** at that time
entrada entrance
entramado framework (*carpentry*)
entrar to enter
entre between, among
entregarse* to turn oneself in, surrender; **entregarse a** to devote oneself to
entrenamiento *n.* training
entrenar to train
entretener (ie)* to entertain

entrevista interview
entrevistar to interview
entroncar* to be related, connected
envase container, bottle
envejecer* to grow old
enviado *n.* envoy
enviar* to send
envidia envy, jealousy
envolver* (**ue**) to wrap up
envuelto (*p. p. of* **envolver**) wrapped
época era, time
equilibrio balance
equipado equipped
equiparable comparable
equiparación equalization
equipo team; equipment
equitativo equitable
equivaler* to equal, be equivalent
equivocarse* to be wrong
erradicar* to eradicate
escala scale
escalofriante bloodcurdling, frightening
escandinavo *n.* Scandinavian
escáner scanner
escasez scarcity
escaso scarce
escenario setting
escenificación staging, dramatization
escéptico skeptical
esclavitud slavery
esclavizar* to enslave
esclavo slave
escocés *n.* Scot; *adj.* Scottish
escoger* to choose
escolar *adj.* pertaining to a school; school-age
escolaridad *n.* schooling
escoliosis *s.* scoliosis
escombros *pl.* rubbish, debris
esconderse to hide
escondite hiding place
escribir* to write
escrito (*p. p. of* **escribir**) written
escritor writer
escritura *n.* writing
Escrituras *pl.* Scriptures, Bible
escuadrón squad
escuchar to listen (to)
escueto simple, direct
escupir to spit
esfera sphere
esfuerzo strength
eslavo *n.* Slav; *adj.* Slavic
eso: por eso that's why
espacial *adj.* spatial, related to space
espacio space
especie *f. s.* species; type, kind
especificar* to specify
espera *n.* waiting
esperanza hope; **esperanza de vida** life expectancy
esperanzador hopeful
esperar to wait (for); to hope; to expect
espina thorn
espionaje *n.* spying
espiritismo spiritualism
espiritista *n. m., f.* spiritualist; *adj.* spiritualist(ic)
espíritu *m.* spirit
esposa wife
esposo husband
espuma de afeitar shaving cream
espumoso foamy
esqueleto skeleton
esquema *m.* outline, sketch; scheme
establecer* to establish
establecimiento establishment
estación season
estacionado parked
estadísticas *pl.* statistics
estadístico statistical
estado state; **golpe de estado** coup d'état
estadounidense *n. m., f.* U.S. citizen; *adj.* United States
estallar to explode; to break out
estancia stay
estándar standard
estandarte standard, banner
estaño tin
estar* to be; **estar de acuerdo** to agree; **estar de moda** to be in style
estatal *adj.* pertaining to the state
estimable worthy of respect
estimar to estimate, think
estimulador stimulating
estimulante *n.* stimulant
estival *adj.* summer
estomatología stomatology (*branch of medicine dealing with the mouth and its diseases*)
estrado stage, platform
estrecharse la mano to shake hands
estrechez narrowness; scarcity
estrecho close, narrow
estrella star
estrellarse to crash
estremecedor terrifying, shocking
estrenar to present, show for the first time
estresante stressful
estridente shrill
estudioso *n.* student, scholar
estupefaciente *n.* narcotic, drug
estupendo wonderful, stupendous
etapa stage, period
etiqueta label
euscaro *m.* Basque language
Euskadi *m.* Basque homeland
evaluar* to evaluate
evidente obvious
evitar to avoid
excedencia leave of absence
excluir* to exclude
exento exempt
exhausto exhausted
exigencia requirement; *pl.* demands
exigir* to demand
exiliado *n.* exiled person
exilio exile
éxito success; **tener éxito** to be successful
éxodo exodus
expectativa expectation; hope
expediente legal action
experiencia experience; experiment; **experiencia extracórporea** out-of-body experience
experimentar to experience
explicación explanation
explicar* to explain
explotación exploitation
explotar to exploit
exponer* to expose
expropiación appropriation, seizing
expuesto (*p. p. of* **exponer**) exposed
expulsar to expel
extender (**ie**) to extend
extenso extensive
exterior: política exterior foreign policy
externo: deuda externa foreign debt
extracorpóreo: experiencia extracorpórea out-of-body experience

extradoméstico *adj.* outside the home
extraer* to extract
extranjero *n.* foreigner; *adj.* foreign; **al / en el extranjero** abroad
extrañar to surprise
extraño strange
extrarradio *s.* outskirts
extrasensorial: percepción extrasensorial extrasensory perception
extraterrestre *n.* extraterrestrial being; *adj.* extraterrestrial

F

fábrica factory
fabricación manufacture; production
faceta aspect
fachada façade
fácil easy
facilidad ease; **con facilidad** easily
factura invoice
facultad faculty; school (*of a university*)
faenas *pl.* chores
faja: de la faja a la mortaja *coll.* from beginning to end; from childhood until old age
fallecer* to die
fallecimiento death
falta lack
faltar to be lacking
familiar *adj.* of or pertaining to the family
fantasma *m.* ghost
faraón Pharoah
farmacéutico *n.* pharmacist; *adj.* pharmaceutical
fármaco medication
farola street lamp, lamppost
farsante *m., f.* faker
favor: a/en favor de in favor of; **por favor** please
favorecer* to favor
fe *f.* faith
fecha date (*calendar*)
fecundo fertile; fruitful
felicidad happiness
feliz happy
feminidad femininity
feo ugly
feria *n.* fair; **feria callejera** street fair
férreo: vía férrea railroad track
ferrocarril railroad
ferroviario *adj.* railway
fervientemente fervently
fiable reliable
ficha index card
ficticio fictitious
fidedigno credible
fiebre *f.* fever
fiel faithful
figurado *adj.* figurative
figurar to be, appear
fijarse to become fixed, fastened
fijo fixed; specific
fila row, line
fin end; purpose; **a fin de** + *inf.* in order to (*do something*); **a fines de** at the end of; **en fin** finally; in short; **fin de semana** weekend; **poner fin a** to end; **por fin** finally
final: al final de at the end of
financiación financing
financiero financial
finca farm
finlandés *n.* Finn; *adj.* Finnish
firma *n.* signing
firmar to sign
fiscalía district attorney's office
físico *n.* physicist; *adj.* physical
flor *f.* flower
flotar to float
fluctuar* to fluctuate
fluidez fluidity, smoothness
fluido *n.* current, power; fluid
folleto brochure
fomentar to encourage, promote
fondo bottom; **a fondo** thoroughly; **en el fondo** basically
footing *m.* jogging
forastero stranger, foreigner
formación educational preparation, background; **formación educativa** academic preparation
formar to form; to train, educate
fortalecer* to strengthen
fortaleza fortitude; strength
forzar* (**ue**) to force
fracasar to fail
fracaso failure
francés *n.* French person; French language; *adj.* French
franco full, total
franquista *adj. m., f.* of (Francisco) Franco
frecuencia: con frecuencia frequently
fregar* (**ie**) to scrub
frenar to curb, check
freno brake; check
frente *m.* front; **frente a** facing; **hacer frente a** to face
fresa strawberry
fresco fresh
frío *n.* cold
frito (*p. p. of* **freír**) fried
frondas *pl.* foliage, leaves
frontera border
frotarse to rub
fuego fire; **arma de fuego** firearm
fuente *f.* source
fuera (**de**) outside (of)
fuerte strong
fuerza force; **por fuerza** out of necessity
fugaz *adj.* fleeting
fulminado: caer fulminado to be thunderstruck
fumador smoker
fumar to smoke
funcionalidad *n.* functioning
funcionamiento *n.* functioning
funcionar to function, work
funcionario public official
fundación *n.* founding
fundar to found, establish
fundidor founder
funeraria funeral parlor
furor: hacer furor to be all the rage
fútbol soccer; football

G

gafas *pl.* (eye)glasses; **gafas oscuras** sunglasses
galán leading man
Gales: País de Gales Wales
gallego *n.* Galician person; Galician language; *adj.* from Galicia
gama range, gamut
gamín street urchin
ganadería livestock; cattle breeding
ganancias *pl.* earnings
ganar to win; to earn
garantizar* to guarantee
gasa gauze; crepe
gastar to spend; **gastar bromas** to play jokes
gasto expense

gato: dar gato por liebre to cheat
general: en / por lo general in general
género gender; kind, type
genio character, temperament
gente *f.* people
gestión management
gesto gesture
gigantesco gigantic
gimnasia *s.* gymnastics
gimnasio gymnasium
girar to revolve
gitano *n., adj.* gypsy
gobernador governor
gobernar (ie) to govern, rule
gobierno government
godo *n.* Goth
golosina sweet, delicacy
golpe knock; coup; **dar golpes** to strike, hit; **golpe de estado** coup d'état
golpear to strike
goma tire
gordo: dedo gordo de los pies big toe
gozar* de to enjoy
grabación *n.* recording
grabar to record
gracia grace; *pl.* thanks; thank you; **dar gracias** to thank
gracioso funny
grado degree, measure; grade
graduación proof (*alcohol*)
graduado *n.* graduate
gran, **grande** big, large; great
granja farm
gratis *inv.* free (*of charge*)
gratuitamente freely
grave *adj.* grave, serious
gravedad seriousness
griego *n., adj.* Greek
gringo foreigner (*term for an American*)
gripe *f.* cold, flu
gritar to shout
grito shout
grúa tow truck
guapo handsome
guardar to keep
guardería infantil day-care center
guardia guard; guardian
guatemalteco *adj.* Guatemalan
gubernamental governmental
guerra war
guerrero warrior, fighter, soldier
guerrillero *n., adj.* guerrilla
guía guide, guidance
guiar* to guide
gustar to please, be pleasing
gusto taste; **a gusto** comfortable; **ser de buen/mal gusto** to be in good/bad taste

H

Habana Havana
haber* to have (*auxiliary*); **haber de** + *inf.* to have to, be supposed to (*do something*); **haber que** + *inf.* must (*do something*); **hay** there is, there are
hábil skillful
habilidad ability, skill
habitación room
habitante *m., f.* inhabitant
habitar to inhabit
habitual habitual, usual
hablante *m., f.* speaker
hablar to talk; to speak
hacer* to do; to make; **hace... años** . . . years ago; **hace sol** to be sunny; **hacer caso (de)** to pay attention (to); **hacer caso omiso de** to ignore; **hacer chapuzas** to do small jobs around the house; **hacer daño** to damage; **hacer ejercicio** to exercise; **hacer frente a** to face; **hacer furor** to be all the rage; **hacer hincapié en** to emphasize; **hacer hueco a** to make a space for; **hacer manifestaciones** to hold a political demonstration; **hacer preguntas** to ask questions; **hacer un paso** to take a step; **hacerle ilusión (a alguien)** to excite (*someone*); to build up (*false*) hopes (*in someone*); **hacerse** to become
hachís *s.* hashish
hacia toward; **hacia abajo** downward; **hacia arriba** upward
hacienda country estate; large farm, ranch
hacinamiento overcrowding
hallar to find
hambre *f.* (*but* **el hambre**) hunger
hasta until; **hasta pronto** see you soon
hazaña deed, feat
hebreo *n., adj.* Hebrew
hecho *n.* fact; (*p. p. of* **hacer**) done; made; **de hecho** in fact
helado *n.* ice cream; *adj.* frozen
hembra female
heredero heir
herencia heritage; inheritance
herido wounded, injured
hermana sister
hermanastro stepbrother
hermano brother; *pl.* siblings
hermoso beautiful
heroinómano heroin addict
heterogéneo diverse, mixed; heterogeneous
hidratante *f.* moisturizing cream
hidratar to hydrate, moisturize
hierba herb
hierro iron
hígado liver
higiénico: papel higiénico toilet paper
hija daughter
hijo son; *pl.* children
himno hymn
hincapié: hacer hincapié en to emphasize
hiperestesia hyperesthesia (*abnormal sensitivity of the senses*)
hípico pertaining to horseback riding
hispano *n., adj.* Hispanic
Hispanoamérica Spanish America
hispanohablante *n. m., f.* Spanish-speaker; *adj.* Spanish-speaking
historia history; story
historiador historian
hito moment
hogar home
hogareño *adj.* household
hoguera bonfire
hoja leaf; sheet (*of paper*); **hojas de reclamaciones** complaint forms
hombre man; **hombre de negocios** businessman
honrado honest, upright
hora hour; time
horario schedule
hornada batch (*from the oven*)
horno oven; **horno (de) microondas** microwave oven

hospicio orphanage
hoy today; **hoy (en) día** nowadays
hoya dale, glen
hueco: hacer hueco a to make a space for
huelga (labor) strike
huella de aterrizaje tracks created during landing
huérfano orphan
hueso bone
huida flight, escape
huir* to flee
húmedo humid
humilde humble; lowly
humillación humbling; humiliation
humillado humbled
humillante humiliating
humo smoke
hundir to sink

I

ibérico *adj.* Iberian
ibero *n.* Iberian
ida one-way (trip)
idea: cambiar de idea to change one's mind
ideado thought up; invented
identificar* to identify
idioma *m.* language
iglesia church
ignorar to not know, be unaware of
igual equal; same; **(al) igual que** just as, like, the same as; **por igual** equally
igualación equilization
igualar to make equal
igualdad equality
igualitario egalitarian
iluminado lit up
ilusión: hacerle ilusión (a alguien) to excite (*someone*); to build up (false) hopes (*in someone*)
ilusionista *m., f.* conjurer, illusionist
imagen *f.* image
imparable unstoppable
impedir (i, i) to impede; to stop, prevent
imperar to be in effect
imperio empire
implacable implacable, relentless
implicar* to imply
imponer* to impose
importar to matter, be important
imprescindible crucial
impresionante impressive
impreso (*p. p. of* **imprimir**) printed
impresora printer
imprevisto unforeseen
imprudencia carelessness; imprudence
imprudente careless; imprudent
impuesto *n. pl.* taxes; (*p. p. of* **imponer**) imposed
impulsar to impel; to drive
inagotable inexhaustible
incapaz incapable
incendio (*brush*) fire
incertidumbre *f.* uncertainty
incidir en to influence
inclemencia harshness, severity
inclinarse por to lean toward, be in favor of
incluir* to include
incluso *adv.* even
incomodidad inconvenience
incómodo uncomfortable
inconcebible inconceivable
incontrovertible indisputable
incorporarse a to become part of
incorpóreo incorporeal, bodiless
incrédulo *n.* unbeliever
increíble unbelievable
incrementar to increase
incremento increase
indefenso defenseless
indeleble permanent
indemnización compensation; indemnification
independizarse* to become independent
indicar* to indicate
índice rate; **índice de mortalidad** death rate; **índice de natalidad** birth rate
indicio indication, sign; *pl.* evidence
indígena *n.* indigenous inhabitant; *adj.* indigenous
indignante outrageous, infuriating; unworthy, humiliating
indiscutible indisputable
indolente lazy, idle
inducción inducement, persuasion
inducir* to induce
indudable unquestionable, doubtless
indulgencia indulgence, leniency
indulto pardon
inequívoco unequivocal, unmistakable
inesperado unexpected
infancia infancy, childhood
infante: de infante as an infant
infanticidio infanticide, child murder
infantil *adj.* child; **guardería infantil** day-care center
infarto (cardíaco) heart attack
infierno hell
influir* en to influence
informática computer science
informe report
infracción offense, infraction
infractor person who breaks the law
infranqueable impassable
ingeniería engineering
ingeniero engineer
Inglaterra England
inglés *n.* English person; English language; *adj.* English
ingreso entry, admission; *pl.* income
inhabitual unusual
iniciado *n.* initiate
inicio start, beginning
inmaduro immature
inmediatez suddenness
innegable undeniable
inquieto restless, anxious
insatisfecho dissatisfied
inscripción: plazo de inscripción enrollment period
inseguridad insecurity
insistencia insistence, persistence
insistir to insist
insospechable *adj.* beyond suspicion
instalación installation; setting up
instalar to install; to settle; **instalarse** to establish oneself
instantáneo *adj.* instant
instante: al instante immediately
instaurar to restore; to establish
instituir* to set up, establish
insuperable insurmountable
integral *adj.* whole
integridad integrity; wholeness, completeness

intensificar* to intensify
intentar to try
intento attempt
intercambiable interchangeable
intercambio exchange
intercesión intercession, intervention; mediation
intercostal *adj.* between the ribs
interés interest; concern
interestelar interstellar
interlocutor speaker
internado boarding school
interno internal
interrogante question, uncertainty
interrumpir to interrupt
intervenir* **(ie, i)** to intervene
íntimo close
intoxicación poisoning, asphyxiation
inundar to flood
inútil useless
invasor invader
invernadero: efecto invernadero greenhouse effect
inversión investment
inversionista *m., f.* investor
inverso *adj.* reverse, contrary
invertir (ie, i) to invest
investigar* to investigate
invierno winter
involucrado involved
inyectar to inject
ir* to go; **ir** + *gerund* to be beginning to, about to (*do something*); **vamos a ver** let's see; **irse** to go away
ira rage
iraní *n., adj. m., f.* Iranian
irlandés *n.* Irish person; *adj.* Irish
isla island
izquierda *n.* left
izquierdista *m., f.* leftist

J

jachís *s.* hashish
jadear to pant
jamás never
jardín garden
jaula cage
jauría pack; herd; crowd
jefe boss
jerárquico hierarchical
jerga slang
jeringa, jeringuilla syringe
jíbaro *n.* peasant; *adj.* peasant, rustic
jornada day; **jornada laboral** workday
joven *n. m., f.* young person; *adj.* young
joyas *pl.* jewelry
jubilado *n.* retired person
judeo-español *n.* Judaeo-Spanish, Ladino
judío *n.* Jew; *adj.* Jewish
juego game; **en juego** at stake
juez judge
jugar (ue)* to play
jugoso substantial
juguete toy
juguetería toy business
juguetón playful
juicio trial; judgment; **someter a juicio** to bring to justice
jungla jungle
juntarse to join, come together; to meet
junto together
jurar to swear
jurídico judicial, legal
justificar* to justify
justo *adj.* fair
juventud youth
juzgar* to judge

L

laberinto labyrinth, maze
labia: tener labia to be articulate, persuasive
laboral *adj.* pertaining to labor; **jornada laboral** workday
ladino *n.* Ladino, Judeo-Spanish (*language of the Sephardic Jews*); *adj.* Judeo-Spanish
lado side; **al lado de** next to; **dejar de lado** to leave to one side; **por otro lado** on the other hand; **por un lado** on the one hand
ladrón thief
lago lake
lágrima tear
laguna gap, loophole
lama *m.* Tibetan monk
lamento *n.* moan, wail
lamer to lick
lámpara lamp; light; bulb
lanzar* to let loose (*a cry*)
lápiz *m.* pencil
lapso lapse; interval of time
largo long; **a lo largo de** along; throughout; **a largo plazo** in the long run; **de recorrido largo** for the long haul
larvado masked
lata can (*food container*)
lavabo sink; lavatory
lavadero laundry
lavadora washing machine
lavar to wash
lazo tie, link
lealtad loyalty
lección lesson
leche *f.* milk
lector reader
lectura *n.* reading
leer* to read
legado legacy
legalizar* to legalize
lejano *adj.* faraway
lejos *adv.* far away; **lejos de** far from
lema *m.* slogan
lengua language
lenguaje language
lento slow
letra letter (*of the alphabet*)
letrero sign
levantar pesas to lift weights; **levantarse** to get up
leve *adj.* light; slight
ley *f.* law
leyenda legend
libido *f.* libido
libio *n.* Libyan
librarse de to avoid, get rid of
libre free (*to act*); **libre empresa** free enterprise; **unión libre** common-law marriage
librería bookstore
libro book
licenciado holder of a master's degree
licenciatura college degree
licor liquor
líder leader
liderar to lead; to head
liebre: dar gato por liebre to cheat
ligero light (*in weight*)
límite: sin límite limitless
limpiar to clean
limpieza cleanliness
limpio clean
linchamiento *n.* lynching
lindo pretty
lingotazo shot (*of alcohol*)

lingüístico linguistic; relating to language
liquidación extermination
lisérgico: ácido lisérgico lysergic acid (LSD)
liso flat; smooth
liturgia liturgy; system of worship
liviano fickle
llamado so-called
llamarse to be named, called
llano *n.* plain, prairie; *adj.* flat
llanta tire
llave *f.* key
llegada arrival
llegar* to arrive; to reach; **llegar a** + *inf.* to manage to (*do something*); **llegar a ser** to become
llenar to fill
lleno full
llevar to bring; to carry; to wear; to take; **llevar a cabo** to complete; to carry out, perform; **llevarse** to carry away
llorar to cry
lluvia rain
lluvioso rainy
lóbulo lobe
lograr to achieve, attain; **lograr** + *inf.* to manage to (*do something*)
logro success; achievement
Londres London
longevo long-lived
longitud length
lucha fight
luchar to fight, struggle
luego then, next; **desde luego** of course; **luego de** after
lugar place; room (*space*); **dar lugar a** to cause, give rise to; **en lugar de** instead of; **tener lugar** to take place
lujo luxury
lujoso luxurious
luna moon
luto mourning; **vestirse de luto** to dress in mourning
luz light; **dar a luz** to give birth

M

machismo male chauvinism
macizo solid
madrileño *n.* person from Madrid; *adj.* from Madrid
madrina godmother
madura: la pregunta se cae de madura it's an age-old question
maestro teacher
magia magic
magnetofónico (audio-) taped, recorded
Magos: los tres Reyes Magos the Three Wise Men
mahometano *n., adj.* Muslim
maíz *m.* corn
majestad majesty
mal *n.* evil; **mal, malo** *adj.* bad; **ser de mal/buen gusto** to be in good/bad taste; **malos tratos** abuse, ill treatment
maldición curse
maléfico *adj.* evil
maleta suitcase
malgastar to waste
mancha stain; stigma
mandar to send
mandato mandate; term (*of office*)
manejo handling; management
manera: de todas maneras in any event; anyway
manifestación (*political*) demonstration; **hacer manifestaciones** to hold a political demonstration
manifestar (ie) to show, demonstrate
manifiesto: poner de manifiesto to make clear
maniobra maneuver
mano *f.* hand; **dar la mano a** to shake hands with; **mano de obra** workforce
mantener (ie)* to maintain; to support
mantenimiento maintenance
mantilla lace veil (*for the head*)
manzana apple
manzanilla camomile tea
maquillado made up (*with cosmetics*)
máquina contestadora de mensajes answering machine
mar *n. m., f.* sea
maratón marathon
maravilla wonder, marvel
maravilloso marvelous
marca brand
marcar* to mark; **marcar la pauta** to set the pace; to take the lead
marcha: poner en marcha to put into operation
marchar(se) to go away, leave; to proceed, come along
marcial *adj.* military
marciano *n., adj.* Martian
marea: contra viento y marea come what may, regardless of the cost or grief
margen: al margen de to the side of
marginado shut out, pushed aside; marginalized
marido husband
marino *adj.* marine, of the sea
mariscal *n.* marshal (*military*)
marítimo *adj.* maritime, sea
marroquí *n., adj. m., f.* Moroccan
Marruecos *s.* Morocco
más more; **cada vez más** more and more; **cuanto más... más...** the more . . . the more . . .
masaje massage
máscara mask
masificación *concentration of a large number of people*
masivo massive
masticar* to chew
matanza *n.* killing
matar to kill
materializarse* to appear (*out of nowhere*)
materias (*pl.*) **primas** raw materials
matrícula registration fee
matrimonial: separación matrimonial separation
matrimonio marriage
máximo *adj.* chief, top; maximum
mayor *n.* older person; *adj.* greater; older; higher; **en su mayor parte** for the most part; **la mayor parte** the majority
mayoría majority
mayoritariamente for the most part; preponderantly
mayoritario *adj.* of or pertaining to the majority
mayormente chiefly
mecanografía *n.* typing
mecanografiado typed
mediados *pl.*: **(a) mediados** in the middle
mediano *adj.* average

medianoche *f.* midnight
mediante by means of
medicamento medicine, drug
médico *n. m., f.* doctor; *adj.* medical
medida measure, means; **tomar medidas** to take steps (*to solve a problem*)
medio *n.* method, way; *adj.* average; middle; half; **clase** (*f.*) **media** middle class; **medio ambiente** environment; **Oriente Medio** Middle East; **por medio de** by means of
medir (i, i) to measure
megaurbe *f.* huge metropolis
mejor better, best
mejora improvement
mejoramiento improvement
mejorar to improve
melisa lemon balm (*tea*), sweet balm (*tea*)
mella: hacer mella to make a mark, leave a scar; to traumatize
membresía membership
menor *n.* minor, young person; *adj.* less; lesser; fewer; younger; **cada vez menor** less and less
menos *adj.* less; fewer; *prep.* except; **a menos que** *conj.* unless; **al menos** at least; **cada vez menos** fewer and fewer; **por lo menos** at least
mensaje message; **máquina contestadora de mensajes** answering machine
mensajero messenger
mentalización: con mentalización empresarial with a mind for business
mentalizar* to put an idea into someone's head
mente *f.* mind
mentir (ie, i) to lie, not tell the truth
mentiroso *n.* liar
menudo frequent; **a menudo** frequently
mercadillo street market; (*charity*) bazaar
mercado market
mercancía merchandise
merecer* to deserve; to be worth; **merecer la pena** to be worthwhile
mero mere
mes month
mesa table
meseta plateau
mestizo *n. offspring of Spanish or Portuguese person and Latin American native*
mesura seriousness
meta goal
meter to put, place
método method
mezcla mixture
mezclar to mix
mezcolanza hodgepodge, jumble
microonda: horno (de) microondas microwave oven
miedo fear; **tener miedo** to be afraid
miel *f.* honey
mientras (que) while
migratorio *adj.* immigration; migratory
mil thousand
milagro miracle
milenario millenarian
milenio millenium
militar *v.* to fight, struggle; *n.* soldier; *adj.* military
milla mile
millonario *n., adj.* millionaire
mimar to spoil
minería *n.* mining
minero *n.* miner; *adj.* mining
mínimo *adj.* minimum; minimal
ministerio ministry; (*government*) department
ministro (*government*) minister
minoritario *adj.* minority
mirada look, gaze
mirar to look at
misa mass (*religious service*)
miserable wretched
miseria poverty
mismo same; **lo mismo** the same thing; **sí mismo** one's self, itself
mitad half
mitigar* to mitigate; to alleviate
mito myth
mixto mixed
moda fashion, style; **estar de moda** to be in style
modélico *adj.* model
moderado moderate
modificar* to modify
modo manner, way; **a modo de** like; **de todos modos** in any case; anyway
molestar to bother, annoy; **molestarse** to take the trouble (*to do something*)
molestia trouble; discomfort
molestoso annoying
molino mill
monje monk
monocromático monochromatic (*of one color*)
monopolista *adj.* monopolizing
monopolizar* to monopolize
monstruo monster
montaña mountain
montar en bicicleta to ride a bicycle
montón *coll.* pile
morador inhabitant
moraleja moral
morboso morbid
moreno dark-haired; dark-complected
morir (ue, u)* to die; **morir ahogado** to drown
mortalidad: índice/tasa de mortalidad death rate
mostrador counter
mostrar (ue) to show; mostrarse to show oneself to be
motor motive; power
mover (ue) to move
móvil *adj.* mobile; movable
movilizar* to mobilize
muchacha girl
muchacho boy; *pl.* young people
mucho a lot of, much; many
mudanza *n.* moving (*change of domicile*)
mudarse to move (*from one location to another*)
muelle wharf
muerte *f.* death
muerto *n.* dead person; *adj.* dead; (*p. p. of* **morir**) died; killed
muestra sample
mujer *f.* woman; wife; **mujer de negocios** businesswoman
mulero muleteer
multa fine; penalty
multar to fine; to penalize
mundial *adj.* world
mundo world
municipio municipality; town hall
muñeca doll
muralla wall
muro wall

músculo muscle
museo museum
musiquero musician
musulmán *n., adj.* Moslem
mutación mutation, change
mutuo mutual

N

nacer* to be born
nacido: recién nacido newborn
nacimiento birth
nacionalizar* to nationalize
nada nothing; **antes que nada** first of all
nadie no one
naranjo orange tree
narcotraficante *m., f.* drug trafficker
narcotráfico drug trade
nariz nose
natación *n.* swimming
natalidad: control de (la) natalidad birth control; **índice/tasa de la natalidad** birthrate
naturaleza nature
nave *f.* ship; vessel
Navidad Christmas
necesitar to need
necio foolish, stupid
negar (ie)* to deny
negociador negotiator, businessman
negocio business; **hombre/mujer** (*f.*) **de negocios** businessman/businesswoman
negro black
nena *f.* young child
nene *m.* young child
neoyorquino *n.* New Yorker
netamente clearly
ni nor; **ni... ni...** neither . . . nor . . .
nieta granddaughter
nieto grandson; *pl.* grandchildren
ningún, ninguno none, not any
niña girl; female child
niñez childhood
niño boy; male child; *pl.* children
nipono *adj.* of or related to Japan
nivel level
noche *f.* night; **buenas noches** good night; **de/por la noche** in the evening
nocivo noxious, harmful
nómada *n. m., f.* nomad; *adj.* nomadic
nombrar to name
nombre name
nómina payroll
nórdico northern; Nordic
norma norm; rule; standard
noroeste *n.* northwest
norteño northern
nota note; footnote; grade (*academic*)
notar to note; **notarse** to be evident
notario notary public
noticia *s.* piece of news
novia girlfriend; fiancée; bride
novio boyfriend; fiancé; groom
nuera daughter-in-law
nuevo new; **de nuevo** again
nunca never

O

obedecer* to obey
obispo bishop
obligar* to force, compel
obligatorio required
obra work; **mano** (*f.*) **de obra** workforce
obrero worker
obstante: no obstante notwithstanding, nevertheless
obtener (ie)* to obtain
obviamente obviously
ocaso fall, decline
occidental western
OCDE (Organización para la Cooperación y el Desarrollo Económico) Organization for Economic Cooperation and Development
ocio leisure
ocultar to hide
ocupar to occupy
ocurrir to occur, happen
odiar to hate
odio hatred
OEA (Organización de Estados Americanos) Organization of American States
oeste *n.* west
oferta offer
oficinista *m., f.* office worker
oficio occupation; craft, trade
ofrecer* to offer
oír* to hear
ojo *n.* eye; *interjection* (be) careful
ola wave
oleada wave, surge
olor smell
olvidar to forget
ominoso dreadful; ominous
omiso: hacer caso omiso de to ignore
omni- all-; omni-
onda wave (*ocean*)
opinar to think; to have an opinion
oponerse* a to oppose
optar por to choose, decide
opuesto opposite
ORA (Operación de Regulación de Aparcamientos) Department of Parking
oración sentence; prayer
orden *m.* order (*chronological*); *f.* order, command
ordenador computer
ordenar to order, command; to arrange
oreja ear
organismo body
organizar* to organize
orgullo pride
orgulloso proud
oriental eastern
oriente east; **Oriente Medio** Middle East
originario: ser originario de to originate from, be a native of
osar to dare
osco Oscan (*ancient language of the Italian peninsula*)
oscuro dark; **gafas oscuras** sunglasses
otorgar* to grant, give
otro *n., adj.* other, another; **no hay otro remedio** there's no other way, it can't be helped; **otra vez** again
OVNI (objeto volante no identificado) unidentified flying object (UFO)
ozono ozone; **capa de ozono** ozone layer

P

pacífico peaceful
padastro hangnail
padecer* to suffer
padre father
padrino godfather; *pl.* godparents
pagar* to pay (for)

página page
pago payment; **balanza de pagos** balance of payments
país country
paisaje countryside
palabra word
pálido pale
palo stick
palpable clear, obvious
palparse to be felt
pampa plain, prairie
pan bread
pandilla gang
panegírico eulogy
papel paper; role; **papel higiénico** toilet paper
papeleo(s) *s., pl.* paperwork
papeleta ballot (*paper*)
papelina *small paper envelope in which small quantities of heroin are sold in Spain* (*slang*)
paquete package
par pair; **a la par** at the same time
para *prep.* for; in order to; intended for; **para que** *conj.* so that
parabrisas *m. inv.* windshield
paracaidista *m., f. coll.* squatter
parachoques *m. inv.* bumper
parado unemployed
paradoja paradox
paradójico paradoxical
paraíso paradise
paralizar* to paralyze
parangón comparison; **sin parangón** incomparable
parar to stop
parecer* to seem, appear; **parecerse a** to resemble
parecido similar
pared wall
pareja pair, couple
pariente *m., f.* relative
paro unemployment
parqueo parking lot
párrafo paragraph
parroquia parish
parte: en su mayor parte for the most part; **la mayor parte** the majority; **por otra parte** on the other hand; **por parte de** on the part of; **por una parte** on the one hand
partida departure
partidario supporter, follower
partido (political) party
partir de to depart from; **a partir de** as of, from; **a partir de ahí** from then on
parto childbirth
pasado *n.* past
pasaje passage
pasar to spend (*time*); to happen; to pass, transfer; **pasar una fiesta** to have a party
pasatiempo pastime
Pascua Easter
pasear to go for a walk
paseo trip, excursion
pasillo hallway
paso step; pace; passage; **ceder el paso** to give way; **dar/hacer un paso** to take a step
pasta paste
pastel pastry; pie, cake
patente evident, clear
patinaje *n.* skating
patio de recreo playground
pato duck
patria homeland
patrón boss; pattern
patrulla patrol
paupérrimo *n.* pauper; *adj.* very poor
pauta pattern; model
pavo turkey
payaso clown; fool
payo *name used by gypsies to refer to non-gypsies*
paz peace; **Cuerpo de Paz** Peace Corps; **dejar en paz** to leave alone
PBC (pasta básica de coca) *base from which cocaine is extracted*
pecador sinner
pecho breast; **dar el pecho** to breast-feed
pedir (i, i) to ask for, request; **pedir prestado** to borrow
película movie
peligro danger
peligroso dangerous
pellejito wrinkle
pelo hair
peluquero hairdresser
pena penalty; *pl.* sorrows; **merecer la pena** to be worthwhile
penal penal
pendiente pending; unsettled; **asignatura pendiente** pending matter
péndulo pendulum
penetrar en to go into
penoso painful
pensamiento thought
pensar (ie) to think; **pensar** + *inf.* to plan to (*do something*)
penúltimo next to the last
peor worse
peque *m., f.* small child
pequeño small; **cada vez más pequeño** smaller and smaller
percepción extrasensorial extrasensory perception
percibir to perceive
perder (ie) to lose
pérdida loss
perdonar to forgive
perecedero perishable
peregrinación pilgrimage
perezoso lazy
perfil profile; cross-section
periódico newspaper
periodista *m., f.* journalist
perito skilled
perjudicar* to damage, harm
perjudicial harmful
permanecer* to remain
permiso permission
pernicioso pernicious, harmful
perpetuar* to perpetuate
perpetuo perpetual; year-round
perplejo perplexed
perro dog
perseguidor pursuer
perseguir (i, i)* to pursue
personaje character
pertenecer* to belong
perteneciente *adj.* belonging
peruano *n., adj.* Peruvian
pervivencia continuance
PES (percepción extrasensorial) extrasensory perception
pesadilla nightmare
pesado heavy
pesar: a pesar de in spite of, notwithstanding
pesas *pl.*: **levantar pesas** to lift weights
pese a in spite of
peseta *monetary unit of Spain*
peso weight
pestaña eyelash
peste *f.* plague
petróleo petroleum; oil
petrolero *adj.* oil
picada bite (*of food*)

picante spicy
pie foot; **de pie** standing; **seguir en pie** to keep on existing
piel *f.* skin; fur; peel
pieza piece
pila battery; **a pilas** battery-operated; **pila de bautismo** baptismal font
pino: quinto pino (way out) in the "sticks"
pintura painting
piratería aérea skyjacking
pisar to step on
pista track, scent; clue
pistola pistol
pistoletazo starting signal
pitar to whistle
pizarra chalkboard
PK (**psicokinesia**) psychokinesia
placentero pleasant
placer *n.* pleasure
plácido placid, calm
planchar to iron
planificación *n.* planning
planificar* to plan
plano: de plano clearly; **segundo plano** middle distance (*in painting*)
planteamiento statement; proposal
plantear to present (*a problem*)
plata silver
platillo volante flying saucer
plato plate; dish
playa beach
playera T-shirt
plazo period of time; **plazo de inscripción** enrollment period
pleno full, complete
población population
poblador settler
poblar (**ue**) to populate, settle
pobre *n. m., f.* poor person; *adj.* poor
pobreza poverty
poco *n.* little bit; *adj.* little; **a poco tiempo** shortly after; **poco a poco** little by little
poder (**ue**)* *v.* to be able; *n.* power
poderoso powerful
polaco *n.* Pole; *adj.* Polish
polémica controversy
policíaco *adj.* pertaining to the police
policial *adj.* pertaining to the police
polígloto *adj.* speaking several languages
política *s.* politics; policy; **política exterior** foreign policy
político *n.* politician; *adj.* political
polivalencia capacity to adapt
polución acústica noise pollution
polvo dust
pomposo splendid; majestic
poner* to put, place; **poner de manifiesto** to make clear; **poner en ridículo** to make to look ridiculous; **poner en marcha** to put into operation; **poner en práctica** to put into practice; **poner fin a** to end; **ponerse de acuerdo** (**sobre**) to agree (on); **ponerse en contacto con** to contact
por by; for; through; toward; per; due to; **acabar por** + *inf.* to end up (*doing something*); **por ciento** percent; **por completo** completely; **por consiguiente** consequently; **por debajo** under; **por doquier** on every side, everywhere; **por ejemplo** for example; **por el contrario** on the contrary; **por encima de** above; **por encima de todo** above all else; **por eso** that's why; **por favor** please; **por fin** finally; **por igual** equally; **por la mañana/noche** in the morning/evening; **por lo general** in general; **por lo menos** at least; **por lo tanto** therefore; **por medio de** by means of; **por otra parte** on the other hand; **por parte de** on the part of; **¿por qué?** why?; **por... que sea** no matter how . . . it may be; **por sí solo** on its/one's own; **por su cuenta** on one's own; in one's opinion; **por suma** in addition; **por supuesto** of course; **por último** lastly; **por un lado** on the one hand; **por una parte** on the one hand; **quedar por hacer** to have left to do
porcentaje percentage
porro *coll.* marijuana or hashish cigarette
portaequipajes *m. inv.* trunk
portarse to behave
portavoz *m., f.* spokesperson
porvenir *n.* future
poseer* to possess
posponer* to postpone
postergado postponed
posterior later; subsequent
posteriormente afterwards
postular to hypothesize, suggest
postura attitude; position; stand
potenciarse to be strengthened
práctica practice; **poner en práctica** to put into practice
practicante *n.* follower; *adj.* practicing
practicar* to practice
precio price
precioso precious
preciso: es preciso it is necessary
preconcebido preconceived
predecir (**i, i**)* to predict
predicador preacher
predicar* to preach
pregunta question; **hacer preguntas** to ask questions; **la pregunta se cae de madura** it's an age-old question
preguntar to ask
preinfarto chest pains (*prelude to a heart attack*)
prejuicio prejudice
premio prize
prender to light
prensa press (*media*)
preocupante worrisome
preocupar to worry
preponderante preponderant
presentación introduction; presentation
presentador (television) presenter; host
presentar to introduce; to present
preservativo condom
presión pressure
preso *n.* prisoner; *adj.* imprisoned
prestación loan

prestamista *m., f.* money-lender
préstamo loan
prestar atención to pay attention; **prestarse a** + *inf.* to offer to (*do something*)
presumir to presume
presunción presumption
presunto supposed
presupuesto budget
pretender to try
prevalecer* to prevail
prevenido prepared; on one's guard
prevenir (ie, i)* to alert
previo prior; previous
previsión forecast
primer, **primero** first
primicias *pl.* first fruits
primo *n.* cousin; **materias primas** *adj.* raw materials
primogénito first-born
príncipe prince
principio: a principios de at the beginning of; **al principio** at the beginning; **desde un principio** from the beginning
prisa: tener prisa to be in a hurry
privación loss; deprivation
privado private
probar (ue) to try; to prove
problemática *s.* problems, set of issues
procedencia source
procedente *adj.* proceeding
proceder de to come from; to originate in
procedimiento process
procesar to put on trial
proceso process; trial
producir* to produce
productor *adj.* producing
proeza feat
profundizar* en to delve deeply into
profundo profound; deep
progre progressive (*colloquial*)
prohibir* to prohibit
prolífico prolific, abundant
promoción (*sales*) promotion; advancement
promover (ue) to promote
pronto soon; **hasta pronto** see you soon
propagación propagation; spreading
propiamente fittingly
propiedad *n.* characteristic; property
propietario owner
propio own
proponer* to propose
proporcionar to yield, give
propósito aim, purpose; **a propósito** by the way, incidentally
propuesta proposal
propuesto (*p. p. of* **proponer**) proposed
proscrito *n.* outlaw
prospección survey
prostituirse* to become a prostitute
proteger* to protect
proveedor provider
proveniente de *adj.* coming from
provenir (ie, i)* de to come from
provocar* to provoke
próximo next
proyectar to project
prueba proof
psicofonía poltergeist
psicólogo psychologist
psicoquinético psychokinetic
psique psyche
psiquiatra *m., f.* psychiatrist
psíquico psychic
publicar* to publish
público *n.* public; *adj.* public; **asistencia pública** welfare
pueblo town; people
puerta door
puerto port
puesta en marcha *n.* starting; launch
puesto *n.* job, post; (*p. p. of* **poner**) placed, put; **puesto que** *conj.* because, since
pulgada inch
pulgar: dedo pulgar thumb
pulmón lung
pulpo octopus
pulular to swarm
puntaje point total, score
punto point; **a punto de** on the point of; **punto de vista** point of view
puntual prompt; punctual
puñado handful
puro *n.* cigar

Q

quedar to remain; **quedar por hacer** to have left to do
quehacer *n.* chore
quejarse to complain
quemar to burn
querer (ie)* to want; to love
querido dear, beloved
quieto still; motionless
químico chemical
quinto fifth; **quinto pino** (way out) in the "sticks"

R

RACE (Real Automóvil Club de España) Royal Automobile Club of Spain
racionamiento *n.* rationing
radiólogo radiologist
raíz root
rama branch
ramificarse to branch out
raptar to kidnap
rapto *n.* kidnapping
rara vez rarely
rascacielos *m. s., pl.* skyscraper
rasgo feature
rato (*short*) time, while
raza race
razón reason; **tener razón** to be right
reaccionar to react
reacio: estar reacio a to be opposed to; to resist
real royal
realizar* to carry out; to fulfill
realmente really
reanimar to revive
rebaja discount
rebajar to reduce; to lower; to discount
rebelarse to rebel
recaer* sobre to fall on
recargo further charge; increase in charge
recaudación recovery; collection
recaudar to recover; to collect
recelo fear; mistrust; suspicion
receloso suspicious; distrustful
rechazar* to reject; to refuse
rechazo rejection
recibir to receive
recién newly, recently; **recién nacido** newborn
recinto area
reclamación complaint; **hojas de reclamaciones** complaint forms

reclamar to file a claim or complaint; to demand
reclutar to recruit; to round up
recobrar to recover
recoger* to collect; to pick up; to take in
recomponer* to mend; to put back together
reconocer* to recognize
reconquistar to recapture; to reconquer
recopilar to compile; to summarize
recordar (ue) to remember
recorrer to cover
recorrido: de recorrido largo for the long haul; **recorridos turísticos** tourist routes
recreo recreation; **patio de recreo** playground
recuadro box
recuerdo memory; remembrance
recuperación recovery; retrieval; reclamation
recuperar to recover, retrieve
recurrir (a) to appeal; to resort (to); to fall back on
recurso resource
red network
redacción *n.* writing
redentor redeemer
reducir* to reduce; to lessen
reemplazar* to replace
referir (ie, i) to refer
reflejo reflection
reforma agraria land reform
reforzar (ue)* to reinforce
refrán proverb; saying
refrenar to hold back, curb
refresco cold drink
refuerzo reinforcement
refugiado *n.* refugee
refugio refuge
regadío irrigated land
regalar to give as a present
regalo gift
regañar to scold
regar (ie)* to water
régimen (*pl.* **regímenes**) regime
regir (i, i)* to govern, rule
registro search
reglamentario *adj.* obligatory; set
reglamento *s.* rules; regulations
reglar to regulate
regresar to return
regular regular; average
reino kingdom; **Reino Unido** United Kingdom
relacionar to relate
relajar to relax
relámpago flash of lightning
relato story, narrative
rellenar to fill out
reloj *m.* clock
remedio remedy; solution; **no hay otro remedio** there's no other way, it can't be helped
remontar a to go back to (*in time*)
remordimiento remorse
renacer* to be born again
renacimiento rebirth
renombre: de renombre renowned, famous
renta income
rentable profitable
renumerado paid
renunciar a to renounce; to give up on
reñir (i, i) to scold; to reprimand
reojo: ver de reojo to see out of the corner of one's eye
repartir to share; to divide up
reparto distribution
repasar to review
repente: de repente suddenly
repentino sudden
repetir (i, i)* to repeat
repetividad repetitiveness
represalia reprisal; retaliation
representante *m., f.* representative
reprimir to repress
repudiar to repudiate
requerir (ie, i) to require
requisito requirement
rescatar to salvage; to rescue
rescate ransom; reward
resentimiento resentment
reseña outline, sketch
residir to reside
residuo residue
resolver (ue)* to solve
respaldar to back, support
respaldo *n.* backing
respecto: al respecto about the matter; **respecto a** with respect to
respetar to respect
respeto respect
respetuoso respectful
respirar to breathe
responsabilizarse* to make oneself responsible; to take charge
respuesta answer
restablecido reestablished
restante *adj.* remaining
restringir* to restrict; to limit
resultado result
resultar to result; to prove to be
resumen summary
resumir to summarize
resurgimiento resurgence; revival
retener (ie)* to retain
retirar to remove; to retire
retiro withdrawal; retirement
reto challenge
retomar to take up again
retorno return
retratar to depict
retrato portrait
retroceder to go back
retrógrado reactionary
retrotraer* to date back
reunión meeting, get-together
reunirse* to meet
revelador *adj.* revealing
revertir (ie, i) to reverse
revisar to revise; to review
revista magazine
revuelo stir; commotion
rey *m.* king; **los tres Reyes Magos** the Three Wise Men
rezar* to read (*law*)
ribetes *m. pl.* touches, trimmings
rico rich
ridículo: poner en ridículo to make to look ridiculous
riesgo risk
riflero rifleman
rincón corner
riqueza richness; wealth
ritmo rhythm
rito rite, practice
robar to rob; to steal
robo robbery
rocoso rocky
rodear to surround
rodeo roundabout way
rojo red
romancero collection of ballads
romano *n., adj.* Roman
romanza ballad
romería pilgrimage
rompecabezas *m. s., pl.* riddle; puzzle

romper* to break
ropa clothing
rosario rosary
rostro face
roto (*p. p. of* **romper**) broken
rubio blond-haired
rudo rough
rueda wheel
ruido noise
ruptura break
ruso *n., adj.* Russian
rústico rustic, country
rutinario *adj.* routine

S

saber* to know; **saber** + *inf.* to know how to (*do something*)
sabiduría wisdom; knowledge
sabio wise person, sage
sabor taste
sacar* to get (*grades*); to take out, remove
sacerdotal *adj.* of or pertaining to priests
sacerdote priest
sacerdotisa priestess
sacudirse de to rid oneself of; to shake off
sagrado sacred, holy
sal *f.* salt
sala de baile dance hall
salarial pertaining to salary
saldo bargain sale
salida exit, exodus; departure
salir* to go out
saltar to skip; to jump; to explode
salud health
saludable healthy
salvaje wild
salvar to save
salvo *prep.* except (*for*)
sancionar to sanction; to penalize; to permit
sangre *f.* blood
sangriento bloody
sanidad health
sanitario *adj.* healthy
sano healthy
santo *n.* saint; *adj.* holy
satisfacer* to satisfy
seco dry; cold
secretariado *n.* secretaryship, secretary's office
secuela consequence; sequel
secuestrar to kidnap
secuestro *n.* kidnapping
sed thirst
sede *f. s.* headquarters
seducir* to seduce
seductor seductive
Sefarad *Jewish term for the Iberian peninsula*
sefardí *n., adj.* Sephardic; (*pertaining to*) *Jews whose ancestors were expelled from Spain as a result of the Inquisition*
seguidor follower
seguir (i, i)* to follow; to continue; **seguir** + *gerund* to keep on (*doing something*); **seguir en pie** to keep on existing
según according to
segundón *m., f.* second-class citizen
seguridad: cinturón de seguridad seatbelt
seguro *n.* insurance; *adj.* sure; safe; **a buen seguro** undoubtedly
seleccionar to select
sellar to seal
sello seal; stamp; mark
selva jungle; woods; forest
semáforo traffic light
semana week; **fin de semana** weekend
semanal weekly
sembrar (ie) to sow
semejante similar
semejanza similarity
semiderruido half torn-down
semilla seed
senado senate
sencillo simple
Sendero Luminoso Shining Path (*Peruvian guerrilla group*)
sensibilidad sensitivity
sensibilización *n.* sensitizing
sensible sensitive
sensorial sensory
sentado seated; **dar por sentado** to take for granted
sentarse (ie) to sit down
sentencia (*judicial*) sentence
sentido sense; meaning
sentimiento feeling
sentir (se) (ie, i) to feel
señal *f.* sign
señalar to point out
señalización system of signs; signposting
ser* *v.* to be; **sea: cualquier... que sea** whatever . . . may be; **o sea** that is; **por... que sea** no matter how . . . it may be; **sea como fuere** be that as it may; **ya sea...** whether it be . . . ; *n.* being, creature
serie *f. s.* series
serio serious
servidor servant; worker
servir (i, i) to serve; to be good for, useful
seta mushroom
Seúl Seoul
SIDA *m.* AIDS
siervo slave
siesta nap; **dormir la siesta** to take a nap
sigla acronym, abbreviation by initials
siglo century
significado meaning
significar* to mean, signify
significativo significant
signo sign; symbol
siguiente *adj.* following
silicio silicon
sillón armchair
simbolizar* to symbolize
similitud similarity
simpático nice; kind
sin without; **sin embargo** however; nevertheless; **sin límite** limitless; **sin que** *conj.* without
sincretismo syncretism
sindical *adj.* pertaining to a trade or labor union
sindicato (*trade, labor*) union
sino but (*rather*)
síntesis *f. s., pl.* synthesis
sintético synthetic
síntoma *m.* symptom
siquiera: ni siquiera not even
sitio place
situado located
sobornar to bribe
soborno bribery
sobrantes *pl.* leftovers
sobrar to be more than enough
sobre about; on
sobremanera *adv.* exceedingly
sobrepasar to surpass
sobrepoblación overpopulation
sobrepoblado overpopulated
sobresalir* to stand out
sobrevivir to survive
socavar to undermine
socio member; partner
sol sun; **hace sol** it's sunny
solar *n.* tenement house

soldado soldier
soledad solitude
soler (ue) + *inf.* to be accustomed to (*doing something*)
solicitar to ask for, request
solo single; alone; **por sí solo** on its/one's own
sólo only
soltero single, not married
solucionar to solve
sombra shadow
sombrero hat
someter to subject; **someter a juicio** to bring to justice
sometido *adj.* conquered
sondeo opinion poll
sonido sound
sonrisa smile
soportar to stand, put up with
sorber to sip; to sniff
sorbito small sip
sorprender to surprise
sorpresa surprise
sospecha suspicion
sospechar to suspect
sostener (ie)* to sustain; to support
suavizar* to soften
subdesarrollado underdeveloped
subemplearse to be underemployed
subempleo underemployment
subir to go up, climb; to get on
sublevación rebellion, revolt
sublevados *n. pl.* people in rebellion
sublevarse to revolt
subrayar to underline
subvención grant (*of money*)
suceder to happen
suceso event, happening
sucio dirty
sucursal *f.* branch office
Suecia Sweden
sueldo salary
suelo ground
suelto loose
sueño sleep; dream
suerte *f.* luck; **tener suerte** to be lucky
sufrimiento suffering
sufrir to suffer; to bear, put up with
sugerencia suggestion
sugerir (ie, i) to suggest
suma sum, amount; **por suma** in addition
sumado added
sumamente extremely
sumiso submissive
sumo *adj.* great, extreme
superar to surpass; to overcome
superficie *f.* surface
superpoblado overpopulated
superpotencia superpower
superurbe *f.* super-city; huge metropolis
supervivencia survival
suponer* to suppose
suprimir to suppress; to eliminate
supuestamente supposedly
supuesto supposed; **por supuesto** of course
sur *n.* south
sureste *n.* southeast
suroeste *n.* southwest
surgir* to come forth
suscitar to cause, provoke
suspicaz suspicious
suspirar to sigh
sustituir* to substitute
sustraer* to remove, take away
sutil subtle; fine; keen
sutileza subtleness; fineness; keenness

T

tabacalero *adj.* pertaining to tobacco
tabaquismo nicotinism
tabla table, chart
tablero board (*of wood*)
tacón heel
tal *adj.* such (a); **con tal (de) que** *conj.* provided that; **qué tal** + *v.* how well (+ *action*); **tal como** such as; **tal o cual** such-and-such; **tal vez** perhaps
talla stature; size
talón heel
tamaño size
tampoco neither, not either
tan so
tanga *m.* G-string
tanto such; so much; so; *pl.* so many; **por lo tanto** therefore; **tanto... como...** as well . . . as; **tanto como** as much as, as often as
tapas *pl.* hors d'œuvres
taquicardia tachycardia (*abnormally fast heartbeat*)
tarde *n. f.* afternoon; *adv.* late; **de la tarde** in the afternoon
tardío late; slow
tarea task; homework
tarjeta card
tasa rate; **tasa de mortalidad** mortality rate; **tasa de natalidad** birthrate
tatuaje tattoo
taxista *m., f.* taxi driver
teatral theatrical
tebeo comic book (*Spain*)
techo roof
telaraña spider's web
teleempleado telecommuter
telequinésico telekinetic
teletrabajador telecommuter
televisor television set
tema *m.* theme
temblar (ie) to tremble
temer to fear
temerario reckless
temible fearful
temor fear
templado temperate
temporada season
temporal temporary
temprano early
tender (ie) to tend
tener (ie)* to have; **tener cuidado** to be careful; **tener en cuenta** to keep in mind; **tener éxito** to be successful; **tener lugar** to take place; **tener miedo** to be afraid; **tener que** + *inf.* to have to (*do something*); **tener que ver con** to have to do with; **tener razón** to be right; **tener suerte** to be lucky; **tener vergüenza** to be ashamed
tentáculo tentacle
terapeuta *m., f.* therapist
terapia therapy
tercer, tercero *adj.* third
tercermundista *adj.* pertaining to the Third World
tercio *n.* third
térmico thermal
terminar to finish
término term
terrateniente *m., f.* landowner
terraza terrace, veranda; open-air café
terreno (*fig.*) land, terrain; area

terrorífico terrifying
tesoro treasure
testigo *m., f.* witness
tía aunt
tiburón shark
tiempo time; **a poco tiempo de** shortly after; **a tiempo** on time
tienda store
tierra land, ground; earth
tila linden flower or blossom (*tea*)
tío uncle
tipificar* to characterize
tirada printing
tirar to throw; to pull
tiroteo *n.* shooting
tisana infusion, tea
titulación tenure; *system of degrees and diplomas*
titulado *n.* titled person with degree
titular title
título title, degree (*academic*)
tocante a concerning
tocar* to touch; to come in contact with; to play (*a musical instrument*)
todavía still, yet
todo all, every; **ante todo** above all; **con todo** nevertheless; **de todas maneras** in any event; anyway
tokiota *m., f.* inhabitant of Tokyo
tomar to take; to drink; **tomar en cuenta** to take into account; **tomar medidas** to take steps (*to solve a problem*); **tomar una decisión** to make a decision
tonelada ton
tontería foolishness
tonto foolish
topar con to run into
toque touch; essence
torno: en torno a/de about, regarding
toro bull
torre *f.* tower
tortuoso *adj.* winding
tostadora de pan toaster
totalizar* to add up to
toxicomanía drug addiction
toxicómano drug addict
traba impediment; obstacle
trabajador hard-working
trabajar to work
trabajo work; job
trabar to strike up (*a conversation*)
traducción translation
traductor translator
traer* to bring
traficante *m., f.* **de drogas** drug trafficker
traficar* **(drogas)** to sell (*drugs*)
tráfico (de drogas) (*drug*) trafficking
traicionar to betray
traje suit
tramitar to handle; to transact
trámite transaction; *pl.* procedure; proceedings
tranquilizador *adj.* reassuring
tranquilizar* to soothe, calm, reassure
tranquilo still, calm, tranquil
transcurrir to pass, go by (*period of time*)
transmitir (trasmitir) to broadcast; to transmit
tranvía *m.* trolley car
tras after; behind
trasladarse to move (*change residence*)
traslado *n.* move
trastornar to upset
trastorno upset; disorder
trasvase *n.* pouring
tratado treaty
tratamiento treatment
tratar to treat, deal with; **tratar de** + *inf.* to try to (*do something*); **tratarse de** to be a question of, be about
trato treatment
través: a través de across, throughout
travieso clever; mischievous
trazar* to draw; to design; to trace
tribunal court
trigo wheat
triste sad
tristeza sadness
tropa troop
trozo section, passage
tugurio hovel, shack
tule tule, bulrush
Tullerías *pl.*: **Las Tullerías** The Tuileries (*former royal palace in Paris*)
tumba tomb
tupido thick; dense
turco *n., adj.* Turkish
turísticos: recorridos turísticos tourist routes

U

ubicación placement
ubicado located
ufólogo person who studies UFOs
últimamente lately
último last; final; **por último** finally
ultratumba beyond the grave
único *adj.* only; unique
unidad unity; unit
unifamiliar *adj.* one-family
unión consensual common-law marriage; **unión libre** common-law marriage
unir to unite
urbanista *m., f.* city planner
urbanístico *adj.* city; urban
urbanización urbanization; move toward the cities
urbe *f.* large city, metro polis
usuario user
útil useful
utilidad usefulness
utilizar* to use, utilize

V

vacío *n.* emptiness
vagar* to wander, roam
vaho fume
valer* to be worth; **más vale** it is better; **valerse de** to make use of; to take advantage of
valeriana valerian (*plant*)
valía value, worth
validez validity
valiente brave
valioso valuable; rich
valle valley
valor worth
valorar to value
vanagloriarse to boast; to pride oneself
vano vain
vapor steam
vaqueros *pl.* jeans
variar* to vary
varios *pl.* various, several
varón *n.* male; man; *adj.* male
vasco *n., adj.* Basque
vaso drinking glass
vaticinar to prophesize; to predict
vecinal pertaining to a community; local

vecindario neighborhood
vecino *n.* neighbor; *adj.* neighboring
vedar to prohibit
vejez old age
vela candle
velatorio wake
velocidad speed
velorio wake, vigil
vencer* to conquer
vendedor seller
vender to sell
venerar to worship
venir (ie, i)* to come
venta sale, selling
ventaja advantage
ventana window
ver* to see; **tener que ver con** to have to do with; **vamos a ver** let's see; **ver de reojo** to see out of the corner of one's eye
veraneante *m., f.* summer vacationer
veranear to spend the summer
veraneo vacation
veraniego *adj.* summery
verano summer
verdad truth; **¿verdad?** right?
verdadero true
verde green
verdura vegetable
vergonzoso shameful, disgraceful
vergüenza shame; **tener vergüenza** to be ashamed
verificar* to verify; to check
vertiginoso rapid, sudden
vértigo dizziness
vestido dress; costume
vestirse (i, i) to dress; **vestirse de luto** to dress in mourning
veta (*fig.*) point of departure, base
vetar to veto; to prohibit
vez time; **a la vez** at the same time; **a su vez** in turn; **a veces** sometimes; **alguna vez** sometime, ever; **cada vez más** more and more; **cada vez menos** fewer and fewer, less and less; **de vez en cuando** from time to time; **en vez de** instead of; **otra vez** again; **rara vez** rarely; **tal vez** perhaps; **una vez** once
vía road, route; way; method; **en vías de desarrollo** *adj.* developing; **vía férrea** railroad track; **vía pública** public thoroughfare
viajar to travel
viaje trip
viajero traveler
vial *adj.* road; traffic
vicerrector vice-rector
vicio vice
vid grapevine
vida life; **esperanza de vida** life expectancy
videograbadora videocassette recorder (VCR)
videojuego video game
vidrio glass (*material*)
viejo *n.* old person; *adj.* old
viento wind; **contra viento y marea** come what may, regardless of the cost or grief
vigencia effect, use
vigilar to keep an eye on
vil despicable
vileza infamy, baseness
villa town
vinculado tied, related
vínculo bond, tie
vinícola *m., f.* pertaining to wine
vino wine
viñeta vignette; sketch
violación violation of the law; rape
violar to break the law; to rape
vidente seer, prophet
virtud virtue
visitante *m., f.* visitor
vista: punto de vista point of view
vistazo look; glance
visto (*p. p. of* **ver**) seen
viuda widow
viudo widower
vivienda dwelling, housing
vivir to live
vivo alive
volante: platillo volante flying saucer
volcarse* en to throw oneself into (*a project*)
voluntad will; desire; **Política de Buena Voluntad** Good Neighbor Policy
voluntario *n.* volunteer, *adj.* voluntary
volver (ue)* to return; **volver a** + *inf.* to (*do something*) again; **volverse** to become
vomitona violent vomiting
votante *m., f.* voter
voz voice; term
vuelo flight
vuelta *n.* return
vuelto (*p. p. of* **volver**) returned; become

Y

ya already; now; **ya no** no longer; **ya que** since; **ya sea...** whether it be . . .
yacimiento bed; deposit
yema del dedo fingertip
yerba grass
yerno son-in-law

Z

zozobra agitation, distress

Photographs: *Page 3* © Marty Granger; *6* © bachman/Stock, Boston; *11 (top)* © Chip and Rosa María de la Cueva Peterson, *(bottom)* © Mirielle Vautier/Woodfin Camp; *15* © Alex Webb/Magnum Photos, Inc.; *20* (clockwise from left) © Craig Aurness/Woodfin Camp, © Chip and Rosa María de la Cueva Peterson, © Leo de Wys, Inc./Alon Reininger; *24* © Owen Franken/Stock, Boston; *31* © Elliott Varner Smith; *33* © Russell Gordon/Woodfin Camp; *38 (clockwise from left)* © 1994 Ulrike Welsch, © Robert Frerck/Woodfin Camp, © Robert Frerck/Woodfin Camp; *45* © Abbas/Magnum; *52* © Robert Frerck/Woodfin Camp; *57* © Beryl Goldberg; *59* © Mangino/The Image Works; *66* © 1994 Ulrike Welsch; *76* © Loren McIntyre/Woodfin Camp; *81* © 1994 Ulrike Welsch; *87* © Stephanie Maze/Woodfin Camp; *92* © Francene Keery/Stock, Boston; *98* © Monkmeyer/Dian; *104* © Joseph Nettis/Photo Researchers, Inc.; *106* © Larry Downing 1989/Woodfin Camp; *111* © Monkmeyer/Conklin; *120* © Owen Franken/Stock, Boston; *128* © C. J. Collins/Photo Researchers, Inc.; *132* © Larry Downing 1991/Woodfin Camp; *138* © Bettmann; *144* © Robert Frerck/Woodfin Camp; *149* © Beryl Goldberg; *156* © Robert Fried/Stock, Boston; *159* © Ludwig/Sipa Press; *170* © Yoram Kahana/Shooting Star; *177* © Brian Seed/Tony Stone Worldwide, Ltd.; *185* © Chuck Fishman/Leo de Wys; *189* © 1992 Ulrike Welsch; *196* © Kim Newton/Woodfin Camp; *202* © Chip and Rosa María de la Cueva Peterson; *204* © SuperStock; *209* © Timothy Ross/The Image Works; *218* © Crandall/The Image Works; *225* © Ramon Surroca i Nouvilas; *231* © Timothy Ross/The Image Works; *233* © Robert Frerck/Woodfin Camp; *240* © Monkmeyer/Conklin; *246* © 1993 Ulrike Welsch; *260* © 1988 Peter Menzel; *264* © Bob Thomas/Stock Photos.

Readings: *Page 86* "Megaciudades: Las jaurías urbanas," *Muy Interesante; 91* "Tokio, Nueva York, Curitiba," *Muy Interesante; 93* "La edad del silicio," Copyright *El País* 1996; *135* "Los Estados Unidos en Hispanoamérica: *Memoria del fuego,*" from *Memoria del fuego,* by Eduardo Galeano (Mexico, D.F.: Siglo Veintiuno Editores, 1986); *148* "Papá, quiero hacer la comunión," *El País; 151* "La América Latina Católica, «Renace»," © 1989 by Richard Rodríguez. Reprinted by permission of Georges Borchardt, Inc., for the author; *154* "Entrevistas," from *Donaire,* April 1996. Reprinted with permission of Consejería de Educación, Embassy of Spain, London; *161* "La invasión de los ultracuentos," *Quo,* HF Revistas; *164* "¿Podemos comunicarnos con los muertos?" *Muy Especial; 165* "¿Reencarnación: Hay otras vidas después de la vida?" *Muy Especial; 179* "La formación educativa de Richard Rodríguez," © 1981 by Richard Rodríguez. Reprinted by permission of Georges Borchardt, Inc., for the author; *198* "Caídos del «caballo»," *Cambio16; 212* "Europa sin humo," *Cambio16; 212* "Alcoholismo," *Cambio16; 213* "Un sorbito de champán no hace daño," *Ser Padres Hoy; 213* "El tabaco es buena para la amistad," *ABC; 213* "Despenalizar la droga es un disparate," *Ser Padres Hoy; 223* "Descubierto un alijo de heroína en el avión del presidente colombiano," Copyright *El País; 242* "Insomnio: Causas y remedios," *El País; 247* "Como recurrir las multas," *Cambio16; 249* "Las angustias del tráfico," *Triunfo; 250* "El estrés estival," *Somos,* Editorial Atlantida; *251* "Se busca," *El Sol; 252* "El profesiones del siglo XXI," *Cambio16; 259* "Trabajo y ocio: Las otras vitaminas," *Conocer; 261* "Nochebuena en casa, Nochevieja en la calle," *Cambio16; 263* "Los madrileños tienen suficiente tiempo libre," *Villa de Madrid; 264* "El turista accidentado," *Ideas.*

Realia: *Page 18* © Antonio Mingote; *68* From *Atlas geografico* (Madrid: Ediciones Atlas, 1990); *71* © Juan Ballesta/Quipos; *72* From *Los Hombres españoles,* 1988; *101* Reprinted with permission of *Ser Padres Hoy; 109 Cambio16; 117 Cosmopolitan en español,* Editorial América; *245* Reprinted with permission of *Elle España; 251 Somos,* Editorial Atlantida.

ABOUT THE AUTHORS

Mary Lee Bretz is Professor of Spanish and Chair of the Department of Spanish and Portuguese at Rutgers University. Professor Bretz received her Ph.D. in Spanish from the University of Maryland. She has published numerous books and articles on nineteenth- and twentieth-century Spanish literature and on the application of contemporary literary theory to the study and teaching of Hispanic literature.

Trisha Dvorak is a Continuing Education Specialist with Educational Outreach at the University of Washington. She has coordinated elementary language programs in Spanish and taught courses in Spanish language and foreign language methodology. Professor Dvorak received her Ph.D. in Applied Linguistics from the University of Texas at Austin. She has published books and articles on aspects of foreign language learning and teaching, and is co-author of *Composición: Proceso y síntesis,* a writing text for third-year college students.

Carl Kirschner is Professor of Spanish and Dean of Rutgers College. Formerly Chair of the Department of Spanish and Portuguese at Rutgers, he teaches courses in linguistics (syntax and semantics), sociolinguistics and bilingualism, and second language acquisition. Professor Kirschner received his Ph.D. in Spanish Linguistics from the University of Massachusetts. He has published a book on Spanish semantics and numerous articles on Spanish syntax, semantics, and bilingualism, and edited a volume on Romance linguistics.